사회복지행정론

박미정 · 박정령

KNOWLEDGE COMMUNITY 공동체

머리말

사회복지행정은 사회복지서비스를 효과적이고 효율적으로 제공하기 위한 활동으로 사회환경의 변화에 따라 그 중요성이 강조되고 있다. 시대적 변화에 대응하여 발전해 온 사회복지행정은 복지대상자들의 새로운 욕구를 만족시켜야 하고 사회복지정책을 책임성 있게 전달하기 위한 노력을 기울여야 한다. 따라서 사회복지조직에서의 행정은 새로운 관리지식과 기법을 도입하여 사회복지서비스의 효과성, 효율성, 책임성 등을 확보해 나가는 것이 주요한 과제이다.

이에 이 책에서는 사회복지행정의 기초, 사회복지행정의 역사, 사회복지조직의 이론, 사회복지조직의 구조와 유형, 사회복지 조직의 환경과 문화, 사회복지 서비스 전달체계, 사회복지조직의 리더십, 사회복지조직의 인적자원관리, 재정자원관리, 정보관리, 마케팅과 홍보, 프로그램 개발과 평가, 책임성과 평가, 사회복지행정의 전망과 과제 등의 내용을 총 14장으로 구성하였으며, 부록에는 현장적응력을 높이기 위한 방안으로 사회복지 프로그램 공보 예시 등을 수록하였다.

사회복지행정 교과목은 사회복지사 2급 자격 취득 및 사회복지사 1급 국가시험의 필수 교과목으로 사회복지행정을 학습하는 학생들이 이해하기 쉽고 체계적으로 학습할 수 있도록 기술하고자 노력하였으나 미흡한 점이 많음을 인식하고 지속적으로 수정·보완해 나갈 것을 약속드린다.

끝으로 어려운 여건에서도 이 책의 출간을 허락해 주신 도서출판 공동체 가족 여러분께 감사의 말씀을 드리며, 아울러 이번 출간에 수고하신 관계 직원분에게도 깊은 감사의 마음을 전한다.

2023년 9월

박미정·박정령

차 례

제3장 사회복지조직의 이론

제4장 사회복지조직의 구조와 유형

차 례

차 례

제14장 사회복지행정의 전망과 과제

부 록

CHAPTER 01

사회복지행정의 기초

01 CHAPTER 사회복지행정의 기초

제1절 사회복지조직의 특수성

사회복지조직은 클라이언트에게 사회복지서비스를 계획하고 계획에 따라 서비스를 직접 제공하여 클라이언트의 문제와 욕구를 해결하거나 완화시키는 기능을 수행한다. 이러한 사회복지조직이 다른 유형의 공식적인 조직과 구별되는 특성에 대해 Hasenfeld & English(1983)는 다음의 여섯 가지를 제시하였다(Hasenfeld & English, 1983 : 8-23).

첫째, 사회복지조직의 원료는 문화적 가치를 부여받고 사회적·도덕적 정체성과 생명을 지니고 있는 인간이라는 점에서 차이가 있다. 따라서 사회복지조직이 사용하는 서비스 기술 역시 그 사회의 지배적인 가치에 의해 제약을 받고 도덕적으로 정당성을 지녀야 한다.

둘째, 사회복지조직의 목표는 불확실하고 애매모호한 경향이 있다. 이는 사회복지조직의 목표가 가치와 규범, 이념을 담고 있고, 사회복지조직은 클라이언트와 다양한 이해관계로 얽혀 있는 개인과 집단으로 구성되어 있기 때문이다. 각기 다른 사회적 배경과 이해관계를 지닌 구성원들의 기대를 모두 수용하려다 보면 목표가 불확실하고 애매모호해질 수밖에 없으며, 목표에 대한 적절한 합의를 이루기도 어렵다.

셋째, 사회복지조직은 불확실한 기술을 사용한다. 사회복지조직이 사용하는 기술이 불확실할 수밖에 없는 이유는 우선 사회복지조직의 원료가 인간이라는 점에서 비롯된다. 인간은 변화무쌍하며 복합적인 존재이기 때문에 어떻게 기능하고 어떻게 변화시켜야 하는지에 대한 지식 자체가 불완전할 수밖에 없다. 또한 사회복지조직이 개입해야 하는 인간의 속성들은 대부분 관찰이나 측정이 불가능한 것들이 대부분이기 때문에 기술의 사용에 대한 결과를 예측하기가 어렵다.

넷째, 사회복지조직 대부분의 업무는 조직의 직원과 클라이언트 간의 관계 속에서 이루어지며, 이러한 관계는 서비스에 대한 질을 결정하는 핵심적인 요인이 될 수 있다. 따라서 클라이언트와 직접 접촉하는 일선 직원들은 많은 재량권을 행사하게 되며, 그들의 지위와 역할은 항상 중요하게 된다.

다섯째, 사회복지조직은 직원들의 전문성에 대한 의존도가 높다. 다양하고 복잡한 클라이언트의 문제와 욕구를 해결하기 위해서는 보다 과학적이고 실천적인 전문지식을 기반으로 한 서비스가 제공되어야 하는데, 이러한 실천적인 전문지식과 기술의 활용은 직원이 가진 전문성에 따라 그 결과가 달라질 수 있기 때문이다. 따라서 사회복지조직은 클라이언트의 복지증진에 대한 투철한 사명감과 책임감을 지닌 직원들을 필요로 한다.

여섯째, 사회복지조직에서 제공하는 서비스의 효과성과 효율성을 측정할 수 있는 신뢰성과 타당성을 갖춘 표준화된 척도가 부족하다는 것이다. 이는 이전에 서술한 조직목표의 불확실성과 애매모호성, 서비스 기술의 불확실성, 인간 속성에 대한 관찰과 측정의 어려움에서 기인한 것이라고 할 수 있다.

제2절 사회복지행정의 개념

1. 사회복지행정의 개념

사회복지행정은 사회복지(social work)와 행정(administration)의 결합이다. 이러한 사회복지행정의 개념에 관해서는 다양한 학자들의 정의가 존재한다. 대표적인 학자들의 정의를 살펴보면, Kidneigh(1950)는 사회복지행정이란 '사회정책을 사회적 서비스로 전환하는 과정이며, 여기에는 정책을 구체적인 서비스로 전환하는 것과 경험을 활용하여 정책수정을 제안하는 것과 같은 두 과정을 지닌다'라고 정의하였으며, Spencer(1962)는 '행정이란 조직의 내부 관계들과 활동을 목적달성에 기여하도록 의식적으로 지도하는 것이라는 데 일반적인 의견일치가 있으며, 기관과 속해 있는 지역사회 사이에 존재하는 상호작용의 힘들에 의식적으로 개입하는 것을 포함한다'고 설명하였다. Dunham(1962)은 사회복지행정을 '사회기관의 서비스 제공을 위한 직·간접적 활동을 지원하거나 촉진해주는 과정이며, 행정활동의 범위는 조직의 기능 및 정책의 결정과 행정적 리더십으로부터 기록·회계의 유지와 유지관리 서비스의 수행과 같은 일상적인 운영에까지 이른다'라고 설명하였고, Stein(1970)은 '조정과 협동의 노력체계를 통해 조직의 목표를 규정하고 달성하는 과정으로서의 행정 개념이 현재 받아들여지고 있는 개념들에서 핵심을 이룬다'라고 했다. 또한 Trecker(1971)는 사회복지행정이란 '사람들이 지니고 있는 에너지가 자유롭게 발휘되고 서로 연관성을 갖게 하여 지역사회에 필요한 서비스와 프로그램을 제공하려는 목적을 달성하는 데 모든 가능한 자원을 사용하도록 함께 일하는 과정'이라고 정의하였으며, Patti(1983)는 '조직목표를 달성하기 위해서 관리자가 수행하는 상호교환적인 과업, 기능, 활동 등의 체계적이고 개입적인 과정'으로 정의하였다. 이상의 다양한 정의들의 공통적인 요소들에 관하여 Trecker(1971)는 다음과 같이 설명하였다(Trecker, 1971 : 24-25).

① 연속적이며 역동적인 과정이다.
② 공동의 목적을 달성하기 위해 조직 과정이 움직인다.
③ 공동의 목적을 달성하기 위해 인적·물적 자원이 동원된다.
④ 인적·물적 자원이 동원되게 하는 수단은 조정과 협동이다.
⑤ 사회복지행정의 개념에는 기획, 조직화, 리더십의 요소가 포함된다.

이상의 정의를 바탕으로 사회복지행정을 협의와 광의로 나누어 개념화할 수 있다. 협의의 사회복지행정은 사회사업행정(social work administration)으로도 불리는데 개별사회사업, 집단사회사업, 지역사회 조직사업과 같은 사회사업의 3대 사회사업방법들 중 하나의 실천방법으로 보는 것이다. 개별사회사업에서는 개인과 가족에 대하여, 집단사회사업에서는 집단 속의 개인을 대상으로, 지역사회 조직사업에서는 지역사회를 대상으로 변화를 초래하는 것과 마찬가지로 사회사업행정은 사회사업 서비스를 계획하여 전달하는 사회사업조직을 대상으로 변화를 이루어가는 과정이라고 보는 것이다. 따라서 사회사업행정은 사회사업조직의 운영 및 기능을 촉진시키고 조직을 통한 사회사업실천 활동을 증진시킴으로써 직접적으로는 사회복지조직의 일부인 변화체계(사회사업기관)의 활동에 변화를 초래하고, 간접적으로는 클라이언트 체계인 가족, 개인, 소집단 및 지역사회의 성장과 행동에 변화를 초래하기 때문에 사회사업의 한 개입방법으로 볼 수 있는 것이다(Skidmore, 1990 : 12). 이에 대해 Hanlan(1978)은 사회사업행정의 기본 가정은 3대 사회사업방법들의 고유한 가정으로부터 나오기 때문에 사회사업행정은 개별사회사업, 집단사회사업, 지역사회 조직사업과 같은 지식과 기술들이 조합된 실천방법이라고 주장하였다. 이처럼 협의의 사회복지행정은 사회사업실천이라는 맥락 속에서 개념화됨을 알 수 있다(최성재·남기민, 2017 : 27).

광의의 사회복지행정은 사회복지조직의 전반적인 활동을 말하는 것으로, 조직구성원 모두가 목표달성에 대한 책임을 공유하고 복지기관의 효과적인 활동을 위해서는 행정과정이 중요하며, 국가의 복지정책을 복지서비스로 구체적으로 시행하는 데 필요한 복지 분야의 총체적인 활동으로 개념화된다(신복기 외,

2019 : 15). 이는 사람들의 사회적 기능을 향상시키고자 하는 목표의 달성을 위해 고유한 사회사업적 지식으로부터 벗어나 보다 사회과학적인 관리과업과 더 많은 관련성을 지닌다고 보는 것이다.

이 같은 사회복지행정의 개념을 정책적 맥락에서 살펴보면, 정책은 갈등적인 정책목표와 수단의 선택에 관심을 두고, 행정은 사회서비스로 전환하여 제공하는 정형화된 구조에 주된 관심이 있는 것으로 정책은 목적에 관한 것이고 행정은 수단적 집행에 관한 것으로 볼 수 있다. 그러나 목적과 수단이 엄격하게 구분되지 않듯이 사회복지정책과 행정도 엄격하게 구분되기보다는 통합된 연속체를 이루고 있다고 볼 수 있다. 즉, 사회복지행정은 사회복지정책 그 자체를 포함하는 것이 아니라 밀접하게 상호작용하는 관계를 갖는 것이다. 이러한 맥락에서 사회복지행정을 정의하면 다음과 같다(한국복지행정학회, 2014 : 21).

> 사회복지행정은 사회정책 혹은 사회복지정책과 밀접한 관계를 가지면서 그것들을 구체적인 서비스로 전환하고 제공하는 과정에 수반되는 행정적이고 전문적인 제반 활동을 포함하는 체계적이며 총체적인 활동이다.

이처럼 사회복지행정은 인간을 직접적으로 지원하는 실천방법이자 이를 위한 거시적 사회복지실천으로 정리할 수 있다.

2. 사회복지행정의 특성

일반행정과 구분되는 사회복지행정의 가장 큰 특징은 인간에게 직접 서비스를 제공하는 휴먼서비스(human service)라는 점이다. 서비스 대상이 도덕적 가치를 지닌 인간 그 자체를 대상으로 하기 때문에 서비스를 전달하는 과정과 이용하는 과정에 있어 당사자의 선택과 자기결정 등의 가치가 강조된다. 따라서 사회복지조직이 수행해야 할 기능과 임무는 특정한 한 사람의 사회복지행정가에 의해서가 아니라 조직 차원에서의 전체적이고 협력적인 노력이 필요한 것이다. 이 같은 관점에서 사회복지행정의 특징을 요약하면 다음과 같다(신복기 외, 2019 : 18-19).

① 다양한 장면에서 도덕적 딜레마와 선택의 문제에 직면하는 경우가 많다. 예를 들면, 아동학대 부모의 친권박탈, 부모와의 분리, 요양시설의 선택 등과 같은 문제와 만나는 경우 지속적인 윤리와 가치에 대한 시험을 받을 수 있다.

② 프로그램 운영에 필요한 자원 확보를 위해 재정의 지원처뿐만 아니라 서비스 이용자의 확보를 위한 다양한 외부집단에 대한 의존성이 높다.

③ 사회적 약자를 대변하고 보호하는 옹호활동을 통해 소외받는 집단에 대한 관심과 지원을 불러일으키고 조직에 대한 자원과 협동, 이해와 존경을 획득한다.

④ 클라이언트에게 보다 많은 서비스를 제공하기 위해 자원을 집중하고 네트워크를 통해 타 기관들과의 연계와 협력을 증진시킨다.

⑤ 사회복지사가 효과적인 역할을 수행하고 양질의 서비스를 제공하기 위해서는 도덕적으로 가치 있는 일을 하고 있다는 신념과 의지가 중요하며, 이를 통해 목표에 대한 신념이 정교해질 수 있다.

⑥ 기관의 기준에 따라 업무의 수행을 측정한다. 비영리조직의 경우 업무수행의 기준이 불확실하고 복합적이지만 자원의 제공처의 요구를 수렴하기 위해서는 이용자의 선택을 높이고 자원의 효율적 수행을 통해 성과를 높이는 서비스 기술의 발전이 요구된다.

⑦ 서비스 제공 업무는 이용자와의 상호작용이 필수적이기 때문에 관리과정이 효과적이지 않으면 감정적 문제가 발생하거나 소진이 발생할 수 있다. 따라서 인적자원의 만족과 동기를 증진시키고 역량을 강화시키며 신체적·정신적 건강을 유지할 수 있도록 하여 서비스 가능성을 감소시키지 않는 환경을 만들어 주어야 한다.

⑧ 클라이언트는 변화와 창조의 핵심이므로 서비스 선택과 전달에 그들의 능동적인 참여에 초점을 두어 서비스 과정에서 배제되는 일이 발생하여서는 안 된다.

따라서 사회복지행정은 가치지향적인 행정기술을 활용하여 인본주의를 지향해야 하며, 조직의 관리를 통해 연계와 협력의 수준을 높여야 할 필요가 있는 것이다.

3. 사회복지행정의 필요성

현대 사회복지서비스는 대부분 공식적인 복지기관이나 단체에 의해 수행되고 있다. 따라서 복지활동 과정에 있어 행정이 존재하지 않거나 기능하지 않는다면 효과적인 사회복지서비스는 불가능할 수 있다. 최근 우리 사회에 다양한 사회복지조직들이 생겨나면서 조직의 유지와 발전을 위한 행정의 중요성에 대한 인식이 커져가고 있다. 이러한 측면에서 사회복지행정의 필요성을 살펴보면, 크게 혼란스러운 조직 상태의 극복, 공식조직에 의한 활동, 미션 및 비전, 목표의 관리로 설명할 수 있다(신복기 외, 2019 : 12-14; 최성재・남기민, 2017 : 29-31).

1) 혼란스러운 조직 상태의 극복

만약 행정이 존재하지 않는다면 우리는 다음과 같은 상황을 겪을 수 있다.

① 사회복지사와 클라이언트는 자기 마음대로 나타나거나 사라져 버릴 것이다.

② 사회복지사는 불규칙적으로 자신의 업무를 결정하고 다른 전문가나 직원들의 활동과 어떠한 유기적 관계도 없이 일을 해나갈 것이다.

③ 사회복지사는 자신의 활동으로 나타난 업무 결과에 대해 책임지려 하지 않을 것이다.

④ 그 누구도 지역사회 내의 기관의 역할에 대해 알지 못할 것이며 미래 비전에 대해서도 관심을 갖지 않을 것이다.

⑤ 사회복지기관의 종사자들은 서로 정보를 나누려 하지도 않을 것이다.

⑥ 사회복지기관 종사자들에 대한 분명한 역할기대도 없고 모든 결정은 일방적으로 이루어질 것이다.

⑦ 지식과 기술을 향상시키도록 지원하는 어떤 방법도 진행되지 않을 것이다.
⑧ 사회복지기관 종사자들 사이에 아무런 과업의 위임도 이루어지지 않을 것이다.

사회복지조직에서 이상과 같은 현상이 나타나게 된다면 사회복지조직은 존재할 수조차 없을 것이다. 따라서 사회복지행정은 위와 같은 상황이 발생하지 않도록 관리하는 장치로서 다양한 사회복지활동을 조정하여 이용자에게 양질의 서비스를 제공하고 복지기관의 지속적인 유지와 발전을 지향하기 위해 필요한 것이다. 따라서 사회복지행정은 사회복지조직에 있어 필수불가결하고 필연적인 것으로서 사회복지행정의 질은 사회복지서비스의 질을 크게 좌우할 수 있다(Trecker, 1977 : 25). 오늘날 사회문제와 사회적 욕구의 다양성과 복잡성이 증가하고 있는 상황에 비추어 볼 때 사회복지행정의 중요성에 대한 인식은 점점 높아져 갈 것이다.

2) 공식조직에 의한 활동

오늘날의 사회복지는 공식적인 조직에 의한 지속적이고 체계적인 활동으로 이루어져 있다. 즉, 사회복지사가 수행하는 다양한 실천 활동은 조직을 통해 이루어지므로, 조직의 결정과 그 결과는 양질의 서비스를 제공하는 데 직·간접적으로 영향을 미치게 된다. 따라서 사회복지조직이 클라이언트나 이용자의 욕구에 적절히 반응하여 양질의 서비스를 제공하기 위해서는 조직구조나 재정, 인재양성과 같은 행정 기술과 그 과정을 이해하는 것이 필수적인 것이다. 또한 조직은 사회복지사의 지식과 기술을 향상시키고 지원하는 역할도 수행하기 때문에 좋은 서비스를 제공하기 위해서는 조직의 특성과 한계를 이해하고 개인적 기술은 물론 행정 지식에도 정통해야 할 필요가 있다.

3) 미션과 비전, 목표의 관리

사회복지조직은 끊임없이 성장하고 변화하는 유기체이다. 조직의 미션과 비전, 목표는 조직이 무엇을 추구해야 하는지를 설정하는 것이므로 행정활동을 통해 기관의 미션과 비전, 목표를 관리해야 할 필요가 있는 것이다. 따라서 사회복지조직은 기관의 미션과 비전, 목표를 종사자들 사이에 공유될 수 있도록 해야 하며, 이에 대한 관리를 통하여 조직의 역량을 극대화하고 이상을 관리할 필요가 있는 것이다. 이를 위해서는 사회복지행정의 활용이 필수적이라고 할 수 있다.

4. 사회복지행정의 가치

가치란 사회복지행정이 추구하는 목적이다. 사회복지행정의 가치는 크게 분배적 가치, 중도적 가치, 성장적 가치로 나누어 볼 수 있다(허만형, 2004 : 30-34). 분배적 가치는 사회구성원에게 골고루 나누어져야 한다는 형평의 가치를 의미하고, 중도적 가치는 중간자적 입장에 놓인 가치에 치중한다는 것이며, 성장적 가치는 사회 전체 부의 규모를 키우는 데 중점을 두는 효율성의 가치를 의미한다(고재욱 외, 2016 : 19-20).

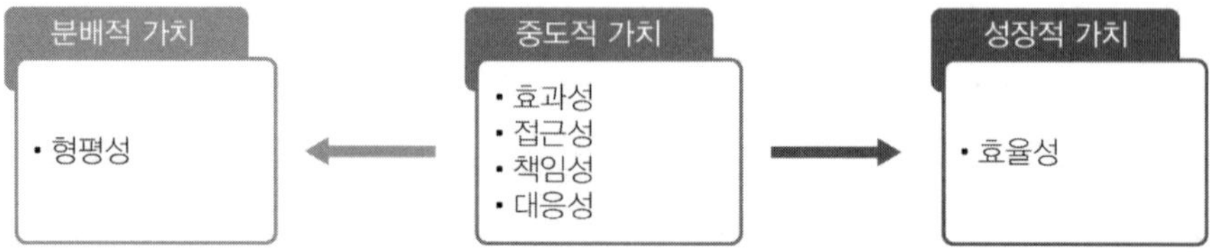

그림 1-1 사회복지행정의 가치체계

출처 : 허만형(2004), p. 30 재인용.

1) 형평성

형평성은 같은 상황에 있는 사람에게 유사한 수준의 대우를 제공하는 것을 의미한다. 비슷한 출발선상에서 출발할 수 있도록 해줌으로써, 궁극적으로 사회 구성원에게 인간이 가지고 있는 원래의 지위를 회복시켜 형평성 있는 사회를 만들고자 하는 것이다. 여기서 형평성이란 서비스를 받을 기회는 물론 내용과 비용에 대한 내용도 포함된다.

2) 효과성

효과성은 사회복지조직에서 클라이언트에게 제공된 서비스나 프로그램이 클라이언트의 문제와 욕구를 해결하는 데에 적절하고 효과적이었는가를 판단하는 가치이다.

3) 접근성

접근성은 클라이언트가 사회복지서비스를 쉽게 이용할 수 있는 정도를 의미하는 가치이다. 기관의 지리적 위치, 교통수단, 서비스의 비용, 서비스에 대한 홍보 등을 고려하여 서비스에 대한 접근성을 높여 보다 많은 대상이 서비스를 활용할 수 있도록 함으로써 사회복지행정의 형평성과 효과성을 제고할 수 있다.

4) 책임성

책임성은 사회복지행정이 조직의 목적달성에 충실하게 임하였는지, 집행과정에서 법을 준수하였는지에 대한 가치이다. 사회복지행정에서 책임성이 제고되면, 합목적성과 합법성을 향상시킬 수 있으며 자격 있는 수혜자가 복지혜택을 받을 수 있도록 함으로써 복지의존성의 문제나 복지남용의 문제에 어느 정도 해결점을 찾을 수 있다.

5) 대응성

대응성이란 클라이언트의 요구에 부합하는 행정을 수행하였는지에 대한 가치이다. 이러한 대응성을 제고하기 위해서는 서비스에 대한 접근성이 보장되어야 하고, 서비스 제공을 위한 자원이 확보되어야 하며, 무엇보다도 클라이언트의 요구가 무엇이며 어느 정도까지 제공할지에 대한 기준을 명확히 설정하여야 한다.

6) 효율성

효율성은 최소의 자원을 투입하여 최대한의 효과를 추구하는 것에 대한 가치이다. 사회복지의 효율성을 제고함으로써 주어진 예산으로 보다 많은 클라이언트에게 서비스를 적절히 공급할 수 있게 된다는 것이다.

5. 일반행정과의 비교

앞에서 설명하였듯이 사회복지행정은 그 고유한 특성으로 인해 일반행정과는 구별되는 여러 가지 특성을 가지고 있다. 여기서는 사회복지행정과 일반행정의 공통점과 차이점에 대하여 살펴보고자 한다(Skidmore, 1995 : 14; Patti, 1983 : 24-26; Spencer, 1959 : 20-21).

1) 일반행정과의 공통점

사회복지행정과 일반행정의 공통점은 다음과 같다.

① 행정은 일차적인 문제해결의 과정으로, 주로 문제의 확인, 문제가 지닌 다양한 측면의 연구, 문제해결을 가능하게 할 계획의 개발, 계획의 집행, 후속의 효과성 평가 등을 포함한다.

② 행정은 상호 연관되고 상호작용하는 부분들의 체계나 집합체이다.

③ 행정은 대안선택에서 가치판단의 요소를 포함한다.

④ 행정은 개인이나 집단이 보다 효과적으로 기능할 수 있도록 해주는 '역량부여 과정(enabling process)'으로 간주된다.

⑤ 행정은 상당 부분 '미래(futures)'와 관련되어 있다.

⑥ 행정에서 지식과 기술의 사용은 일상화된 관례적인 절차이기보다는 창조적인 측면을 지닌다.

⑦ 행정은 재화와 서비스의 생산 및 최대의 효율성을 촉진하기 위하여 프로그램, 서비스, 직원을 구조화하는 일과 관련되어 있다.

⑧ 행정은 어느 정도 공공 의지(public will)를 집행하는 일과 관련되어 있다.

⑨ 행정은 관리운영을 객관화하여 공정성을 기하는 것과 인적자원을 활용하는 것 사이에 적절한 균형을 유지하는 일을 포함한다.

⑩ 행정은 개별 직원들을 지위와 인정에 따라 대우해 주는 일과 그들이 조직의 목표, 가치, 방법들을 긍정적인 방향으로 인식하도록 하는 일과 관련되어 있다.

⑪ 의사소통, 직원 간 집단관계, 그리고 기관 행정에 대한 참여 등이 전문적 관심의 주된 영역들이다.

2) 일반행정과의 차이점

사회복지행정은 일반행정과 많은 특성들을 공유하고 있다. 그러나 분명 구별되는 특성도 많이 지니고 있다. 일반행정과의 차이점은 다음과 같다(Skidmore, 1995 : 14-15; Patti, 1983 : 26-33).

① 사회복지행정은 사회복지기관들이 지역사회 내의 인지된 욕구를 충족할 수 있도록 돕기 위해 존재한다.

② 사회복지행정을 통해 사회복지조직에서 제공되는 서비스는 크게 세 가지의 범주로 분류된다 : 손상된 사회적 기능의 회복, 사회와 개인의 보다 효과적인 사회적 기능을 위한 자원의 제공, 사회적 역기능의 예방

③ 사회복지행정이 이루어지는 대표적인 장(場)인 사회복지조직은 지역사회를

전반적으로 대변하는 구속력 있는 이사회를 갖는다.

④ 사회복지조직의 규모, 범위, 구조, 형태는 상당히 광범위하고 다양하다.

⑤ 사회복지행정가는 사회복지조직의 내부운영을 지역사회와 연결시킬 책임을 지닌다.

⑥ 자원의 활동에 관한 새로운 선택을 해야 할 필요성이 항상 존재한다.

⑦ 사회복지조직은 조직의 생존을 위해 지나치게 많은 자원을 사용하지 않아야 한다. 항상 최적의 기능을 생산·유지·보호하는 일차적인 책임은 사회복지행정가의 몫이다.

⑧ 사회복지조직에 의해 수행되는 서비스는 전문 사회사업적 성격이 점차로 증대하고 있다.

⑨ 모든 계층의 직원들이 행정과정에 참여하고 어느 정도까지는 전체 조직의 사업에 영향을 미친다.

이상에서 살펴본 사회복지행정과 일반행정 간의 공통점과 차이점의 주요 내용을 표로 정리하면 다음 〈표 1-1〉과 같다.

〈표 1-1〉 사회복지행정과 일반행정의 공통점과 차이점

공통점	차이점		
	구 분	사회복지행정	일반행정
상호작용체계	역 할	손상된 사회적 기능의 회복	공공정책의 입안
대안선택의 가치판단	정책결정	이사회	중앙정부, 지방정부
조력의 과정	조직행태	광범위	법령에 따른 제약
미래지향성	책임성	지역사회와의 연계책임	국민에 대한 책임
창의적 활용	자원활용	끊임없는 활용	법령에 따른 활용
조직화	재정운영	적자운영 지양	적자운영 가능
공공의지의 실행	서비스 성격	사회사업적 성격	관리적 성격
문제해결과정	의사결정 참여	모든 구성원의 참여 가능	직급에 따른 참여

출처 : 양승일(2018), p. 15 〈표 1-2〉 재인용.

제3절 사회복지행정의 기능

전통적으로 사회복지행정의 영역에서 강조되고 있는 8개의 관리기능은 기획(Planning), 조직(Organizing), 인사(Staffing), 지시(Directing), 조정(Coordinating), 보고(Reporting), 재정(Budgeting), 평가(Evaluation)이다. 각 기능의 알파벳 첫 글자를 따서 'POSDCoRBE'로 표현되기도 한다. 구체적인 내용을 살펴보면 다음과 같다(Ehlers et al., 1976 : 14-24; 최성재・남기민, 2017 : 40-46).

① 기획(Planning)

기획은 조직의 목표를 설정하고, 목표달성을 위해 수행해야 할 과업 및 과업을 수행하기 위한 방법을 기술하는 기능을 말한다. 사회복지행정가는 변화하는 환경에 맞추어 목표 및 하위목표를 설정하고 목표달성에 필요한 과업과 관련된 방법 및 기술을 계획하는 것이 중요하다.

② 조직(Organizing)

조직이 공식구조 확립을 통해 업무를 규정하고 조정하는 기능을 말한다. 사회복지행정가는 조직의 공식구조를 통해 목표를 달성하기 위한 직무를 배분하고 규정하며, 조직목표와 과업의 변화에 부응하여 조직의 구조를 수정하여야 한다.

③ 인사(Staffing)

인사는 일반적으로 직원의 채용 및 해고, 훈련 및 교육, 호의적인 업무조건 조성 등의 세 가지 활동으로 구성된다. 일반적으로 직원의 채용과 해고의 책임은 기관장에게 있으며 종종 조직의 인사담당행정가나 부기관장과 같은 관리 직원에게 책임을 위임하기도 한다. 또한 직원훈련과 호의적인 업무조건의 조성을 통해 실제적인 업무에서도 최상의 역량을 발휘할 수 있도록 지원해야 하며, 이를 위한 가장 중요한 요소는 모든 조직구성원 간에 개방적인 의사소통의 통로를 유지하는 것이다.

④ 지시(Directing)

지시는 조직의 관리자로서 여러 가지 의사결정을 한 후, 그 결정을 구체적이며 일반적인 명령이나 지시의 형태로 구체화하는 기능을 말한다. 사회복지행정가가 사회복지조직을 효과적으로 지휘하기 위해서는 합리적인 결정을 내릴 수 있는 능력, 조직의 목표달성에 대한 적극적인 관심과 헌신을 입증할 수 있는 능력, 직원들의 공헌을 칭찬하고 그들의 지위 향상을 도울 수 있는 능력, 책임과 권한을 효과적으로 위임할 수 있는 능력, 그리고 개인 및 집단의 창의성을 촉진시킬 수 있는 능력이 요구된다.

⑤ 조정(Coordinating)

조정은 업무의 다양한 부분들을 상호 관련시키는 아주 중요한 기능이다. 사회복지행정가는 조정의 기능을 수행하기 위해서 다양한 구성원 간 그리고 다양한 부서 간에 효과적인 의사소통의 통로를 만들고 유지·조정할 수 있어야 한다.

⑥ 보고(Reporting)

보고는 업무의 진행상황을 알리는 기능을 말한다. 보고의 기능을 수행하기 위하여 사회복지행정가는 조직구성원, 이사회, 입법기관, 지역사회, 자금조달기관에 조직에서 일어나는 일에 대한 정보를 제공하여야 한다.

⑦ 재정(Budgeting)

재정은 예산의 편성 및 결산과 관련된 모든 일을 수행하는 기능을 말한다. 건전한 재무행정을 위해 사회복지행정가는 건전한 조직계획, 재정기획, 재정운영의 통제의 요소들을 검토하여 재정을 투명하게 관리하고 운용할 수 있어야 하며, 중·장기적인 재정계획을 수립한 후, 회계규정에 따라 재정운영에 대한 책임을 져야 한다.

⑧ 평가(Evaluation)

평가는 설정된 조직의 목표와 관련하여 전반적인 결과를 사정하는 기능을 말한다. 일반적으로 평가는 서비스의 효과성과 효율성의 측정이 적용된다. 효과성은 조직에서 제공한 서비스가 클라이언트의 문제와 욕구를 충족시킨 정도를 평가하는 것을 말하고, 효율성은 조직에서 제공한 서비스를 가용자원과 관련하여 수행 정도를 평가하는 것을 말한다. 따라서 사회복지행정가가 효과적으로 평가기능을 수행하기 위해서는 조직의 구성원들이 조직의 기능 또는 프로그램에 대해 자유롭게 평가하고 제안할 수 있는 조직풍토를 조성하기 위한 노력이 필요하다.

연습문제

01 **사회복지조직의 특성으로 옳은 것은?** 17회 기출

① 클라이언트와 직접 접촉을 피한다.
② 정부 이외의 지원을 받지 않는다.
③ 조직성과의 객관적 증명이 쉽지 않다.
④ 법률과 규칙에 의해 운영되므로 전문성은 중요하지 않다.
⑤ 기업조직과 비교할 때 대표적 차별성은 효율성을 중요하게 여긴다는 점이다.

02 **사회복지행정의 개념에 관한 설명으로 옳지 않은 것은?** 18회 기출

① 사회복지정책을 개별적이고 구체적인 서비스로 전환시키는 과정이다.
② 사회서비스 활동으로 민간조직을 제외한 공공조직이 수행한다.
③ 관리자가 조직목표를 달성하기 위해서 수행하는 과정, 기능 그리고 활동이다.
④ 사회복지 과업수행을 위해서 인적・물적 자원을 체계적으로 결합・운영하는 합리적 행동이다.
⑤ 사회복지제도와 정책을 서비스 급여, 프로그램으로 전환시키기 위한 전달체계이다.

03 **일반행정과 사회복지행정의 차이점을 기술한 것으로 옳지 않은 것은?**

① 사회복지행정은 일반행정에 관한 지식과 기술로 업무를 수행한다.
② 사회복지행정은 지역사회와 밀접한 관련성을 갖는다.
③ 사회복지행정은 지역사회의 다양한 구성원의 참여가 이루어진다.
④ 사회복지행정은 전문 사회복지사의 업무수행에 의해 서비스의 질이 좌우된다.
⑤ 사회복지행정은 지역사회와 클라이언트의 문제와 욕구를 해결하기 위해 이루어진다.

04 사회복지조직이 제공한 서비스가 클라이언트의 문제와 욕구해결에 얼마나 도움이 되었는지를 의미하는 가치로 옳은 것은?

① 공평성
② 효율성
③ 접근성
④ 효과성
⑤ 지속성

05 사회복지행정의 기능과 설명의 연결이 바르지 못한 것은?

① 기획－조직의 목적과 목표달성을 위한 과업과 수행방법을 결정하는 기능
② 조정－업무의 다양한 부분들을 상호 관련시키는 기능
③ 재정－예산의 편성 및 결산과 관련된 모든 일을 수행하는 기능
④ 평가－서비스의 효과성과 효율성을 평가하는 기능
⑤ 지시－직원의 채용 및 해고, 훈련 및 교육과 관련된 기능

정답 1. ③ 2. ② 3. ① 4. ④ 5. ⑤

Memo

CHAPTER 02

사회복지행정의 역사

제1절 외국의 사회복지행정

제2절 한국의 사회복지행정

02
CHAPTER

사회복지행정의 역사

제1절 외국의 사회복지행정

시대적 상황과 사회복지전문직의 배경에 따라 사회복지행정의 변화 및 발달을 고찰해보는 것은 사회복지행정의 미래 비전과 발전 방향을 잡는 데 반드시 필요한 과정이다. 특히 선진 사회복지행정 역사와의 비교는 향후 한국 사회의 사회복지행정의 발전 방향과 과제를 파악하는 데 중요한 의미를 가진다.

1. 영국 사회복지행정의 역사

영국은 1940년대에 현대적인 의미의 사회보장제도의 확립을 통해 복지국가를 구현한 대표적인 복지선진국으로서, 복지국가의 선두주자이다. '구빈행정'의 역사적 발전과도 연결되어 있는 영국의 사회복지행정은 '사회행정'이라고도 불리며, 사회서비스와 복지국가를 수행하기 위한 조직과 전달체계 분야를 포괄적으로 다룬다(김영종, 2017 : 53). 1601년 엘리자베스 빈민법의 성립 이후 현재에 이르기까지 가장 모범적으로 복지국가를 발전시키고 있는 영국의 사회복지행정의 발달은 여러 많은 나라들에 큰 영향을 미쳤다. 영국의 사회복지행정의 역사를 빈민법의 시대, 빈민법의 변천, 사회개혁의 시대, 복지국가의 성립, 복지국가의 위기와 대응 시기로 구분하여 살펴보도록 하겠다.

1) 빈민법의 시대(14세기~1601년)

(1) 엘리자베스 빈민법 성립 이전의 빈민법

14세기에서 엘리자베스 빈민법이 성립된 1601년 이전까지의 빈민법(poor law)으로는 노동자규제법(Statute of Labourers), 걸인·부랑자처벌법(Act concerning Punishment of Beggars and Vagabonds), 건강한 부랑자·걸인처벌법(Act for Punishment of Sturdy Vagabonds and Beggars), 부랑자처벌 및 빈민과 무능력자 구제법(Act for the Punishment of the Vagabonds and for the Relief of the Poor and the Impotent Persons), 빈민감독관제도(overseers of the poor), 교정원(the house of correction), 구빈원(the poor house) 등이 있었다(양승일, 2018 : 30; 박종팔 외, 2019 : 42-43).

① 노동자규제법(Statute of Labourers)

노동자규제법은 1348~1350년에 발생한 흑사병(plague)[1]으로 인해 인구가 상당 부분 감소하자 노동력 부족으로 인해 임금이 급하게 상승되면서 노동력 확보를 위한 대책으로서 1351년에 제정되었다. 주요 내용으로는 걸식과 부랑의 금지, 임금 억제를 위한 임금상한선 규정, 그리고 지주 상호 간의 농민쟁탈 억제 등의 내용으로 주로 걸식과 부랑을 금지하고 노동자의 이동을 금지하였다. 사실상 이 법은 빈민의 구제를 위한 법이라기보다는 노동자의 이동을 규제하기 위한 법으로 볼 수 있다.

② 걸인·부랑자처벌법(Act concerning Punishment of Beggars and Vagabonds)

걸인·부랑자처벌법은 시장이나 치안판사로 하여금 교구가 책임지고 보호해야 할 노인과 무능력한 걸인·부랑자를 조사·등록시켜 제한된 구역 내에서 구

1) 쥐에 기생하는 벼룩에 의해 페스트균(Yersinia pestis)이 옮겨져 발생하는 급성 열성 감염병으로 페스트를 가지고 있는 벼룩이 사람을 물 때 전파된다. 흑사병은 증상에 따라 가래톳 흑사병(bubonic plague), 패혈증형 흑사병(septicemic plague), 폐렴형 흑사병(pneumonic plague) 등으로 구분한다. 중세에 유럽에서 크게 유행하여 많은 사망자가 발생한 것으로 알려져 있다. 국내에서는 최근 발병이 보고된 바 없으며 아시아, 아프리카, 아메리카 대륙에서 부분적으로 발생하고 있다(서울대학교병원 의학정보, 서울대학교병원).

걸을 허용시키기 위한 법으로 1531년에 헨리 8세에 의해 제정되었다. 이 법에서는 노동능력이 있는 걸인·부랑자에게는 태형을 가하고 구걸지가 고향이 아니면 이전에 3년 이상 거주했던 곳으로 추방시킨다는 규정 등이 포함되어 있었다. 이 법은 빈민에 대한 국가의 책임을 처음으로 인정한 것으로 빈민구제를 위해 제정된 영국 최초의 법으로 볼 수 있다.

③ 건강한 부랑자·걸인처벌법(Act for Punishment of Sturdy Vagabonds and Beggars)

헨리 8세는 빈민의 주 구호기관이었던 교회를 몰수하면서 노동능력은 있으나 나태한 부랑자·걸인을 처벌하기 위해서 1536년에 건강한 부랑자·걸인처벌법을 제정하였다. 부랑자는 3년 이상 거주한 교구에만 등록할 수 있었고, 교회의 헌금은 노동능력이 없는 빈민만을 보호하도록 하였다. 노동능력이 있는 부랑자는 일하도록 하였고, 5~14세의 놀고 있는 아동들은 부모로부터 떨어져 도제(apprentices)생활을 하게 했다. 만약 미성년자 걸인이 도제를 거부하면 매질을 하였으며, 건강한 부랑자·걸인이 두 번째로 체포되면 매질과 함께 귀를 자르고, 세 번째 체포되면 사형에 처한다는 내용도 포함되어 있었다.

④ 부랑자처벌 및 빈민과 무능력자 구제법(Act for the Punishment of the Vagabonds and for the Relief of the Poor and the Impotent Persons)

부랑자처벌 및 빈민과 무능력자 구제법은 헨리 8세의 사망 이후, 의회가 부랑자를 처벌하고 그들을 농노로 만들기 위해 1547년에 제정되었다. 이 법은 이전보다 훨씬 엄격한 규정을 담고 있었다. 예를 들면, 노동능력자가 3일 이상 계속 노동을 거부하게 되면 가슴에 V자 낙인을 찍어 2년간 노예로 삼을 수 있게 하였으며, 다시 도망치게 되면 이마에 S자 낙인을 찍어 평생 노예로 삼을 수 있도록 하였다.

⑤ 기타 빈민 관련 제도

이 외에도 1572년 엘리자베스 1세는 빈민구호재정이 어려워지자 빈민구호를 위한 일반세를 부과하였고, 이 법령을 운영하기 위한 빈민감독관제도(overseers of the poor)를 확립하였다. 이 제도는 혼자서 일상생활이 불가능한 사람들에 대한 최종적 책임이 국가에 있음을 확인한 것이다. 또한 1576년에는 교정원(the house of correction)을 설립하여 일할 수 있는 빈민에게는 일을 할 수 있게 하였으며, 1579년에는 노인, 맹인, 절름발이, 일할 수 없는 사람 등을 위해 구빈원(the poor house)을 설립하였다.

(2) 엘리자베스 빈민법의 성립 : 1601년

고대에서 중세까지 국가는 예외적인 경우를 제외하고는 원칙적으로 빈민에 대한 구제는 가족, 친지, 지역공동체와 같은 비공식적 제도의 역할이었고, 중세에 이르러서야 봉건영주와 교회의 교구 및 수도원이 구빈제도의 중심적 역할을 하게 된다. 이후 봉건주의가 무너지고 절대왕정이 성립되면서 이러한 구빈제도들은 모두 와해된다. 특히 인구의 증가에 따른 양육(羊肉)과 양모(羊毛)의 수요 및 공급을 위한 대규모 인클로저 운동(enclosure movement), 신세계 귀금속의 대량 유입으로 인한 극심한 인플레이션, 장원제의 폐지와 수도원의 해산으로 인한 대량 빈민 발생 등으로 인해 중세사회는 심각한 사회문제를 겪게 된다. 이러한 사회문제의 발생요인에 대해 개인뿐만 아니라 국가의 책임도 있다는 인식이 생겨나면서 국가의 책임을 근간으로 하는 근대적 복지제도에 대한 여론 또한 높아지게 된다. 이를 위해 엘리자베스 1세(Elizabeth Ⅰ)는 이전의 다양한 빈민법들을 집대성했을 뿐만 아니라, 튜더 시대의 경제 관련 입법, 노동법, 각종 행정체계의 개편, 식료품 관련법 등이 종합적으로 고려되어 완성된 종합적 구빈대책으로서 ‘엘리자베스 구빈법(Elizabeth poor law, 1601)’을 제정하게 된다. 엘리자베스 구빈법은 종전부터 내려오던 영국의 빈민구호에 관한 법률들을 집대성하여 성문화시킨 것으로, 가족과 친족이 부양하지 못하는 빈민을 해당 교구(parish)가 책임지고 부양하도록 규정함으로써 교구를 중심으로 한 구제를 시작하였다(김인혁 외, 2019 : 30). 이를 위한 합리적 조치로서 노동능력을 기준으로 빈민을 세 가지 유형으로 분류하여 차별적으로 처우하였다.

- **노동능력이 있는 빈민**(the able-bodied poor) : 노동능력이 있는 빈민은 조세(구빈세)로 마련된 구빈기금의 수혜대상이 될 수 없었다. 이러한 빈민들은 교정원(the house of correction)과 작업장(work house)에서 강제노역을 시키고, 일반인의 구호행위를 금지하였다. 강제노역을 거부하는 경우 처형을 받거나 감옥에 보내졌다.
- **노동능력이 없는 빈민**(impotent poor) : 빈민구호의 대상으로 노약자, 신체・정신 장애인, 만성질환자, 모자 등으로 이들에 대한 구호는 원외구호(outdoor relief)와 원내구호(indoor relief)의 형태로 적용되었다. 원외구호는 재가보호의 형태로 음식이나 의복, 연료 등을 제공하는 것이고, 원내구호는 구빈원(the poor house)이나 자선원(the charity house)에 수용하여 보호하는 것이다.
- **요보호 아동 혹은 빈곤아동**(dependent children) : 고아, 기아, 미부양 아동으로 일차적으로는 위탁가정(free home)에 보내지고, 나머지는 도제(apprentice)로 삼고, 여아는 21세 또는 결혼할 때까지 하녀에게 양육을 시켰다.

엘리자베스 구빈법은 빈민층에 대한 지원이 주목적이라기보다는 빈민을 사회를 불안하게 하는 요소로 보고 이들을 사회적으로 통제하여 사회질서를 유지하고자 하는 성격이 강했다. 그러나 최초로 빈민을 구제하기 위한 책임이 국가에 있음을 인정했다는 측면에서 큰 의의를 가진다. 근대적 빈곤정책의 효시로 빈민구제를 위한 재원을 조세로 충당하였다는 점, 빈민감독관이 구빈업무와 구빈세 징수 등의 업무를 수행하였다는 점, 이의 통일된 추진을 위한 구빈행정 기구를 수립했다는 점에서 세계 최초의 공공부조로서 근대적 사회복지의 출발점이라 할 수 있다(양승일, 2018 : 32).

1601년 엘리자베스 구빈법 이후 영국의 구빈제도는 다양한 변천의 과정을 거치게 되는데, 이를 통해 영국의 지배자들은 개별적인 욕구도 공적인 자원의 투입을 통해 구제될 수 있음을 깨닫게 된다. 엘리자베스 구빈법은 1948년 노동당 정부가 「국민부조법(National Assistance Act)」을 제정하기까지 향후 300년간 영국 사회복지제도의 기본 골격으로 유지된다. 이것은 당시 영국의 식민지였던 미국에도 계승되었고, 현재까지도 많은 나라들의 공공부조행정에 상당한 준거가 되고 있다(김영종, 2017 : 55).

인클로저(Enclosure)

15세기 영국에서 모직물에 대한 수요가 늘어나면서 발생한 현상으로, 토지확보와 운영을 위해 경계를 둘러치는 것을 말한다. 토지의 종류 · 목적, 그리고 방법 등도 가지가지였다. 영국의 인클로저의 역사는 매우 오래되었는데 이미 중세 때 시작되었고 19세기까지 끊임없이 계속되었다. 가장 활발하게 시행된 것은 15~16세기와 18~19세기의 두 시기였고 이것이 크게 사회문제화된 것은 15세기 말 이후였다. 일반적으로 그 첫째 시기를 제1차 인클로저, 둘째 시기를 제2차 인클로저라고 한다. 제1차는 곡물생산보다는 당시 이미 농촌에서 널리 전개되고 있던 모직공업(毛織工業)을 위한 양모생산이 더 유리한 데서 경지를 목장으로 전환, 그리고 그것을 위해 공유지(共有地)와 농민보유지(農民保有地)를 둘러싸는 일이 주류를 이루었다. 이로 말미암아 파생된 농민의 실업과 이농(離農) 현상, 농가의 황폐, 빈곤의 증대는 인클로저에 대한 통렬한 비난을 불러일으켰다. 정부에서도 그것을 저지하기 위해 고심한 나머지 자주 금지령을 내렸지만 거의 효과를 거두지 못하였다.

그 후 농촌의 모직물공업 발전에 따라 양치는 목장을 만들기 위한 인클로저는 18세기까지 여전히 계속되었다. 그런데 17세기 중엽 이후에는 경작능률을 증진시키기 위해 개방경지(開放耕地)와 공유지의 둘러싸기와 식부면적(植付面積)을 늘리기 위한 미개간지의 둘러싸기가 대규모로 행하여졌는데, 특히 18세기 중엽 이후에는 산업혁명으로 농산물 수요가 급증하게 되어 이런 방법의 둘러싸기가 더욱 촉진되었다. 더욱이 제1차 때와 달리 정부는 그 촉진을 위해 힘썼고, 의회를 통해 합법적으로 시행되기도 했다. 의회를 통한 둘러싸기는 의회 둘러싸기로 불리었으나 1760년대로부터 급격히 증가하여 1840년대까지 계속되다가 1845년 이후 쇠퇴하였다. 그런데 둘러싸기 운동의 급증기는 이른바 농업혁명의 시기와 일치하고 농업혁명의 일환을 구성하고 있었다.

아무튼 인클로저에 의해서 중소농(中小農)들은 몰락의 길을 걸어 농업노동자가 되었고, 또는 농촌을 떠나 공업노동자가 되기도 하였다. 그리하여 영국에서는 지주 · 농업자본가 · 농업노동자의 세 계급에서 이른바 삼분할제(三分割制)가 18세기 후반 이후 점차 모습을 나타내어 19세기 중엽에 확립되었다.

출처 : 두산백과(www.doopedia.co.kr).

2) 빈민법의 변천(1601년~19세기 전반)

엘리자베스 빈민법은 강력한 절대왕권에 의하여 중앙집권적으로 빈민을 통제하고자 하는 목적에 초점이 있었다. 그러나 16세기 전후의 사회적·경제적인 변화와 더불어 보다 상황에 적합한 방향으로 변화를 겪게 된다.

(1) 정주법(Settlement Act, 1662)

절대왕정의 종료와 청교도 혁명에서 왕당파를 물리친 크롬웰(Oliver Cromwell, 1599~1658)에 의해 부르주아(bourgeois, 근대 사회의 자본가 계급)정권의 성립으로 인해 중앙집권적이었던 구빈제도는 지방의 각 교구로 전적으로 위임되게 된다. 이 당시 진행된 산업화로 인해 대규모의 농촌빈민들이 도시로 대거 유입되고, 이러한 빈민들은 보다 부유한 교구로 이동하는 폐해가 발생하게 된다. 이에 구빈을 담당하는 교구들은 구빈을 위한 재정적 부담을 이유로 빈민의 유입을 거부하게 되고, 농장을 가진 지주들은 자신의 농민들이 다른 지역으로 이동하는 것을 막고자 했다. 이러한 의도에서 1662년에 제정된 법이 바로 정주법(Settlement Act)이다. 정주법은 빈민들의 자유로운 이동을 금지하는 것이 주된 목적이었기 때문에 관할 교구에 새로운 빈민이 유입되는 경우 특별한 사유가 없으면 본래의 거주지로 강제로 송환하였다. 단, 법적인 정주는 출생, 결혼, 도제, 상속에 따라 결정되었고, 새 교구로 이주하더라도 토지를 소유하지 못하면 40일 이내에 떠나야 했다. 다만, 토지가 없더라도 1년에 금화 10파운드의 집세를 낼 수 있으면 이주가 가능했다(양승일, 2018 : 32).

그러나 이 법은 빈민들의 주거 이전의 자유를 침해하고 산업화를 위한 노동력의 확보를 어렵게 만들어서 실업의 원인을 제공했다는 비난을 벗어날 수 없었다.

(2) 작업장법(Workhouse Act, 1696) 및 작업장테스트법(Workhouse Test Act, 1722)

17세기 후반 영국은 노동능력이 있는 빈민들을 산업에 투입하여 길거리에 걸인을 없애는 것은 물론 그들의 노동력을 최대한 활용하여 구빈재정을 축소하려했다. 이를 위해 작업장법(Workhouse Act)을 제정하였으며, 이후에 작업장테스트법(Workhouse Test Act)으로 개정하였다. 이 법에 따르면, 구제를 원하는 빈민은 반드시 작업장에 수용되어야 하고 이를 거부하면 구제자격을 박탈했다. 후에 국가가 작업장들을 민간에게 위탁하게 되고 위탁받은 민간 작업장주들이 관리비용의 절감을 위해 보다 혹독하게 빈민들을 착취하게 되면서 빈민들의 작업환경은 매우 열악해지게 된다. 이로 인해 작업장을 이탈하는 빈민들이 증가하여 노동력이 부족해지자 노동력이 없는 빈민들까지도 강제노역에 동원하게 되면서 심각한 사회문제로 번지게 된다. 그럼에도 불구하고 작업장테스트법은 오늘날의 직업재활 프로그램의 원조격으로 직업보도[2]적 성격을 띤 프로그램이었다는 측면에서 의의를 가진다(남기민, 2005 : 51).

(3) 토마스 길버트법(Thomas Gilbert Act, 1782)

이에 대한 개선의 목소리가 높아지게 되었는데, 그중 당시 하원의원이었던 토마스 길버트(Thomas Gilbert)가 이 같은 빈민들의 처우를 개선하기 위해 개정된 빈민법을 제안하였는데 바로 길버트법(Gilbert Act)이다. 18세기 후반 영국은 본격적인 산업혁명으로 인해 농업사회에서 산업사회로 빠르게 변모하고 있었다. 이러한 변화의 과정에서 공장제 임금노동자들이 대거 빈민층으로 유입되면서 많은 빈민계층이 양산되었는데, 이들을 구빈하기 위해서는 종래의 빈민법이나 작업장법과 같은 구시대적 제도로는 대응이 어렵게 되었다. 이에 새롭게 대응하기 위해 제정된 법이 바로 길버트법(Gilbert Act)과 스핀햄랜드법(Speenhamland Act)이다.

빈민들의 작업환경의 개선을 주 내용으로 하는 길버트법의 주요 내용으로는 많은 반대 세력들과의 긴 투쟁을 거쳐 1782년 당시 하원의원 토마스 길버트에 의해 제정되게 된다. 이 법은 첫째, 노동능력이 있는 빈민이라 할지라도 작업장

2) 취직이나 전직을 하려는 사람에게 그 직업에 필요한 지식이나 기능을 가르치는 일 혹은 취직한 사람이 그 직업에 적응하여 성공할 수 있도록 직업상으로나 생활상으로 필요한 보호와 지도를 하는 일

에서 노동하지 않고 처벌 대신 자신의 집에서 거주하면서 구호물품 등을 이용해 원외구호(outdoor relief)를 받을 수 있고, 둘째, 노동으로 임금소득이 있으나 그 금액만으로는 생활의 유지가 어려운 경우 부족한 금액만큼 소득을 보충해주는 것을 주요 내용으로 하였다. 이 법은 오늘의 재택보호제도의 효시가 되었으며, 이후 추가되는 스핀햄랜드법의 법적 기초를 제공함으로써 새로운 형태의 인도주의적 구빈제도로 평가받았다.

(4) 스핀햄랜드법(Speenhamland Act, 1795)

산업화, 인구증가, 인구이동, 18세기 말의 흉작 등으로 인해 실업자는 물론 임금노동자들도 식량 부족 등의 문제를 겪게 되면서, 영국의 빈곤 문제는 더욱 심각한 단계에 이르렀다. 스핀햄랜드법(Speenhamland Act)은 길버트법으로부터 발전된 것으로, 빈민세를 재원으로 수준에 미치지 못하는 임금을 받는 노동자에게 표준임금의 부족분만큼을 보조해주는 일종의 최저생계비 보장제도라고 할 수 있다. 이에 따라 생계비와 가족 수에 연동시킨 수당을 저임금 노동자에게 지급하고, 노동능력이 없는 빈민에 대해서는 원외구호를 확대시켰다. 이 법은 최초로 생계비와 가족 수를 고려하여 최저생계수준 이하의 빈민에게 진정한 관심을 제공함으로써 오늘날의 가족수당이나 최저생활 보장의 기반을 이루었다는 점에서 의의를 가진다(양승일, 2018 : 33). 그러나 고용주가 부담해야 할 비용을 빈민세로 전가시켜 노동자 계층을 포함한 시민들이 고용주의 부담을 대신 짊어지게 했다는 점에서 부정적인 평가(김영종, 2017 : 56)도 받고 있다.

(5) 신빈민법(New Poor Law, 1834)

18세기 후반 영국에서는 국가에 의한 구빈제도는 막대한 재정낭비와 비효율성을 조장하고, 빈민들의 구빈에 대한 의존성을 높여 비도덕적으로 만든다는 자유주의 사상들이 사회 전반에 영향을 미치게 된다. 이러한 흐름과 함께 새로운 사회문제 해결을 위한 '신민빈법(Poor Law Reform)'이 제정되었다. 신빈민법은 1832년에 발족한 왕립 빈민법 위원회의 조사를 토대로 제정된 법으로서 이는 빈민에 대한 억압정책으로서의 회귀를 의미한다. 즉, 프랑스혁명이 영국에 미치는 영향력을 두려워하여 스핀햄랜드법이 제정된 것이라면, 신빈민법은 구빈비용 증가에 따른 부담을 해결하고자 스핀햄랜드법의 모순과 빈민의 도덕성에 대한 비판을 제기하여 또 다시 빈민을 통제하고 억압하기 위해 제정된 것이라 할 수 있다. 이는 엘리자베스 빈민법 이후 시행되었던 길버트법의 원외구호, 스핀햄랜드법의 최저생계비 지원 등의 인도주의적 경향이 다시 사라지고 엘리자베스 빈민법 수준으로 복귀하는 억압적 제도가 마련된 것으로 볼 수 있다(양승일, 2018 : 33).

이러한 신빈민법은 다음의 세 가지 주요 원칙을 고수했다.

첫째, **균일처우의 원칙**(principle of national uniformity)은 구빈행정을 지방자치단체에서 중앙기관으로 옮겨 중앙집권화시킴으로써 빈민들의 유형과 거주지에 상관없이 균일한 행정서비스를 받을 수 있도록 구빈행정의 통일을 지향하는 원칙을 말한다.

둘째, **열등처우의 원칙**(principle of less eligibility)은 노동능력이 있는 빈민의 생활수준이 최하층 근로자의 생활수준보다는 높지 않아야 한다는 원칙, 즉 빈민의 구제수준이 임금 노동자의 생활수준을 결코 상회해서는 안 된다는 원칙이다.

셋째, **작업장 활용의 원칙**(principle of workhouse system, **노역강제수용의 원칙**)은 노약자, 질환자 등 예외적인 경우에만 원외구호를 허용하고, 노동능력이 있는 노동자에 대해서는 원칙적으로 원외구호(재가구호)를 폐지하고 누구든지 작업장에서 일을 해야만 구제를 받을 수 있다는 원칙이다.

신빈민법은 구빈재정을 대폭 감소시켜 경제적으로 효율성을 기했다고 평가할 수 있지만, 의도했던 빈곤 문제의 개선에는 거의 기여하지 못하고 오히려 장기적인 빈곤의 악순환을 유발하게 된다. 이전의 제도들과 마찬가지로 빈곤의 사회적 원인보다는 개인적 원인에만 관심을 둠으로써 오히려 구빈법의 억압적 요소들이 부활하는 결과를 초래했다는 비판을 받았다. 신빈민법은 20세기 현대적 형태의 사회보장제도가 성립될 때까지 영국 공공부조의 기본 원리가 되었으나 자본주의 진전과 노동계층의 권리신장, 빈민들에 대한 인도주의적 관심의 증가와 맞물리면서 시대를 역행하는 구시대적 산물이 되어 갔다.

3) 사회개혁의 시대(19세기 후반~20세기 초)

19세기에 들어서면서 영국에서는 자본주의체제가 발전하기 시작했다. 자본주의는 농촌의 노동력을 대거 흡수함으로써 부랑자 문제를 근본적으로 해결했지만, 그 대신 프롤레타리아트(proletariat)[3]라는 새로운 계급을 만들어냈다. 이로 인해 봉건시대에는 존재하지 않았던 산업재해, 각종 질병, 실업, 노동, 퇴직 후 빈곤 문제 등의 새로운 자본주의적 사회문제들이 나타나기 시작했다. 특히 경제공황은 기존의 자유방임주의로는 이러한 자본주의의 구조적 문제들을 해결하기에는 역부족이라는 것이 입증되었다(박종팔 외, 2019 : 48). 이에 19세기 말 영국에서는 구빈행정과 사회철학에 영향을 줄 수 있는 요소들이 빠르게 싹트기 시작했다(남기민, 2009 : 79-83; 박종팔 외, 2019 : 48-49). 크게 노동운동의 성격 변화, 자선조직협회의 창설, 사회조사사업, 사회보험법의 제정 시기로 나누어 살펴보도록 하겠다.

(1) 노동운동의 성격 변화

첫 번째 요소는 노동운동의 성격 변화이다. 1870년대 여러 차례의 대규모 경제공황으로 인해 대규모 실업과 그로 인한 대중의 경제적 어려움 등은 빈곤을 더 이상 개인의 나태나 무능의 원인으로 설명하기 어렵게 만들었으며, 자유방임적 경제 체제와 사상이 가지는 근원적 한계에 대한 인식과 부르주아에 의존했던 기존의 노동방식에 대한 자기비판의 소리가 일어나게 된다(김영종, 2017 : 57). 이러한 영향으로 1884년 버나드 쇼(Show, G. B.), 웹 부부(Beatric Webb & Sidney Webb) 등의 지식인들에 의해 페이비언협회(Fabian Society)가 결성되었고, 1900년

3) 유산계급인 부르주아지(bourgeoisie)와 대비되는 무산계급(無産階級)을 지칭하는 말로, 자본주의 사회에서 자신의 노동력을 판매하여 생활을 영위해 가는 무산자로 이루어진 계급을 지칭하는 말로, 노동자 계급 또는 피지배계급을 뜻하기도 한다.

에는 페이비언협회와 여러 노동조합 대표들이 모여 함께 노동당(Labour Party)을 설립한 것이 주목할 만하다. 노동당은 국가의 가장 큰 과제를 자유, 평등, 우애, 민주주의, 복지에 맞추고 자유시장제도의 미비점을 수정・보완해야 한다고 주장하면서, 국가의 집단주의적 책임을 강조하였다. 이것이 노동당이 추구하는 '복지국가주의(welfare statism)'의 이론적 기초가 되었다.

(2) 자선조직협회의 창설

두 번째 요소는 자선조직협회(COS : Charity Organization Society)의 창설이다. 1834년 구빈법의 개정에도 불구하고 노동계층의 빈곤은 여전히 해결되지 못하고 있었다. 1834년 이래 빈민들을 작업장과 기타 공적구빈제도의 가혹한 조치로부터 구원하려는 소망에서 개인이나 단체들이 주도한 자선활동이 증가하고 있었지만 그 영향력은 미미했다. 박애활동의 일환으로 많은 자선단체나 박애주의자들에 의한 구빈활동이 대부분이었기 때문에 활동 자체가 체계적이지 못했고, 서비스의 중복으로 인한 낭비로 효율성이 떨어질 수밖에 없었다(김인혁 외, 2019 : 33). 이에 1869년 자선구제조직 및 걸식박멸협회(the Society for Organizing Charitable Relief and Repressing Mendicity)가 런던에서 창립되었고, 그 다음 해 1880년에 자선조직협회로 그 명칭을 개칭하였다. 자선조직협회는 대상자를 직접 방문하여 개별조사를 하고 이를 통해 적절한 도움을 주었으며 구호신청자들을 협회에 등록시켜 중복구호를 방지했다. 19세기 내내 무차별적인 구호의 제공을 반대하고, 구빈행정을 주의 깊게 할 것을 주장하는 세력으로서 그 영향을 계속 유지하게 된다. 자선조직협회는 이후 개별사회사업의 기초를 형성하였으며, 유급 직원을 채용하여 개별사회사업을 수행하는 경우들이 있었는데, 이것이 더욱 발전하여 전문 사회사업가집단을 탄생하게 만들었다(김영종, 2017 : 59).

이 시기의 또 다른 유형의 민간 복지활동으로 인보관운동(settlement movement)이 있었다. 인보관운동은 대학생 등의 자원봉사자와 중산층의 지식인들을 주체로 빈민촌에 머물면서 빈민들에 대한 교육과 문화수준 향상에 헌신하는 활동을 하는 것이었다. 1884년에는 세계 최초의 인보관인 토인비 홀(Toynbee hall)

이라는 이름의 대학 인보관 건물이 건립되었다. 인보관운동은 오늘날의 집단사회사업에 대한 이론적 기초를 제공하였으며 지역주민의 참여를 중심으로 하는 지역사회조직 개념의 뿌리를 형성하였다. 이러한 인보관운동은 빈곤의 원인을 개인의 나태함과 무절제 때문이라고 보는 시각에서 사회구조적 원인으로 시각을 돌리게 함으로써 사회연대의식에 기초한 사회개혁운동으로서의 특징을 가지고 있었다.

(3) 사회조사사업

세 번째 요소는 영국의 구빈행정에 큰 영향을 미친 사회조사사업이다. 대표적인 사회조사사업은 1886년 부유한 사업가 찰스 부스(Charles Booth)에 의해 이루어졌다. 찰스 부스는 1886년부터 17년간 런던의 동부 지역을 조사하였는데, 그의 조사 결과에 따르면 런던 시민의 약 1/3이 빈곤선 이하에서 생활하고 있다고 하였다. 그는 빈곤의 원인이 개인의 도덕적 결함보다는 불충분한 임금, 부적절한 주택, 불결한 위생, 실업, 노령에 있음을 밝혀내면서 이후 영국의 노령연금법 제정에 큰 영향을 미치게 된다. 또 하나의 사회조사는 라운트리(Seebohm Rowntree)에 의해 수행되었다. 라운트리는 영국의 요크시를 대상으로 한 빈곤조사를 통해 1차 빈곤과 2차 빈곤 상태가 있음을 밝혀내고, 빈곤 발생 원인의 대부분은 소득의 분배가 제대로 이루어지지 않은 상황에 있다고 하였다. 부스와 마찬가지로 빈곤의 원인은 개인적 결함이 아니라 사회·제도적인 모순과 환경에 있음을 밝혀내게 된다.

(4) 사회보험법의 제정

20세기 초 영국의 노동당은 아직 초창기였기 때문에 자유당에 의해 사회복지에 대한 정책개혁이 주도되었다. 자유당은 선거 공약의 실천을 위해 1905년 빈민법 개혁안을 의회에 제출하였고, 이 개혁안은 왕립조사위원회를 통해 심의를 받게 된다. 이 위원회는 빈민법의 존속을 인정하고 부분적 개선을 주장하는 다수파[4]와 빈민법을 전면적으로 폐지하고 보건, 교육, 의료, 주택, 의료보험 등의 예방적 대책을 주장하는 소수파[5]로 나뉘어 격렬하게 논란을 벌였다. 길고 긴 논의 끝에 이 위원회는 빈민법의 징벌적 성격보다는 인도주의적인 공적부조 프로그램으로의 전환 필요성에 합의함으로써 사회입법의 계기를 마련하였다(안병용, 1984 : 443; 박종팔 외, 2019 : 51 재인용). 이러한 요소들의 영향을 받아 나타난 가장 획기적인 제도변화는 바로 사회보험제도인 국민보험법(National Insurance Act)의 제정이라고 할 수 있다. 영국의 국민보험법은 1911년 로이드 조지 수상(George, D. L.)과 처칠(Churchill, W. L. S.)에 의해 추진된 입법으로 실업보험(1905), 노령연금(1908), 직업소개법 및 최저임금법(1909), 의료보험 및 실업보험을 주 내용으로 한다. 국민보험법은 실업과 건강, 재해, 폐질 등을 모두 포괄하고 있고, 고용주와 근로자와 재정을 함께 부담하게 하는 영국 최초의 사회보험이라는 점에서 큰 의의를 가진다. 이러한 영국의 국민보험은 노동자 계급의 성장에 대한 지배계층의 우려가 작용하고 있었던 것은 사실이나 독일 비스마르크의 사회보험보다는 좀 더 노동계층을 위한 사회보험제도로서 복지국가 행정에 한층 가까운 사회보험제도라고 할 수 있다.

4) 복지국가의 성립(20세기 초~20세기 후반)

사회보험제도의 실시와 함께 영국은 복지국가로서 큰 전환점을 맞이하게 된다. 제1차 세계대전(1914~1919)과 제2차 세계대전(1939~1945)을 겪으면서 노동자 계급과 시민 계급의 세력이 강해지고 이들의 다양한 요구사항에 대해 국가가 적극적으로 대응해야 하는 상황이 복지국가를 만들어 냈다고 해도 과언이 아니다. 이제 복지는 시민의 의무가 되었으며 보험급여 역시 시민의 권리로서 당연히

4) 자유주의를 사상적 기반으로 하는 자선조직협회 출신 위원들로 구성. 빈곤의 원인을 개인적 차원에서 찾으려는 사람들로서, 빈민법을 개정하여 '공공부조'로 개명하고, 요보호 빈민들은 원조를 해주지만 나태한 빈민들은 강력하게 통제해야 한다고 주장

5) 영국의 사회민주주의를 이끌고 있었던 페이비언협회 출신 회원들, 인보관운동 회원들의 지지를 받던 위원들로 구성. 빈곤의 책임을 대부분 사회구조적 원인에서 찾으려는 사람들로서, 기존의 빈민법을 폐지하고 노동능력이 있는 빈민들을 위한 직업알선 프로그램 등의 서비스를 전국적으로 실시해야 한다고 주장

받게 되는 것이 되었다. 즉, 자비나 온정의 관점이 아니라 복지를 시민권으로서 인정하였으며, 사민주의 이념에 입각한 사회연대, 소득과 부의 평등한 분배, 사회적 위험에 대한 공동체의 노력 등을 추구하게 된다. 이러한 노력의 가장 대표적인 것으로 베버리지 보고서가 있다.

베버리지 보고서(Beveridge Report)는 윌리엄 베버리지(William Henry Beveridge)가 사회보장제도의 확대를 위해 구상한 보고서로, 제2차 세계대전 후의 영국이 가야 할 복지국가의 토대가 되었다. 정식 명칭은 사회보험과 관련 서비스(Social Insurance and Allied Services)이다. 제2차 세계대전이 진행 중이던 1941년, 영국 노동조합총연맹의 청원을 계기로 부처 간 위원회가 조직되어 국민건강보험제도에 관한 검토를 시작하였다. 이 검사에 기반하여 1942년 11월에 제시된 것이 베버리지 보고서로, 건강보험, 실업보험, 연금 등 모든 국민을 대상으로 하는 제도를 정비하는 것을 주 내용으로 하였다. 이 보고서는 대중의 관심을 집중시켰고, 복지국가로의 기대를 가지게 하였다.

베버리지 보고서의 내용을 살펴보면, **궁핍**(want), **질병**(disease), **무지**(ignorance), **불결**(squalor), **나태**(idleness)를 '다섯 가지 악'으로 명명하여 국가가 사회보험제도를 정비하여 이에 대항해야 하며, 불가능할 경우에는 공공부조를 설계해야 한다고 주장했다. 또한 사회보장보험에 있어서 개인은 국가가 보장하는 국민최저한 이상의 수준을 준비할 수 있는 자발적인 행동을 해야 하며, 국가의 사회보장은 이러한 자발적 활동의 여지를 남겨둘 수 있는 수준에서 이루어져야 한다고 주장하면서 정부와 개인의 역할 분담 등을 강조하였다. 구체적으로는 6대 원칙과 3대 전제조건 등을 내세웠다. 먼저 베버리지 보고서에서 내세운 6대 원칙은 첫째, **포괄성의 원칙**(principle of the comprehensiveness)으로, 보편주의에 근거해 모든 국민이 의무적으로 가입하는 보장 특성에 맞게 적용대상이나 욕구보장에 있어서 범위가 포괄적이어야 한다는 것이다. 둘째, **급여 적절성의 원칙**(principle of the benefit adequacy)으로, 급여수준은 일상생활을 영위하는 데 적절해야 한다는 것이다. 셋째, **정액갹출의 원칙**(principle of the flat rate contribution)과 넷째, **정액급여의 원칙**(principle of the flat rate benefit)은 소득이 다르더라도 동일한 보험료를 납부하고 동일한 수준의 급여를 받는다는 원칙이다. 다섯째, **행정통일의 원칙**(principle of the administrative uniformity)은 효율성 차원에서 지방사무소를 둔 하나의 사회보험금고가 관리 운영한다는 원칙이고, 마지막으로 보험자분류 혹은 **대상자분류의 원칙**(principle of the classification)은 사회보장 대상인구를 취업연령을 중심으로는 고용노동자, 자영업자, 전업주부, 임시직 및 시간제 노동자로, 미취업연령을 기준으로는 미성년자와 노인으로 분류하여 모든 인구층의 욕구를 보장한다는 원칙이다.

또한 이 같은 사회보장이 성공하기 위해서는 가족수당, 포괄적인 보건서비스, 완전고용이라는 세 가지 기본 전제조건이 필요하다고 하였다. 즉, 가족의 규모와 소득을 고려하여 가족수당(family allowances)이 결정되어야 하고, 치료뿐만 아니라 예방적인 장치로서 포괄적인 보건서비스(comprehensive health service)가 있어야 하며, 실업으로 인한 임금손실 등을 지양하기 위해서는 정부가 개입하여 완전고용(full employment)을 하여야 한다는 것이다.

이러한 베버리지 보고서는 광범위하고 과학적인 조사를 바탕으로 포괄적인 사회보장제도를 확립시키고자 했다는 측면에서 큰 의의를 가지고 있으며, 실제로 다양한 사회보장으로 입법화되면서 영국을 비롯한 서유럽 국가들에게 많은 영향을 미쳐 '복지국가의 청사진'을 마련했다는 점에서 커다란 의의를 가진다(양승일, 2018 : 38-39). 이러한 베버리지 보고서는 대영제국의 현대적 사회입법의 기초가 되었으며 나아가 서유럽 복지국가의 기틀 형성에도 큰 영향을 미쳤다(박종팔 외, 2019 : 54).

유럽에서 제2차 세계대전이 끝난 뒤인 1945년 7월에 치러진 선거에서 노동당이 대승을 거둬 클레멘트 애틀리(Clement Richard Attlee)가 이끄는 내각이 출범하였고, 베버리지 보고서의 구상을 실현하기 시작했다. 1946년에는 국민보험법(National Insurance Act), 국민보긴서비스법(National Health Service Act), 1948년에는 중앙정부의 사무를 위임받은 지방정부가 낮은 수준의 재정으로 시설 및 지역사회 보호에 대한 규정을 담은 국민부조법(National Assistance Act) 등이 제정되었다. 이처럼 베버리지 보고서는 복지국가체계를 확립하는 데 큰 역할을 담당하였으며, 이를 근거로 소위 '요람에서 무덤까지(from the cradle to the grave)'로 일컬어지는 복지국가로의 길을 걷기 시작하였다(위키백과, ko.wikipedia.org).

5) 복지국가의 위기와 대응(1970년대 후반~현재)

세계적인 경제적 호황과 안정적인 경제성장 및 정치상황 속에서 사회민주주의의 중도이념에 기초한 영국 복지국가는 지속적인 확대・발전 및 성장을 이룩한다(장인협 외, 1999 : 55). 그러나 1973년과 1979년 두 차례의 석유파동(Oil Shock)으로 인한 스태그플레이션(stagflation)[6]의 시작, 경제성장과 완전고용의 종식, 대량 실업의 발생, 국가의 재정위기, 복지예산 삭감의 고려, 복지국가의 사회체계에 대한 신뢰 상실의 조짐 등으로 인해 복지국가는 새로운 위기를 맞게 된다. 이러한 상황은 자본주의 체계에 근본적인 위기를 초래하게 되고, 이는 다시 복지국가의 정체성에 심각한 위협요인이 되었다. 이러한 급속한 환경의 변화에 따라 복지국가의 위기가 나타나게 되는데 이에 대응하는 대표적인 사상이 바로 신자유주의와 제3의 길이다.

(1) 신자유주의(neoliberalism)

석유파동으로 인한 스태그플레이션으로 복지재정을 포함한 국가의 재정적자가 누적됨으로써 복지국가는 시민들로부터 외면당하기 시작했다. 이에 케인스주의(Keynes principle)[7]를 거부하는 새로운 사상이 등장하게 되는데 이것이 바로 신자유주의(neoliberalism)이다. 신자유주의는 시장에 대한 국가의 개입을 비판하고 시장의 기능과 민간의 자유로운 활동을 중시해야 한다는 사상으로 대표적인

6) 경제활동이 침체되는 불황 속에서도 지속적으로 물가가 상승되는 상태가 유지되는 저성장・고물가 상태

7) 케인스는 1930년대의 높은 실업률과 디플레이션에 대해 거시적인 규모에서 대처하기 위해 정부가 정책적으로 소비를 유도해야 한다고 논했다. 불황기에 정부가 지출을 늘리면 보다 많은 돈이 풀려서 시민들의 소비와 투자가 유도되어 경제가 정상 상태를 회복한다고 주장하였다. 즉, 완전고용을 실현・유지하기 위해서는 자유방임주의가 아닌 소비와 투자, 즉 유효수요를 확보하기 위한 정부의 보완책(공공지출)이 필요하다고 주장했다.

학자로는 하이에크(Hayek, F. A.)와 프리드만(Friedman, M.)이 있다. 즉, 국가개입의 최소화를 통한 시장경제를 지향하는 사상으로서, 사회분열, 수요조장, 자유억압, 비효율성이라는 이유로 국가에 의한 사회복지행정을 강력하게 반대했다. 따라서 신자유주의는 자본주의에는 긍정적이지만, 국가에 의한 사회복지행정에는 부정적인 입장에 있는 사상이라고 할 수 있다(양승일, 2018 : 41).

이 같은 흐름 속에서 1979년 영국에서는 대처(Margaret Hilda Thatcher, 1925~2013)가 이끄는 보수당이 노동당을 누르고 선거에서 승리하게 된다. 이른바 '대처리즘(Thatcherism)'이라고 불리는 대처의 정책은 신자유주의 이념에 토대를 두고 자유경제와 강한 국가의 구축을 통해 케인즈 이론과 베버리지 보고서의 내용으로부터의 탈피를 위한 강력한 경제개혁을 추진했다. 이를 위해 실업수당, 공공부조, 연금 등의 공공지출을 대대적으로 삭감하고 민영화와 규제완화를 하였으며, 전 국민의 복지에 대한 국가의 책임이라는 베버리지 보고서의 내용에 대한 탈피로 보편주의 원칙을 포기하고 선별주의의 정책을 선택함으로써 보편적 복지에서 선별적 복지로 회귀하게 된다(남기민, 2009 : 86-88). 대처리즘의 주요 개혁 내용은 다음과 같다. 첫째, 국영기업의 주식매각과 민영화를 통한 경제 전반의 탈사회화, 둘째, 연금 급여수준의 저하 및 개인연금의 장려, 셋째, 아동수당과 주택수당의 급여수준 동결 및 삭감, 넷째, 민간병원의 설립 장려 및 의료부문의 시장원리 강화, 다섯째, 공공주택의 매각을 통한 민영화 조치, 여섯째, 공공부문의 역할 축소 및 민간부문과 지역사회보호 역할을 강화하는 조치를 취했다(장인협 외, 1999 : 46). 이러한 대처리즘의 핵심은 '시장은 좋고, 정부는 나쁘다', 즉 시장은 보이지 않는 손에 의해 모든 수요와 공급이 조절되기 때문에 국가가 과도하게 개입할 필요가 없다는 것이었다. 따라서 대처리즘은 반사회민주주의, 반노조주의, 반복지국가주의를 주요 내용으로 하는 것이며 실제로 공영주택의 매각이나 보충급여의 축소 등을 통해 복지정책을 축소하였다. 이러한 대처의 경제개혁은 경제를 활성화시키는 데에는 도움이 되었으나, 빈부의 양극화 현상을 초래했다는 비판 또한 함께 받고 있다(양승일, 2018 : 43).

(2) 제3의 길(the Third Way)

신자유주의가 세계 경제의 흐름을 주도하고 있는 가운데 1997년 5월 총선에서 영국에서는 블레어(Tony Blair, 1953~)가 이끄는 노동당이 대처의 보수당을 상대로 압승을 거두고 승리하면서 새로운 '제3의 길(the Third Way)'이라는 복지전략을 내세웠다. 제3의 길이란 복지, 평등, 사회적 약자에 대한 배려 등과 같은 사회민주주의 노선인 제1의 길과, 시장의 자유, 경제적 효율, 노동 인센티브 등과 같은 시장자유주의 노선인 제2의 길을 동시에 추구하는 새로운 정책 노선으로서 사회민주주의의 복지국가와 신자유주의 시장경제의 단점을 배제하고 장점만을 융화시킨 새로운 개념의 신노동당의 차별화 전략이다. 복지와 노동을 연계한 제3의 길은 기든스(Giddens, A., 1938~)가 이론적으로 체계화시켰고 블레어가 이를 정치노선으로 채택함으로써 세계적으로 알려지게 되었다(원석조, 2016 : 160-164). 기본적으로 제3의 길은 사회투자국가, 복지다원주의, 의식의 전환을 지향한다. 첫째, 사회투자국가(social investment state)는 국민들에게 경제적 급여를 직접 제공하기보다는 인적자본 등에 대한 투자를 통해 경제활동에 대한 참여의 기회를 확대하고, 기업의 일자리 창출 노력을 적극 지원하여 실업을 해결해야 하며, 평생교육을 강조하고 직업 관련 교육을 지원해야 한다는 것이다. 즉, 경제성장과 사회통합을 동시에 추구하는 국가를 의미하는 것으로 교육복지행정 등이 그 예가 될 수 있다.

둘째, 복지다원주의(welfare pluralism)는 복지의 주체를 다원화(多元化)하자는 것으로, 복지제공의 업무를 중앙정부뿐만 아니라 기업, 시민단체, 지역사회, 지방정부 등으로 다원화하여 복지국가의 비효율성을 줄이자는 것이다.

셋째, 의식의 전환(conversion of notion)은 복지국가는 자원의 제공보다는 위험을 공동 부담하는 것이라는 개념을 적용한 것이다. 즉, 국민이 스스로 복지국가에 대한 의존성향을 줄여야 한다는 것으로 개인의 독립성과 진취성, 책임성을 상대적으로 강조하는 입장이라고 할 수 있다. 이 같은 제3의 길은 노동연계복지(workfare)를 핵심으로 한다. 의존형의 복지에서 자립형의 복지로의 전환을 통해 신자유주의의 경제적 효율성과 사회민주주의적 복지국가 노선의 사회복지를 결합한 복지개혁의 새로운 복지모형인 것이다. 결과적으로 제3의 길은 사회보장과 재분배 등 사회복지행정에 관심을 기울이는 동시에 부를 산출하는 주도적인 주체로서 복지수혜계층의 역할과 책임을 강조하는 사상이라고 할 수 있다.

2. 미국 사회복지행정의 역사

미국은 사회복지행정이 독립된 사회복지분야로 가장 먼저 발달한 사회로 앞서 살펴본 영국과는 많은 차이를 나타낸다. 1776년에야 독립국가가 된 미국은 자유주의와 개척정신을 기조에 두었기 때문에 국가보다는 지역사회나 민간 등에 의한 '자발적 접근'을 선호했다. 사회복지행정이 다른 나라에 비해 발전한 미국의 역사는 사회복지전문직의 발달과 행정 간의 관계를 이해하는 데 좋은 시사점을 준다(김영종, 2017 : 63).

Patti(1983)는 미국 사회복지행정의 발달과정을 인식기(19세기 말~1920년대), 기초 정립기(1930년대~1950년대), 정체기(1960년대), 발달기(1970년대~1980년대), 새로운 도전과 응전기(1990년대 이후)로 구분하였다(Patti, 1983 : 1-23). 본 절에서도 이러한 역사적 구분을 기초로 하여 미국의 구체적인 사회복지행정의 발달을 살펴보았다.

1) 인식기(19세기 말~1920년대)

사회복지는 산업화로 인한 사회적 환경의 급격한 변화와 이로 인한 다양한 사회문제의 출현과 함께 19세기 중반에 등장하였지만 사회복지행정에 대한 관심이 최초로 등장한 것은 19세기 말쯤으로 볼 수 있다. 등장은 19세기 말엽이었지만 그나마 명목상으로라도 사회복지행정에 관한 인식이 이루어진 것은 20세기를 들어서면서부터라고 할 수 있다. 20세기 초반은 전체 사회복지의 역사에서 보면 강력한 전문화의 시대로, 사회복지의 독자적 영역이 형성되고, 전문직 실천의 지배적이고 독특한 방법으로서 케이스워크(casework)가 확립되는 시기였다

(Lubove, 1965 : 119). 이 당시의 사회복지의 이론과 지식, 기술과 사회복지교육에 이르기까지 대부분이 케이스워크에 초점을 두고 있었기 때문에 케이스워크가 전체 사회사업전문직을 대표하는 것으로 생각되던 시기였다. 그러나 사회사업전문직 자체와 몇몇 학자들, 전문직협회 및 관계 문헌들에서 비판과 반성이 나타나기 시작했는데 이것이 명목상으로나마 사회복지행정을 인식한 것으로 볼 수 있다. 사회복지행정은 20세기 초반까지도 전문직의 실천형태로서 실질적인 인정을 받지는 못했다.

사회복지전문가들은 빈민들의 사회적 조건을 개선하고, 과거로부터 내려오는 사회사업시설들의 실천을 합리적으로 관리할 책임이 있었고 또한 많은 전문사회사업가들의 활동이 직·간접적으로 불가피하게 행정과 관련되어 있었기 때문에 완전히 행정에 무관심하기는 어려웠다(Lubove, 1965 : 22-34). 따라서 사회복지전문직 자체적으로 사회사업시설들의 실천을 합리적으로 관리하고 그것의 효율성을 높일 수 있는 전문적 방법의 필요성을 인식하는 목소리가 나오기 시작했다. 일부 학자들은 케이스워크를 사회복지서비스의 목적, 조직, 전달에 영향을 주는 하나의 전문직으로 보기에는 그 영역이 너무 협소하므로 보다 광범위한 접근이 필요하다고 주장하였다. 대표적으로 Abbott(1931)과 Dunham(1939), Hagerty(1931) 등이 있었다(Patti, 1983 : 3-4).

Abbott(1931)는 사회사업 전문교육이 케이스워크에만 초점을 둔 고도의 기술적이고 전문적인 과정으로 되어 있는 것에 대해 비판하면서 케이스워커들도 이후에 사회복지 이사회나 사회복지기관 협의회 간부가 될 자격을 갖추어야 한다고 주장하였다. 이는 사회사업전문가가 되기 위해서는 직접적 실천에 관한 지식과 경험은 물론 행정과 정책에 관한 지식도 갖추어야 한다는 것으로 이는 사회복지행정에 대한 필요성을 인식한 것으로 생각할 수 있다(Abbott, 1931 : 30-37). Dunham(1939)은 사회복지행정과 직접적 실천을 분리된 기능으로 생각해서는 안된다고 주장하면서 모든 형태의 전문적 실천의 기초가 되는 케이스워크의 지식과 기술을 익힌 후에는 그러한 것들을 효과적으로 관리할 수 있는 지식과 기술을 배워야 한다고 주장하였다. 그는 사회복지행정을 직접적 실천의 보조적인 방법으로 인식했던 것으로 볼 수 있다(Dunham, 1939 : 16). 또한 Hagerty(1931)는 사회사업대학의 첫 번째 임무가 행정가들의 교육이며, 이러한 교육을 하기 위해서는 교과과정 속에 행정에 관한 내용을 필수적으로 포함시켜야 한다고 주장하였다. 이러한 그의 주장은 이후 사회사업대학들의 교과과정에 많은 영향을 미치게 되었다.

Skidmore(1983)는 사회사업대학 교과과정 속에 최초로 행정이 나타난 것이 1914년이었다고 기술한 바 있지만 그에 대한 구체적인 내용을 제시하지는 않았다(Skidmore, 1983 : 24). 사회사업대학들의 행정에 대한 인식에 많은 영향을 미친 것은 1929년의 밀포드(Milford) 회의 이후라고 보는 것이 보다 합당할 것이다. 이 회의에서는 전문적 사회사업교육기관은 사회사업가의 양성을 위하여 케이스워크, 그룹워크, 지역사회조직, 사회사업조사, 행정을 포괄하는 하나의 교과과정을 제안하였다. 특히 사회복지조직에 필요한 조직 구조의 틀과 기준, 효과적인 서비스 전달체계와 조직을 언급하였다는 점에서 중요성을 가진다(NASW, 1929 : 78). 밀포드 회의 이후로 많은 대학의 교과과정에 행정이 포함되었다고는 알려져 있으나 실제로 몇 개 학교의 교과과정에 포함되어 있었는지에 대한 구체적인 자료가 남아 있지 않아 분명하지 않으며, 사회사업실천가나 교육담당자들이 사회복지행정의 필요성을 인식하면서도 그에 대한 구체적인 내용을 정립하지는 못했던 것으로 보인다. 따라서 이 시기에는 사회복지행정에 대한 인식은 어느 정도 이루어졌으나 사실상 사회복지행정의 실천지식과 기술이 일관성 있게 발전하지는 못했으며 또한 행정 실천영역을 지도할 전문적 규범과 가치 및 원리도 정립되지 못한 상태였던 것으로 볼 수 있다.

2) 기초 정립기(1930년대~1950년대)

1929년의 세계대공황은 미국의 경제 전반을 파괴하고 실업자와 빈곤자의 발생을 가중시켰으며, 중산층에 치명적 위기를 안겨주면서 빈곤에 대한 새로운 관점의 대두와 함께 미국의 사회복지에 대한 대전환을 초래하게 된다. 빈곤의 원인을 개인의 결함으로부터 찾던 자유방임사상이 뿌리 채 흔들리기 시작하면서 빈곤의 원인을 개인의 결함이 아니라 사회구조적 원인에서 찾기 시작한 것이다(남기민, 2009 : 100-101).

이 같은 상황에서 루즈벨트(Franklin Delano Roosvelt, 1882~1945)가 1933년 3월에 대통령으로 취임하면서 사회문제 해결을 위한 연방정부의 개입이 시작된다. 실업자를 위한 지출과 공공사업을 옹호하는 '뉴딜(New Deal)정책'을 펼치기 시작했는데, 이는 민간부분에만 의존하던 기존의 관점에서 벗어나 연방정부가 공공복지에 더 많은 투자를 하여야 한다는 인식을 만들어 내게 된다. 빈곤은 더 이상 개인의 결함을 원인으로 발생하는 것이 아니기 때문에 보다 인간적으로 다루어야 한다고 믿었다(박병현, 1994 : 267). 이에 루즈벨트 대통령은 대공황의 결과로 나타난 실업자와 경제적 파탄자를 위한 원조에 연방정부가 관여하여 1934년 연방긴급구호청(FERA : Federal Emergency Relief Administration)을 설립하고, 1935년 「사회보장법」을 제정하여 연방과 주의 공공부조제도를 실시하게 되면서 사회복지행정의 실천영역이 형성되기 시작한 것으로 볼 수 있다. 사회보장법은 다음의 세 가지 부문에 접근하였는데(Zastrow, 1990 : 18-19), 첫째, 연방정부가 재정의 보조뿐만 아니라 직접 운영하는 '사회보험'으로 실업보험과 노령·유족 및 장애보험으로 구성되어 있었으며, 둘째, 연방정부가 재정 보조하고 주정부가 운영하는 공공부조 부문으로, 맹인부조(AB), 장애인부조(AD), 노령부조(OAA), 요부양아동가족부조(AFDC) 등의 네 가지 프로그램으로 구성되어 있었고, 셋째, 공공보건 및 복지서비스 부문으로 보건, 입양, 장애인 서비스와 같은 각종 서비스를 제공하였다. 이는 제도적 관점에 입각하여 사회복지행정과 공적사회복지체계가 급격하게 강화되는 계기가 되었다.

한편 연방긴급구호청의 설립으로 각 구와 지방에는 공공구제기관들이 설립되고 그 기관에서 업무를 수행할 많은 관리자들이 필요하게 되었다(Brow, 1940 : 280-289). 이처럼 사회보장법의 제정은 공공부조의 기준을 확립하고 주와 지방정부가 공공복지부를 창설하거나 기존의 조직을 확장시키는 데 공헌하였다(Dunham, 1970 : 45). 연방에서 위임된 사회적 서비스의 계획과 조직, 관리 및 감독을 위해

훈련된 직원들에 대한 요구를 만들어 냈다(Brown, 1940 : 273-298). 이러한 현상이 사회복지행정의 발전기반 형성에 기여하였다고 볼 수 있다. 이에 사회복지대학들은 케이스워커와 더불어 공공행정가를 양성하기 위한 교과과정을 개정하였다. 개정된 교과과정을 이수한 학생들이 연방긴급구호청을 비롯한 지방긴급구호기관, 공공부조연방기관 등의 공공기관과 각종 민간기관의 효율적 운영에 참여하게 되면서 사회복지행정의 실천영역은 더욱 확고해지게 되었으며, 이전의 케이스워크와는 다른 새로운 행정적 실천방법론에 대한 새로운 관심을 만들어 냈다(Street, 1940 : 6).

연방정부가 공공복지를 이끌던 뉴딜시대도 제2차 세계대전에 의하여 완전하게 종식되고 만다. 제2차 세계대전이 종전된 후 루즈벨트의 후임으로 트루먼(Harry, S. Truman, 1884~1972) 대통령이 등장하면서 물가의 통제, 완전고용, 주택행정을 중심으로 사회복지행정이 더욱 확대 · 개선되었다. 그러나 국내정치의 안정에 비해 국제적으로는 냉전체제가 시작되고, 특히 독일의 점령문제를 둘러싼 소련과의 대립이 격화되기 시작하여 1947년부터는 군비확충의 필요성이 대두되었다. 1950년에는 사회보장법을 개정하여 노령부조, 맹인부조, 아동부조, 중장애부조 등을 받고 있는 피보호자에 대한 의료비의 일부를 연방이 보조하도록 하였다. 1952년에는 사회사업교육위원회(CSWE : Council on Social Work Education)가 정식으로 설립되고 사회사업교육과 기술이 보다 전문화되었으며 1953년에는 연방사회보장청을 보건 · 교육 · 복지성으로 승격하였다. 한편 1955년에는 전국사회복지사협회(NASW : National Association of Social Workers)가 결성되었다(박종팔 외, 2019 : 66). 이러한 과정에서 사회복지행정 학자들과 교육가들은 사회복지의 핵심적 가치, 지식, 기술과 체계적으로 관련되는 하나의 실천방법으로서 사회복지행정의 개념과 이론을 발전시키기 위해 노력하였다. 이를 통해 사회복지행정은 일반행징과는 다른 특성을 가지고 있으며, 그 실천에는 고도의 전문성과 민주적 참여과정, 인간관계기술의 적용이 요구된다는 인식이 생겨나게 되었다. 사회복지행정의 개념과 이론을 정립시키려는 몇 가지 노력들은 다음과 같다.

첫째, 일반행정의 요소들은 모든 조직적 영역에서 일반화될 수 있지만 사회복지행정은 급여와 서비스의 적합성, 클라이언트 중심의 서비스, 전문적 능력, 프로그램의 효과성, 운영의 효율성 등 서비스의 질을 강조하는 독특한 특성을 가지고 있기 때문에 사회복지조직 외에는 적용할 수 없다고 보고 이러한 인식의 형성을 위해 노력하였다(Kidneigh, 1950 : 57).

둘째, 사회복지행정을 케이스워크, 그룹워크, 지역사회조직과 같은 전문적 방법론으로 확립하고자 하는 노력이다. 사회복지행정과 다른 전문적 방법론이 가치와 원리, 지식과 기술 면에서 서로 밀접한 관련이 있음을 확인하려고 하였다. 또한 사회복지행정가의 역할은 자신과 직원들, 기관 내외 집단들과의 관계 및 기관의 공식적 목적과 구체적 목표 사이의 관계를 발달시키는 데 있다고 보았다(Johnson, 1947 : 257).

셋째, 사회복지행정은 일반행정보다 그 과정에 있어 민주적이고 참여적인 경향이 더욱 강조된다고 보았다. 사회복지행정 과정에서는 행정가에 의한 일방적 권력의 행사가 아니라 직원, 이사회, 자원봉사자, 회원 및 이용자를 포함하는 모든 집단 및 이해 관계자들이 참여하고 책임을 공유하는 것이 강조된다고 보았다(최성재 · 남기민, 2017 : 43). 사회복지행정 실천에는 독특한 기술과 전문적 지식이 요구된다는 점을 확인하는 과정에서 행정의 민주적 과정과 참여의 강조가 일반행정과는 구별되는 사회복지행정의 특성으로 나타남으로써 사회복지행정의 실천영역과 개념, 이론, 원리 등이 정립되었던 것이다. 이러한 노력으로 인해 사회복지행정도 직접실천의 보조적 역할이 아닌 사회복지행정만의 실천영역, 개념, 이론, 원칙들을 기초로 하는 독립적인 영역으로 확립되게 된다(Trecker, 1946 : 16). 이 같은 사회복지행정 영역의 확립은 사회복지행정 교육을 위한 기반을 형성하고, 다른 사회사업방법론과 사회복지행정이 동등한 위치를 확립하는 데 기여할 수 있었다.

정리하면 이 시기는 사회사업의 인식기를 거쳐서 사회사업가들의 행정지식에 대한 관심과 노력, 대공황 문제의 해결을 위해 수립된 공공복지정책의 실현과 연계가 이루어지면서 사회복지행정의 영역이 형성되고 개념과 이론의 기초가 성립된 시기였다. 그러나 미국에서는 다시 빈곤을 비롯한 각종 사회문제들이 발생하기 시작하면서 공공프로그램에 대한 비판이 제기되었다.

3) 정체기(1960년대)

1960년대 미국은 중요한 사회변화를 많이 추구했던 시기였다. 뉴 프론티어(New Frontier Policy) 구호를 내세운 케네디(John Fitzgerald Kennedy, 1917~1963) 대통령이 당선되면서 실업문제와 흑인인권운동을 비롯한 의욕적인 사회 개혁정책을 추구하였으나 1963년 암살되면서 당시 부통령이었던 존슨(Lyndon Baines Johnson, 1908~1973) 대통령이 계승하였다. 그는 빈곤정책을 선언하고 소위 '위대한 사회(The Great Society)' 정책을 펼치면서 사회복지 프로그램을 위한 재정자원이 급격히 증가하여 새로운 프로그램들이 만들어졌다(Zastrow, 1990 : 20). 예를 들면, 경제기회법의 제정, 국내 평화봉사단 비스타(VISTA), 슬럼지역 장학사업(Upward Bound), 여성들의 직업훈련과 탁아소 운영을 주로 하는 직업유인 프로그램(WIN) 등이다. 또한 1965년에는 사회보장법에 의료보험인 메디케어(Medicare)와 의료보호제도인 메디케이드(Medicaid)의 규정을 포함시켰다. 이처럼 미국은 대규모의 사회문제들도 정치, 경제, 사회적 제도들의 혁신을 통해 효과적으로 해결할 수 있다는 신념을 가지고 이러한 프로그램들의 효과적 관리와 실천을 위해 엄청난 재원을 투자하였으며, 이를 위한 경제원조국(OEO : Office of Economic Opportunity)이나 지역사회행동기관(CAA : Community Action Agency) 등을 비롯한 다양한 기관들을 설립하였다. 이처럼 많은 재원과 노력을 투자했음에도 불구하고 빈곤을 비롯한 사회문제를 해결하는 데 실패하게 되면서 국민들은 문제해결에 실패한 지역사회기관에 대한 비판과 불신을 나타내게 되었다. 이에 대해 Morris & Rein(1967)은 사회복지기관들이 클라이언트에게 봉사할 책임을 태만하게 하고 변화하는 사회적 욕구와 조건에 적절하게 대처하지 못했을 뿐만 아니라 서비스급여보다는 해당 기관의 유지와 안전에 치중하고 있다고 비판하였다. 이러한 비판들은 사회복지행정가의 결함 때문이라는 인식이 생겨나게 하고 그것은 다시 사회복지행정가에 대한 불신으로 연결되면서 결국은 사회복지행정의 발달을 정체시키는 결과를 초래하였던 것이다. 이와 더불어 사회복지행정에 대한 대안으로서 지역사회조직사업이 획기적으로 발달하게 되면서 상대적으로 더욱 사회복지행정의 발달을 정체시키게 되었던 것이다(Dunham, 1970 : 221-222). 행동적이고 개혁적인 지역사회조직사업의 특성은 미국 국민들로 하여금 당대에 발생하고 있는 광범위한 사회문제를 해결해줄 수 있는 방법으로 인식하게 되면서 지역사회조직사업은 사회문제 해결에 직접적으로 응용되어 인권운동이나 도시재개발운동 등으로 발전하였다. 이로 인해 사회사업대학에서의 교육에서도 지역사회조직을 강화함으로써 사회복지행정의 발달을 저해했다는 것은 부인하기 어려운 사실이 되었다. 한편으로는 지역사회조직사업의 지식 발달을 기초로 하여 연관된 사회복지행정의 지식이 공유되거나 확장된 부분도 없지 않았다. 즉, 지역사회조직사업의 발달로 인해 사회복지행정의 발전이 정체되는 시기이기는 했으나 지역사회조직사업의 발달로 인한 많은 사회복지기관 및 프로그램들의 개발은 사회복지행정 발달을 위한 여건을 마련해주었다.

이 시기의 사회복지분야는 클라이언트의 사회적응을 돕기보다는 그들의 욕구를 잘 충족시키기 위한 환경과 제도의 개선에 새로이 관심을 갖게 되었다. 이러한 경향은 이전의 시대에서 정립된 사회복지행정의 실천영역과 이론적 기초를 바탕으로 사회복지행정의 발달에 대한 기대를 형성하게 되었다. 이러한 기대를 반영하는 몇 가지 사실을 살펴보면, 첫째, 1960년대 초에는 사회사업가 협회의 후원하에 사회복지조직 및 행정과 관련한 많은 이론들이 연구되었으며, 사회복지협의회(NCSW : National Council of Social Welfare)는 사회복지행정에 관한 논문들을 발표했다(Reed, 1961 : 18).

둘째, 1961년 사회사업 교육협의회가 사회사업대학에서 사회복지행정교육을 강화하는 교과과정을 제시하였다(Skidmore, 1983 : 10).

셋째, 사회복지행정에 대한 전문적 관심의 증대와 사회사업대학에서의 행정교육의 강조로 인해 1963년 사회복지협의회 산하에 사회사업행정위원회(Council on Social Work Administration)가 창설되었다(Trecker, 1977 : 17).

이 같은 사실에서 알 수 있듯이 이 시기에는 사회복지행정의 주요한 발전이 이루어질 것으로 기대되었지만 그러한 기대는 충족되지 못한 시기였다. 따라서 이 시기는 사회복지행정의 발달에 있어 '정체기'라고 볼 수 있다. 가장 중요한 원인은 '빈곤과의 전쟁(War on Poverty)' 정책 수행에 따른 급격한 사회적 변화 요구에 사회복지조직들이 적절히 대처하지 못한 것에 대한 국민들의 불신이 높아지고, 이에 사회복지의 대안으로 지역사회조직사업이 급격히 발달했던 것을 들 수 있다.

4) 발달기(1970년대~1980년대)

사회복지행정은 1970년대에 들어와서 베트남전의 패전으로 인한 경제악화와 인플레이션, 사회복지에 대한 정부책임 증가에 따른 비용 증가 등으로 인해 심각한 도전에 직면하게 된다. 이러한 재정상의 문제 때문에 1970년대부터는 기존의 사회복지 프로그램들 중에서 사회문제 해결에 필수적이면서 효과성과 생산성이 큰 프로그램을 선택해야 하는 상황에 직면하게 된다. 이런 경제적 어려움에 직면해 있었던 상황에서 레이건(Ronald Wilson Reagan, 1911~2004)이 대통령으로 당선되면서 경제를 재건하고 군사력을 강화하기 위한 많은 변화를 추구하였다. 개인과 법인의 세금과 사회적 프로그램 비용은 대폭 감축시키고 군사비는 대폭 증가시켰다. 개인과 법인의 세금을 감축시켜줌으로써 경제성장을 촉진시키고 실업률을 감소시킬 수 있었으며, 군사비의 증가는 냉전시대 미 군사력의 강화를 가지고 올 수 있었다. 이와 같은 대규모의 삭감은 역사상 최초로 연방 사회복지를 대규모로 삭감한 것이었다(Zastrow, 1990 : 20-21). 연방정부의 사회복지비 삭감으로 인해 취약계층에 대한 재정적 급여 및 사회서비스가 대폭 감축되거나 없어지면서 빈부의 격차는 더욱 심각해지게 된다(박종팔 외, 2019 : 68).

이러한 재정상의 문제로 인해 기존의 사회복지 프로그램들 중에 사회문제 해결에 필수적이면서도 효과적이고 생산성이 높은 프로그램을 선택해야 했다. 여기서 어떠한 프로그램과 서비스를 선택해야 할지에 대한 문제가 발생하게 된다.

이에 정책결정자들은 사회복지 프로그램을 선택하기 위한 전문적 정보를 제공해 줄 수 있는 사회복지행정가가 필요하게 되었다. 정책결정자들은 사회복지행정가에게 어떠한 프로그램을 선택하고 실시할 것인지, 비용 대비 효과성은 어느 정도인지에 대한 정보를 요구하게 되었다. 이러한 요구에 부응하기 위해서 사회복지행정가의 관심과 역할이 프로그램의 유지 및 확장, 프로그램의 해석, 선택, 통제 및 평가로 변화하게 된다. 이러한 상황에 대처하기 위해 사회사업전문직과 사회복지조직들은 사회복지조직과 프로그램을 관리 · 운영할 전문가들을 위한 새로운 행정 지식과 기술의 개발에 힘을 쏟기 시작했다. 또한 사회사업전문가와 대학, 사회복지조직들도 새로운 지식과 기술의 발전은 물론 그러한 지식과 기술을 갖춘 행정가들을 양성하기 위한 적극적인 노력을 하게 되었다. 이러한 과정에서 새로운 조직 및 프로그램 관리 기법들이 사회복지행정의 영역에 도입되게 되면서 행정은 효율적인 사회서비스의 효율적인 계획, 유지, 관리, 평가를 위한 고유한 방법으로 발전하게 되었다.

이에 사회사업대학들도 행정교육을 확장시키고 행정 실천 방법에 대한 학문적 관심을 증가시키기 시작했다. CSWE, NASW, NCSW와 사회복지이론을 논의하는 저널 등에 행정 실천 및 관리에 관한 많은 논문이 증가하였고, 그러한 경향은 사회복지행정에 관한 전문적 문헌과 잡지를 출현시켰다. 특히 사회복지행정 영역에 가장 큰 공헌을 한 최초의 저널인 「사회사업행정(Administration in Social Work)」과 사회복지행정에 크게 공헌한 「사회사업행정(Social Work Administration : A Resource Book)」, 「사회사업행정사례집(A Casebook in Social Work Administration)」이 출간되었다. 이러한 전문적 문헌의 출현은 사회복지행정 발달의 중요한 계기를 제공하였으며, 사회복지행정 이론에 관한 전문적 논의를 용이하게 하였고, 행정 연구를 위한 풍부한 자료들을 제공해 주었을 뿐만 아니라 행정 실천과 관리를 위한 지식과 기술을 검증하는 데 공헌하였다(Austin, 1981 : 47). 그 결과로 인해 사회복지행정의 원칙, 이론, 역할 등에 대한 다양한 사례 및 모델들이 정립될 수 있었다(한국복지행정, 2014 : 52).

정리하면, 베트남 전쟁이 끝난 1970년대에는 연방정부의 공공프로그램이 미국

사회의 병폐를 치료할 수 있다는 1960년대의 희망적 기대와는 대조적으로 많은 사회문제들이 정부의 해결능력 밖에 있다는 인식이 생겨나기 시작했다. 이로 인해 사회복지 프로그램의 확장을 가지고 왔던 제도적 관점의 진보주의는 1970년대와 1980대에는 좀 더 잔여적 관점의 보수주의로 대치되었으며, 실제로 이 기간 중에는 어떤 새로운 대규모 사회복지 프로그램도 시작하지 않았다. 이 시기의 사회복지전문직은 행정 발전의 요구에 적절히 부응하기 위해 실천과 교육에 상당한 노력을 기했던 시기로 사회복지비용 절감이라는 1970년대의 시대적 요청과 함께 사회복지행정에 대한 수요 증가는 사회복지행정에 대한 관심의 확대를 이끌어 사회복지행정 발달에 중요한 계기를 제공했던 시기였다.

5) 새로운 도전과 응전기(1990년대 이후)

1990년대 이후 급변하는 사회복지환경으로 미국의 사회복지행정에도 중대한 변화들이 나타나기 시작했다. 1992년 민주당의 대통령 당선인인 클린턴(Bill Clinton, 1946~)은 과거의 잔여적 보수주의 행정으로부터 탈피하여 제도적 개혁주의적 관점을 가지고 행정을 추진하였으며 대표적으로 다음과 같은 행정을 추진하였다(박종팔 외, 2019 : 68-69).

첫째, 의료보험제도이다. 미국의 의료서비스는 민간보험 중심이었으나 국민 모두에게 의료보험을 보장한다는 보편적 적용의 원리를 담아 의료보험 개혁안을 제시하였다. 그러나 보수주의자들의 반대로 의회를 통과하지는 못했다.

둘째, 연방정부가 설립하여 운영하고 있던 실업보험, 노령・유족 및 장애보험의 사회보험 프로그램의 재원은 세대 간 이전방식을 취하고 있었다. 그러나 출산율이 감소하여 수혜자의 증가율보다 청・장년층의 노동인구 증가율이 낮아지면서 이러한 재원조달방식과 관련하여 현행 사회보험제도를 개선해야 한다는 주장이 계속 제기되고 있었다(남기민, 2009 : 107-108). 베이비붐 세대의 은퇴와 함께 이러한 상황은 더욱 악화될 것이라고 예상되고 있었지만, 아직까지도 과거 사회보험제도의 틀은 그대로 유지되고 있는 실정이다.

셋째, 공공부조의 개혁이다. 주요 쟁점은 보수주의하에서는 현재의 공공부조제도가 빈곤을 고착화시키고 근로 동기를 약화시킨다는 인식이 팽배하였으나 진보주의자들은 이와는 반대로 공공부조제도의 혜택이 그리 크지 않아서 빈부의 격차가 심화되고 있다는 비판을 서슴지 않았다. 이러한 상황에서 공화당은 공공부조의 대폭 삭감을 주요 내용으로 하는 복지제도 수정안을 의회에 제출하였다. 이에 클린턴은 거부권을 표시하였지만, 결국은 1996년 개인책임과 근로기회조정법(PRWORA : Personal Responsibility and Work Opportunity Reconciliation Act)에 서명함으로써 지금까지의 공공부조와 전혀 다른 공공부조제도를 받아들이게 되었다.

넷째, 복지제도의 수정으로 이전에는 자녀가 있는 가구 중 자격이 있는 가구의 복지혜택을 보장하던 요부양아동 가족부조(AFDC : Aid to Families with Dependent Children)가 빈곤가족 일시부조(TANF : Temporary Assistance to Needy Families) 프로그램으로 만들어져, 빈곤가족이라 할지라도 일생에 걸쳐 최대 60개월 동안만 수급이 가능해졌다. 그러나 시민권자가 아닌 경우에는 보충소득보장(SSI : Supplemental Security Income), 식품권(food stamp), 의료보호(medicaid)의 혜택을 받지 못하게 되었다(이선우, 1999 : 77). 이후 클린턴이 다시 대통령이 되고, 2000년도에 조지 부시(George Herbert Walker Bush, 1924~2018)가 대통령으로 당선된 후에도 사회복지행정은 대체로 기존의 틀을 유지하고 있었다.

이 같은 사회복지행정 환경의 변화에 대한 우선적인 대응은 사회복지서비스의 제공 및 그 전달체계를 민간화하는 것에서부터 시작되었다(Austin, 1995 : 1645). 정부의 부담을 줄이면서도 서비스의 다양성과 범위를 확보할 수 있도록 하기 위해 정부 재원으로 공공복지조직을 운영하는 대신 민간 사회복지 프로그램에 대해 정부가 보조금을 지급하거나 민간서비스 구입 계약을 체결하는 방법으로 민간부분을 적극적으로 참여시키기 시작했다. 그러한 결과로 많은 민간복지기관들이 설립되고 이윤을 추구하는 영리조직들까지 사회서비스 및 프로그램에 참여가 가속화되어 결과적으로는 이를 효율적으로 관리할 수 있는 행정적 전문기술과 지식을 겸비한 행정가의 필요성이 요구되게 된다.

민간의 적극적 참여로 인한 또 다른 변화는 공공기관과 민간기관이라는 전통적인 구분이 어려운 새로운 형태의 복지조직이 등장함으로써 제3섹터적인 복지조직의 형태가 나타나게 되었다. 이러한 새로운 복지조직 형태의 등장은 전통적인 공공 관료조직들의 탈집중화를 초래하게 되고, 대신 느슨하게 연결된 공공서비스 조직들로 대체되기 시작하였다. 이러한 조직들은 계약을 통해 서비스를 구입하여 실질적으로 서비스를 제공함으로써 자신들이 서비스 제공을 직접 담당하지 않고 다양한 차원의 서비스 제공조직들을 연결하는 역할만을 담당하게 되었다(한국복지행정학회, 2014 : 53).

이러한 조직의 관리·운영을 위해서 행정가는 구입이 필요한 서비스의 선택과 계약의 체결, 서비스의 조정 및 연계, 직접서비스 기관의 지도, 감독과 통제, 평가 등에 대한 지식과 기술이 중요하게 되고, 임상훈련보다는 행정적 지식과 기술에 대한 훈련과정이 요구되게 되었다. 또한 지역사회를 중심으로 제공되는 서비스들을 연계하면서 그 서비스들의 효과성과 효율성을 제고시킬 수 있는 네트워크가 구축되어 가면서 제각기 다른 유형의 재정원천을 소유한 기관들 간에 정보를 교환하고 기술을 공유할 수 있게 되었다. 이러한 경향성과 함께 민간기관들이 점차 대규모화되고 연방정부와 주정부, 공동 모금회를 비롯한 다양한 민간지원 법인과 단체들이 주요한 자원 제공처로 등장하면서 자원의 제공처가 다각화되게 되었다. 이 같은 자원 제공처의 다각화와 효율적인 서비스 네트워크의 구축을 요하는 사회복지환경의 변화는 사회복지행정가의 조정 및 연계의 역할과 책임성을 강화하는 계기를 마련했다.

정리하면, 1980년대 이후 레이건 정부에 의해 가속화된 연방정부의 사회복지 역할 축소 정책과 함께 1990년대 이후에는 급변하는 사회복지환경에 따라 사회복지행정에 있어서도 중대한 변화가 나타나는 시기였다. 주요한 변화로는 첫째, 기획에서 서비스 전달까지 직접 담당했던 거대 공공관료조직들이 퇴조하게 되었고, 둘째, 계약이나 서비스구입 등의 방법을 통한 민간부분의 직접서비스 전달에서의 역할이 증대되었으며, 셋째, 민간과 공공의 엄격한 조직적 구분이 퇴조하였다. 넷째, 서비스의 목적 실현을 위해서는 느슨하게 연결되어 있는 다양한 서비스 조직들을 연계할 서비스 전달체계의 통합이 필요하다는 인식이 확산되기 시작하였으며, 마지막으로 사회복지 서비스의 책임성에 대한 구체적인 행정이 실천되기 시작했다는 것 등이다. 이러한 사회복지환경의 변화는 사회복지행정을 통한 효과성과 효율성의 강화를 요구하는 도전이기 때문에 이에 대응하기 위한 다양한 시도들이 나타난 시기였다. 이 같은 사회복지환경의 변화는 미국의 사회복지행정에도 상당한 변화를 초래하였으며, 현재는 사회복지행정 관리자들의 주요 역할이 조직 내부 관리에서부터 전략적 및 환경적 관리의 차원으로 옮겨가고 있다고 보고되고 있다(김영종, 2017 : 68).

지금까지 논의한 미국 사회복지행정의 역사를 정리하면 다음 〈표 2-1〉과 같다.

〈표 2-1〉 미국의 사회복지행정 역사

구분	시기	주요 내용
인식기	19C 말 ~ 1920년대	• 사회복지행정에 대한 최초 관심 • 사회사업 교과과정에 최초로 행정 등장(1914) • 개별사회사업 개발 시기 : 병원, 법정, 학교, 정신과 분야에 사회사업 도입 • Abott(1927) : 사회사업가들에게 공공복지행정 포함하는 교육과정이 필요함을 언급 • Hagerty : 교과과정 속에 행정에 관한 내용을 포함시켜야 한다고 주장 • Dunham : 사회복지행정을 실천의 보조적 방법으로 인식 • Milford 회의(1929) : 사회사업 기본기술 및 행정을 포함한 교과과정을 제안 • 미국 사회사업대학협의회 채택(1923) : 교과과정에 행정을 선택과목으로 포함 • 사회사업 연감에 처음 행정논문 수록(1933)
기초 정립기	1930년대 ~ 1950년대	• 연방긴급구호청(1934) 설립 : 대공황 극복을 위한 실업문제 해결 시도 • 사회보장법 제정(1935) : 연방, 주 공적부조제도 창설. 행정 발전의 기초 형성 • 사회복지행정의 개념과 기초의 정립. 독립적 영역으로 확립 - 사회복지행정은 일반행정보다 민주적・참여적 경향이 더욱 강조 - 사회복지행정과 개별 사회사업의 지배적인 가치, 방법 연결 노력 - 인간관계기술이 사회복지행정의 기초를 이루는 데 기여
정체기	1960년대	• 사회사업가협회에서 행정 관련 이론 연구 및 행정발달에 대한 건의안 발표 • 사회복지협의에서 사회복지행정에 관한 요소를 다룬 논문들이 발표 • 사회사업교육협의회(1961) 사회복지행정 교육 강화 및 교과과정 인정 • NASW 산하 사회사업행정위원회(1963) 창설 • 빈곤투쟁정책 수행에 따른 커다란 사회적 변화 요구 - 사회복지기관의 대응 미숙 - 사회복지기관에 대한 국민 불신, 민간 지역사회조직사업 발달 → 사회복지행정 발달의 정체를 초래

발달기	1970년대 ~ 1980년대	• 역사상 사회복지 지출이 가장 많이 증가한 시기 • 사회복지는 이제 더 이상 정부만의 활동이 아닌 미국 국민 전체의 관심사로 인식 • 베트남 전쟁(1960~1975)의 영향 - 경제성장 둔화 - 만성적인 인플레이션 등의 재정 문제 초래 - 프로그램 비용부담의 어려움 발생 - 사회복지정책 선택 문제에 직면 → 새로운 관리기법의 도입 • 1975년까지 미국 84개 대학 중 19개 대학에서 사회복지정책 과목 교육 실시 • 1977년에는 사회복지행정을 필수과목으로 적용하는 대학이 35개로 증가 • 행정 관련 논문의 수 급증 • 사회복지행정 관련문헌, 잡지 출현 → 원칙, 이론, 역할, 모델 정립 • 1976년 최초의 정기적 저널인 '사회사업행정(administration in social work)' 창간 • 레이건(Ronald W. Reagan, 1911~2004) 행정부의 사회복지 역할 축소 이후 사회복지행정에 대한 도전과 응전 - 사회복지서비스 전달체계의 민영화 시도가 본격화됨 - 서비스 구매 계약(purchase of service contract)과 보조금에 의해 유지되는 민간 사회복지기관들의 출현 • 민간 사회복지행정에 참여 증대 - 기획에서 서비스 전달까지 담당했던 거대 공공관료조직 퇴조 - 민간부문 직접서비스 전달 역할 증대 - 민간과 공공의 엄격한 조직적 구분의 퇴조
새로운 도전과 응전기	1990년대 ~	• 재원확보를 위한 재정관리와 경영기법 도입 • 국가행정정보화에 따른 복지행정시스템 개발 및 구축 • 조정, 연계, 책임성 이행기술의 강조 - 다양한 서비스조직들을 연계할 서비스 전달체계 통합 필요 인식 확산 - 사회복지서비스 책임성에 대한 구체적인 행정 실천 - 다원복지주의 확산 - 자원제공의 다양화 - 거버넌스 행정 실천 • 개인책임 및 노동기회 조정법(PRWORA) 제정으로 공공부조제도를 근본적으로 변화[빈곤가정 일시부조(TANF) 제도 신설, 의존아동가정 부조프로그램(AFDC) 폐지] • 사회복지행정가 인정학회 및 인정 프로그램 창설 • 적자감축법을 제정하여 제2차 복지개혁으로 획기적인 복지행정 실시 • 사회복지사의 활동과 클라이언트 성과의 연결망 구축 • 사회복지공급 주체 다원화 및 다선화(지방정부, 영리 및 비영리 민간단체 등)로 다양성 확대 • 실천가 교육과 행정가 교육의 극복 방안 모색

출처 : 고재욱 외(2016), pp. 36-37; 홍봉수 외(2016), pp. 38-39를 인용하여 재구성.

제2절 한국의 사회복지행정

한국의 사회복지정책과 행정의 발달과정을 정리하기 위한 자료는 매우 부족하다. 이는 공공복지 주체들의 문서자료 축적과 보관에 관한 인식의 부족과 가급적 증거를 남기지 않으면서 책임을 회피하려는 경향, 그리고 민간복지행정의 경우는 과거 수행주체가 외원기관들이었기 때문에 그들이 철수하면서 대부분의 문서자료들이 폐기되거나 소실되었기 때문이다. 따라서 한국사회복지행정의 발달을 과거의 문서자료를 근거로 논의하는 것은 매우 어렵다(신복기 외, 2019 : 46). 그럼에도 불구하고 최성재・남기민(2017 : 72-84)은 한국 사회복지행정의 발달을 사회복지행정의 미인식 단계, 명목상 인정 단계, 실질적 중요성 인식 단계로 구분하여 제시한 바 있다. 그러나 이러한 단계구분은 그에 대한 명확한 근거가 부족하다. 따라서 본 절에서는 신복기 외(2019)의 논지에 따라 각 공화국별로 사회복지행정의 발달을 정리하고자 한다. 신복기 외(2019)는 이러한 구분에 대하여 우리나라 사회복지행정의 발달은 대부분 관련 법령의 재・개정과 관련이 깊고, 주로 집권자의 정치적 동기가 매우 강하였으며, 사회복지적 요구의 수렴이라기보다는 정치체제의 정당성 확보를 위한 수준에서 법령의 재・개정이 시행되고 그에 따른 행정이 수행되었기 때문이라고 하였다(신복기 외, 2019 : 47).

1. 정부수립 이전 시기 : 일제 강점기와 미군정 시대

국가의 책임하에 빈곤을 퇴치하려는 노력은 삼국시대, 고려시대, 그리고 조선시대에도 존재하였다. 우리나라 최초의 민간 지역사회복지관은 1906년 미국 감리교 선교사 Mary Knowles에 의해 원산에 설립된 인보관 성격의 반열방이었다. 그러나 1910년 경술국치를 기점으로 종래의 구호사업들은 그 종적을 감추게 된다. 1921년 조선총독부 내무국에 사회과가 신설되면서 우리나라 사회복지사업의 지도와 통제를 전담하게 되었다. 근대적 의미에서의 공공부조제도 혹은 구빈제도가 시작된 것은 일제 강점기인 1944년 3월 1일에 조선총독부에 의해 「조선구호령」[8]이 제정·공포되면서부터라고 할 수 있다. 이에 따라 65세 이상의 노약자, 13세 미만의 아동, 임산부, 불구자, 폐질자 등 생활이 곤란한 자에 대하여 생활부조를 실시하였다. 전문 33조로 된 「조선구호령」에는 생활부조, 의료부조, 조산부조, 생업부조의 네 가지가 있었고, 특정한 피보호자에게는 매장부조도 제공하였다. 구호의 방법은 거택구호를 원칙으로 하였으나 수용구호도 함께 실시했다. 이 같은 「조선구호령」은 국가가 국민의 빈곤과 불구, 폐질에 대하여 생활을 구호할 의무를 가지고 있는 것으로 명시하고 있으며, 이를 위해서 공공구조행정이 이루어졌을 것으로 보인다. 그러나 「조선구호령」은 국민들을 회유하여 식민통치를 유지하기 위한 정치적 맥락에서 시행한 법령상의 명문규정에 지나지 않았기 때문에 그 시행도 명목적이며 형식적인 시혜에 그치는 수준일 수밖에 없었다.

그 후 「조선구호령」은 1946년 1월 12일에 「후생국보 3호」로 그 효력이 승계되었다가, 1961년 12월 30일에 생활보호법이 제정·공포될 때까지 효력을 유지하다가 폐지되었으며, 이후 「조선구호령」은 「생활보호법」의 모태가 되었다. 이것은 한국 사회복지행정 실천의 효시로 우리나라 공공구호행정의 근거가 되었다는 점에서 의의를 가진다. 그러나 광복이 되기 전까지 공적 조직의 사회복지활동은 시혜적인 활동에 국한되어 있었기 때문에 공적인 사회복지직이라 보기 어렵다 (최성재·남기민, 2017 : 72).

1945년 8월 15일 광복은 우리 국민에게 새로운 국가의 건설과 국민적 합의를 위한 기회를 제공하는 듯했다. 그러나 당시 국제 상황에 의해 독자적인 정부수립을 하지 못한 채 3년간의 미군정이 실시되게 된다. 미군정은 1945년 10월 27일 군정법령 제18호로 보건후생국을 설립하였으며 1946년 3월 2일 보건후생부로 승

---

8) 이는 당시 일본에서 실시되어 오던 구호법(1929년 제정·공포, 1932년 시행)을 거의 그대로 도입하여 전문 33조의 「조선구호령」이라는 제령(制令)을 제정·공포 실시하였으나 이 구호령은 구호를 국가의 의무로 규정하고 중앙과 지방 간의 구호비용분담규정 등 법령상으로는 어느 정도 체계를 갖추었으나 그 실제의 구호 내용 면에서는 실효를 거두지 못했었다(이두호 외, 1992 : 238; 정우열 외, 2008 : 211-212 재인용).

격한다. 같은 해 1월 12일 「후생국보 3호」를 발표하여 「조선구호령」과 함께 시행하였으며, 9월 18일 「후생국보 3A호」에는 재해민과 피난민에 대한 구호계획을 포함시켜, 그들에게 식량과 의류, 연료, 치료, 긴급의료 등의 편의를 제공하고자 하였으며 「후생국보 3C호」에는 빈민 및 실업자 구호계획을 제시하였다.

「조선구호령」과 함께 시행된 「후생국보 3호」는 내용상 구호행정의 필요성과 기준을 제시하기는 하였으나 근대적 사회복지행정과는 거리가 있었다. 왜냐하면 미군정의 구호정책은 요구호자에 대한 구호의 필요성에 대한 대응이 아니라 정치적 불안을 정리하고자 전개되었기 때문에 구호의 범위와 수준이 열악하고 구호행정 자체가 배제적이고 일반적인 성격을 가지고 있었기 때문이다(최항순, 1994 : 121). 특히 「후생국보 3A호」의 법령 제112호 아동노동법규, 제4호 미성년자노동보호법을 공포·시행하였는데, 이것은 당시 선진국의 기류에 따라 아동 및 미성년자의 노동을 보호하게 함으로써 아동복지행정의 기초를 제공하기는 하였으나 이 역시 아동에 대한 구호행정 수준을 벗어나지는 못했다.

미군정기에는 사회사업을 실천할 현장이 없었기 때문에 사회복지교육에 대한 필요성과 욕구도 미미했다. 1947년 이화여자대학교에 기독교사회사업학과가 설치되면서 전문사회사업교육이 시작된 것으로 볼 수 있다. 이 시기의 구호행정의 특성은 계획적이거나 장기적인 관점에서 이루어지지 못하고 주로 과도기의 혼란과 정치적 불안에 대처하기 위한 임시구호의 형태로 시행되었다. 따라서 근대적 사회복지 개념에 입각한 사회복지행정으로 보기에는 무리가 있다.

정리하면, 이 시기는 사회복지행정이라기보다는 응급구호적 성격이 강했으며, 이러한 응급구호적 성격의 행정은 이후 사회복지행정의 발달에 많은 영향을 끼쳤다. 당시의 응급구호적 성격의 행정이 비록 완전한 사회복지행정의 이념과 기술을 가지고 행해지지는 않았지만 근대 한국 사회복지행정 발달의 초석을 제공했다는 점에서 의의를 가진다.

2. 제1 · 2공화국

미군정이 끝나고 1948년 8월 15일에 대한민국 정부가 수립되면서 제1공화국이 탄생하였다. 그러나 당시 정치적 상황은 매우 불안정하였으며 이에 더하여 1950년에는 한국전쟁마저 발발하게 된다. 이후 1953년 7월 27일 휴전이 이루어졌으나, 전쟁과 휴전이라는 특수한 상황이었던 당시 한국의 사회복지는 미국을 비롯한 많은 외국의 원조기관에 의해 실시되는 민간 차원의 자선 및 구제가 주를 이루었다.

제1공화국은 미군정 당시 보건후생부와 노동부를 병합하여 사회부로 개칭하고, 보건과 위생, 노동, 부녀에 대한 행정을 관장하게 하였다가 1949년 사회부 산하의 보건행정을 분리하여 보건부를 신설하였다. 이후 제헌헌법 제19호를 근거로 1955년 2월 다시 보건부와 사회부를 통합하여 보건사회부로 개칭한 후 사회, 복지, 보건, 부녀 행정을 총괄하는 중심 부서로 운영하였다. 보건사회부는 월남피난민과 전쟁고아 및 피해자의 긴급구호에 급급한 상황이었기 때문에 현대적인 의미의 사회복지행정은 실시되지 못하였다. 그러나 사회부는 열악했던 육아시설의 설비와 운영을 강화하기 위하여 1950년 2월 27일에는 '후생시설 설치기준령'을 제정하였고(신섭중 외, 1999 : 71), 1952년 10월 4일에는 전쟁고아 수용보호시설을 비롯하여, 각종 구호시설들의 운영과 지도 · 감독을 위해 전문 7장 33조로 구성된 '후생시설 운영요령'을 제정하였다(구자헌, 1984 : 203). 이를 통해 사회부는 긴급구호활동 중심으로 구호행정을 펼쳐 나가고 있었다.

한편 한국전쟁 이후 급격히 증가한 전쟁피해자들을 원조하기 위해 미국 등을 비롯한 많은 외국의 원조기관들이 한국으로 들어와 사회복지기관들을 설립하면서 사회복지행정 실천의 장이 마련되었다. 그러나 외원기관들의 활동은 주로 전쟁피해자인 고아나 미망인, 무의탁 노인, 빈민들에 대한 긴급구호를 하였기 때문에 이 역시도 조직적인 원조활동과 전문적 사회복지활동을 수행할 수 있는 상태는 아니었다(최성재 · 남기민, 2017 : 72).

이러한 상태에서 사회복지행정의 필요성은 거의 인식되지 못하였다고 볼 수 있으며, 전문적인 사회복지교육의 요구도 나타나지 않았던 것으로 보인다. 그럼에도 불구하고 1953년에는 현재의 강남대학교의 전신인 중앙신학교에 사회사업학과가 설치되었고, 1947년 이화여자대학교 기독교사회사업학과가 설치된 이후 1958년에는 사회사업학과가 분리되어 독립학과가 되었으며, 같은 해에 서울대학교 대학원에 사회사업학과가 설치되었으며, 다음 해인 1959년에는 서울대학교 학부과정에도 사회사업학과가 설치되었다. 또한 1957년에는 사회복지전문인력 단기양성소인 국립 중앙사회사업종사자 훈련소가 창설되었다. 이 당시 사회사업학과 교과과정에 필수 또는 선택으로라도 사회사업행정이 있었는지는 알 수 없지만, 다만 1954년 Kidneigh 박사가 서울대학교에 사회사업학과 설치를 건의하면서 제안 교과과정에는 사회사업행정이 포함되어 있었으며 학과개설 이래 사회사업행정 교과목을 개설할 수 있었다고 알려져 있다(최성재 · 남기민, 2017 : 73).

이와 같은 사실로 미루어 볼 때, 이 시기의 사회복지행정은 초기에 제정된 '후생시설 설치기준령'과 '후생시설 운영요령' 두 개의 훈령과 외원의 신속하고 공정한 배분에 총력을 기울인 것 외에는 전문적이고 체계적인 활동의 흔적이 보이지는 않았다. 다만, 사회사업교육의 실시와 교과목상 사회사업행정이 포함되었었다는 점에서 당시 전문가 집단이 사회복지행정에 대한 인식을 미약하게나마 가지고 있었을 것이라고 추정할 수 있다(한국복지행정학회, 2014 : 58).

3. 제3 · 4공화국

1960년대는 한국전쟁의 피해를 복구하기 위해 경제발전을 시행하던 시기였다. 1961년 5월 16일 군사정변으로 탄생한 제3공화국은 국정운영의 최우선 목표로 민생고의 시급한 해결을 위한 경제개발로 설정하고 빈곤의 나락에서 탈피하고자 하였다. 당시 정부의 사회복지 정책은 저소득층 중심의 공공부조(시설 및 거택보호) 위주였고, 정부예산의 2배가 넘는 민간 외원단체의 원조로 긴급한 문제와 욕구를 해결하였다. 이에 보건복지부의 역할도 전반적으로 생활보호 위주의 정책수행이 주를 이루었다. 당시의 생활무능력자들에 대한 생계보호를 시행하기 위해 「조선구호령」을 모방하여 1961년에는 「생활보호법」이 제정되었다. 그러나 보건사회부와 123개의 민간 외원기관 모두 저소득층에 대한 생활보호 위주의 정책수행을 위주로 하였다. 이러한 상황에서 사회복지행정조직의 역할은 단순한 정책적 계획과 비전문적 활동 위주였으며 사회복지서비스의 효과성과 효율성을 생각할 수 있는 정도가 되지는 못하였던 것으로 보인다. 그리고 공공부조행정과 관련하여 「군사원호보상법」, 「재해구호법」이 제정되기는 했으나 이 법들 역시 군사정부의 특성을 반영하고 사회질서의 유지에 일차적인 목적이 있었기 때문에 전문적인 사회복지행정으로 보기는 어렵다. 또한 이 시기에 가장 심각하게 해결해야 할 문제인 전쟁고아에 대한 해결책으로서 「고아입양특례법」, 「아동복리법」 등도 제정되었는데, 이것은 아동복지행정의 효시로 간주되긴 하나 이것도 사회사업행정이라는 용어는 사용되지 않았다. 이러한 사회적 상황 속에서 1970년에는 「사회복지사업법」이 제정되었다. 「사회복지사업법」에는 사회복지사업에 대한 기본적인 사항들이 규정되어 있었으며, 민간 사회복지사업의 체계 확립과 국가와 지방자치단체에 의한 사회복지법인에 대한 보조와 지도 및 감독이 가능하게 되었다. 「사회복지사업법」의 제정은 한국의 민간 사회복지행정과 공공사회복지행정을 위한 토대가 마련되는 결정적인 계기를 마련해주었다.

1970년대 후반부터는 경제개발정책으로 국민소득과 국가의 재정 능력이 향상되어서 독자적으로 사회문제 해결이 가능하다는 외원의 평가로 외원단체들은 원조를 중단하거나 감소시켰으며, 심지어 철수하기도 하였다. 이로 인해 외원기관의 수가 크게 줄어들긴 했으나 자주적인 사회복지법인이나 시설의 설립이 아주 저조하여 여전히 주된 복지주체는 외원기관들이었다. 이러한 상황에 따라 민간 사회복지행정의 토대는 마련되었지만 실천의 장과 전문성이 부족하여 이것이 사회복지행정의 발전으로 연결되지는 못하였다.

1970년에 기존 10개의 대학에 부산대학교를 비롯한 3개의 대학교가 새로이 사회사업학과를 설립하여 사회사업교육을 실시하고 있었다. 모든 대학에서는 사회사업행정을 교과과정에 포함시키고는 있었지만, 사회사업행정을 전공 분야로 하거나 행정에 관한 논문을 발표하지는 않았다. 이러한 사실로 미루어 볼 때,

적어도 사회복지학계 또는 교육계에서는 명목상으로나마 사회복지행정의 중요성은 인식되었다고 볼 수 있다(최성재 · 남기민, 2017 : 75).

정리하면, 이 시기는 공공부조제도의 수립과 사회복지법인제도의 도입으로 사회복지행정 발전의 기초를 마련하였던 시기였다. 반면 사회복지행정의 중요한 가치인 효율성과 합리성이 결여되어 있고 행정가의 역할과 시설의 보호수준 이전의 구호활동수준을 벗어나지 못했다는 부정적인 평가도 존재하고 있다(신복기 외, 2019 : 54).

4. 제5공화국

1980년대 이후는 산업화의 급속한 진전과 경제발전 위주의 국가정책 추진의 결과 다양한 사회문제가 발생하기 시작하였고 이를 해결하기 위한 다양한 제도적 뒷받침이 이루어지기 시작한 시기로 특징지을 수 있다. 제5공화국은 제4공화국에 이어 선(先)경제개발 후(後)분배주의 정책에 따른 소득분배상의 불균형 문제, 소득 격차, 상대적 빈곤, 지역 간의 격차, 지속적인 산업화, 도시화에 따른 각종 새로운 사회문제와 가치관의 분열, 광주민주화운동에 따른 후유증, 학생 및 재야 세력의 반정부 민주화 투쟁, 정부의 불신 등 많은 부담을 안은 채 출범하였다(김만두, 1991 : 112).

이러한 많은 부담을 가진 채 출범한 제5공화국은 복지사회의 구현을 국가의 중요한 목표로 삼을 만큼 건국 이래 사회복지에 관한 논의가 가장 고조되었던 시기이다. 제5공화국의 국정지표로 삼은 복지사회의 건설은 민주주의 토착화, 정의사회의 구현, 교육혁신 및 문화 창달과 함께 제5공화국의 지향점이 되었다. 유신체제의 잔재를 청산하고 사회정의와 기회균등에 입각한 전 국민의 행복이 보장되는 복지이념을 내세워 이전까지 경제발전 일로의 개발계획에서 벗어나 경제와 사회의 균형적인 발전을 기본적인 목표로 삼았다. 제5공화국은 헌법에서 '국가는 사회보장 · 사회복지의 증진에 노력할 의무를 진다'라고 명시하면서, 사회복지에 대한 국가의 책임을 더욱 명백히 하였는데, 여기서 사회보장이란 소득

보장, 의료보장, 의료부조를 말하는 것이었고, 사회복지란 아동복지, 모자복지, 장애인 복지, 노인복지 등을 포함한 대인사회서비스를 말하는 것이었다(김만두, 1991 : 115).

국민의 복지에 대한 국가의 책임을 강조한 제5공화국 정부는 사회보장정책은 물론 사회복지서비스에 대한 중요성을 인식하여 이에 대한 국가와 지방자치단체의 책임을 강화하는 조치를 시행함으로써 사회복지행정의 범위를 보다 확장시켰다. 또한 생활보호 급여에 교육보호와 자활보호를 첨가하여 공공부조 행정의 범위를 확대하고 종전의 생계보호 중심의 보호목적과 자활 목적을 중시하는 행정을 병행하도록 하였다(한국복지행정학회, 2014 : 60).

이처럼 제5공화국의 사회복지행정은 이전의 시기와 비교하면 진일보한 측면이 없지 않았지만 다양한 사회복지 욕구를 가진 국민들의 인간다운 생활보장 목적을 실현하는 데 한계를 드러냄으로써 날로 심화되고 있었던 국민생활의 불안정과 계층 간의 갈등해소 및 융화에는 크게 기여하지 못했다. 그러나 이 시기는 사회복지서비스 행정에 대한 관심을 불러일으켜 사회복지행정의 범위를 확대시켰다는 점에서 사회복지행정의 실질적인 중요성을 인식한 시기였다고 평가할 수 있다(신복기 외, 2019 : 55).

5. 제6공화국 이후

1980년대 초반부터 사회복지행정의 중요성이 실질적으로 인식되기 시작한 후 1990년대에 들어와서는 그 중요성에 대한 인식이 더욱 확산되는 시기였다. 제6공화국은 6·29 민주화 선언, 88올림픽의 개최, 남북통일을 위한 창구의 마련, 노사관계의 개선, 금융실명제의 실시, IMF 경제위기, 기업 구조조정과 대량 실업, 남북정상회담 등 다양한 정치적·경제적·사회적 변화를 겼었던 시기였다(신복기 외, 2019 : 55). 이러한 커다란 정치·경제·사회적 변화는 아동의 유기 및 학대를 비롯하여 가족의 해체, 청소년 비행 문제, 자살, 실업, 노숙자, 인구의 고령화 등 매우 다양한 영역에서 심각한 사회문제를 발생시켰다. 이러한 상황에서 제6공화국 이전인 1987년부터 연차적으로 사회복지전문요원을 저소득층 밀집지역에 배치하기 시작한 것을 제6공화국 전반에 전국에 본격적으로 배치하기 시작했는데 이것이 공공사회복지행정의 획기적 발전을 위한 전환점이 되었다고 볼 수 있다. 또한 1991년 「사회복지사업법」의 개정은 이러한 사회복지전담공무원과 복지사무전담기구, 사회복지 직렬을 5급까지 설치할 수 있도록 하는 법적 근거가 되어주면서 전문직에 의한 공공복지행정의 기초를 마련할 수 있도록 해주었다.

영국과 미국에서와 마찬가지로 이 시기 한국도 신보수주의 이념의 영향권에 속해있었다. 이로 인해 사회복지에 대한 민간의 참여와 민간으로의 이양이 강조되면서 많은 공공사회복지기관들이 사회복지법인 또는 단체에 위탁되어 운영됨으로써 민간 사회복지행정의 중요성이 강조되었다. 이에 1990년에는 공공사회복지를 담당하면서 민간 사회복지를 감독하는 사회국과 가정복지국을 통합하여 사회복지정책실로 개편하였으며, 이러한 개편은 2000년대 들어 증대하는 선진복지행정 수요와 사회복지 욕구에 효율적으로 대처할 수 있게 하는 사회복지정책 기능과 민간복지사업의 감독기능을 강화할 수 있게 해주었다(한국복지행정학회, 2014 : 60-61). 특히 이 시기에 일어난 가장 중대한 정치적 변화는 지방자치의 전면적 실시였다. 이러한 정치질서의 변화는 공공과 민간부분의 사회복지 전달체계를 보다 체계적으로 정비해야 함을 강조하는 것이었으며, 더불어 중앙과 지방의 사회복지에 대한 역할분담에 대한 논의를 가속화하였다(김영종, 2017 : 55).

1990년대 후반기에 다시 한번 사회복지환경이 급변하게 되고 이에 따라 사회복지행정의 중요성도 크게 확산되게 된다. 특히 1997년도 이후 IMF 경제위기하에서는 산업화 이후 경험한 적 없던 심각한 경제위기와 대량실업, 빈곤의 문제에 직면하게 되면서 다양한 사회복지 대책의 필요성과 함께 사회복지행정의 역할이 절실하게 요구되었다.

민간복지 부문에서는 민간 사회복지조직이 급증하고 더불어 1997년 「사회복지사업법」 개정과 1998년 「사회복지공동모금법」에 의한 공동모금제도의 도입이 이루어지면서 민간 사회복지조직과 재정의 자율성이 강화되는 방향으로 발전하였다(장인협 외, 1999 : 55).

특히 공공복지 부문에서는 1999년 9월 「국민기초생활보장법」이 제정되어 국가의 도움이 필요한 모든 국민들에게 기본적인 생활을 제도적으로 보장하게 되었으며, 이를 위해 1,200명의 사회복지전문요원을 새로이 채용함으로써 공공사회복지행정의 범위 역시 크게 확대되었다. 이 시기에는 대학에서 사회복지행정에 관한 석・박사 논문들이 증가하기 시작했고, 사회복지행정 단행본들이 속출하였으며, 대학의 사회복지학과가 지속적으로 신설되면서 거의 모든 대학에서 사회복지행정을 필수과목으로 책정하였다. 이와 같은 분위기 속에서 1999년 3월에는 '한국사회복지행정학회'가 창립되었고, 10월에는 「한국사회복지행정학」 창간호가 발간되어 향후 한국 사회복지행정의 이론적 발전에 기여할 수 있게 되었다(최성재・남기민, 2017 : 78-79).

2000년대 들어와 사회복지 환경은 지속적으로 변화하고 있고 사회복지행정은 그 어느 때보다도 큰 도전에 직면하고 있다. 2000년 이후 한국 사회에는 새로운 형태의 사회적 위험요소, 예를 들면 저출산・고령화 문제, 여성의 사회참여 확대, 가족 구조와 기능의 변화로 인한 아동, 노인, 장애인의 가족돌봄 기능의 약화, 결혼이주여성 문제, 북한이탈주민의 사회적응 문제, 사회양극화 문제 등을 포함하는 '신사회적 위험(New Risks)'이 나타나기 시작했다. 이러한 상황에 적극적으로 대처하기 위하여 사회복지행정에서도 많은 변화들이 나타나게 되었다. 이러한 변화들에 대하여 최성재・남기민(2017)은 최근 우리나라 사회복지행정에서 두드러지게 나타나는 몇 가지 변화를 다음과 같이 설명하였다.

첫째, 사회복지행정에 직접적으로 영향을 미친 가장 큰 요인 중의 하나는 '사회서비스의 민영화(privatization)'이다. 사회서비스 민영화로 인해 서비스 공급기관 간 경쟁이 심화되고 경영기술이 확산되었다. 1997년 「사회복지사업법」의 개정으로 사회복지시설의 설치기준을 허가제에서 신고제로 바꾸면서 민영화의 토대가 마련되었고, 2007년 사회서비스 바우처(Voucher) 제도의 도입과 2008년 장기요양보험제도의 시행 이후 본격적인 민영화가 시작되었다. 이에 정부는 기존의 사회복지서비스에 교육, 고용, 문화, 환경 등의 분야를 포괄적으로 포함하는 사회서비스 바우처 제도를 시행함으로써, 노인과 아동에 대한 돌봄 서비스, 장애인 지원서비스, 지역사회 투자사업 등 다양한 프로그램을 개발하여 사회복지조직뿐만 아니라 민간 영리기업의 참여를 허용하게 되었다. 그 결과 사회서비스 공급기관 간의 경쟁이 심화되었고, 이로 인해 사회복지조직도 민간기업의 관리방식을 도입해야 할 필요성이 대두하게 된다(이봉주 외, 2012 : 408).

둘째, 사회복지행정에 영향을 준 또 다른 요인은 지방화이다. 2003년부터 국고보조사업으로 운영되던 사회복지사업 중 상당 부분이 지방으로 이양되고, 국고보조사업 예산의 일부가 지방정부의 교부세로 전환되는 등 사회복지 재정분권을 시도한 이후로 지역복지가 강조되게 되었다. 2003년 개정된 「사회복지사업법」에서는 지방자치단체의 지역사회복지 계획 수립과 기초지방자치단체의 '지역사회복지협의체' 설치를 의무화하였으며, 사회복지사의 전문성 확보를 위해 제1회 사회복지사 1급 국가시험을 시행한 해이기도 하다. 한편 복지예산은 증가하고 서비스는 다양해졌으나 현행 복지전달체계가 중앙행정기관별, 지방자치단체별로 분절 운영됨에 따라 서비스의 효율적인 연계가 어려워지면서 이른바 '복지 사각지대(福祉死角地帶)'가 발생하였다. 이에 사회보장정보시스템을 통하여 이들 간의 정보를 연계함으로써 지역단위의 종합적 사회보장과 지역 간 균형발전을 실현하기 위하여 2014년에는 「사회보장급여의 이용・제공 및 수급권자 발굴에 관한 법률」이 제정되었다(2015년 시행). 이에 따라 지역사회복지계획은 지역사회보장계획으로, 지역사회복지협의체는 지역사회보장협의체로 명칭이 변경되었다.

셋째, 사회복지행정에 중요한 영향을 준 또 다른 요인은 공공사회복지 전달체계의 개편이다. 2004년 7월부터 2006년 6월까지 보건복지부에서는 '사회복지사무소 시범사업'을 시행하였다. 사업시행의 결과 긍정적인 평가가 많았음에도 불구하고 이러한 평가결과를 제대로 반영하지 못하고, 2006년 7월부터 시・군・구에 주민생활지원국을 설치하면서 공공사회복지 전달체계의 개편이 시행되었다. 이와 같은 전달체계의 개편은 사회복지의 전문성을 제대로 살리지 못하였을 뿐만 아니라 사회복지를 주민생활지원이라는 명칭 속에 매몰시켜버림으로써 사회복지의 범위와 전문적 영역에 혼란을 초래하기도 하였다.

2009년 6월 시・군・구의 사회복지 전달체계 개선책이 제시되면서 주민생활지원국체계에 상당히 변화가 생겼고, 2010년부터는 사회복지통합관리망(행복e음)이 운영되기 시작하였으며, 2012년 5월부터는 시・군・구 단위에 희망복지지원단이 출범하여 공공사회복지 전달체계 내에 통합사례관리 업무를 수행하게 함으로써 사례관리가 더욱 강화되게 된다. 이후 2013년 「사회보장기본법」의 개정과 더불어 사회복지통합관리망은 사회보장정보시스템으로 명칭이 바뀌어서 오늘에까지 이르고 있다.

넷째, 사회복지조직의 새로운 형태로서 사회적 기업이 출현하게 되었다. 고용노동부에서는 2007년 「사회적기업육성법」을 제정하여 본격적으로 사회적 기업을 육성하고 지원하기 시작하였다. 이 법에 따르면 사회적 기업은 취약계층에게 사회서비스 또는 일자리를 제공하거나 지역사회에 제공함으로써 지역주민의 삶의 질을 높이는 등의 사회적 목적을 추구하면서 재화 및 서비스의 생산판매 등의 영업활동을 한다. 주로 비영리법인, 비영리민간단체, 소비자생활협동조합, 사회복지법인, 공익법인 등이 사회적 기업을 설립할 수 있다. 이러한 사회적 기업의 유형에는 일자리 제공형, 사회서비스 제공형, 지역사회 공헌형, 혼합형, 기타형이 있다. 이와 같은 사회적 기업은 우리나라에서도 급속하게 성장하고 있으며, 사회적 기업가를 양성할 필요성이 점차 강화됨으로써 현재도 사회복지행정의 영역이 확장되는 중이다.

이제까지 논의한 한국의 사회복지행정 역사의 내용과 2000년대 이후 사회복지행정의 구체적인 주요 내용은 다음의 〈표 2-2〉를 통해 확인할 수 있다.

〈표 2-2〉 한국의 사회복지행정 역사

구분	시기	주요 내용
일제 시대	1906	• 반열방 설치 : 원산에 미국 감리교선교단체에 의해 설치된 우리나라 최초의 민간기관
	1921	• 태화여자관 설치(서울 인사동) : 현대적 의미의 민간사회복지관 활동 전개
		• 조선총독부 내무국 내 사회과 개설 : 시혜적 활동에 국한, 공식적 사회복지조직이라 보기 어려움
	1944. 3.	• '조선구호령' 공포 · 실시 : 국민의 빈곤, 불구, 폐질에 대해 생활 구호
미군 정시대	1945	• 보건후생국 설립
	1946	• '후생국보'를 발표하여 조선구호령과 함께 실시 : 긴급구호에 관한 규정 발표
		• 보건후생국이 보건후생부로 승격
		• 후생국보 3A호 : 재해민, 피난민 구호계획 발표
		• 후생국보 3C호 : 빈민, 실업자 구호계획 → 근대적 사회복지행정과는 거리가 있음
		• 아동노동법류 공포 · 시행
		• 보건후생국, 노동부 통합 : 사회부 신설
		• 미성년자노동보호법 공포 · 시행
		• 이화여자대학교에 기독교사회사업학과 설치
1 · 2 공화국	1949	• 사회부 내 보건행정을 분리하여 보건부 신설
	1950	• 후생시설 설치기준령 제정 : 구호시설 운영, 지도 · 감독 준칙
	1952	• 후생시설 운영요령 : 전쟁고아 수용보호시설을 비롯해 전란으로 인해 혼란에 빠진 기존 구호시설 운영 · 감독
	1953	• 중앙신학교(현 강남대) 사회사업학과 개설
		• 외국 원조기관이 들어오면서 사회복지행정 실천의 장 마련
	1955	• 보건부와 사회부를 보건사회부로 통합
	1956	• 사회복지전문인력 단기양성소 창설 : 국립중앙사회사업 종사자 훈련소
	1958	• 이화여대 기존 기독교사회사업학과를 사회사업학과로 개칭
		• 서울대학교 대학원에는 사회사업학과를, 학부에는 사회사업과를 개설
	1960	• 공무원 연금법 제정
3 · 4 공화국	1961	• '생활보호법' 제정 : 조선구호령의 내용을 크게 벗어나지 않아 질적 개선은 없음
		• 보건사회부의 역할 : 생활보호 위주, 외원기관의 역할 : 저소득층 위주 → 사회복지행정조직 역할은 매우 단순, 비전문적 활동 전개
		• 전쟁고아 문제 해결을 위해 고아입양특례법, 아동복리법, 고아후견직무에 관한 법을 제정 → 한국 사회복지행정의 발전과는 연결되지 못했음
	1963	• 공무원 연금법 개정
		• 군인연금법의 제정 및 시행
		• 산업재해보상보험법(1963년 제정, 1964년 시행)

시기	연도	내용
	1970	• '사회복지사업법' 제정 - 사회복지사업에 대한 기본적 사항 규정 - 민간 사회복지행정과 그에 대한 지도, 감독 포함 - 공공 사회복지행정의 발전 토대 마련 • 총 13개 대학에서 사회사업학과(사회복지학과) 설립, 그러나 행정을 전공 분야로 하는 학생은 거의 없었음 - 토착적 사회복지기관의 설립은 저조 - 주로 외원기관, 민간 사회복지기관 주류였음 → 외원기관의 원조 감소 및 중단, 철수
5공화국	1980년대	• 사회복지서비스 행정의 대두 • 사회복지서비스 중요성 인식 및 국가와 지방자치단체 책임의 강화 • 사회복지행정범위 확장 • 생계보호 목적에서 자활보호 목적 중시의 행정을 병행 • 30개 대학에 사회복지학과, 사회사업학과 집중적 설립
6공화국 이후	1987	• 사회복지전문요원 배치 : 공공 사회복지행정의 획기적 발전 전환점
	1990	• 사회국과 가정복지국을 통합하여 사회복지정책실로 개편
	1991	• 지방공무원 임용령의 개정으로 사회복지직렬 설치(5급까지) • 사회복지사업법 개정 : 사회복지전담공무원 및 복지사무전담기구 설치 근거 신설
	1994	• 정부조직법 개정에 따라 보건복지부로 명칭 변경
	1995	• 지방자치제도의 실시 : 중앙과 지방의 역할분담
	1997	• 시설설치의 신고제, 설치주체의 다양화, 사회복지시설 평가제 도입
	1998	• 사회복지공동모금법에 의한 공동모금제도의 도입
	1999	• 국민기초생활 보장법 제정 : 생활보호법 대체, 수급권의 보장, 자활후견인을 통한 자활 우선 행정 강조 • 한국사회복지행정학회 창립, 한국사회복지행정학 창간호 발간
	2000	• 국민기초생활 보장법 시행
	2001	• 지역사회복지협의체 시범사업 실시, 복지정책 데이터베이스 본격 가동
	2002	• 전자정부의 구축으로 정보화시스템이 사회복지행정 실천에 접목 • 보건복지부 조직 개편(보육과, 의료급여과, 공공보건과 신설)
	2003	• 사회복지사 1급 국가시험 실시
	2004	• 사회복지사무소 시범운영
	2005	• 건강가정기본법 시행 • 지역사회복지협의체 운영
	2006	• 자원봉사활동기본법 시행, 지역사회복지협의체 운영 • 정부조직법 개정에 따라 제주도를 제주특별자치도로 개설

	2007	• 주민생활지원국 설치, 지방자치단체의 복지정책 수준평가
		• 주민생활지원서비스 전달체계 전면 시행(동사무소 → 동주민센터로 명칭 변경)
		• 전문사회복지사 자격제도 신설, 사회복지사업관리센터 설립근거 마련
	2008	• 기초노령연금법, 노인장기요양보험법 시행
		• 정부조직법 개정에 따라 여성가족부 일부를 흡수해 보건복지부로 개편
		• 다문화가족지원법 시행
	2009	• 사회복지사업법에 전산행정처리 자료의 활용 및 협력사항 규정
		• 희망복지 전달체계 개편방안 마련
	2010	• 장애인연금법 시행
		• 지방자치단체 사회복지 통합관리(급여 및 서비스)전산망 구축
		• 정부조직법 개정에 따라 노동부를 고용노동부로 개칭
		• 사회복지통합관리망(행복e음) 구축
	2011	• 장애인활동지원에 관한 법률 시행
		• 사회복지서비스 바우처사업 확대 실시
	2012	• 보편주의 복지서비스 일부행정 시행에 관한 Agenda 대두 심화
		• 노숙인 등의 복지 및 자립지원에 관한 법률 시행
		• 정부조직법 개정에 따라 세종특별자치시 신설
		• 희망복지지원단 설치운영
	2013	• 사회보장정보시스템 개통
		• 개정 사회보장기본법 시행
		• 0~5세 무상보육
	2014	• 기초연금법 시행(기초노령연금법 폐지)
	2015	• 발달장애인 권리 보장 및 지원에 관한 법률 시행
		• 사회보장급여의 이용・제공 및 수급권자발굴에 관한 법률 시행
		• 국민기초생활 보장법 일부개정(맞춤형 복지행정 시행)
		• 사회보장정보원 출범
	2016	• 동주민센터를 행정복지센터로 명칭 변경
		• '동 복지 허브화', 읍・면・동 지역사회보장협의체 발족
		• 제3차 저출산・고령 사회기본계획 시행(~2020년)
	2018	• 전국의 모든 동에 맞춤형 복지팀을 신설하여 동 복지 허브화 전면 실시 중

출처 : 고재욱 외(2016), pp. 46-47; 홍봉수 외(2016), pp. 48-49를 인용하여 재구성.

연습문제

01 영국의 빈민법의 제정 순서가 바르게 나열된 것은?

① 빈민법 → 스핀햄랜드법 → 정주법 → 작업장법 → 길버트법
② 빈민법 → 길버트법 → 스핀햄랜드법 → 정주법 → 작업장법
③ 빈민법 → 작업장법 → 길버트법 → 스핀햄랜드법 → 정주법
④ 빈민법 → 정주법 → 길버트법 → 작업장법 → 스핀햄랜드법
⑤ 빈민법 → 정주법 → 작업장법 → 길버트법 → 스핀햄랜드법

02 1942년 베버리지 보고서에 제시된 5대 악과 관련이 없는 것은?

① 질병 ② 무지
③ 나태 ④ 식욕
⑤ 불결

03 미국의 사회복지행정 역사에 대한 설명으로 옳지 않은 것은?

① 1910년대에 사회복지사에 대한 정규교육이 시작되었다.
② 1930년대에 사회보장법이 제정되어 행정발전의 기초를 마련하였다.
③ 1950년대에 사회복지교육협의회에서 사회복지행정을 교과과정으로 인정하였다.
④ 1980년대 민간 사회복지조직에서 재원조달의 문제와 책임성의 문제가 강조되었다.
⑤ 1990년대 이후 신보주주의의 영향으로 사회복지행정에 대한 민간의 관심이 감소되었다.

04 미국 사회복지행정의 최근 동향(1990년대 이후)에 대한 설명으로 옳지 않은 것은?

① 국가행정정보화에 따라 복지행정시스템이 구축되었다.
② 개인 책임 및 노동기회 조정법의 제정으로 공공부조제도가 근본적으로 변화하였다.
③ 사회복지의 공급주체가 다원화, 다선화되면서 다양성이 확대되었다.
④ 의존아동가정 부조프로그램(AFDC)이 신설되었다.
⑤ 재원확보를 위한 재정관리기법과 경영기법이 도입되었다.

05 우리나라 사회복지행정 역사에 대한 설명으로 옳지 않은 것은?

① 1960년대에는 이용시설보다 생활시설이 주를 이루었다.
② 1970년대에는 외원기관의 원조가 감소하면서 민간 사회복지시설의 자원이 부족하였다.
③ 1980년대에는 사회복지전담공무원제도가 도입되어 독립된 조직체로 발전하였다.
④ 1990년대에는 거의 모든 대학에서 사회복지행정을 필수과목으로 채택하였다.
⑤ 2000년대에는 사회복지통합관리망이 구축되었다.

06 우리나라 사회복지행정의 역사 중 같은 시기에 있었던 일이 아닌 것은?

① 국민기초생활보장제도의 시행
② 사회복지사 1급 국가시험 시행
③ 사회복지사무소 시범운영
④ 희망복지지원단 설치 운영
⑤ 사회복지공동모금회 설립

정답 1. ⑤ 2. ④ 3. ⑤ 4. ④ 5. ③ 6. ⑤

CHAPTER 03

사회복지조직의 이론

제1절 조직의 개념

제2절 고전적 이론

제3절 현대적 이론

03 CHAPTER

사회복지조직의 이론

제1절 조직의 개념

조직을 의미하는 'organization'이라는 개념에는 '**조직하는 활동의 과정**(the process of organizing)'이라는 의미와 '조직하는 활동이 이루어진 결과의 상태(the state of being organized)'라는 의미가 내포되어 있다. 주로 전자는 '조직화'라는 개념으로 사용되고, 후자는 '조직'이라는 개념으로 사용되는 경향이 있지만, 조직이라 할 때에는 두 가지 의미를 모두 내포하는 것으로 쓰이는 것이 일반적이다(최성재・남기민, 2017 : 164).

조직의 개념에 관해서는 학자들마다 다양한 정의를 가지고 있다. Weber(1968)는 조직이란 '계속적이고 의도적인 특정한 종류의 활동체제'로 정의하였고, Skidmore(1990)는 조직은 '사람, 과업, 자원을 가장 질서 있고 효율적으로 배열하는 활동으로서 공동의 목표를 향한 사람들의 활동과정'으로 정의하였으며, Barker(1995)는 '결정된 목표를 성취하기 위해 제도화된 전략들을 동원하는 것'으로 정의하였다. 또한 Etzioni(1964 : 4)는 조직이란 '특정 목표를 달성할 목적으로 의도적으로 구조화된 계획적 단위'라고 정의하면서 이러한 조직을 구성하는 특성적 요소로서 사회적 구조, 참여자, 목표, 기술, 환경의 다섯 가지를 제시하였다. 즉, 조직은 가치, 규범 및 역할기대 등에 의하여 구조화된 규범적 구조와 행동적 구조를 가지고 있으며, 이러한 사회적 구조를 만들고 목표달성 활동을 수행할 참여자가 필요하다. 이때 목표는 조직의 궁극적인 존재 이유이자 조직이 이루고자 하는 바람직한 미래의 상태를 의미하는데 조직은 이러한 목표를 달성하기 위해 물질적·비물질적 기술을 사용하게 된다. 그리고 조직은 하나의 사회체계로서 보다 큰 사회적 체계 속에서 환경과 연관을 가지고 존재한다. 이 같은 조직의 특성 요소들은 서로 영향을 주고받으며 상호의존적인 관계를 가지고 있다(최성재·남기민, 2017 : 165).

이러한 개념정의를 바탕으로 사회복지조직의 개념을 정리하면, 사회복지조직이란 '복수의 참여자가 공동의 목표를 설정하고, 이를 성취하기 위해 일정한 수단을 동원하는 체계로서, 조직의 질서유지를 위한 규범이 존재하고 조직을 둘러싼 **일반환경 및 과업환경**과 끊임없이 상호작용을 하는 단위'라고 할 수 있다(양승일, 2018 : 59). 이는 현대사회에서 조직이 그만큼 중요한 역할을 수행하고 있음을 말하고 있는 것이다. 이러한 조직은 다음과 같은 특성을 갖는다(고재욱 외, 2016 : 111).

첫째, 조직은 그 자체의 목표를 가지고 있다. 대규모의 조직이 추구하는 목표는 대개 복수이며, 그 종류도 다양하다.

둘째, 인간의 활동에 의한 구성이다. 조직은 사람의 행동으로 구성되지만, 개별 구성원의 존재와는 구별되는 실체를 형성한다.

셋째, 조직에는 분화와 통합에 관한 공식적인 구조와 과정이 있다. 공식적 구조와 과정은 비공식적이고 자생적인 관계에 의하여 수정된다.

넷째, 비교적 높은 합리성이 있다. 조직 활동은 다른 사회적 집합체들의 경우보다 비교적 높은 합리성의 지배를 받는다. 그러나 합리성은 완전한 것이 아니다. 비합리적 요인의 개입으로 인해 합리성은 제약된다.

다섯째, 경계의 존재와 환경과의 상호작용이 있다. 조직에는 사회적 체계 또는 개발체계로서 경계가 있어 조직과 그 환경을 구별하게 해주고, 경계 밖의 환경과 상호작용을 한다.

여섯째, 조직은 시간선상에서 움직여 가는 동태적 현상이다.

현대사회는 사회적으로 수행되는 대부분의 기능이 조직을 통해 수행되는 조직 사회다. 즉, 사람들이 살아가는 데 필요한 대부분의 기능이 조직 혹은 조직화된 방식을 통해 구현된다는 의미이다. 조직사회에서는 사회복지의 목적이 추구되는 방식 또한 조직을 근간으로 한다. 사회복지가 가진 상호부조의 사회적 기능은 사회보험 관련 공단 조직, 공공부조를 위한 정부조직, 기타 사회서비스와 관련된 중앙, 지방, 공단, 재단, 법인, 시설, 개인사업체 조직 등을 통해 수행되고 있다. 따라서 사회복지행정은 이러한 조직들을 움직여서 본연의 역할을 수행하기 때문에 조직의 작동원리에 관한 이해는 무엇보다도 중요하다(김영종, 2017 : 96).

제2절 고전적 이론

조직이론이란 조직에 대한 설명이다. 사회복지 본연의 목적을 잘 수행하도록 조직을 관리하기 위해서는 조직에 대한 이해의 통로로서, 조직이론에 대한 이해를 통해 조직을 실체로서 파악하기 위한 노력이 우선되어야 할 것이다. 본 장에서는 고전적 이론과 현대적 이론의 두 유형의 이론으로 나누어 설명하고자 한다.

1. 과학적 관리론(Scientific Management Theory)

Taylor(1856~1915)는 1878년 미드베일 철강회사(Midvale steel corporation)에서 기술자로 근무를 시작하여 1989년 베들레헴 철강회사(The Bethlehem steel corporation)에서 근무하던 중 노동자들의 태업과 파업을 목격한 후 작업현장의 비능률을 개선하고자 과학적 관리원칙을 적용하면서 과학적 관리론을 제시하였다. 당시는 19세기 초의 급격한 산업혁명의 진행과 함께 과다한 경쟁으로 독점기업이 형성되고, 공황에 의한 공장폐쇄, 파산, 임금인하 등의 상황으로 인해 끊임없는 파업과 노동운동이 전개되던 시기였다(염일열 · 이승현, 2016 : 54). 이러한 시대적 배경은 과거의 생산방식에 대한 비판을 불러일으키면서 새로운 관리방법을 모색하기 위한 과학적 관리법을 확립하게 하였다.

Taylor(1911)의 과학적 관리론은 조직구성원의 업무를 과학적으로 분석하여 조직의 능률과 생산성을 극대화시키는 방안을 마련하는 것에 초점을 두고 표준화된 업무절차를 만들어 절약과 능률을 실현하고 생산성과 능률성을 향상시키기 위한 기능적 관리기술이다. 작업을 적은 수의 단위로 세분화시키고 과학적 분석과 객관적 기준에 따라 수행할 수 있는 범위를 정해줌으로써 작업자의 역할과 책임을 수량적으로 할당하였다. 따라서 작업자는 표준화된 작업 매뉴얼을 따르기만 하면 되었고, 생산량이 많으면 더 많은 성과급을 받을 수 있었다. 이처럼 조직의 능률을 높이기 위해 시간과 동작을 연구하고 작업과정의 물리적 환경조건을 개선하고 효율적인 직무배치에 과학적 방법을 동원하였다. 과학적 관리의 핵심 기법은 다음과 같다(신복기 외, 2019 : 71).

1) 시간 및 동작 연구

연구하고자 하는 과업에 숙련된 사람들을 10명에서 15명 정도 선발한 후 이들의 작업하는 모습을 관찰하여 기본적인 동작을 하는 데 필요한 시간을 측정하고 불필요한 동작을 찾아낸다. 그런 다음 가장 빠르고 가장 좋은 작업방식을 고른 후 이것을 표준화하여 표준시간과 표준동작을 정한다.

2) 작업도구의 표준화

작업에 사용되는 이전의 공구들을 상세히 검토하고 각 공구들이 낼 수 있는 속도에 대하여 시간연구를 한 후 가장 좋은 점만 골라내어 표준화된 공구를 만들어 보다 빠르고 편안하게 작업을 할 수 있도록 하였다.

3) 과업관리(Task Management)와 이율(異率) 성과급제

시간과 동작 연구를 통해서 각 근로자에게 매일 해야 할 과업을 정밀하게 계산하여 1일 표준작업량을 부여한다. 표준을 넘는 근로자에게는 높은 단위당 임금을 주고, 표준에 미치지 못한 근로자에게는 낮은 단위당 임금을 적용한다. 이처럼 일정한 과업과 임금을 조합시킨 것을 과업관리라고 한다. 이러한 차별적 성과급 제도가 근로자들에게 직접적이고 신속한 유인(誘引)으로 작용하여 동기부여가 될 것이라고 믿었다.

4) 지도표(指導票, Instruction Card)와 기능적 직장(職長)제도 (Functional Foreman System)

근로자가 표준작업량을 생산할 수 있도록 지도표를 작성한다. 지도표는 공정별 작업내용, 사용 공구, 표준시간 등을 정해놓은 것이다. 또한 기능적 직장은 숙련공으로 선발된 사람으로서, 작업자에게 지휘를 하거나 필요한 시범을 보여 줌으로써 가장 우수하고 빠른 방법을 제시할 수 있었다.

과학적 관리론은 체계적인 지식을 적용하여 효율성과 생산성을 극대화하려는 규범적 관리이론의 효시로, 20세기 초에 등장했던 대규모 산업조직들의 생산성 향상에 크게 기여하였고, 지금까지도 다양한 산업분야에서 그 유효성이 상당 부분 확인되고 있다(김영종, 2017 : 127). 그러나 조직의 능률과 생산성만을 너무 강조한 나머지 인간을 단순하고 물질적 이익만을 추구하는 합리적·경제적·기계적 존재로 생각하여 인간적인 요소, 예를 들면 감정적·정서적·사회 심리적인 면에 대한 접근을 소홀히 하였다. 이 외에도 조직에 영향을 주는 외적 요인과 외부 환경의 중요성을 무시하고 인간을 하나의 생산수단의 부품으로 전락하게 만든 점, 구성원 상호 간의 교류문제를 도외시한 점 등에서 한계를 나타냈으며, 이러한 한계는 새로운 이론의 필요성을 만들어 냈다.

2. 관료제 이론(Bureaucracy Theory)

제2차 세계대전 이후 조직이론가들에게 주목받기 시작한 Weber(1864~1920)의 관료제 이론(bureaucracy theory)은 현대 조직이론에서도 그 중요성은 여전하며, 오늘날 가장 일반적인 조직의 유형도 바로 관료제이다(신복기 외, 2019 : 73). 관료제를 뜻하는 'bureaucracy'라는 단어는 프랑스어의 사무실, 책상, 책상보를 뜻하는 'bure'와 관리, 지배, 통치를 뜻하는 'cracia'의 합성어로, 사무실에서 미리 규정과 절차를 정해놓고 현장 실무를 진행하는 조직의 모든 구성원은 그에 따라 행동해야 한다는 의미를 가진다(염일열·이승현, 2016 : 57). 즉, 관료제란 많은 양의 업무를 법령에 따라 비정의적(非情誼的)으로 처리하기 위하여 계층적으로 구성된 대규모의 분업체제로 합리적인 지배가 제도화된 조직형태를 의미하는 것으로, Weber는 자유와 권력을 가장 합법적이고 합리적으로 사용하는 데 가장 효율적인 조직이라고 주장하였다(오세영, 2013 : 131).

Weber는 정당성을 기준으로 조직이 바탕으로 삼는 권한(authority)의 유형을 전통적 권한, 카리스마적 권한(위계적 권한), 합법적 권한의 세 가지로 분류하였다. 첫째, 전통적 권한은 족장이나 군주에 대한 존경과 순종이 세습적으로 승계되는 것처럼 하급자가 상급자의 명령을 정당한 권한으로 받아들이는 것으로 전통적인 관례에 따르는 것이다. 둘째, 카리스마적 권한 혹은 위계적 권한은 일상적인 것을 초월한 비범한 지도자의 기질이나 능력에 대한 존경심으로 하급자가 상급자의 명령을 전적으로 수용하는 것이다. 셋째, 합법적 권한은 지배의 정당성이 인간적인 지배가 아니라 법과 규정에 의한 지배만을 인정한다는 것이다.

또한 관료제가 가지는 특징을 정리하면 다음과 같다(신복기 외, 2019 : 74; 염일열 외, 2016 : 59).

① **명확한 권한** : 법규 또는 행정명령과 같은 규칙에 의하여 규정된 명확한 관청적 권한의 원칙이 존재한다. 관료제의 모든 지위에 대한 직무범위나 직무수행을 위하여 명령권은 규칙에 의하여 부여된다.

② **규칙** : 조직의 기능은 규칙에 의하여 제한된다. 조직은 동조성과 조정을 확보하기 위해 공식적인 규칙체계를 요구한다. 규칙에 의한 규제는 조직의 관리에서 가장 중요한 계속성과 안정성을 제공한다.

③ **계층제** : 기관의 상하 간 혹은 조직 내부의 직위 간에는 명확한 명령복종관계가 확립되어 있어서 하급기관이나 하급지위는 상급기관이나 상급지위의 통제와 감독을 받는다.

④ **문서주의** : 책임의 한계를 명확히 하기 위해서 모든 직무는 서류에 근거하여 공식화되어 처리되고, 서류는 원본 또는 초안대로 보존되어야 함을 원칙으로 한다.

⑤ **비정의성**(非情誼性) : 조직의 운영에 있어서 개인적인 생각이나 감정이 무시되고 공식적인 원칙과 절차를 중요시한다. 즉, 완전히 합리적인 결정을 내리기 위해서는 하급자 및 고객과의 감정적 연계를 피해야 한다.

⑥ **기술적 자격** : 이상적인 관료제는 기술적 자격에 의해 충원이 이루어진다.

기술적 자격에 의한 충원은 관료를 자의적인 해고로부터 보호하고, 연공서열이나 업적에 따라 승진시킬 수 있다.

⑦ **전문지식** : 모든 전문적 직무활동은 일반적으로 그 직무에 맞는 특별한 전문지식을 필요로 한다.

⑧ **공사의 분리** : 직무활동을 사생활의 영역으로부터 완전히 분리시킴으로써 몰주관적·비인간적 성격을 갖게 하여 정의성, 비합리성이 지배하는 가족관계, 사적 관계는 배제한다.

⑨ **분업과 전문화** : 조직에서 수행되는 모든 과업은 각 구성원에게 분담되며 특정한 과정을 분업함으로써 전문화를 추구할 수 있다.

⑩ **경력지향성 강조** : 조직구성원의 전문적인 능력과 기술을 중요시하기 때문에 자신의 경력을 지향한다. 따라서 조직구성원의 승진은 일정한 경력의 규칙하에 연공서열과 실적에 따라 이루어진다.

⑪ **능률성 강조** : 조직에서 최대의 능률을 올릴 수 있다고 말했듯이 합리적인 의사결정과 행정능률을 극대화하고자 한다.

이와 같은 관료제는 순기능과 역기능을 모두 가지고 있다. 구체적인 내용을 비교해 보면 다음 〈표 3-1〉과 같다.

〈표 3-1〉 관료제의 순기능과 역기능

관료제의 순기능	관료제의 역기능
• 계층제의 승진제도는 인간 본성인 상승욕구의 충족수단이다. • 정실주의 배제 • 수직적 권한 계층을 통한 책임 수행 용이 • 갈등의 제도적 조정 • 고도의 합리주의와 실적과 능력에 의한 충원 제도 • 종신 재직권을 허용함으로써 고용의 안정성 제공	• 관료의 특권계층화 • Merton의 동조과잉 현상과 목표전치 • Selznick의 조직 내 파벌의식·할거주의 현상 초래 • 서면주의·형식주의 • 신속한 결정의 지연 • Bennis & Blau의 지적으로서 변화에 대한 저항과 경직성(비융통성) • 지나친 공사분리로 인한 인간의 몰주관성·비인격성 강요 • Laski의 지적으로서 선례주의, 무사안일주의와 상급자의 권위에 의존 • 크리밍(creaming) 현상의 발생

출처 : 신복기 외(2019), p. 75 〈표 4-3〉 재인용.

이처럼 관료제는 순기능도 가지지만 조직의 표면적이고 형식적인 면만을 중심으로 하는 합리적인 구조에 지나치게 집착함으로써 비공식적인 면과 인간관계적인 요소를 간과하여 예상치 못한 부작용을 겪거나 오히려 합리성을 해치는 역기능을 초래할 수도 있다. 사회복지조직은 자칫 방만하거나 비체계적으로 운영될 수 있는 전문가 집단의 성격을 띠는 경향이 있기 때문에 사회복지조직의 활동을 합리적으로 수행하기 위해서 이러한 관료제 이론을 적용하는 것이 유용할 수 있다. 그러나 관료제 이론을 일방적으로 적용시키는 데는 한계가 있다. 즉, 법칙과 규제에 대한 과도한 의존, 서비스 전달과정에서 조직구성원과 클라이언트 간의 비인간적인 관계, 서비스 제공 과정의 융통성 결여, 구성원들에 대한 비인격적이고 무감감한 성과 측정 방법에 의존하게 된다는 비판이 있다(Hasenfeld, 1983 : 16). 따라서 사회복지조직에 관료제 이론을 적용할 때에는 서비스의 합리성과 효율성을 증대하고 개선된 서비스 기술을 가져다주는 등의 긍정적인 기능과 서비스 대상자들을 소외시키는 등의 부정적인 기능 간의 적절한 균형을 이룰 수 있도록 해야 한다(배은영 외, 2010 : 119).

3. 인간관계이론(Human Relation Theory)

인간을 기계시하고 효율성과 합리성만을 중요시하는 과학적 관리이론에 대한 반동으로 등장한 것이 바로 인간관계이론이다. 인간관계이론은 1924년 미국 호손(Hawthorne) 공장 실험에서 발견된 예상치 못한 결과로부터 시작되었다. 당시 하버드 대학 심리학 교수였던 Mayo는 호손 시에 있는 웨스턴 일렉트릭사(Western Electric Corporation)를 대상으로 조명, 소음, 습도 등의 작업조건이 노동자의 생산성에 어떠한 영향을 미치는지를 연구하였다. 원래 이 연구의 가설은 작업환경을 개선하면 생산성이 향상될 것이라는 것이었다. 그러나 가설과는 다르게 작업환경과 생산성은 별다른 관계가 없는 것으로 나타났다. 이에 1927년 다시 2차 연구를 시행하였는데, 연구 결과 작업환경과 금전적인 보상보다는 일의 보람과 긍지, 동료들 간의 우애와 의리 등의 인간적이고 심리적인 요인이 더 많은 영향을 미친다는 사실을 발견하게 되었다(원석조, 2018 : 83). 또한 비경제적인 보상도 생산성을 향상시키는 요인이 될 수 있다는 점, 대인관계와 비공식적인 자생조직을 통한 소외감의 배제와 개인의 사회 심리적 욕구를 충족시켜 만족감을 갖게 하는 것이 생산성의 향상에 중요한 영향을 미친다는 점, 그리고 경쟁에 의한 생산보다는 협동에 의한 생산이 더 중요하다는 결론들을 밝혀내기도 하였다. 호손 실험의 자세한 내용은 다음의 〈표 3-2〉와 같다.

〈표 3-2〉 호손 공장 실험의 주요 내용

호손(Hawthorne) 공장 실험	
제1차 조명실험 (1924. 11.~1927. 4)	• 여성 노동자 6명씩을 대상으로 작업현장의 조명도와 작업능률 간의 관계를 분석하기 위한 실험으로 작업장의 물리적 조건(조명, 통풍, 온도, 습도, 작업대 높이 등)을 높게 하면 생산성이 증가할 것이라는 가설로 출발 • 실험 결과 실험집단의 조명의 조도가 높거나 낮거나 모두 생산성이 증가함 • 통제집단의 경우 조명의 조도에 변화를 주지 않았으나 생산성이 증가함 • 생산성의 증가는 조명과 같은 물리적 환경조건 이외의 다른 요인에 의해 영향을 받고 있음을 알게 됨 • 생산성의 증가에 영향을 주는 중요한 요인은 노동자의 사기와 같은 심리적 만족감이라는 사실이 밝혀짐
제2차 전화계전기 조립실험 (1927. 4.~1929. 6)	• 1차 실험에서는 사이가 좋은 2명의 여성 노동자들로 하여금 자신이 좋아하는 4명의 여성 노동자를 선발하게 하여 여성 노동자 6명씩을 1조로 작업팀을 만들어 일반 여성 노동자들이 일하는 작업장의 옆에 마련된 별실에서 물리적 작업 조건의 변화를 살펴보기 위한 계전기 조립실험을 실시함 • 2차 실험에서는 6명의 여성 노동자를 선발하여 집단 임금제도의 영향을 관찰함 • 실험 결과 물리적 작업조건의 관계없이 생산성이 향상됨 • 실험 결과를 통해 작업능률에 영향을 미치는 것은 노동시간, 급여, 휴식시간, 급식의 제공 등과 같은 물리적 작업조건이 아니라 연구자들의 관심집중, 회사를 대표하는 중요한 존재라는 인식, 자신들의 의견존중, 건강유의, 구성원의 집단의식, 작업에 대한 자부심, 자기표현의 기회 등의 인간적 측면에 대한 변인이 더 크게 작용하고 있음이 밝혀짐
제3차 면접 실험 (1928. 9.~1930. 9)	• 노동자 2만 명을 대상으로 작업능률과 감독방법 간의 관계성을 살펴보는 면접실험을 실시함 • 노동자들이 중요시하는 것들, 예를 들면 자녀의 양육에 관한 것, 친구들이 자기 직업을 어떻게 보는가에 관한 것들을 말하게 하여 가능한 문제를 해결해 줌 • 작업자들은 집단의 구성원으로 행동하며, 보람 없는 일의 반복이 아니라 회사의 운명, 장래 문제에 참가하고 싶어 했기 때문에 작업자들의 제안을 수락하고 실천한 결과로 생산성이 증가함 • 실험 결과를 통해 공식조직 내에는 비공식조직이 있어 생산 활동에 크게 영향을 미치고 있다는 공장 내의 사회적 구조가 분석됨

제4차 건반 배선 관찰실험 (1931. 11.~1932. 5)	• 14명의 남성 노동자를 대상으로 건반 배선을 작업장을 통한 관찰실험을 실시함 • 작업자들은 작업의 순서가 아니라 고참 순으로 배석하며 2개의 공식 집단이 형성되고, 비공식 집단의 집단규범이 구성원의 행동을 규제함. 즉, 지나치게 일해서도 안 되고, 너무 태만해서도 안 되고, 상사에게 고자질해서도 안 되며, 지나친 자기자랑을 해서도 안 된다는 규범이 설정되어 있었음 • 실험 결과 노동자의 사회적 구조에 대한 통찰을 할 수 있었음 • 비공식 집단에서는 자연적으로 선발된 리더가 있고, 몇 개의 행동규범, 가치체계, 지위관계 등이 형성되어 공식적 조직에 크게 영향을 미친다는 사실을 밝혀냄

출처 : 염일열 외(2016), pp. 65-66; 김인혁 외(2019), pp. 73-74를 토대로 재구성.

호손 공장 실험에서 밝혀진 연구결과에 따른 인간관계론의 주요 내용을 정리하면 다음과 같다(박용순 외, 2011 : 71-72; 김인혁 외, 2019 : 74).

첫째, 조직구성원의 작업능률과 생산성은 물리적 환경조건과 근로조건이 아니라 집단 내의 동료 또는 상사와의 인간적 관계에 의해 크게 좌우된다.

둘째, 조직구성원은 개인적으로 일하기보다는 비공식적 집단의 일원으로서 작업하며, 비공식 집단에서의 인간관계는 비합리적이고 정서적인 요소에 따라 이루어진다.

셋째, 조직에는 비공식 집단이 별도로 존재하며, 이 비공식 집단은 개인의 작업태도와 생산성 향상에 강력한 영향을 미친다.

넷째, 조직구성원은 경제적인 욕구나 동기에 입각한 합리적 행동보다도 사회적·심리적 욕구나 동기 등과 같은 비경제적 요인에 입각한 행동을 더 중요시한다.

인간관계이론은 인간중심적인 조직이론의 토대를 형성하고 사회복지조직에도 많은 영향을 미쳤다. 인간관계이론을 사회복지조직에 적용하는 경우, 인간 자체를 목적으로 하는 사회복지조직의 철학과 이념에 부합될 수 있고, 대인관계기술, 클라이언트의 노력과 동기부여와 같은 요소들과 인간관계이론의 기본 관점이 부합되며, 사회복지조직의 효과성은 인간관계가 핵심이라는 측면에서 많은 적합성을 나타낼 수 있다. 하지만 인간의 정서적 측면과 조직에서의 사회적 측면만을 지나치게 강조하고 조직의 목표나 자원, 기술, 특성 등의 조직의 효과성 결정요인들을 소홀히 다루고, 조직 내에 정치적이고 경제적인 과정을 무시했다는 점에서 한계를 나타낸다. 또한 인간을 너무 단순화했다는 점과 조직 내에서의 인간관계는 반드시 협동과 참여만 일어나는 것이 아니라 갈등과 지배도 나타날 수 있다는 점을 간과한 점, 인간관계만을 지나치게 강조하여 조직 문제의 실제적인 원인으로서 관심을 멀어지게 했다는 점에서 비판을 받고 있다.

이상에서 살펴본 인간관계이론과 과학적 관리론의 유사점과 차이점을 간략히 정리하면 다음의 〈표 3-3〉과 같다.

〈표 3-3〉 과학적 관리론과 인간관계이론의 비교

과학적 관리론	구 분	인간관계이론
기계적·합리적 모형	조직관	비합리적 모형
합리적·경제적 인간	인간관	사회·심리적 인간
기계적·단기적·공리적 능률성	능률성	사회적·장기적·인간적 능률성
권위적 리더십 McGregor의 X이론	관리방식	민주적 리더십 McGregor의 Y이론
저해요인만 제거되어야 균형	조직과 개인 목표 간 균형	의식적으로 성립되어야 균형
공식적 조직 중시	구 조	비공식적 조직·소집단 중시
경제적·물질적 보상 경제적 유인의 제공	보상체계	비경제적·인간적 보상 사회·심리적 요인 충족
구성원 간의 경쟁	생산성 향상	구성원 간의 협동
조직의 능률성 향상에 기여	공 헌	조직의 민주화에 기여
	유사점	

- **목표의 양립성**: 조직 목표인 생산성 향상과 개인 목표인 구성원의 욕구충족 간의 양립성 인정
- **환경관**: 외부 환경의 영향을 무시한 폐쇄체계이론
- **인간관**: 인간을 목표 달성을 위한 수단적 존재로 인식
- **궁극적인 목적**: 조직의 능률성과 생산성 향상
- **동기부여 방식**: 다양한 유인을 통한 외재적 동기부여 방식
- **연구대상**: 주로 작업계층을 연구(관리계층을 연구대상에서 제외함)

4. 체계이론(System Theory)

사회복지는 전통적으로 환경 속의 인간(PIE : Person In Environment)의 관점을 중요시해 왔다. 이는 개인과 환경을 분리하지 않고 양자 간의 상호작용을 중시한 체계이론을 설명하는 기본 전제이다. 여기서 체계(system)란 '부분들 간에 관계를 맺고 있는 일련의 단위들', 즉 '상호작용하는 부분들로 구성된 전체'로 정의할 수 있다. 따라서 체계이론에서의 조직은 끊임없이 변화하는 환경에서 조직의 유지와 생존에 기여하는 상호 관련된 단위들로 구성된 유기체라고 본다. 조직은 설정된 목표를 효과적이고 효율적으로 달성하기 위한 공식적인 관계에 머물지 않고 생존과 적응의 욕구를 가지고 있는 다양한 하위체계로 구성되어 있는 복합체라는 의미이다(Katz & Kahn, 1978 : 69-120). 체계이론에서 조직은 세 가지의 중요한 속성을 가진다고 보았다. 첫째, 조직을 형성하고 있는 다양한 구성체와 단위 간의 상호의존성을 가진다. 둘째, 조직이 표방하는 목표 달성을 할 수 있는 합리적 기제가 아니라, 유기체와 마찬가지로 생존해야 하고 환경에 적응해야 하며 성장해야 될 욕구를 가지고 있다. 셋째, 조직은 그들이 속한 환경 속에서 다양한 형태의 자원을 확보하여 다양한 형태의 서비스로 자원을 전환시킨다.

이러한 체계이론은 관리자에게 조직의 문제를 분석하고 진단하려는 방법을 제공해주며, 조직의 어느 부분이 잘못된 기능을 하고 있는가를 찾아내어 수정하는 데 사용될 수 있다. 다시 말하면 조직의 각 하위체계의 기능과 역동성, 기제에 관한 표준을 제시함으로써 특정한 조직의 성과를 제시된 표준과 비교하여 평가할 수 있게 해준다는 의미이다(최덕경 외, 2014 : 80).

사회복지행정에서의 체계이론이란 사회복지조직도 하나의 유기체로서 안정을 유지하기 위해 '투입-전환-산출'의 체제를 가지고 안정을 유지한다고 본다. 즉, 각종 자원, 클라이언트, 사회복지사 등이 투입되고, 서비스를 직접 전달하는 개입과정을 통해 투입한 것이 전환되어 서비스로 산출되므로, 이를 통해 전달체계를 평가·분석하게 되고 그 결과를 토대로 다시 환경에서 투입을 얻어 산출과정을 반복하며 생존한다는 것이다(오세영, 2013 : 144).

결론적으로 조직은 환경과의 투입과 산출이라는 계속적인 상호작용을 하면서 동시에 내부에서는 여러 개의 하위체계가 서로 상호작용하고 있다는 것이다. Neugeboren(1985)이 제시한 사회체계로서의 조직의 하위체계는 생산하위체계, 유지하위체계, 경계유지체계, 적응하위체계, 관리하위체계이며 각 하위체계의 주요 내용은 다음과 같다.

1) 생산하위체계(Production Subsystem)

생산하위체계는 조직의 생산과 관련된 과업을 수행하는 단위이다. 생산하위체계는 조직의 역할과 과업을 설계하는 데 있어서 숙련과 합리성의 기능을 중요하게 생각한다. 사회복지조직의 생산하위체계의 과업은 투입되는 재정과 인력을 조직의 목표에 따라 서비스로 전환하여 클라이언트에게 제공하는 것이다. 이러한 서비스의 생산은 직무기술과 분업에 의한 전문화의 원리가 강조된다. 전문화의 영역에는 ① 목적(purpose)에 의한 전문화 : 정신건강, 교정문제, 주택문제 등 다양한 사회문제를 해결하기 위해 분야별로 접근하는 것, ② 과정(process)에 의한 전문화 : 개별사회사업, 집단사회사업, 정신의학 등과 같이 방법론에 따라 접근하는 것, ③ 사람(person)에 의한 전문화 : 아동, 청소년, 노인, 장애인과 같이 서비스 대상에 따라 접근하는 것, ④ 장소(place)에 의한 전문화 : 클라이언트의 접근을 용이하게 하기 위해 지리적 구분에 따라 접근하는 것이 있다.

2) 유지하위체계(Maintenance Subsystem)

유지하위체계는 개인의 욕구를 조직의 욕구에 통합하는 과업을 통해 조직의 계속성을 확보하고 안정성을 유지하기 위한 단위이다. 유지하위체계는 활동의 공식화, 보상체계의 확립, 새로운 구성원의 사회화, 직원선발과 훈련 등의 기능을 필요로 한다. 사회복지조직의 유지하위체계는 개별 직원들의 목표나 꿈을 조직의 목표에 통합시키는 것에 강조점을 두고, 조직의 궁극적인 목적인 클라이언트의 욕구충족을 달성하기 위한 수단으로 직원들에 대한 관심을 활용하는 것이다.

3) 경계유지체계(Boundary Subsystem)

경계유지체계는 조직이 자신을 둘러싼 외부 환경에 영향을 미치기 위한 과업을 수행하는 단위로서 조직의 생존과 발전을 위한 필수적인 체계이다. 경계유지체계는 크게 생산지지체계와 제도적 하위체계로 구성된다. 생산지지체계는 조직의 서비스 생산기능을 달성하기 위해 외부의 다른 조직과 교환관계를 갖거나 기관 간 협력 조정을 통해 외부자원을 확보하는 역할을 하는 체계를 말한다. 또한 제도적 하위체계는 사회복지조직이 지역사회의 지지와 정통성을 확보하기 위해 지역사회의 대표들로 이사회, 운영위원회를 구성하는데 이러한 제도하에서 통합적인 하위체계로 지지와 정당성을 확보하여 외부적 권위를 확립하는 기능을 담당하는 체계를 말한다.

4) 적응하위체계(Adaptive Subsystem)

적응하위체계는 변화하는 환경의 욕구에 반응하여 조직을 변화시킬 필요성을 인식하고 조직변화를 위한 최적의 대안을 찾기 위해 연구와 계획에 의한 조직의 합리성과 숙련을 강조하는 하위체계이다. 사회복지조직의 적응하위체계의 과업은 변화하는 지역사회의 요구에 민감하게 반응해 이에 적절히 대처하도록 연구 및 개발활동을 적극적으로 전개하는 것이다. 이와 같은 지역사회의 요구에는 클라이언트의 요구, 정부의 새로운 요구, 재정원천조직의 우선순위 변경 등이 포함된다.

5) 관리하위체계(Managerial Subsystem)

관리하위체계는 하위체계들 간의 조정과 통합을 통해 내부적 통제를 달성하는 과업을 수행하는 단위이다. 관리하위체계는 기본적으로 계층 간의 갈등 해결, 하위체계 간 조정, 외부 환경과의 조화의 기능을 수행한다. 사회복지조직의 관리하위체계는 관료적 구조를 통해 행정적인 업무를 수행하고 비일상적인 과업은 민주적 상호작용의 활성화를 통해 수행한다. 이처럼 관리하위체계는 각 하위체계로부터 정보를 종합하고 조정·통합함으로써 클라이언트의 욕구충족이라는 조직의 궁극적인 목적을 달성하는 역할을 수행한다.

체계이론은 첫째, 조직을 총체적인 관점에서 이해하고 조직들 간의 다양성에 주목할 수 있고, 둘째, 조직 내 각 단위 간의 상호의존적 관계로 조직의 형태와 특징을 규정지을 수 있으며, 셋째, 개방체계의 관점을 견지하여 환경에 대한 조직의 생존력을 증진시킬 수 있고, 넷째, 자원, 권력, 가치 등의 다양한 변수를 반영하여 조직의 특징을 통합적이고 포괄적으로 이해할 수 있도록 하는 데 장점을 가진다. 그러나 체계이론의 변수들은 대부분 추상적이고 불명확하여 측정이 어려울 수 있고, 합리성의 역할을 경시하였으며, 조직의 운명은 정치적 과정에 따라 좌우될 수 있다는 점을 간과하였다는 점에서 한계를 지닌다(심상용, 2017 : 111). 또한 조직 자체가 생명을 지닌 실체라는 식의 부당하게 이상화된 이미지를 야기함으로써 조직은 다양한 사회집단들의 이익을 증진시키는 도구라는 사실을 과소평가한 점도 한계로 지적되고 있다(한동일 외, 2009 : 78).

5. 상황이론(Contingency Theory)

상황이론은 1960년대 이후 고전이론과 인간관계이론 등에 대한 비판을 제기하면서 발달한 이론으로 Lawrence & Lorsch에 의해 처음 사용되었다. 상황이론에서는 고전이론과 인간관계이론에서 말하는 완전한 기술적 합리성과 구성원의 만족이 조직에서 완벽히 달성된다는 가정과 생산성을 높일 수 있는 유일한 조직설계가 존재한다는 기본 가정을 근본적으로 부정한다. 즉, 상황이론에서의 조직설계는 조직이 처한 상황에 따라 달라져야 한다고 보는 것이다. 여기서 말하는 상황이란 조직을 둘러싸고 있는 내·외적 환경을 말하는 것으로 고전적 이론과는 달리 조직을 개방체계적 관점으로 보고 있다는 특징을 가진다. 따라서 조직의 구조 및 과정은 상황과 인과적으로 연결되어 있다는 점에 초점을 두는 것으로 볼 수 있다(김영재 외, 2009 : 43).

상황이론은 조직이 처한 상황적 요인이 조직의 구조와 조직의 유효성에 가장 중요한 영향을 미친다고 보기 때문에 조직구조(집권화, 공식화, 조정)와 여러 상황요인(환경, 기술, 크기)과의 적합성 여부에 중점을 둔다. 이때 핵심은 조직이 유효성을 갖기 위해서는 조직 내 하위체계 간의 적합(fit)과 조화가 이루어져야 한다는 것이다. 즉, 조직의 구조가 상황적 조건에 적합하면 조직의 성과가 상승하고 부적합하면 조직의 성과가 하락한다는 것이다. 이를 그림으로 나타내면 ▌그림 3-1▐과 같다.

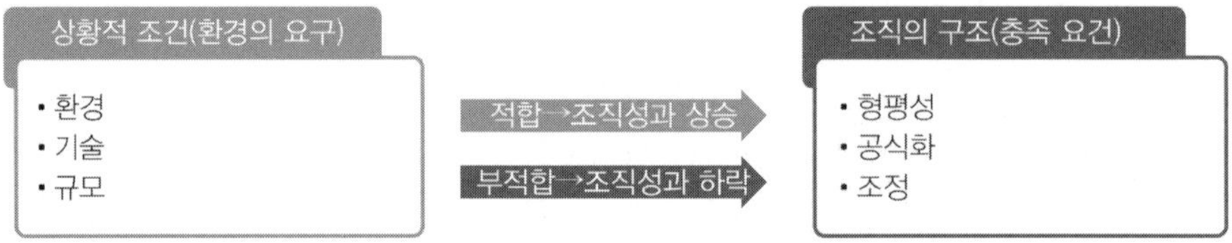

▌그림 3-1▐ 상황이론의 기본 개념

▌그림 3-1▐에서 보듯이 환경이 안정적이면 조직구조는 집권화와 공식화를 높일 수 있지만 환경이 불안정하고 변동이 클 경우에는 집권화와 공식화를 낮추어야 한다. 또한 조직의 기술이 복잡하고 전문성이 높은 경우에는 분권화의 정도를 높여야 하며, 대규모 조직일수록 공식화의 정도를 높여야 한다는 것이다. 결국 상황이론에서 설명하고자 하는 것은 조직이 환경에 적합해야 효과적이라는 것이다. 이 때문에 상황이론을 상황적합이론이라고도 부른다(염일열 외, 2016 : 76). 따라서 사회복지조직에서 관리자가 상황이론을 적용하는 경우 가장 우선시해야 할 사항은 자신의 사회복지조직의 특성과 욕구를 분명히 파악한 후 조직을 둘러싼 환경적 특성을 잘 이해하는 것이라고 할 수 있다(Lewis et al., 2001 : 95). 상황과 환경의 중요성을 강조하는 상황이론은 환경적 변화에 민감하게 대처해야 하는 사회복지조직의 특성을 잘 설명할 수 있으며, 사회복지조직에 적용함에 있어 유용성이 크다고 할 수 있다.

이 같은 상황이론은 조직의 환경, 기술, 규모가 조직구조 형성에 중요한 영향을 미친다는 것을 밝혀냈으며, 경제나 기술적 상황과 같은 조직의 외부요인뿐만 아니라 사회, 인간적 상황과 같은 조직의 내부요인도 중요시함으로써 환경과 조직, 과업, 인간 간의 유기적 관계 속에서 조직을 파악했다는 점에서 큰 의의가 있다(한국복지행정학회, 2014 : 76). 하지만 상황이라는 것이 정해진 것이 아니라 수시로 변하는 것이고, 또한 매우 다양하기 때문에 현실적으로 이론을 적용하는 데는 한계가 있을 수 있다(임창희, 2010 : 90).

6. 정치경제이론(Political Economy Theory)

정치경제이론은 상황이론과 마찬가지로 조직을 개방체계적 관점으로 파악하여 조직과 환경과의 상호작용에 초점을 둔다는 점에서 유사성을 가지지만, 정치경제이론은 상호작용의 역할관계에 따라 조직의 유효성이 좌우된다는 점을 강조하는 이론이다(Wamsley & Zald, 1976; 황성철 외, 2020 : 83 재인용). 정치경제이론에 의하면 조직의 생존과 발전을 위해서는 합법성과 권력 등의 정치적 자원과 생산과 서비스에 요구되는 경제적 자원이 필수불가결하다. 즉, 합법성과 권력 등의 정치적 자원은 조직 활동의 근거가 되는 중요한 요소로서 조직의 목표 달성과 생존에 거대한 영향을 미치는 요인이며, 재원, 클라이언트, 인력과 같은 경제적 자원이 확보되지 않는다면 조직은 정상적으로 가동될 수 없기 때문에 필수불가결하다는 것이다.

이에 대해 Hasenfeld(1992)는 정치경제이론은 조직이 서비스 전달체계를 형성하는 데 있어 과업환경의 중요성, 특히 과업환경에서의 재원을 둘러싼 권력관계를 부각시킨다고 하였다. 지역사회 내의 다른 조직과 클라이언트 집단을 포함하는 과업환경의 요소들은 조직이 필요로 하는 합법성, 재원, 클라이언트를 통제하고 있고 조직을 통해 자신들의 목적을 실현시키기 위한 이해관계를 형성하고 있다는 것이다.

정치경제이론은 사회복지조직 내부와 외부의 정치경제적 관계가 조직의 서비스 전달체계에 미치는 영향을 잘 설명해 준다(Hasenfeld, 1992 : 32). 특히 외부 환경에 대한 의존도가 상당히 높은 사회복지조직이 정치경제이론을 적용할 경우 환경의존성을 벗어나고자 하는 적응전략을 사용했을 때 나타나는 영향을 명확하게 설명해 준다는 점에서 그 유용성이 매우 크다고 평가되고 있다. 또한 클라이언트를 중요한 자원이자 조직에 영향을 주는 이해집단으로 파악하여 사회복지조직이 클라이언트 집단에 대해서 어떻게 반응해야 하는지를 예측 가능하게 한다(염일열 외, 2016 : 80). 정치경제이론은 조직과 환경과의 역할관계에서 조직의 행태를 현실적으로 생생하게 설명하는 잠재력을 가지고 있다는 점에서 의의가 있으나, 사회복지조직의 행태를 설명하는 데 있어서는 사회복지조직이 돈이나 권력 같은 정치·경제적 자원에 의해서만 전적으로 좌우되는 것이 아니라 그 조직을 이끄는 가치와 이념이 있다는 면을 간과하고 있다는 점에서 적용상의 한계가 있을 수 있다(황성철 외, 2020 : 83-86).

제3절 현대적 이론

1. 목표관리(MBO : Management By Objectives)

Drucker(1969)는 그의 저서인 『The Practice of Management』에서 목표관리(MBO : Management By Objectives)라는 용어를 처음으로 사용하였다. 목표관리이론은 참여적이고 성과지향적인 관리기법으로 McGregor(1960)의 Y이론을 구조화시킨 것으로 평가되는 이론이다. 원래 목표관리이론은 1960년대 중반에 민간기업에서 조직관리 및 과업평가 방식의 하나로 고안된 것으로 1973년 Nixon(1913~1994) 대통령에 의해 미국연방정부의 21개 주요 기관에 도입된 뒤 지방정부에도 널리 적용되게 되었다. 1980년대 공공부분의 민영화 이후 정부재원을 집행하는 민간조직의 업무수행 책임성과 경쟁력을 강화하기 위한 목표관리방식에 대한 관심이 증가하기 시작했다. 우리나라에서도 2000년대 들어 정부조직의 경쟁력과 책임성을 강화하기 위해 목표관리방식의 적용을 고려한 바 있다(심상용, 2017 : 126).

처음으로 목표관리를 제시한 Drucker(1969)는 목표관리란 '개인의 능력 발휘와 책임소재를 명확히 하고 미래의 전망과 노력에 대한 지침을 제공하며 팀워크를 조성하고 공동의 목표와 개인의 목표를 관리계획에 따라 관리하며 자기를 통제하는 과정'이라고 정의하였다. 또한 신복기 외(2019)는 목표관리란 '참여의 과정을 통해 조직단위와 구성원들에게 측정 가능하고 1년 미만 정도의 비교적 단기적인 목표를 명확하고 체계 있게 설정하고 그에 따라 생산 활동을 수행하도록 하며 활동의 결과를 평가・환류시키는 관리체계'라고 정의하였다. 이러한 목표관리는 공식적 목표를 실체화하는 과정이며, 명확한 목표설정과 책임한계의 규정, 참여와 상하협조, 환류를 통한 관리계획의 개선, 조직참여자의 동기유발, 업적평가의 개선을 도모하고 궁극적으로는 조직의 효율성을 증진시키는 데 의의가 있다(신복기 외, 2019 : 81-82).

목표관리이론은 기본적으로 네 가지 구성요소, 즉 목표의 구체화, 참여적 의사결정, 명시적 기간설정, 성과에 대한 피드백을 특징으로 하고 있다(유기현, 1998 : 77-78). 구체적으로 내용을 살펴보면, 첫째, 목표관리이론의 목표는 기대되는 결과를 명확하게 표현해야 한다. 둘째, 목표관리이론은 목표가 상급자에 의해 일방적으로 설정되는 것이 아니라 참여적인 의사결정방식으로 결정된다. 셋째, 목표에는 그것이 성취되어야 할 정확한 기간을 명시하여야 한다. 일반적으로 3개월, 6개월 내지 1년이 보통이다. 넷째, 목표관리이론은 목표를 향해 가는 과정에서 지속적인 피드백을 추구한다. 진행 도중 지속적인 피드백을 통해 목표를 향한 진행과정을 점검하는 것에 목적이 있다.

이를 좀 더 세분화하여 살펴보면, 다음의 여덟 가지 요소로 구성되어 있다(심상용, 2017 : 127).

① **목표**(objectives) : 상급자와 하급자는 전체 조직과 각 업무단위 및 개인의 목표를 함께 결정

② **전제**(assumption) : 목표 수립 과정에서 진단한 조직 내외의 환경 등 업무수행 조건

③ **기대**(expectations) : 목표 달성의 결과로 획득될 것으로 예상되는 미래의 산출물

④ **행동의 대안**(alternative course of action) : 비용편익분석에 입각해 검토되는 전체 조직, 각 업무단위, 개인의 다양한 실행계획과 각 조직단위와 개인들의 성과에 대한 평가기준

⑤ **결정**(decision) : 목표, 전제, 기대를 고려하고 비용편익분석에 입각해 실행계획을 선택하고 성과에 대한 평가기준을 결정

⑥ **의사결정구조**(decision structure) : 목표, 전제, 기대를 고려하고 비용편익분석에 입각해 실행계획과 성과에 대한 평가기준을 결정하는 구조

⑦ **실행**(impact stage) : 각 업무단위와 개인들이 실행계획을 수행하고, 조직적으로 비용을 조달하고 지원하고 모니터링하는 일련의 과정

⑧ **결과**(results) : 설정된 평가기준에 입각해 전체 조직과 각 업무단위에 대한 기여도에 따라 개인의 성과를 평가하고 보상을 지불. 또한 업무수행의 결과가 애초의 목표에 부합하는지 검토하고 목표 설정, 실행 과정, 목표 달성 여부 등을 평가해 환류를 제공

목표관리이론의 장점으로는 ① 목표관리 과정을 통해 업무계획을 설정함으로써 업무와 자원의 합리적 배분을 기할 수 있다. ② 목적과 목표 설정에 업무자들의 참여를 장려함으로써 동기를 유발시키고 개인적 기여를 확인할 수 있게 해주며 상사와 부하 간 의사소통의 질적 심화를 촉진시켜 민주화를 증진시킬 수 있다. ③ 조직 내에서 추구하는 목표들이 상호 계층을 갖도록 유도하고 목표들의 연관성과 일관성이 유지되게 함으로써 조직의 전체적 목표를 효율적으로 달성할 수 있게 해준다. ④ 목표관리이론은 객관적인 업무기준을 제시하여 실적에 기초한 업적평가를 실현 가능하게 해준다. ⑤ 목표관리이론에서는 목표 설정과 실제 목표 달성의 정도를 비교하여 조직 내부의 변화를 촉구하는 데에 효과적이다(신복기 외, 2019 : 83).

목표관리이론의 단점으로는 ① 폐쇄체계를 가정하고 있기 때문에 조직의 환경이 불확실하고 긴급한 업무의 비중이 높은 조직이나 부서 간의 경쟁과 목표의 중복이 심한 조직에서는 적용이 어렵다. ② 관리상황이 유동적이거나 변화가 많은 조직의 경우 실현 가능한 적절한 목표를 설정하고 설정된 목표를 측정하는 것이 어렵다. ③ 장기목표보다는 단기목표만을 강조하는 경향으로 인해 조직의 발전을 저해하는 요소로 작용할 수 있다(정경호, 2005 : 533-534).

목표관리이론을 사회복지조직에 적용하게 되면 사회복지사들이 목적과 목표를 성취하기 위한 공동작업을 구조화하고 실행하는 팀 개념을 가져다줄 수 있고, 객관적 기준에 의한 정확한 업무수행 평가를 통해 업무에 대한 책임감을 강화시켜 줄 수 있으며, 목적과 목표의 설정에 참여를 장려함으로써 자발적인 동기를 높이는 데 유용성을 갖는다. 그러나 사회복지조직 과업의 특성상 목표와 성과의 계량적 측정이 어렵기 때문에 상대적으로 측정이 용이한 단기적 목표와 업무에

만 집중하는 경향을 가져올 수 있고, 관리상황이 유동적이라 목표했던 성과를 얻기 어려울 수 있으며, 이러한 목표관리이론을 조직에 도입하는 데 시간이 많이 걸리고 운영절차가 까다롭다는 한계점을 가진다.

따라서 목표관리이론이 성공하기 위해서는 다음의 조건이 갖추어져야 한다.

첫째, 목표관리 방식의 성공 열쇠는 구성원들의 참여에 있으므로 경쟁이나 성과주의에 부정적인 집단주의 조직문화와는 양립할 수 없다. 조직의 각 업무단위와 개인들이 목표관리시행에 대해 동기부여 되지 않으면 협력을 이룰 수 없기 때문이다(Rodney, 1973).

둘째, 목표는 구체적이고(Specific), 측정 가능하고(Measurable), 성취 가능하고(Achievable), 현실적이고(Realistic), 시간제한적(Time-bound)이어야 한다. 목표의 설정과정이 SMART 요건을 충족하지 못하면 오히려 생산성을 저해할 수 있다(Drucker, 1969).

셋째, 전체 조직의 목표에서 도출된 개인의 목표는 전체 목표와 정합성이 있어야 한다(Mathis & Jackson, 2004).

넷째, 객관적이고 계량적인 성과측정 및 평가 지표가 개발되어야 하고, 차등적 보상체계가 적절히 확립되어야 한다. 그렇지 않으면 관리자는 이상적인 직원의 기준을 정해놓고 모든 직원을 평가하려 들 수 있다(Rodney, 1973).

다섯째, 목표 설정과 평가 및 환류 과정에서는 조직구성원들의 참여 등 개방적인 분위기가 확보된 가운데 목표 설정, 실행 과정, 목표 달성 여부 등에 대한 객관적인 진단이 이루어지고, 이후 조직운영 과정에 반영될 수 있어야 한다(Latham & Sarri, 1979).

여섯째, 상위 관리자의 기획능력, 리더십, 지원은 목표관리 방식의 효과성을 증진시키는 결정적인 요인이다(Rodgers & Hunter, 1991).

2. 총체적 품질관리(TQM : Total Quality Management)

총체적 품질관리는 1970년내 후반 일본기업들이 실시한 종합적 질 관리(TQC : Total Quality Control)에서 유래된 것으로 알려져 있다. 1970년대 후반부터 미국의 시장은 독일과 일본에서 생산한 제품들에 의해 잠식되어 가고 있는 상태였다. 위기를 느낀 미국의 경영인들은 미국 제품의 경쟁력이 저하되는 근본적인 원인들을 밝히기 위해 노력하기 시작했다. 확인결과 미국 제품은 독일과 일본 제품에 비해 질적인 면에서 경쟁력이 약한 것으로 밝혀졌다. 이러한 문제를 극복하기 위해 미국을 중심으로 새로운 경영혁신 운동이 도입되었고, 이것이 바로 TQM이었다(안영진, 2000 : 20). 1990년대 이후 품질통제(quality inspection), 검사활동 중심의 품질관리(quality control), 품질보증(quality assurance), 품질경영(quality management) 등 기존에 분산적으로 존재하는 문제의식을 통합하여 총체적 품질관리로 체계화되었다. 최근에는 품질의 개선이라는 단편적인 접근을 넘어 조직의 전체적인 역량을 개선하기 위한 경영관리기법으로 광범위하게 적용되고 있으며, 기업의 사회적 책임(CSR : Corporate Social Responsibility)을 개선하기 위한 지배구조의 개선 등 조직혁신의 방안으로까지 강조되고 있다(Ghobadian, Gallear, & Hopkins, 2007; Hafeezl & Rucevizius, 2011).

총체적 품질관리에 대해 Oakland(1989)는 '경영의 효율성과 유연성을 증진시키기 위해 모든 부서의 활동을 조직화하고 참여시키는 방법'으로 정의하였고, Jablonski(1992)는 '품질과 생산성을 지속적으로 증진시키기 위해 직원들의 지혜와 능력을 결집해 조직을 운영하는 팀 활동 위주의 협동형태'라고 정의하였으며, Ross(1994)는 '상품과 서비스 품질의 지속적인 개선을 이루기 위해 조직 내의 모든 기능과 과정을 통합하는 방안'으로 규정하였다. 종합하면 총체적 품질관리란 '고객만족을 증진시키기 위해 전체 조직원의 참여하에 조직의 업무와 과정을 개선함으로써 품질을 개선하려는 조직관리전략'으로 정의할 수 있다(심상용, 2017 : 130). 달리 말하면, 조직의 운영, 제품, 서비스에 대한 지속적인 개선을 목적으로 제품 및 서비스의 질과 경쟁력을 확보하기 위해 전 직원이 체계적으로 노력하고, 제품과 서비스의 단순한 결합의 제거가 아니라 제품과 서비스의 질을 총체적으로 향상시키는 것을 궁극적인 목적으로 하는 혁신적인 조직관리방법으로 기존의 양적관리방식과는 근본적으로 다른 접근방법을 강조하는 것이다. 이에 대해 Swiss(1992)는 다음의 일곱 가지 원리를 바탕으로 총체적 품질관리가 운영된다고 보았다(Swiss, 1992 : 356-362).

첫째, 서비스의 질은 궁극적으로 고객이 결정한다.

둘째, 서비스의 질은 제공과정보다는 서비스의 계획단계부터 중시되어야 한다.

셋째, 생산과정에서 품질이 하락하지 않도록 서비스의 변이(variation) 가능성을 사전에 방지하는 것이 고품질의 서비스 산출에 중요하다.

넷째, 품질을 개선하기 위해서는 개인의 노력보다는 조직 전체의 다양한 구성원들이 협력적으로 활동해야 한다.

다섯째, 품질의 향상을 위해서는 자원의 투입단계부터 생산과정의 전반에 대하여 지속적으로 개선노력을 해야 한다.

여섯째, 품질의 개선은 모든 구성원의 적극적인 참여를 통해 이루어진다.

일곱째, 품질의 향상은 전체 조직의 사명감이 투철해야 가능하므로 모든 구성원이 헌신해야 할 필요가 있다.

이러한 총체적 품질관리의 기본 원리에 바탕을 두고, Martin(1993)은 총체적 품질관리를 성공적으로 적용시키기 위해 필요한 여섯 가지의 요소를 제시하였다(박경일 외, 2002 : 41). 구체적으로 살펴보면 다음과 같다.

첫째, 품질은 조직의 일차적인 목적이다.

둘째, 고객은 품질을 결정하는 사람이다.

셋째, 고객의 만족은 조직이 추구해야 하는 목표이고, 고객의 만족을 달성하기 위해 조직운영을 개선해야 한다.

넷째, 조직과정에서 나타나는 상품과 서비스 최종 생산물의 결합인 변이(variation)의 원인과 내용을 이해하고 개선 및 감소시키기 위한 목표를 설정해야 한다.

다섯째, 조직 내에서 변화는 팀과 팀워크에 입각하여 지속적으로 이루어져야 한다.

여섯째, 최고관리층의 헌신은 품질관리의 성공을 좌우한다. 따라서 최고관리층은 조직 내에 품질문화를 조성하고, 직원들을 임파워먼트하며, 품질경영에 대한 장기적인 비전의 수립에 절대적인 관심을 두어야 한다.

총체적 품질관리는 품질을 중시하고 고객의 만족을 추구하기 위해 조직 과정 전반을 모니터링하고 지속적인 품질의 개선을 지향한다. 최근 들어 휴먼서비스를 제공하는 비영리조직인 사회복지조직에서 TQM의 필요성이 절실히 제기되고 있다. 근본적인 이유는 우선 총체적 품질관리 방식은 고객만족을 위한 품질개선을 추구하는 측면이 클라이언트에 대한 헌신과 욕구충족을 우선으로 추구하는 전통적인 사회복지의 가치에 부합하기 때문이고, 사회복지서비스의 질을 향상시키는 것은 클라이언트의 욕구충족과 만족을 제고시켜 서비스에 대한 신뢰를 향상시킬 수 있기 때문이다(심상용, 2017 : 135). 이로 인해 사회복지조직은 최근의 복지환경의 변화에 대처하고 우리나라 사회복지기관의 실정에 적합한 관리모형으로서 총체적 품질관리를 적극적으로 활용할 필요가 있다고 할 수 있다(박경일, 2006 : 126). 일반적으로 총체적 품질관리를 조직에 적용함으로써 서비스의 질을 개선하고 고객의 만족도와 생산성이 향상되는 성과를 거두는 것으로 알려져 있다. 이러한 성공을 위해서는 고객 중심성을 견지하고, 조직과정의 개선에 초점을 맞추어야 하며, 조직구성원들의 역량을 강화하고, 보상체계의 개선을 위해서는 품질개선을 위한 의사결정과 환류에 대해 적절히 반응할 수 있어야 한다(심상용, 2017 : 135).

3. 애드호크라시 이론(Adhocracy Theory)

애드호크라시(adhocracy)라는 용어는 Toffler(1928~2016)의 저서 『미래쇼크(Future Shock)』에서 미래의 조직을 설명하기 위해 만들어진 조어다. '당면한 문제에 한하여', '그때만의', '임시변통의', '특별한' 등의 의미를 지닌 'adhoc'과 '지배'를 의미하는 'cracy'의 합성어로, 제2차 세계대전 중 군사작전에서 특수임무를 수행했던 애드혹팀(adhoc team)이라고 불리던 기동타격대(talk force)에서 그 기원을 찾아볼 수 있다. 이 부대는 위기 시에 조직되었다가 임무가 완수되면 해산되는 특성을 가지고 있었다(신복기 외, 2019 : 85).

애드호크라시 이론은 Weber의 관료제가 가진 대규모성, 복잡성, 표준화된 고정적・기계적・위계적 구조로 인한 경직성으로부터 탈피하고자 하는 문제의식으로부터 출발하였다. 경직된 관료제 구조는 복잡성과 다양성이 더해가는 사회문제에 유연하게 대처하기에는 한계가 있었기 때문이다. 애드호크라시의 어원에서 의미하는 것처럼 관료제를 유지하는 가운데에서도 프로젝트 조직구조나 매트릭스 조직구조 등 특정한 과업을 담당하는 특별임시기구를 구성해 현재 처한 문제에 대응함으로써 조직의 경직성을 보완하고자 하는 시도의 일환이었다(심상용, 2017 : 141). 애드호크라시는 '문제해결을 위해서 다양한 기술을 갖는 비교적 이질적인 전문가의 집단으로 구성된 급속히 변화하며, 적응적이고, 일시적인 시스템'으로 정의되며(Robbins, 1983 : 45) 구체적인 조직의 형태로서 매트릭스 구조, 프로젝트 구조, 태스크 포스(task force), 위원회 구조, 대학형태구조 등으로 나타난다. 이러한 애드호크라시 조직이론의 일반적인 특징은 다음과 같다(신복기 외, 2019 : 86).

첫째, 전통적 조직구조에 비하여 수평적 분화가 높으며 상대적으로 복잡성과 공식화의 수준이 낮다.

둘째, 고도의 유기적 조직으로서 신축성과 융통성이 높다. 관료제 조직을 아파트에 비유한다면 애드호크라시 조직은 텐트라고 할 수 있다.

셋째, 기능별 집단과 목적별 집단이 공존한다. 조직구성원들은 조직운영상 각자의 기능별 부서(사회복지과, 주민생활지원과, 기획예산과 등)에 속해 있으면서 혁신업무를 위해 목적별 집단(프로젝트 팀)에 소속되어 있다.

넷째, 고도로 훈련된 전문가들에게 의존하고 있기 때문에 분권적 의사결정 구조를 가지며 영향력의 근거는 지위나 권한보다는 전문성에 있다는 것이 특징이다.

이러한 애드호크라시 이론은 사회복지조직에 적용함에 있어 유용성을 지닌다. 외부 환경의 변화에 민감하게 반응해야 하는 사회복지조직의 특성상 애드호크라시 이론을 적용하면 급변하는 환경에 신속하게 대응할 수 있고, 일상적 과업과 비일상적 과업이 중첩되는 사회복지조직의 과업구조상 비일상적 과업에 대처하는 데 유용성을 가진다. 또한 애드호크라시 이론을 적용하여 조직의 혁신역량을 보완함으로써 조직의 발전에 기여할 수 있으며, 전문가로 구성된 특별임시기구를 통해 구조적이고 체계적인 혁신 방안을 마련하여 조직의 변화와 혁신에 대한 적극성을 제고할 수 있다(심상용, 2017 : 143).

그러나 명백한 상하관계가 없고 권한과 책임이 엄격히 구분되어 있지 않기 때문에 구성원의 역할이 모호할 수 있고, 서로 다른 분야의 전문가를 집단으로 구성했기 때문에 일상적으로 갈등이 발생할 수 있으며, 관료제와는 달리 비효율적인 조직구조로 인해 정확성과 편의성을 유지하기 어렵다. 이러한 구조적 특성으로 인해 몇몇 소수의 기업체나 연구소 등에서 관료제의 보조적 역할로서만 활용되고 있는 실정이다. 따라서 조직의 기본 골격은 유지하면서 혁신적이거나 융통성이 요구되는 업무에만 활용하는 방식으로 적용하는 것이 바람직할 것이다(신복기외, 2019 : 87).

4. 학습조직이론(Learning Organization Theory)

기존의 조직이론들이 조직의 구조와 활동과정의 개선에 초점을 맞추는 하드웨어(hardware) 중심의 접근방법이라면, 학습조직이론(learning organization theory)은 조직 활동의 개선과 혁신을 위해 조직구성원들의 역량강화에 초점을 두는 소프트웨어(software) 중심의 접근방법으로 분류할 수 있다(심상용, 2017 : 137).

학습조직이론은 Senge(1990)가 처음으로 체계화시킨 조직이론으로, 그에 따르면 학습조직이란 '조직구성원들이 진정으로 원하는 성과를 달성하도록 지속적으로 역량을 확대시키고, 새롭고 포용력 있는 사고능력을 함양하며, 집중된 열의가 자유롭게 설정되고, 학습방법을 서로 공유하면서 지속적으로 배우는 조직'이라고 정의하였다(Senge, 1990 : 4). 즉, 학습조직이란 환경의 변화에 대응하기 위해 지속적이고 자율적인 학습을 통하여 조직성장을 이루어 나가는 조직을 말하는 것으로 구성원 모두의 역량을 강화시키는 방법을 추구하는 조직이다(유민봉, 2015 : 445). 조직구성원들은 학습조직을 통해 조직적인 목표 달성을 위한 역량을 강화하고, 새롭고 개방적이며 창의적인 사고능력을 함양할 수 있으며, 자유롭고 열정적인 학습활동의 배경을 제공받을 수 있으며, 집단적인 학습활동을 통해 상호작용을 증진시킬 수 있다(심상용, 2017 : 136).

이 같은 학습조직은 다음의 특징을 가진다(Kirst-Ashman & Hull Jr., 2009 : 164-165; 최성재 · 남기민, 2017 : 114-115 재인용).

첫째, 학습조직은 조직구조 내에서 권력이 높은 수준에서 낮은 수준으로 재분배되는 특징을 갖는다. 클라이언트에게 직접적으로 서비스를 제공하는 직원들에게 의사결정재량을 부여함으로써 조직의 목표를 발전시키고 달성할 수 있는 권력이 모든 직원들 사이에 분배된다.

둘째, 학습조직에서의 조직구성원들은 창의성을 발휘하거나 자신들의 생각을 다른 사람들과 나누도록 장려될 뿐만 아니라 개선을 위한 모험을 감행하도록 고무된다. 구성원들의 실수와 실패는 학습경험으로 간주된다.

셋째, 학습조직은 클라이언트에 대한 서비스 제공의 과정보다는 서비스 제공의 효과성을 강조한다. 서비스에 대한 클라이언트의 인식이 강조됨으로써 서비스 질과 효과성이 개선된다.

넷째, 학습조직에서는 다학문적 팀제의 활용이 장려된다. 팀제의 활용을 통해 관리직이 채택하여 실행에 옮길 수 있는 건의사항을 제시하고 결정을 내리도록 장려된다. 또한 팀제는 개선을 위해 정기적으로 팀 업무의 과정과 절차를 평가하도록 요구받으므로 통상 현상유지가 강조되는 전통적인 관료제와 비교된다.

다섯째, 학습조직에서는 정보공개가 강조된다. 욕구를 찾고 문제를 해결하기 위해 구성원들은 조직 내에서 자신의 부서뿐만 아니라 조직 전체가 돌아가는 상황을 이해해야 한다.

여섯째, 학습조직은 개별 구성원들이 조직의 최고목표를 달성하고 상호 간에 기여하는 것을 바라기 때문에 개인적 권력과 이익보다는 조직 전체의 이익에 초점을 두고 이루어진다. 이를 반영하는 접근방식으로 서번트 리더십(servant leadership)을 예로 들 수 있다.

학습조직을 사회복지조직에 적용하게 되면, 사회복지사가 전문가로서의 역할을 수행하는 데 있어 양질의 서비스를 제공하기 위해 끊임없이 학습해야 하며, 조직에서는 사회복지사의 학습조직 활동을 지원하고 효과적으로 관리하기 위한 노력이 필요하다. 그러나 현실적으로 조직을 학습하는 것은 매우 오랜 시간과 많은 노력을 필요로 한다. 부족한 인력과 재원을 안고 있는 열악한 상황에서 변화하는 환경에 적응해야 하는 사회복지조직은 더욱 그러할 것이다. 그런 어려운 상황에서도 새로운 지식과 기술을 축적하여 학습을 일상화할 수 있는 조직문화와 리더십을 갖추어 새로운 지식과 기술을 축적할 수 있다면, 사회복지조직은 보다 경쟁력 있는 조직으로 변모할 수 있으며, 궁극적으로는 조직의 역량이 크게 강화될 수 있을 것이다(황성철 외, 2020 : 94).

5. 벤치마킹(Benchmarking)

벤치마킹은 1979년 일본 캐논(Canon) 복사기의 돌풍으로 경쟁력이 하락한 미국 제록스(Xerox)사가 대안을 마련하기 위해 처음으로 도입하면서 시작되었으며, 1989년 Robert Camp가 『Benchmarking』이라는 저서를 출간하면서 본격적으로 확산되었다(김계수 외, 2008; 홍석보 외, 2003). 벤치마킹이란 '지속적인 개선을 달성하기 위해 기업 내부의 활동과 기능, 그리고 관리능력을 외부기업과의 비교를 통해 평가하고 판단하는 것' 혹은 '최고의 성과를 얻기 위하여 최고의 실제 사례를 찾는 과정'으로 정의할 수 있다. 벤치마킹은 어느 특정 분야에서 우수한 상대를 표적 삼아 자기 기업과의 성과 차이를 비교하고 이를 극복하기 위해 그들의 뛰어난 운영프로세스를 배우면서 부단히 자기혁신을 추구하는 기법인 것이다.

벤치마킹의 종류에는 유사 제품과 자사 제품의 특성을 비교하고 분석하는 제품 중심의 경쟁력을 분석하는 역엔지니어링과 종전의 제품 중심적 차원을 넘어 자신의 프로세스와 타사의 프로세스를 비교하는 경쟁적 벤치마킹, 유사한 비즈니스 프로세스에 있어서 탁월한 성과를 보이고 있는 조직과 비교하는 프로세스 벤치마킹이 있는데, 이 프로세스 벤치마킹이 본래 의미의 벤치마킹이라고 할 수 있다. 또한 지속적인 사업제휴관계에 있는 외부 파트너의 성공 전략을 활용하여 대안을 평가하고 전략을 실행하는 전략적 벤치마킹과 범세계적으로 활용 가능한 글로벌 벤치마킹 등이 있다(김재호 외, 2018 : 100-101).

이처럼 벤치마킹은 단순한 복제의 수준이 아니라 경쟁자에게서 배운다는 의미가 강하다고 할 수 있다. 이를 활용함으로써 최종사용자인 고객의 요구를 좀 더 정확하게 충족시킬 수 있고, 외부상황에 대해 일관된 관점에 근거한 목표를 설정할 수 있으며, 정확한 생산과 조직의 수준측정 평가가 가능하고, 경쟁적 위치를 획득할 수 있으며, 업계 최고의 업무방식을 탐색할 수 있다는 점에서 장점을 가진다. 그러나 사전준비가 부족하거나 단순 견학이나 모방의 수준에 그치는 경우, 관행 탈피의 어려움, 구성원의 참여유도 실패, 일회성 행사로 그치는 경우 벤치마킹이 실패할 가능성이 크다(신복기 외, 2019 : 92). 그러므로 경쟁조직의 서비스를 똑같이 제공하는 것을 지양하고 경쟁조직의 우수한 서비스나 프로그램을 창조적으로 모방함으로써 자신의 조직에 특화된 새롭고 전문적인 서비스와 프로그램으로 재창조해야 한다.

6. 기타 현대조직이론

이 외에도 다양한 현대조직이론들이 존재한다. 몇 가지를 예를 들어 살펴보고자 한다.

1) 리스트럭처링(Restructuring)

리스트럭처링이란 사업구조를 재구축하는 것, 즉 어떤 신규 사업에 진출할 것인가와 어떤 사업을 축소 혹은 철수할 것인가를 결정하는 것 등의 다차원적인 전략기획 방법을 말한다. 즉, 수익성이나 성장성이 낮은 사업을 축소하거나 철수하고, 중복된 사업을 통합하여 조직의 경쟁력을 확보함으로써 조직이 보유한 역량을 주력사업에 집중하고 조직의 경쟁력을 확보하여 조직의 운영상태를 개선하고자 하는 기법이다. 처음에는 단순히 재무구조 개선이나 부실사업의 정리를 통해 위기에 빠진 조직을 회생시키는 수단으로 여겨졌으나 오늘날에는 다수의 조직이 경쟁력을 강화하고 미래의 성장엔진을 창출하기 위한 수단으로 인식하고 있다. 이를 위해 조직은 국내의 환경변화, 경쟁사의 동향, 기술의 혁신, 고객의 욕구변화 등을 고려하여 리스트럭처링을 실시해야 한다.

2) 리엔지니어링(BPR : Business Process Reengineering)

리엔니지어링은 1990년 미국 MIT 대학의 Michael Hammer 교수가 다년간의 기업 컨설팅 경험을 바탕으로 저술한 『사업시스템의 재구축(Business Process Reengineerimg)』이라는 저서를 통해 만들어 낸 개념이다. 그는 리엔지니어링을 '비용, 품질, 서비스 속도 등의 기업의 핵심요소를 극적으로 향상시키기 위하여 업무 처리절차를 근본적으로 생각하고 과감하게 재설계하는 것'으로 정의하였다. 이 기법은 직무수행의 과정과 방법에 관련된 방침, 절차, 서식, 결제, 회의 등의 모든 제도와 활동을 분석한 후 불필요하거나 낭비적인 요소를 철폐 혹은 제거하고 필요한 부분은 효율화시켜 조직의 업무과정을 혁신시키는 것이다. 이를 통해 제품이나 서비스의 질을 높이고 업무절차는 간소화시킴으로써 고객을 위한 가치 창조를 지향할 수 있게 된다(고재욱 외, 2016 : 121). 이 같은 리엔지니어링의 핵심 내용으로는 첫째, 피라미드식 계층구조의 축소, 둘째, 서비스와 품질의 개선, 셋째, 조직 내의 의사교류 촉진과 정보의 공유, 넷째, 순차적 업무처리과정이나 제조공정을 동시처리 또는 병렬처리, 다섯째, 고객만족 중심 경영, 여섯째, 의사결정에 필요한 수단, 정보, 권한 등을 전반적으로 하부에의 이양 등이 있다(김재호 외, 2018; 97).

3) 다운사이징(Downsizing)

다운사이징은 미국 IBM의 왓슨 연구소(Thomas J. Watson Research Center)의 연구원인 Henry Downsizing의 이름에서 유래된 것으로, 1980년대 초반 메인 프레임보다 더 작으면서 우수하고 저렴하며 유연하고 신뢰성 있는 컴퓨터의 개발을 제안하면서 만들어진 개념이다. 원래는 컴퓨터를 이용한 정보처리기법으로, 흔히 아는 사이즈를 다운시킨다는 뜻의 합성어가 아니다. 다운사이징이란 비용절감이나 조직의 효율성을 향상시키기 위하여 조직이 의도적으로 조직의 규모를 줄여 재설계하는 것을 말한다. 일반적으로 인건비 절감을 통한 효율성을 제고하기 위해 해고, 퇴직, 전출 등을 통한 인력감축 유형과 직무와 업무수행부서의 변화를 위해 기능이나 계층을 축소하거나 직무재설계 혹은 부서 통폐합 등을 시행하는 유형이 있다.

다운사이징은 무엇보다 비용을 감축할 수 있다는 점과 관리자 수의 감소로 의사결정이 신속하다는 점, 인력감축을 통해 핵심인력을 활용할 수 있다는 장점이 있으나, 단순한 인력의 감축이나 기구의 축소는 부작용도 만만치 않기 때문에 신중하게 진행해야 한다(고재욱 외, 2016 : 123).

4) 아웃소싱(Outsourcing)

아웃소싱이란 기업 업무의 일부 프로세스를 경영 효과 및 효율의 극대화를 위한 방안으로 제3자에게 위탁해 처리하는 것으로, 예를 들면 외부전산 전문업체가 고객의 정보처리 업무의 일부 또는 전부를 장기간 운영·관리하는 것을 의미한다.

5) 6시그마 경영

6시그마 기법은 1987년 Motorola에 근무하던 Michael Harry가 창안한 것으로 품질의 획기적 향상을 위해 통계지식을 활용하자는 데서 출발한 기법이다. 이 기법은 ABB, GE, IBM, SONY는 물론 국내의 삼성, 현대, LG 등의 대기업과 중견기업, 공기업 등에서도 도입하여 조직혁신에 나서고 있다. 6시그마 기법에서 시그마(σ)라는 것은 통계학의 표준편차, 즉 오류가 발생할 확률을 의미하는 것으로, 1백만 개당 불량품 3~4개를 목표로 한다. 이 기법은 단순한 품질개선 활동이라기보다는 총체적인 경영혁신전략을 통해 조직문화 자체를 바꾸는 것을 목적으로 한다. 6시그마 기법은 객관적인 통계적인 측정치를 활용하기 때문에 제품이나 업종, 업무, 생산프로세스가 상이하더라도 비교가 가능하기 때문에 시그마 수준을 높이는 만큼 제품의 품질은 높아지고 원가는 떨어지게 된다. 따라서 6시그마 기법은 정보화 사회에 알맞은 21세기형 전방위 경영혁신운동으로 특정부문의 개선이 아니라 조직 전반을 대상으로 한 혁신활동이라 할 수 있다(고재욱 외, 2016 : 123-124).

연습문제

01 관료제의 주요 특성으로 옳은 것을 모두 고른 것은? 17회 기출

> ㉠ 조직 내 권위는 수평적으로 구조화된다.
> ㉡ 조직 운영에서 구성원 개인의 사적 감정은 배제된다.
> ㉢ 직무배분과 인력배치는 공시적 규칙에 의해서 이루어진다.
> ㉣ 업무와 활동을 분업화함으로써 전문화를 추구한다.

① ㉠, ㉡
② ㉢, ㉣
③ ㉠, ㉡, ㉢
④ ㉡, ㉢, ㉣
⑤ ㉠, ㉡, ㉢, ㉣

02 총체적 품질관리(TQM)의 원칙에 관한 설명으로 옳은 것은? 18회 기출

① 조직구성원들의 집단적 노력을 강조한다.
② 현상 유지가 조직의 중요한 관점이다.
③ 의사결정은 전문가의 직관을 기반으로 한다.
④ 구성원들과 각 부서는 경쟁체제를 형성한다.
⑤ 품질결정은 전문가가 주도한다.

03 다음에서 설명하는 이론에 대한 특징으로 옳은 것은?

> 비공식 집단 내 인간관계는 조직구성원의 생산성에 중요한 영향을 미친다.

① 인간을 합리적이고 경제적인 존재로 보았다.
② 구성원의 작업능률이 물리적 환경에 의해 좌우될 것이라고 보았다.
③ 인간의 기본 욕구충족과 조직의 목표 달성은 별개이다.
④ 조직 내 공식적 집단에 의해 생산성이 향상될 것이라고 보았다.
⑤ 인간의 비합리적·정서적 측면을 강조한다.

04 과학적 관리론에 대한 설명으로 옳지 않은 것은?

① 인간의 정서적인 측면과 사회적인 관계의 중요성을 강조하였다.
② 생산의 극대화와 분업의 효율성에 관심을 두는 이론이다.
③ 기획과 실행의 분리를 통한 기능적 관리를 주장했다.
④ 시간과 동작에 대한 엄밀한 연구를 통해 업무를 세분화하였다.
⑤ 노동의 과정보다는 결과만을 강조하였다.

05 Neugeboren의 체계이론에서 제시한 하위체계로 옳지 않은 것은?

① 생산하위체계　② 유지하위체계
③ 통제하위체계　④ 적응하위체계
⑤ 관리하위체계

06 목표관리이론(MBO)의 단점으로 옳지 않은 것은?

① 목표와 성과측정이 어렵다.
② 단기적인 목표와 계량화가 쉬운 목표에만 치중할 우려가 있다.
③ 목표관리를 조직에 도입하기 위한 시간이 오래 걸린다.
④ 관리상황의 유동성으로 인해 MBO가 성과를 거두기 어렵다.
⑤ 명확한 목표설정과 책임의 부여가 쉽지 않다.

정답 1. ④ 2. ① 3. ⑤ 4. ① 5. ③ 6. ⑤

Memo

CHAPTER

04

사회복지조직의 구조와 유형

04 CHAPTER 사회복지조직의 구조와 유형

제1절 사회복지조직의 구조

현대사회에서의 사회복지 서비스나 활동은 공식적이고 조직화된 활동이며 조직을 통하여 계획되고 전달되고 있다(Wilensky & Lebeaux, 1965 : 140-141). 그러므로 사회복지 서비스는 조직을 떼놓고는 생각할 수 없다. 따라서 어떻게 조직을 만들고 어떻게 기능하도록 할 것이냐는 중요한 문제가 아닐 수 없다. 운동경기에서의 팀처럼 제대로 조직화가 잘되는 경우에는 조직의 서비스를 효과적이고 효율적으로 전달할 수 있겠지만, 그렇지 못한 경우에는 서비스를 제대로 전달하는 것이 어려워지게 된다(최성재 · 남기민, 2017 : 163). 본 장에서는 개별 사회복지조직의 구조와 유형에 관하여 살펴보도록 한다.

1. 사회복지조직구조의 개념

조직구조란 조직을 구성하는 각 단위들 간 관계의 형태를 말하는 것으로 기능과 권한, 책임 등이 어떻게 나뉘어 있고, 이들이 어떤 위계로 조정되는지를 나타내는 것이다(김영종, 2017 : 132). 쉽게 말해 조직구조는 조직을 구성하는 틀이라고 할 수 있다. 조직마다 어느 정도 차이는 있겠지만, 각 조직은 모두 이러한 구조를 가지고 있고, 구조가 유지되는 한 조직은 살아있다고 할 수 있다. 이러한 조직의 구조는 조직구성원들의 '유형화된 상호작용(patterned interaction)'을 의미하고, 이러한 행동 또는 상호작용이 되풀이되어 일정한 유형이 형성되면 그것이 바로 조직의 구조가 되는 것이다(오석홍, 204 : 271-272). 결론적으로 조직구조는 개인 및 부서에 부과된 공식적 과업의 집단으로 개인을 부서로, 부서를 전체 조직으로 집단화한 것으로, 권한의 흐름, 의사결정 책임성, 계층의 수, 통솔범위 등 공식적 보고관계를 규정하며, 부서 간 의사소통, 조정, 통합을 확보할 수 있는 체계를 포함하는 개념으로 정리할 수 있다(이종수 외, 2008 : 319).

2. 사회복지조직의 구성요소

조직구조는 조직의 기능수행을 위한 권한, 권력, 책임, 체계의 실질적인 배열과 위상을 말한다. 명령과 의사결정의 계통으로서 임무와 역할의 범위와 책임의 한계 등을 명확히 해주기 때문에 조직에 있어 그 중요성은 크다 하겠다. 이러한 조직구조를 구성하는 요소로는 조직의 규모, 기술, 공식화의 정도, 집권화와 분권화를 들 수 있으며, 이러한 요소들은 조직구조의 국면 또는 구조적 특성에 영향을 미친다(신복기 외, 2019 : 102-104).

1) 조직의 규모

조직의 규모란 구성원의 수, 클라이언트의 수, 종사자 수, 순자산, 매출고, 기관 건물의 면적, 연간예산, 보조금 규모 등을 말한다. 대부분의 조직규모에 관한 연구들은 조직구성원들의 수에 초점이 집중되어 있는 경향이 있다. 조직의 규모가 커질수록 공식화와 분권화가 촉진되고 복잡성과 전문화의 수준이 증대한다. 그러나 복잡성과 전문화는 일정 수준에 도달하면 진행 정도가 떨어진다.

2) 조직의 기술

조직의 기술이란 조직이 일하는 방법과 작업과정에서 사용되는 지식, 즉 조직이 목표 달성을 위하여 투입물을 산출물로 변환시키는 데 이용하는 지식, 도구, 기법, 활동 등을 말한다. 이러한 조직의 기술은 단위작업 간의 상호의존성의 형태에 따라 연속형 기술(long-linked technology), 중개기술(mediating technology), 집약적 기술(intensive technology)로 분류된다(Thompson, 1967; 한국복지행정학회, 2014 : 89 재인용). 첫째, 연속형 기술은 여러 가지 과업활동 기술이 순차적으로 의존관계를 이루고 있을 때 쓰이는 기술을 말하는 것으로, 어느 단계의 활동이 원활하게 이루어지려면 그 전 단계의 활동이 완료되어야 한다.

둘째, 중개기술은 상호의존상태에 있거나 서로 의존하기를 원하는 고객들을 연결 짓는 활동으로 시간적·공간적으로 광범위하게 분산되어 있는 고객을 대상으로 활동할 때 쓰이는 기술이다. 자원봉사센터에서 봉사자를 모집하고 조정하고 배치하는 기술이 여기에 해당한다.

셋째, 집약적 기술은 조직의 맞춤기술(custom technology)을 의미하는 것으로, 상황에 따라 조직이 사용할 기술의 선택과 배합, 적용순서 등을 다양하게 적용하는 기술을 말한다. 예를 들어, 병원에서 환자를 치료하기 위해 병리검사부터 의료처치, 투약, 입원조치 등의 기술을 사용하는 것을 들 수 있다.

3) 공식화(Formalization)의 정도

공식화란 조직 내 직무의 표준화 정도, 즉 정책, 규제, 절차가 명문화된 형태로 존재하는 정도를 의미하는 것으로 종사자들이 언제, 무엇을, 어떻게 해야 할지를 규정해준다. 공식화를 통해 조직구성원의 직무에 대한 행위를 예측하고 조직 활동에 있어 행위와 결과의 일치성을 추구하려는 하나의 통제전략이라고 볼 수 있다(Mintzberg, 1983; 한국복지행정학회, 2014 : 90 재인용). 따라서 일상적이고 단순한 기술을 사용하며 비숙련직일수록 공식화의 정도가 높고, 전문직일수록 공식화의 정도는 낮아지게 된다. 전문직종의 경우 공식화의 정도가 지나치게 높으면 재량권이 매우 낮아지게 되고 갈등과 소외현상을 심화시켜 소진을 초래할 수 있다.

4) 집권화(Centralization)와 분권화(Decentralization)의 수준

집권화와 분권화는 조직상의 의사결정권의 위치를 나타내는 것으로 조직 내의 권력배분과 위임수준에 따라 달라진다. 집권화란 의사결정의 권한이 중앙 또는 상급기관, 조직의 상층부에 집중되는 것을 말하고, 분권화란 의사결정의 권한이 지방 또는 하급기관에 위임되는 것을 말한다. 집권화는 조직의 규모가 작거나 신설 조직일 때, 조직의 위기상황, 부하들의 능력 부족, 조직 활동의 획일성 요구, 많은 비용과 예산이 소요될 때, 강력한 리더십이 필요할 때 강조되는 개념이다. 반면 분권화는 환경변화에 신속하게 적응할 필요가 있을 때 촉진된다.

일반적으로 행정활동의 통일성 확보가 우선인 경우는 집권화가 촉진되고, 조직의 사기나 인적자원의 역량 확보를 위해서는 분권화가 촉진되는 것이 바람직하다. 집권화를 통해 조직은 통일된 정책의 수립과 집행, 통제 및 지도·감독이 가능해지고, 비용의 절감도 이룰 수 있다. 위기나 비상 상황에 신속하게 대응할 수 있고, 조직기능의 중복을 억제할 수 있으며, 혁신이나 변화를 추구하고 갈등을 신속히 해결하는 데 도움이 된다. 그러나 이러한 조직의 경우 업무 자체가 반복적이며 획일적이기 때문에 창의성과 자발성이 저해될 수 있으며, 조직을 관료적이고 형식주의적이며 권위주의적 성격으로 몰아갈 수 있다는 단점이 나타날 수 있다. 반면 분권화는 신속한 의사결정과 업무의 감소, 구성원의 자발적 협조를 통한 책임감의 증진과 협조관계의 활성화에 도움이 되지만, 지도·감독 및 통제를 약화시키거나, 업무를 중복시키거나 행정 역량을 분산시켜 전문기술을 활용할 수 없게 만들고 갈등의 조정이 어렵다는 단점을 가진다.

3. 사회복지조직의 조직화 원리

조직화 원리란 조직을 가장 잘 구조화하고, 효율적으로 관리하기 위한 방법을 말한다. 여기에는 계층제의 원리, 명령통일의 원리, 통솔범위의 원리, 분업·전문화의 원리, 소성의 원리, 권한에 준하는 책임의 원리, 부서화의 원리로 대별할 수 있다(양승일, 2018 : 60-62; 신복기 외, 2019 : 105-107).

1) 계층제의 원리

계층제의 원리(hierarchy)란 권한과 책임의 정도에 따라 조직구성원 간에 권한과 책임을 배분하고 수직적인 지휘・복종체계를 확립하는 것을 말한다. 일반적으로 계층수준이 높을수록 거시적 차원에서의 정책결정, 장기적 계획, 대외관계 등의 업무를 수행하고, 계층수준이 낮을수록 상대적으로 구체적인 집행이나 실시와 같은 업무를 담당하는 경향이 많다. 이러한 계층제는 명령과 의사전달의 통로가 되며, 권한위임에 따른 직무와 책임을 명확히 할 수 있으며, 업무배분의 수단이자 조정과 해결의 기제로 작용할 수 있는 장점이 있다. 그러나 과도한 계층제에 의한 수직적 관계는 조직의 경직성을 초래하여 유연성 있는 인간관계의 형성을 저해하여 구성원의 사기를 저해할 수 있다. 또한 계층의 수가 많아지면 환경변화에 신속하고 유연하게 대처하기 어려울 수 있으며, 구성원들의 창의성을 저해할 수 있다.

2) 명령통일의 원리

명령통일의 원리(unity of command)란 조직에 있어서 한 사람의 직속상관(팀장, 과장 등)으로부터 명령을 받고 보고해야 한다는 원칙이다. 즉, 국에는 국장, 과에는 과장 등이 오직 한 명만 존재하여야 한다는 것을 의미한다. 조직적인 활동과 의사전달의 혼란을 방지하고 책임소재를 분명히 할 수 있는 반면, 수평적인 업무협력이 필요한 경우에는 업무의 비효율성을 초래하여 전문성의 발휘를 어렵게 할 수 있다.

3) 통솔범위의 원리

통솔범위의 원리(span of control)란 한 사람의 상관이 부하직원을 관리하는 데 있어서 지휘의 한계가 있다는 점에서, 적정 수의 부하나 하부 조직을 가져야 한다는 원리이다. 이는 상관이 보다 효과적으로 통솔하기 위한 원리라고 할 수 있다. 통솔의 범위는 조직의 여건에 따라 다르지만 일반적으로 직무의 특성, 감독자의 능력, 피감독자의 질, 지리적 분산도, 조직의 역사, 조직관리의 상태, 관리기술의 수준 등을 고려할 필요가 있다(생각의마을, 2020 : 111).

4) 분업 · 전문화의 원리

분업 · 전문화의 원리(division of work or specialization)란 업무의 효율성을 높이기 위해 전문 분야별로 구성원에게 한 가지 주된 업무를 분담시키면서 동시에 전문화를 지향하는 것을 의미한다. 현대사회에서 조직의 규모가 확대되고 업무처리의 전문성이 증가하는 추세를 감안하면 본 원리는 반드시 필요한 원리라고 할 수 있다(양승일, 2018 : 61). 분업을 통해 작업능률이 향상되고 업무와 관련한 지식과 기술이 발전될 수 있다는 장점이 있는 반면, 지나치게 분업화되는 경우 업무에 대한 개인의 흥미가 상실될 수 있고, 조직 내 단위 간 조정이 어렵고 이를 위한 비용이 더 많이 들 수도 있다.

5) 조정의 원리

조정의 원리(coordination)란 조직 공동의 목표를 달성하고 조직구성원의 행동통일을 유도하기 위해 구조를 질서 있게 배열해야 한다는 원리로, '분업에 따른 필연적인 원리(Mooney, 1947; 양승일, 2018 : 61 재인용)'라고 할 수 있다. 조직의 규모가 크고 복잡해질수록 조직 내 각 단위의 기능은 분업화와 전문화가 촉진되는데 이 각 단위들이 파편화되지 않도록 통합화하는 기능이 조정인 것이다. 조직에 기획조정실 등의 기구를 설치하여 구조적으로 조정하는 방식과 개별직원에 대한 동기부여를 촉진하고 집단의식과 동료의식을 고취하도록 리더십으로 조정하는 방식이 있다.

6) 권한에 준하는 책임의 원리

권한에 준하는 책임의 원리란 조직에서 상급자에게 부여되는 권한에는 반드시 책임이 수반되어야 한다는 의미이다. 권한만 있고 책임이 없는 경우에는 목표가 표류하기도 하고, 반대로 권한 없이 책임만을 강조하는 경우에는 통솔 자체가 불가능할 수 있다(신복기 외, 2019 : 106).

7) 부서화의 원리

부서화의 원리(departmentation)란 독립적으로 운영이 가능한 몇 개의 대단위로 기관구조를 재조직하는 것을 의미한다. 업무분화가 확대되어 부서와 직무가 증가하게 되면, 상호작용의 빈도와 갈등이 증가하여 조정비용도 증가하는 문제를 해결하기 위해 조직의 목적과 기능에 맞게 조직을 개편하는 것이다. 부서화를 위한 방법은 다음의 일곱 가지로 유형화할 수 있다.

(1) 수 기준 부서화

동일한 역할을 수행하는 사람들을 한 명의 슈퍼바이저 아래 소속시키는 방법으로 개인의 능력 차이를 간과하는 단점을 가진다.

(2) 시간기준 부서화

사회복지 거주시설이나 요양시설처럼 하루 24시간을 근무하는 조직에서 시간은 2~3교대로 정하여 업무를 부서화하는 방법이다. 24시간 서비스를 제공하는 기관에서는 근무시간을 유용하게 활용할 수 있지만 주말이나 야간에 근무를 원하는 종사자를 구하기 어렵고, 질 낮은 단순한 일로 인식될 수 있다.

(3) 기능기준 부서화

인사, 재정, 기획, 영업 등과 같은 주요 기능에 적합하도록 종사자의 능력이나 선호에 따라 직무상 적성에 맞는 분야에 인력을 묶어 배치하는 방법이다. 업무단위 간 경쟁이 지나치면 부서 간의 수평적인 업무협조가 곤란하고 조직 전체의 목적보다는 소속된 부서의 업무만 중시하는 폐단이 나타날 수 있다.

(4) 지리기준 부서화

클라이언트의 거주지역을 중심으로 조직을 구성하고 자율적으로 운영하여 책임감을 갖도록 하는 방법이다. 고객밀착형 서비스가 이에 해당하는데 효율성이 높고 책임소재가 명확한 반면 지리적 특성으로 인해 업무량과 업무환경에 차이가 발생하는 경우 직원의 사기에 영향을 미칠 수 있다.

(5) 서비스 기준 부서화

개별사회사업, 집단사회사업, 지역사회 조직사업 등에 따라 부서화하는 방법이다. 전문화된 서비스를 제공할 수 있다는 장점이 있지만 복합적 욕구 해결을 위한 통합적이고 포괄적인 서비스를 제공하는 것이 어려울 수 있다.

(6) 고객기준 부서화

클라이언트를 영유아, 아동, 청소년, 장애인, 노인, 여성의 인구사회학적 특성으로 분류하거나, 비행, 아동학대, 성폭력 등의 문제의 집단별로 부서화하는 방법이다. 이런 경우 사회복지사는 특정 집단에만 통하는 지식과 기술에 전문성을 가지고 있는 경향이 많기 때문에 복합적인 욕구를 가진 클라이언트에게 적절한 서비스를 제공하기 어려울 수 있다.

(7) 서비스 접근통로 기준 부서화

클라이언트가 서비스에 접근할 수 있는 통로(유료, 무료, 혼합 등)를 기준으로 부서화하는 방법이다. 보다 많은 클라이언트들이 서비스를 이용할 수 있도록 다양한 서비스 조직을 설치하여 통로를 다양화하여야 할 필요가 있다.

제2절 사회복지조직의 유형

1. 공식성에 따른 조직 유형

1) 공식적 조직(Formal Organization)

공식적 조직은 조직의 정관이나 운영규정 등의 어떤 공식적인 절차를 통해 인위적으로 만들어진 제도상의 조직으로서 공식적으로 업무와 역할을 할당하고 권한과 책임을 부여하는 조직을 말하는데, 일반적으로 조직도 등에 표시된 지위 관계로 구성되어 있다. 공식적 조직이 갖추어야 할 기본적인 요소로는 분업과 위계적 과정, 구조와 통제의 범위가 있다. 첫째, 분업이란 특정한 업무를 수행하기 위해 기능을 분담하는 것과 어떤 특정한 기능을 담당하게 하는 전문화가 있다. 둘째, 위계적 과정이란 명령계통, 권한의 위임, 명령의 통일성을 포함하는 것으로 기본적으로 권력과 권한, 의사결정, 책임의 비중이 계층에 따라 다르게 존재한다. 셋째, 구조란 조직이 그 기능을 수행하기 위해 권한 및 책임과 관련된 조직의 배열, 즉 정책 및 기능과 관련된 부서를 설정하는 것을 말한다. 넷째, 통제의 범위란 행정책임자 아래에 하위부서를 얼마나 둘 것인지, 이들 간의 관계는 어떻게 규정할 것인지에 관한 것을 말한다(한국복지행정학회, 2014 : 92).

이러한 공식적 조직은 생산성의 제고를 위한 높은 수준의 규범이 형성되어 있어 사사로운 정이나 관계에 이끌려 객관성을 왜곡하는 정실(情實)[1]행위가 낮으며, 공식적 의사소통을 통하여 명확성과 효율성을 제고할 수 있는 장점을 갖는다. 그러나 낮은 수준의 심리적 안정감과 공식적 조직의 경직성으로 인해 다양한 의사소통 경로의 확보가 어렵고 급변하는 환경변화에 유연하게 대처할 수 없다는 단점을 가지고 있다(양승일, 2018 : 65).

1) 공적인 일에서 개인적인 감정이나 관계에 마음을 쓰는 행위

2) 비공식적 조직(Informal Organization)

공식적인 절차를 통해 형성된 것이 아니라 조직 내 인간관계에 입각한 상호접촉이나 친분 등에 근거하여 자연적으로 발생한 집단을 말한다. 공식적 조직을 제도상의 조직이라고 한다면, 비공식적 조직은 현실상의 조직이라고 할 수 있다. 비공식조직은 생각과 감정을 나눌 수 있는 의사소통 채널과 같은 역할을 함으로써 구성원의 심리사회적 만족감을 높이고 집단의 응집력을 향상시킨다. 또한 공식조직에서 발생하는 긴장감과 압박감을 덜고 결함이나 약점을 보완해줌으로써 조직 내 변화를 주도할 수 있다. 그러나 비공식적 조직이 거대해지는 경우 비합리적 의사결정을 초래하거나 조직의 목표가 전치될 수 있으며 파벌로 번질 경우 공식조직의 와해나 분열을 초래할 수 있다. 공식적 조직보다 유연하고 신축성이 있어 공식조직을 보완하는 윤활유와 같은 역할을 할 수 있지만 공식조직의 역할을 대신할 수는 없다. 따라서 비공식적 조직이 공식적인 지위·명령 계통을 위배하는 데 영향을 미치게 된다면 기관장은 설득, 경고, 전보 등의 조취를 취함으로써 지휘계통의 권위를 확보할 수 있다.

공식적 조직과 비공식적 조직의 주요 내용을 비교·정리하면 다음 〈표 4-1〉과 같다.

〈표 4-1〉 공식적 조직과 비공식적 조직의 비교

공식적 조직	구 분	비공식적 조직
인위적·합리적	발생행태	자연적·비합리적
단일성	조직목표	다양성
능률의 논리	논리행태	감정의 논리
방대한 규모	조직규모	소규모
높은 수준의 생산적 규범 형성, 낮은 수준의 정실행위, 공식적 의사소통	장 점	높은 수준의 심리적 안정감, 공식적 조직의 경직성 완화, 높은 수준의 의사소통 경로
낮은 수준의 심리적 안정감, 공식조직의 경직성, 낮은 수준의 의사소통 경로	단 점	낮은 수준의 생산적 규범 형성, 높은 수준의 정실행위, 소문 등의 비공식적 의사소통
보건복지부	사 례	자원봉사동호회

출처 : 양승일(2018), p. 64 〈표 3-1〉을 바탕으로 재구성.

2. 계층성에 따른 조직 유형

1) 수직적 조직(Vertical Organization)

수직적 조직은 라인(line)조직, 혹은 계선조직, 종적조직이라고도 부른다. 수직적 조직은 명령과 복종관계를 가진 수직적 구조를 형성하여 조직의 목표 달성에 중심을 두는 형태로서 조직 내 최고관리자인 관장을 중심으로 부장－과장－팀장－팀원 등과 같이 계층적 형태를 나타낸다. 위계적 구조의 권한과 책임소재의 명확성으로 인해 업무수행의 능률성과 의사결정의 신속성을 확보할 수 있으며 강력한 통솔권 행사를 통해 조직의 안정성을 확보할 수 있다는 장점이 있다. 반면 결정권자의 주관적이고 독단적인 결정이나 조치에 대한 우려가 있고, 부문 간의 효과적인 조정이 곤란하여 업무량이 과중될 가능성도 있다. 또한 전문가의 지식과 경험을 활용하는 것이 불가능해 조직 운영이 비능률적일 수 있으며 위계적 구조로 인해 조직이 경직성을 띠게 되는 단점이 있다.

2) 수평적 조직(Horizontal Organization)

수평적 조직은 스태프(staff)조직 혹은 막료조직, 참모조직, 횡적조직이라고도 부른다. 수평적 조직은 수직적 조직의 기능이 원활하게 수행될 수 있도록 지원하고 촉진하는 역할을 통해 조직의 목표 달성에 간접적인 기여를 하는 구조를 말한다. 주로 자문, 권고, 조언, 협의, 조정, 연구, 기획, 통제, 인사, 예산, 법무, 홍보, 조달 등의 업무를 수행한다. 수평적 조직의 장점은 기관장의 통솔범위가 확대되고 전문지식과 경험의 활용이 가능하며, 참여적이고 객관적인 의사결정을 할 수 있다. 또한 수평적인 업무 간의 조정과 협조가 가능하여 조직의 융통성과 신축성을 부여할 수 있다. 반면 조직 내 인사관계가 복잡하여 의사소통 경로에 혼란이 발생할 가능성이 있고, 수직조직과 수평조직 간에 권한과 책임한계를 둘러싸고 책임전가를 야기하여 갈등을 초래할 수 있으며 이로 인해 운영과 행정에 지연과 비용 지출이 증가할 수 있다는 단점이 있다.

3. 의사결정에 따른 조직 유형

1) 이사회 조직(Board of Directors Organization)

이사회 조직은 최종 의사결정기구로서 조직이 그 목표를 달성할 수 있도록 법률적 책임을 지고 있는 정책결정기구를 말하는데, 조직의 필요성과 존립에 대한 근거가 되기 때문에 법률적으로 설치가 의무화되어 있다. 일반적으로 정관의 변경, 법인의 예산, 임원 임면, 수익사업, 법인 합병 및 해산 등에 관한 사항, 그 밖의 법령이나 정관에 의해 이사회의 권한에 속한 사항 등에 의사결정을 한다. 따라서 이사회의 이사는 활동력과 지식을 보유하고 있어야 하며, 지역사회를 대표하는 합법성과 이사회 구성원으로서의 책임감을 충분히 가지고 있는 사람이어야 한다. 사회복지사업법에는 사회복지법인의 경우 대표이사를 포함하여 이사 7인 이상과 감사 2인 이상을 두되, 특별한 관계에 있는 자가 이사 현원의 5분의 1을 초과할 수 없도록 규정하고 있다.

2) 위원회 조직(Committee Organization)

위원회 조직은 조직목표의 달성을 위하여 조직의 일상의 업무수행기구와는 별도로 특별한 과업이나 문제를 해결하기 위한 전문가 또는 업무관계자들로 구성된 조직이다. 위원회는 인사나 예산 등과 같은 업무를 처리하기 위한 상임위원회와 조직의 운영규정의 개정과 같은 비정규적인 업무를 처리하기 위한 임시위원회로 구분된다. 위원회는 실질적인 의사결정이나 집행을 수행하는 것은 아니지만 정책수립에 있어서 참여적 관리를 가능하게 하고 전문가의 의견을 듣고 집단토의 기회를 제공해줌으로써 의사소통을 원활히 해주는 역할을 한다. 그러나 문제처리나 해결에 시간과 비용이 많이 들고 이해관계로 엮여 있는 위원들의 전제나 독단으로 인해 파행을 초래할 수 있다(신복기 외, 2019 : 111).

이상의 내용을 바탕으로 이사회 조직과 위원회 조직의 차이를 살펴보면, 첫째, 이사회는 위원회에 비하여 행정책임자의 참석 없이 회의를 여는 경우가 드물다. 둘째, 이사회는 위원회에 비하여 조직의 직원이 구성원이 되는 경우가 드물다. 셋째, 이사회의 구성원 수는 위원회의 구성원 수보다 적은 경우가 많다. 넷째, 이사회는 위원회에 비하여 수혜자가 참여하는 경우가 드물다. 다섯째, 이사회는 위원회에 비하여 조직의 운영과 서비스 전달에 더 많은 영향을 미친다. 여섯째, 이사회는 정책을 수립·결정하고 위원회는 건의하는 역할을 한다(염일열·이승현, 2016 : 130).

4. 의사결정의 권한에 따른 조직 유형

1) 집권형 조직

집권형 조직은 의사결정의 공식적 권한이 상위계층이나 기관에 집중되어 있는 조직으로, 단순하고 반복적이며 획일적인 업무와 표준화된 기술의 적용에 있어서 유리하다. 통일된 정책의 수립과 집행이 가능하며 행정적인 통제와 지도·감독이 용이하다. 또한 대량의 업무처리로 인해 비용을 절감할 수 있으며, 특히 조직의 위기상황에 직면했을 때 신속하게 대응하는 데 유리할 수 있다. 또한 조직 내 업무 조정이나 지역적 격차의 시정이 수월하며 행정기능의 중복 방지 및 분열을 억제함으로써 조직의 혁신이나 변화에 대한 요구 수용 정도가 높다. 반면 관료주의적이고 권위주의적 성격으로 인해 형식주의에 빠질 우려가 있고, 획일화로 인해 구성원의 자발적 참여와 재량권, 창의성을 감소시킬 수 있다는 점에서 한계점을 가진다.

2) 분권형 조직

분권형 조직은 의사결정의 권한이 각 계층에 다양하게 분산 또는 위임되어 있는 조직을 말한다. 따라서 환경에 대해 신속하게 변화를 모색할 수 있고, 하위 부서 간의 횡적인 협조가 가능하며 부서나 지역 실정에 맞는 업무 수행으로 조직 내 구성원의 책임감을 증진시킨다는 장점이 있다. 그러나 조직 전체의 계획과 조정이 어려울 수 있고 의사결정 과정에 대한 통제력을 획득하기 어려우며, 행정 업무의 중복을 초래하여 행정력이 분산되는 단점을 가진다.

5. 권력형태와 관여(복종)에 따른 조직 유형

Etzioni(1958)는 권력의 유형과 이에 대한 관여의 종류에 따라 조직의 유형을 구분하였다. 권력의 유형은 강제적(coercive) 권력, 보상적(remunerative) 권력, 규범적(normative) 권력의 세 가지로 구분하고, 그에 대한 관여(복종)는 소외적(alienative) 관여, 타산적(calculative) 관여, 도덕적(moral) 관여 세 가지로 구분한 후 2개의 차원을 상호 조합하여 모두 9개의 조직 유형을 분류하였다.

우선 권력의 형태를 살펴보면, 강제적 권력은 위협이나 신체적 탄압, 보상적 권력은 금전과 같은 물질적 보상, 규범적 권력은 지위와 상징, 존엄이나 위신과 같은 상징성을 의미한다. 이에 대한 관여의 유형으로 소외적 관여는 권력자를 강력하게 부정하므로 강제적 권력을 필요로 하고, 타산적 관여는 보상에 관심이 많고 권력에는 무관심하며, 도덕적 관여는 권력자에 대한 강한 인정을 보이므로 규범적으로 복종하는 유형이라고 할 수 있다. 이와 같은 권력의 형태와 관여의 종류를 조합한 9개의 유형 중 유형 1 강제적 조직, 유형 5 공리적 조직, 유형 9 규범적 조직이 가장 흔하게 나타난다.

〈표 4-2〉 권력형태와 관여에 따른 조직 유형

구 분	소외적 관여	타산적 관여	도덕적 관여
강제적 권력	유형 1(강제적) 수용소, 정신병원, 교도소	유형 2	유형 3
보상적 권력	유형 4	유형 5(공리적) 상업조직	유형 6
규범적 권력	유형 7	유형 8	유형 9(규범적) 종교조직, 정치조직, 병원조직, 학교조직, 사회복지조직

출처 : Smith, 장인협 역(1984), p. 52; 신복기 외(2019), p. 117에서 재인용.

6. 클라이언트의 유형에 따른 조직 유형

Blau & Scott(1962)는 일차적인 수혜자가 누구인가를 기준으로 조직 유형을 분류하였다. 구체적으로는 회원에게 일차적으로 혜택을 주는 조직은 상호수혜조직(mutual benefit organization), 조직의 소유자나 경영자가 일차적인 혜택을 받는 사업조직(business organization), 조직의 클라이언트가 일차적인 수혜자가 되는 서비스 조직(service organization), 일반 대중이 일차적인 수혜자가 되는 공공조직(commonweal organization)으로 분류하였다. 주로 클라이언트에게 일차적인 혜택을 주는 사회복지조직은 서비스 조직에 포함된다고 할 수 있다.

〈표 4-3〉 클라이언트(수혜자)의 유형에 따른 조직 유형

구 분	일차적인 수혜자	조직의 종류
상호수혜조직	조직의 회원	정당, 종교단체, 노동조합 등
사업조직	사업체의 소유자	주식회사, 상업적인 회사, 은행 등
서비스 조직	클라이언트	사회복지조직, 병원 등
공공조직	일반 대중	행정기관, 군대조직 등

7. 업무의 통제성에 따른 조직 유형

Smith(1970)는 업무의 통제성에 따라 관료제 조직(bureaucratic organization), 일선조직(first-line organization), 전면적 통제조직(whole control organization), 투과성 조직(permeability organization)으로 유형을 분류하였다. 관료제 조직은 공식적인 조직의 규정, 위계적 권위구조, 명확하고 전문화된 분업, 문서에 의한 업무처리, 기술 자격증에 기초한 신분보장을 특성으로 하는 합리적인 통제조직을 말하고, 일선조직은 공식적인 위계제도가 존재하지만 실제로는 권한이 다양하게 분산되어 있는 조직을 말한다. 전면적 통제조직은 조직과 외부 환경이 단절된 조직으로 엄격한 규칙에 따라 클라이언트에게 전반적인 통제를 가하는 조직을 말하고, 투

과성 조직은 조직의 구성원 또는 클라이언트가 자발적으로 참여하며 사적인 생활에는 전혀 영향을 미치지 않고 통제성이 약하여 조직의 활동 대부분이 외부에 노출되는 조직을 말한다.

〈표 4-4〉 업무의 통제성에 따른 조직 유형

구 분	조직의 특성
관료제 조직	• 공식적인 조직의 규정 • 계층적인 권위구조 • 명확하고 전문화된 분업 • 문서에 의한 업무처리 • 기술적 자격에 기초한 신분보장 • 합리적인 통제조직 • 목표와 수단의 전도, 형식주의 등 관료제와 유사한 병폐가 나타날 수 있음
일선조직	• 주도권이 일선업무 단위에 존재 • 각 업무단위는 상호 독립적으로 업무 수행 • 업무단위에 대한 직접적인 통제가 어려움
전면적 통제조직	• 엄격한 규칙과 계획된 업무, 특수한 문화를 기반으로 관리자가 전반적인 통제를 가하는 조직 • 정신병원, 기숙사, 교도소, 요양시설 등
투과성 조직	• 조직구성원, 클라이언트가 자발적으로 참여하게 되는 조직 • 개인의 가정과 사생활에 침해를 받지 않음 • 조직의 문화나 규정에 의한 통제성이 약하고 조직의 활동 대부분이 외부에 노출되는 조직 • 영역의 유지 구조가 취약하고 역할 구조가 복잡함 • 개인의 주체성과 업무활동의 자율성이 강조됨 • 자원봉사활동 조직

8. 클라이언트 상태와 조직기술에 따른 조직 유형

Hasenfeld(1983)는 조직이 활용하는 기술과 클라이언트의 상태에 따라 조직의 유형을 분류하였다. 조직이 활용하는 기술에는 인간유별(식별)기술, 인간유지기술, 인간변화기술이 있고, 클라이언트의 상태는 정상기능과 비정상 기능으로 분류하여 각 기술과 클라이언트의 상태를 상호 연관시켜 6개의 조직 유형을 구분하였다. 클라이언트가 정상적인 사회적 기능을 수행한다고 인정되는 경우와 사회적으로 비정상적인 기능을 한다고 인정되는 개인을 구별하여 통제와 치료를 제공하는 조직을 구분한 다음 조직이 사용하는 기술인 인간유별(식별)기술, 인간유지기술, 인간변화기술로 나누었다. 인간유별기술은 클라이언트의 개인적 속성에 변화를 가하지 않으면서 다른 사회집단으로부터 바람직한 반응을 야기하도록 사회적인 명칭(labelling)과 공식적인 지위를 부여함으로써 클라이언트의 변화를 시도하는 기술로, 대학교 신입생이라는 명칭과 지위의 부여는 대학생으로서 요청되는 행동을 할 수 있도록 유도하는 것이라고 할 수 있다. 인간유지기술은 클라이언트의 개인적인 상태의 악화, 약화, 퇴보를 예방하고 현재 상태로 유지할 수 있도록 하는 기술로, 생계유지를 위한 현물이나 현금을 지급하는 것이나 노인의 요양보호가 그 예가 될 수 있다. 인간변화기술은 개인적 속성에 직접적으로 변화를 주어 클라이언트의 복리를 증진시키는 기술로, 학교에서의 교육이나 병원에서의 의학적 치료 등이 이에 속한다. 이상의 요소들을 조합하여 만든 6개의 구체적인 조직 유형은 다음의 〈표 4-5〉와 같다.

〈표 4-5〉 클라이언트의 상태와 조직기술에 따른 조직 유형

수혜자의 상태	조직기술		
	인간유별(식별)기술	인간유지기술	인간변화기술
정상기능	유형 1 대학교 신입생 선발, 신용카드 회사	유형 3 사회보장청, 휴양시설	유형 5 국·공립학교, YMCA
비정상 기능	유형 2 소년법원, 진료소, 보호관찰소	유형 4 공공부조 사무소, 요양시설	유형 6 공공병원, 산재환자 전문병원, 수용치료센터

출처 : Hasenfeld, 성규탁 역(1985), p. 8; 신복기 외(2019), p. 119에서 재인용.

이 외에도 Parsons(1960)는 사회기여의 종류에 따라 생산조직(productive organization), 정치조직(political organization), 통합조직(integrative organization), 유형유지조직(pattern maintenance organization)으로 유형을 분류하였으며, Mintzberg (1979)는 규모와 관리의 복잡성에 따라 단순구조조직(simple structure organization), 기계 관료조직(machine bureaucracy organization), 전문 관료제조직(professional bureaucracy organization), 대형지부조직(divisionalized form organization), 애드호크라시(adhocracy)로 분류하였다.

9. 조직 구조에 따른 조직 유형

1) 전통적 조직(기능별 구조)

기능별 구조란 조직에서 이루어지는 활동, 예를 들면 구매, 인사, 회계, 영업 등의 업무활동을 기능별로 분화하고 과업을 나누는 구조를 말한다. 단일 사업을 수행하는 조직의 경우 이것이 기본적인 조직구조가 된다. 주로 업무가 표준화된 서비스를 위주로 하는 조직에서 가능한 구조로서, 이러한 조직구조가 효과적으로 되기 위해서는 서비스 검사 및 진단, 사정도구의 표준화가 이루어지고 이를 네트워크로 공유하는 방향으로 과학화가 훨씬 더 진전되어야 할 것이다(신복기 외, 2019 : 108). 기능별 조직구조의 장단점을 비교하면 다음 〈표 4-6〉과 같다.

〈표 4-6〉 기능별 조직의 장점과 단점

장 점	단 점
• 기능별로 규모의 경제 획득 가능 • 자원과 노력의 낭비 줄임 • 업무수행에 필요한 기술을 조직 내 교육과 훈련을 통해 효과적으로 습득 용이 • 공통된 사고와 언어의 공유로 인한 긍정적 조직 분위기 형성과 업무 능률의 향상에 도움 • 중·소규모 조직에 적합 • 소품종 생산에 효과적 • 최고위층의 엄격한 통제 가능	• 의사결정 문제가 최고경영층에 집중되어 과부하 발생 • 특정 제품 고객 시장 지역에 대한 관심이 약화될 수 있음 • 부서 간의 목표가 상이한 경우 상호 조정 곤란 • 구성원이 부서목표에 치중할 경우 조직 전체 목표 달성에 제한된 시각을 가질 수 있음 • 과업수행 결과에 대해 단일 기능부서가 전적으로 책임을 질 수 없으므로 책임소재가 불분명 • 하위 부서 간 갈등으로 목표 전치와 업무 비능률성 초래 • 환경변화에 적응력이 낮아 혁신이 어려움 • 최고경영자의 양성이 어려움

그림 4-1 기능별 조직

2) 사업부제 조직

사업부조 조직구조는 대규모 조직에서 분권적인 조직원리를 이용하여 사업마다 각자의 기능별 부서를 가진 단위를 만드는 형태로, 각 사업부 단위의 독자적 생산과 마케팅, 관리 권한을 부여하는 구조이다. 독립적인 시장을 바탕으로 독자적인 이익책임을 갖는 사업부로 분할되어 있기 때문에 의사결정에 있어 합리성을 확보할 수 있으며, 타 부문에 대해 상호독립성을 가지고 있어 성과에 대한 책임감이 높아 창조적인 아이디어도 적극적으로 활용할 수 있다. 이러한 사업부제 조직의 장단점을 비교 정리하면 다음 〈표 4-7〉과 같다.

〈표 4-7〉 사업부제 조직의 장점과 단점

장 점	단 점
• 제품이나 서비스에 대한 책임은 모두 사업본부장에게 부과되므로 목표 달성의 수단보다는 최종적인 조직의 성과를 강조할 수 있음 • 각 사업부에서는 여러 가지 소단위 사업을 경영하므로 환경변화에 효과적이고 신속하게 대응 가능 • 여러 가지 기능부서가 한 부서 내에 있으므로 기능 조정이 용이 • 사업부마다 차별화된 제품을 생산·판매하므로 책임소재가 명확하여 소비자의 만족을 증대시킬 수 있음 • 사업부의 포괄적 업무수행으로 인해 최고경영자를 훈련하고 육성하기에 적합 • 대규모 조직이나 다품종 생산 조직에 적합	• 모든 제품 단위마다 설비를 갖추어야 하므로 자원 활용면에서 비경제적 • 제품 라인 간 협력을 위한 인센티브가 없기 때문에 라인 간 조정이 불가능 • 사업부별로 차별된 제품의 생산으로 제품의 호환성이 떨어져 소비자의 불만이 가중될 수 있음 • 기능이 여러 개의 사업부로 분산되어 있기 때문에 기능별로 기술의 전문화가 어려울 수 있음 • 관련 부서의 제품 라인에만 초점을 두기 때문에 전체 조직 차원에서 기술의 통합과 전문화는 곤란 • 사업부 간 인력의 이동이 어려워 인적자원 활용에 있어서 융통성이 적음 • 사업별 기능 중복으로 능률이 감소될 수 있음

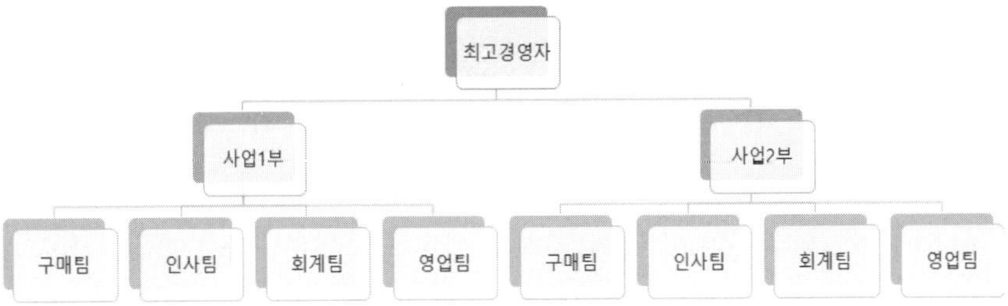

| 그림 4-2 | 사업부제 조직

3) 프로젝트 조직

프로젝트 조직은 특별한 과업에 따라 관련 부서에서 프로젝트 수행을 위해 인력을 파견하고 프로젝트를 완료할 경우 원래의 부서로 복귀하도록 하는 조직을 말한다. 부서 간에 경계를 두지 않고 다양한 전문성을 지닌 구성원들로 팀을 조직하여 주어진 사안이 해결될 때까지 임시적으로 운영하도록 하는 조직구조이다. 조직 내 가용자원보다 필요한 자원이 더 많은 사업을 수행해야 하는 경우나 여러 부서의 수평적 작업관계를 통한 협조가 요구되는 경우에 적합한 구조라고 할 수 있다. 이로 인해 프로젝트 조직이 구성되어 유지되는 동안에는 많은 자원과 재능을 집중적으로 활용할 수 있지만, 어디까지 임시적 조직이라는 특성으로 인해 조직구성 당시에 제안되었던 정책이 끝까지 집행되지 못하거나 도중에 변질될 가능성이 높다는 문제점을 가진다.

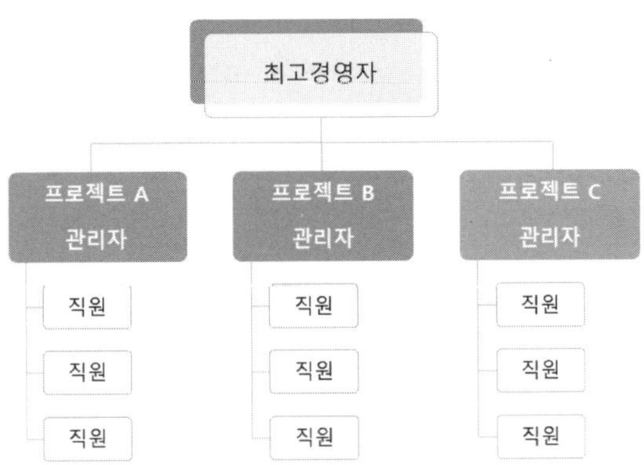

| 그림 4-3 | 프로젝트 조직

4) 매트릭스 조직(행렬조직)

매트릭스 조직은 한 명의 구성원이 각자의 기능 부서와 프로젝트 부서에 동시에 속하도록 배치한 것, 예를 들면 기획업무를 담당하면서 정부보조금 사업 프로젝트에 투입된 구성원이 속한 조직을 매트릭스 조직이라고 한다. 기존의 각자 기능 부서에서의 업무경험의 강점을 살리되 기존 조직의 능력과 인력만으로는 프로젝트의 수행이 어려울 경우 유용한 구조라고 할 수 있다(홍현미라 외, 2014 : 116-117).

매트릭스 조직은 조직의 구조화에 있어 집권화와 분권화가 동시에 가능한 구조이다. 일상적으로 수행해야 할 기능은 수직적 위계를 통해 일정하게 지속될 수 있고, 빈번한 변화를 겪게 되는 기능은 조직의 기본골격과는 상관없이 환경에 반응하여 자유롭게 변화시킬 수 있어 안정성과 탄력성을 동시에 갖출 수 있다는 것이 대표적인 장점이다. 하지만 업무조정에 관한 역할과 권한이 명료하게 정의되어 있지 않아서 불협화음이 발생할 수 있으며, 구성원 역시 수평적 기능과 수직적 기능 사이에서 자신의 역할과 책임소재에 대한 인식이 명확하지 않아 역할긴장을 겪거나 담당자 간의 갈등이 초래될 수 있다. 또한 업무수행에 필요한 자료가 2개 이상의 부서에 분산되어 있기 때문에 업무수행에 대한 평가가 어려울 수 있다는 한계가 있다.

〈표 4-8〉 프로젝트 조직과 매트릭스 조직의 비교

구 분	장 점	단 점
프로젝트 조직	• 목적, 고객지향의 증대 • 분권화와 기동성의 촉진 • 책임, 평가의 명확성 • 후계자의 육성이 용이	• 자원중복 • 분파주의 확대 • 단기적 성과지향 증가 • 스트레스가 발생하기 쉬움
매트릭스 조직	• 전문화 원리와 시장적응의 동시 달성 • 유동적인 인재의 이동활동이 용이 • 전문지식・기술의 축적・개발이 용이 • 지식・기술의 전사적 이전・활용이 용이	• 명령계통 간의 권력다툼 발생이 쉬움 • 조정을 위한 의사결정의 지연 쉬움 • 책임, 권한이 애매함 • 스트레스가 발생하기 쉬움

출처 : 신복기 외(2019), p. 113 〈표 5－1〉 재인용.

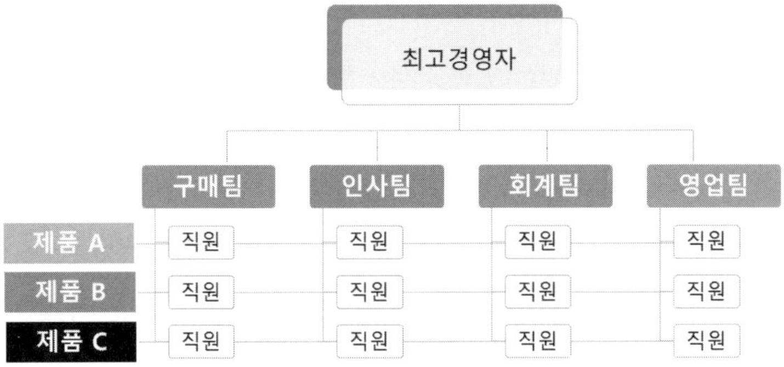

┃그림 4-4┃ 매트릭스 조직

5) 팀 조직

팀 조직은 과거의 전통적인 부·과·계 등의 체계를 재편·통합·분할하여 하나의 팀으로 전환시켜 팀장을 중심으로 업무를 수행하도록 만든 조직을 말한다. 팀 조직은 공동으로 그들의 업무 수행결과에 대해 책임을 지는 조직 단위로 복잡한 조직 환경에 대응하기 위해 개별적이고 이기적인 업무방식에서 탈피하여 조직의 요구에 집단적으로 부응할 수 있도록 만든 것이다. 팀 조직은 급변하는 환경에 신속하게 대응할 수 있으며, 자율적 책임체제, 조직 간 유연성, 현장 중심적 서비스가 가능하며 성과중심의 생산성 비교가 가능하고, 구성원의 창의성과 전문성을 제고할 수 있다. 그러나 단기적 안목 중심의 목표에 치중한다거나 팀 간 경쟁으로 인한 갈등이 심화될 수 있으며, 개별적인 창의성이 악화될 수 있다는 단점이 있다. 따라서 팀 조직이 효과적이기 위해서는 관리층의 이해와 지지, 조직목표에 대한 명확한 인식, 상·하층 간의 신뢰, 목표 성취를 위한 팀의 모험과 결과에 대한 책임, 훈련과 능력개발을 위한 투자가 필요할 것이다.

6) 네트워크 조직

네트워크 조직은 한 조직과 관련된 기능을 수행하는 다른 조직들과의 계약이나 파트너십을 통해 운영되는 구조를 말한다. 강점이 있는 분야에 특화된 여러 부분의 각 요소들이 서로 하나의 유기체처럼 활동하고 반응하면서 최고의 경쟁력을 유지하는 관계를 말한다. 조직이 보유한 자원은 핵심 사업 또는 비교우위가 있는 한정된 분야에만 국한시키고, 나머지 활동 분야는 아웃소싱(outsourcing)[2]하거나 전략적 제휴를 맺어 외부 전문가에게 맡기는 방식이다. 환경변화에 신속하고 적절하게 대응할 수 있도록 외부자원의 효과적 활용을 꾀하는 방식으로 융통성과 적응성을 요구하는 과업들과 환경을 다루기에 적절하다. 새로운 과업들, 개별 문제들 그리고 변화하는 환경에 적응하기 위하여 반복적으로 재설계될 수 있으며, 서로 필요한 자원을 공유함으로써 사회적 비용을 효율적으로 절감하고 기관의 재정 안정성 확보에 도움이 된다(신복기 외, 2019 : 114). 특히 사회복지조직이 갈수록 복잡하고 다양해지는 클라이언트들의 욕구를 해결하기 위해서는 이러한 네트워크 조직은 그 활용도가 높다고 할 수 있다.

7) 연계조직

연계조직(linkage organization)은 사람과 서비스를 연계하는 활동을 주목적으로 하는 조직이다. 사회복지조직은 대부분 이러한 연계기술을 활용하지만 조직의 일차적 기능은 서비스의 제공인 반면, 연계조직의 일차적 기능이 연계 및 중개 기능이라는 면에서 차이가 있다. 대표적으로 푸드뱅크(food bank), 홀트아동복지회와 같은 입양기관을 예로 들 수 있다(생각의마을, 2020 : 125).

이 외에도 대학교의 학과 조직과 같은 모든 주요 결정에 전 구성원이 참여하는 완전 민주주의적 구조인 공동관리조직과 자기 스스로를 관리하도록 권한을 부여받은 사람들로 구성된 소규모 조직구조인 자율적 작업 조직(self directed group) 등이 있다(염일열 외, 2016 : 119).

2) 기업 업무의 일부 프로세스를 경영 효과 및 효율의 극대화를 위한 방안으로 제3자에게 위탁해 처리하는 것을 말한다.

연습문제

01 행렬조직에 관한 설명으로 옳은 것은? 17회 기출

① 직무 배치가 위계와 부서별 구분에 따라 이루어지는 전형적 조직이다.
② 조직운영을 지원하는 비공식조직을 의미한다.
③ 합리성을 강조하기 때문에 조직 유연성을 저하시킬 수 있다.
④ 직무별 분업을 인정하면서 동시에 사업별 협력을 강조한다.
⑤ 현실에서 작동하지 않는 가상의 사업조직을 일컫는다.

02 조직 내 비공식조직의 순기능으로 옳은 것은? 18회 기출

① 조직의 응집력을 높인다.
② 공식 업무의 신뢰성과 일관성을 높인다.
③ 정형화된 구조로 조직의 안정성을 높인다.
④ 과업이나 정실인사의 부작용이 나타난다.
⑤ 의사결정이 하층부에 위임되어 직원들의 참여의식을 높인다.

03 사회복지조직의 구조에 관한 설명으로 옳은 것은?

① 프로젝트 조직은 관리자의 일을 전문화하여 지휘하고 감독하게 하는 조직이다.
② 매트릭스 조직은 기능조직과 프로젝트 조직이 혼합된 형태의 조직이다.
③ 연계조직은 대규모 조직을 사업부 단위로 편성하여 각 부서별 권한을 배분하는 조직이다.
④ 팀 조직의 업무결과에 대한 모든 책임은 팀장에게 있다.
⑤ 사업부세 조직은 특정한 과입에 대처하기 위해 만들어진 임시적인 형태의 조직이다.

04 조직의 유형 중 연계조직에 해당하는 것은?

① 아동학대예방기관
② 사회복지 공동모금회
③ 홀트아동복지회
④ 장애인 직업재활시설
⑤ 지역사회종합사회복지관

05 이사회와 위원회에 대한 설명으로 옳지 않은 것은?

① 이사회는 행정책임자의 참석 없이 회의를 여는 경우가 많다.
② 위원회는 조직의 직원이 구성원이 될 수 있다.
③ 이사회는 정책을 수립, 결정하는 역할을 한다.
④ 위원회는 정책을 건의하는 역할을 한다.
⑤ 이사회의 구성원 수는 위원회의 구성원 수보다 적다.

정답 1. ④ 2. ① 3. ② 4. ③ 5. ①

CHAPTER

05

사회복지조직의 환경과 문화

05
CHAPTER

사회복지조직의 환경과 문화

제1절 사회복지조직의 환경

1960년대 체계이론의 등장 이후 조직과 환경과의 유기적 관계에 대한 관심이 증가하면서, 조직의 환경에 대한 연구가 중요시되고 있다. 조직의 환경이란 조직의 경계 밖에서 조직과의 상호작용을 통해 직·간접적으로 영향을 주고받으면서 조직의 존속과 발전, 기능수행에 영향을 미치는 모든 요인을 말한다. 특히 비영리 휴먼서비스를 제공하는 사회복지조직의 경우 이러한 환경의 영향력은 절대적일 수밖에 없다. 이는 비일상적인 서비스 기술의 사용, 독자적 자원 생산 능력의 부족으로 인한 높은 외부 자원 의존도, 사회복지조직 활동의 정당성 획득 또한 국가 및 지역사회가 부여하는 권위에 있기 때문이다(심상용, 2017; 신복기 외, 2019).

조직의 환경은 영향력의 직·간접성에 따라 일반환경과 과업환경으로 구분할 수 있다. ❙그림 5-1❙은 사회복지조직의 대표적인 환경 요소와 그 관계를 나타내고 있다.

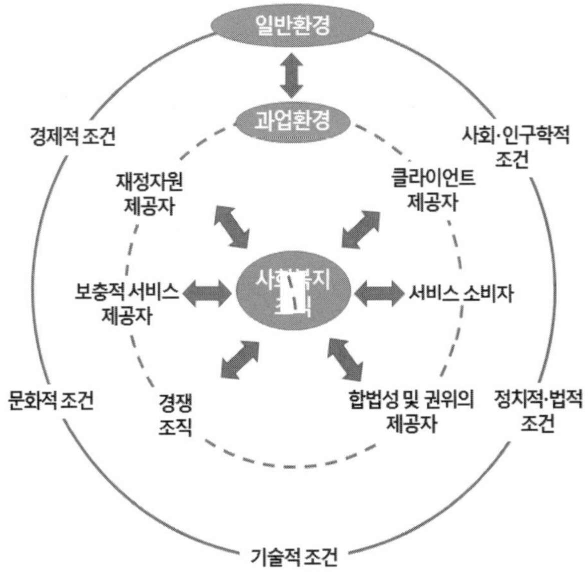

| 그림 5-1 | 사회복지조직의 환경

일반환경이란 조직에 간접적으로 영향을 미치는 거시적 사회환경으로서, 개별 조직이 변경시킬 수 없는 주어진 환경을 의미한다. 개별 조직에 직접 관여하지는 않지만, 그럼에도 잠재적 영향력의 크기가 광대한 사회 · 인구학적 조건, 정치적 · 법적 조건, 문화적 조건, 경제적 조건, 기술적 조건을 말한다. 반면 과업환경은 사회복지조직과 직접적으로 상호작용하면서 영향력을 주고받는 환경을 의미한다. 사회복지조직의 외부에 존재하면서 자신들의 이해관계에 따라 조직에 영향력을 행사하려는 개인, 집단, 조직들로서, 재정자원의 제공자, 합법성 · 권위의 제공자, 클라이언트 제공자, 서비스 소비자, 보충적 서비스 제공자, 경쟁조직을 말한다(김영종, 2017; 양승일, 2019; 이성기, 2019).

1. 일반환경

1) 사회 · 인구학적 조건

사회·인구학적 조건은 사회적 욕구와 문제를 규정하는 데 중요한 요인이 된다. 연령, 성별 분포, 가족구조, 거주지역, 사회적 계층 등 인구의 구조나 성격의 변화와 관련된 조건을 말하는 것으로, 사회복지조직의 활동에 지대한 영향을 미친다. 현재 우리사회가 당면해 있는 저출산·고령화, 여성세대주 및 노인 단독세대의 증가, 결혼이주여성 및 이주노동자의 증가, 청년실업자의 증가 등이 이에 포함된다. 예를 들면, 저출산의 문제는 구성원의 부족으로 인한 사회의 지속문제에 대한 대책을 마련하게 하고, 급속한 고령화 및 초고령화 사회로의 진입은 가족의 돌봄역할의 축소와 맞물려 노인에 대한 사회적 돌봄의 필요성을 확대시킨다(김영종, 2017). 이처럼 사회·인구학적 조건은 사회복지서비스의 수요변동과 예측에 중요한 영향을 미치는 조건이다.

2) 정치적 · 법적 조건

정치적·법적 조건은 자원의 흐름을 통제하고 사회복지조직의 활동에 정당성과 권위를 부여하는 기준이 된다. 사회복지조직에서 필요한 가용자원의 대부분을 정부에 의존하고 있기 때문에 정치적·법적 환경은 그 중요성이 더해진다. 즉, 정치적 과정을 통해 형성된 각종 법률, 명령, 규칙 등을 통해 사회복지조직이 서비스를 제공하는 데 준수해야 할 많은 조건들을 만들어 냄으로써 자원에 대한 접근성, 클라이언트의 선정, 서비스 내용, 기술, 계획, 전문인력의 확보, 재원마련 등 사회복지조직의 활동 전반에 영향을 미치게 된다. 국민기초생활 보장법에서의 자활조성이나 급여자격, 사회복지법인시설의 종사자 규정, 사회복지사 자격규정 등을 예로 들 수 있다.

3) 문화적 조건

문화적 조건은 사회구성원들이 가지는 우세한 가치나 규범에 대한 것으로 사회복지조직의 활동에 대한 사회적 기반을 제공하는 조건이다. 사회복지조직의 목표와 이념, 방향은 물론 서비스의 형태, 실천기술, 클라이언트의 선택, 문제를 규정하는 시각에 많은 영향을 미친다. 예를 들어, 노동과 자활의 가치를 강조하는 문화에서는 노동능력이 있는 사람은 노동에 대한 대가로서 현금을 지급하는 형태의 서비스를 제공할 것이고, 반면 그렇지 않은 문화에서는 노동이 요구되지 않는 일방적인 급여를 제공하는 형태를 취할 수 있다(최성재 · 남기민, 2016). 또한 장애인 분류의 경우 선진국은 보다 포괄적으로 분류된 WHO의 기준을 사용함으로써 많은 장애인들이 복지혜택을 받고 있는 반면, 우리나라는 장애인복지법에 규정된 기준으로만 장애인을 분류하고 있기 때문에 선진국의 기준을 적용할 경우 복지혜택을 받을 수 있는 장애인의 수가 크게 늘어날 것으로 예상할 수 있다(고재욱 외, 2016).

4) 경제적 조건

경제적 조건은 국가나 지역사회의 경제상태를 의미한다. 사회복지조직의 재정공급과 서비스의 수요 · 공급에 대한 결정에 직접적인 영향을 미치는 조건으로 경기호황이나 불황, 경기침체, 금융위기, 경제성장률, 실업률 등을 말한다. 즉, 경기가 호황인지 불황인지에 따라 사회복지조직으로 유입되는 보조금, 지원금, 후원금과 같은 재정의 규모가 달라질 수 있으며, 잠재적인 서비스 이용자들의 서비스 구매력에도 영향을 미치게 된다(김영종, 2017 : 130). 예를 들면, 공공부조 비용의 경우 경기가 침체되거나 후퇴하는 경우에는 증가하는 경우가 많고, 실업률이 높은 상태에서는 보육서비스, 직업알선서비스, 정신건강서비스 등에 대한 수요가 증가하는 경우가 많다.

5) 기술적 조건

기술적 조건은 사회적 지식과 기술의 변화·발달이 사회복지조직이 적용하는 서비스 기술의 내용과 수준에 영향을 미치는 조건을 말한다. 정보통신기술의 발달은 사회복지조직의 정보관리 체계의 효율성에 관심을 갖게 했고, 정신건강분야에서 신경안정제와 같은 향정신성의약품(antipsychotic drug agents)의 개발은 기존의 격리와 수용 치료 위주의 접근에서 탈(脫)시설화 등의 대체적 접근으로 이어지는 계기를 마련하였다. 또한 심리학 이론에서의 행동수정기술의 발달은 아동·청소년 분야의 사회복지서비스에 있어서 치료와 회복을 도모하는 다양한 개입기술을 향상시켰으며, 통계학에서의 패널(Panel)연구방법의 개발은 동일표본에 대한 종단적 연구를 가능하게 함으로써 복지통계 생산을 가능하게 하였다(신복기 외, 2019; 심상용, 2017 : 230). 최근 4차 산업혁명의 기술로서 주목받고 있는 '빅데이터(big data)', '사물인터넷(IoT, Internet of Things)', '인공지능(AI, Artificial Intelligence)', '드론(drone)'과 같은 무인항공 기술의 발달 역시 사회복지영역에 많은 변화를 가져올 것으로 예상할 수 있다(김남수 외, 2019). 특히 'COVID-19'의 확산으로 인해 온택트(Ontact) 시대를 맞은 현 시점에서 사회복지조직에서는 이와 관련된 지식과 기술의 개발 및 습득을 위해 노력해야 할 필요가 있다.

2. 과업환경

1) 재정자원의 제공자

재정자원의 제공자는 사회복지조직의 활동을 위한 재정적 기반을 제공하는 외부 환경을 말하는 것으로, 중앙 및 지방정부, 법인, 기업체, 공동모금회, 종교단체, 개인후원자, 유료 클라이언트 등이 포함된다. 독자적인 재정 생산능력이 없어 대부분의 재정을 국가의 보조금에 의존하고 있는 사회복지조직의 입장에서 보면 재정자원의 제공자는 가장 큰 영향을 미치는 과업환경인 것이다.

2) 합법성 · 권위의 제공자

합법성 · 권위의 제공자는 사회복지조직의 활동에 대한 사회적 인가와 정당성을 확보하는 기반을 제공하는 요소로서 중앙 및 지방정부, 전문직협회, 운영법인, 의회, 시민 단체 등을 포함한다. 특히 중앙 및 지방정부는 사회복지사업법 등과 같은 관련 법규에 근거하여 사회복지조직을 감독하고 평가하며 합법성과 권위를 제공하는 가장 대표적인 주체이다. 사회복지조직은 기관평가나 인증, 지역사회에서의 명성, 조직의 활동에 대한 시민단체의 좋은 평판을 통해서도 합법성 · 권위를 획득할 수 있다. 이를 통해 사회복지조직과 조직의 활동에 대한 지역사회의 지지기반을 확보할 수 있는 것이다.

3) 클라이언트 제공자

클라이언트 제공자는 사회복지조직에 클라이언트를 공급해주는 외부 환경을 의미하는 것으로 직접 서비스를 받거나 서비스를 의뢰할 수 있는 개인, 가족, 집단, 조직을 포함한다. 학교 및 보육시설, 타 기관, 정부기관, 경찰서, 병원, 청소년 단체, 사회복지관 등을 예로 들 수 있다. 이러한 클라이언트 제공자 환경은 재정자원의 공급자 환경과 맞물려 있어 클라이언트 제공자 환경에 따라 재정자원의 내용과 성격이 달라지게 된다. 자발적 클라이언트인 경우에는 이용료를, 의뢰된 클라이언트의 경우에는 보조금이 재정자원이 되는 것을 예로 들 수 있다. 이로 인해 사회복지조직의 서비스 전달과 관리 방법까지도 영향을 받기 때문에 사회복지조직에게는 특히 중요한 업무환경이다(김영종, 2017 : 131).

4) 서비스 소비자

서비스 소비자는 사회복지조직이 생산하는 서비스를 소비하는 클라이언트 자신, 가족, 지역사회 국가를 말하는 것으로, 직접적으로 서비스의 혜택을 받는 소비자는 물론 그로 인해 결과적으로 간접적인 혜택을 받는 소비자도 모두 포함한다. 예를 들면, 지역사회에서 노숙자를 위한 자활 프로그램을 진행하는 경우, 이 프로그램에 참여하는 노숙자들은 직접적으로 혜택을 받는 소비자가 된다. 그리고 이 프로그램을 통해 노숙자들로 인해 발생했던 지역사회 문제들이 해결되었다면 지역사회도 결과적으로는 간접적이지만 혜택을 받은 소비자가 된다.

5) 보충적 서비스 제공자

보충적 서비스 제공자는 사회복지조직이 클라이언트에게 필요한 서비스를 제공하기 위해 연계되어 있는 조직을 의미한다. 클라이언트가 가진 욕구와 문제의 복잡성과 다양성으로 인해 하나의 사회복지조직이 이를 해결하기 위한 모든 서비스를 제공할 수 없기 때문에 보충적 서비스를 제공할 수 있는 다른 기관과의 협력과 연계가 필요한 것이다. 법률서비스 기관, 의료기관, 알코올 치료센터, 체육시설, 주민센터, 보건소, 119 구급대 등을 예로 들 수 있다. 따라서 사회복지조직은 보충적 서비스 제공자와의 공식적·비공식적 협력체계를 공고히 유지할 수 있도록 다각적으로 노력해야 한다.

6) 경쟁조직

경쟁조직은 재정자원의 획득과 클라이언트의 확보를 두고 서로 경쟁하는 관계에 있는 외부 조직들로서 주로 유사한 서비스를 제공하는 조직들이 이에 포함된다. 재정자원의 원천이 다각화되고, 이용자의 선택권이 강조되는 현 상황에서는 재정자원과 클라이언트를 두고 경쟁하는 조직들에 대한 면밀한 분석과 관리를 통해 경쟁에서 우위를 차지할 필요가 있다. 특히 사회복지 공급주체의 다원화되는 현대 사회복지모델에서는 시장경쟁원리에 의한 민간영리부문의 사회복지전달체계가 확대됨에 따라 경쟁조직들 간의 경쟁은 더욱 심화될 것이다(김인혁 외, 2019 : 121).

제2절 사회복지조직의 문화

1. 조직문화의 개념

1) 조직문화의 개념

문화(文化, culture)의 사전적 의미는 '한 사회의 개인이나 인간 집단이 자연을 변화시켜 온 물질적·정신적 과정의 산물'로서 의식주를 비롯한 언어, 풍습, 종교, 학문, 예술, 제도 따위를 모두 포함한다. 즉, 자연 상태에서 벗어나 일정한 목적 또는 생활 이상을 실현하고자 사회구성원에 의하여 습득, 공유, 전달되는 행동양식이나 생활양식의 과정 및 그 과정에서 이루어 낸 물질적·정신적 소득을 통틀어 이르는 복합적인 말이다. 사회에도 문화가 있듯이 조직에도 문화가 존재하는데, 이를 조직문화(organizational culture)라고 한다. 조직문화란 조직구성원들에게서 뚜렷하게 나타나는 가치나 규범, 관습, 신념체계로서 조직구성원의 가치관, 사고방식, 행동패턴에 결정적인 영향을 미치는 요소를 말한다. 조직구성원들이 집단적으로 공유하는 조직행동의 기본 전제로서 조직의 효과성과 효율성에 영향을 미치는 중요한 요소이다. 이러한 조직문화는 조직의 내적으로는 구성원들의 정체성 공유와 의사소통, 의사결정, 과업수행에 영향을 미치고, 외적으로는 환경과의 관계에 영향을 미친다. 이처럼 조직구성원들의 상호작용을 규정하는 메커니즘으로서의 조직문화는 성과관리와 같은 조직관리에 영향을 미치며 그 조직 특유의 분위기를 조성하게 하는 기반이 된다. 따라서 사회복지조직이 어떠한 조직문화를 형성하고 계승해 나가야 하는가는 사회복지서비스의 질을 좌우할 뿐만 아니라 나아가서는 그 사회 전체의 복지수준을 가늠할 수 있는 중요한 잣대가 될 수 있기 때문에 매우 중요하다(신복기 외, 2019 : 13).

1960년대에 시작된 조직문화에 대한 연구는 1980년대에 들어 본격적인 연구들이 진행되면서 많은 학자들에 의해 다양한 개념들이 제시되고 있다. Ouchi(1981)

는 조직문화란 '조직의 전통에 의해서 영향을 받는 것으로서 조직의 분위기를 결정하는 조직의 가치관, 신조 및 조직 내에서의 행동패턴을 규정하는 기준'이라고 정의하였으며, Schein(1983)은 조직문화를 '조직체 또는 집단이 내외환경과의 적응 및 통합과정에 적용하는 기본 전제로서 조직구성원의 가치관과 사고방식 그리고 행동을 지배하는 기본 요소'라고 정의하였다.

Deal과 Kennedy(1982)는 '조직구성원에게 중요한 의미를 갖는 조직의 가치, 신화, 히어로, 상징의 집합으로서 조직의 핵심가치'라고 정의하였으며, Denison (1984)은 '조직의 정체성을 결정하는 일련의 가치와 신념'으로 조직문화를 정의하였다. 이 외에도 Pettigrew(1979)는 '상징, 언어, 이념, 신념, 의식, 전통 등의 조직체 개념의 총체적 근원'이라고 하였으며, Cameron과 Quinn(1999)은 '리더십 유형, 언어와 상징, 절차와 일상생활, 그리고 성공의 척도를 통해서 조직원들에게 가치 있다고 여기는 것들의 총체'라고 정의하였다. 또한 Deresky(2003)는 '문화는 과거 세대로부터 학습되고, 현세대의 의해 부과되고, 미래세대까지 계속될 공유된 가치, 가정, 이해와 목표 등을 포함한 것'으로 정의하였으며, Morgan(2006)은 '문화 은유는 주요 이념, 가치관, 신념, 행동지침을 전달하는 언어, 규범, 민속, 행사, 사회관행에 영향을 줌으로써 조직화된 행동을 창출하는 또 다른 수단'으로 조직문화를 정의하였다. 여러 학자들의 정의에 대해 Schein(1985)은 각 정의들을 종합적으로 고찰하여 다음과 같이 조직문화의 개념을 설명하였다(이성기, 2019 : 223 재인용).

첫째, 사람들이 상호작용할 때 관찰할 수 있는 행동규칙, 예컨대 일상적으로 사용하는 언어, 존경과 복종을 표현하는 방식이다.

둘째, 조직 내에서 자연발생적으로 생기는 규범이다.

셋째, 조직이 강조하는 지배적인 가치관, 예컨대 최고의 품질, 값싸고 좋은 제품 생산을 강조하는 것이다.

넷째, 조직구성원과 고객에 대한 정책을 수립하는 데 지침이 되는 철학이다.

다섯째, 조직에 적응하는 데 필요한 게임의 규칙으로 새로 조직에 들어온 사람이 그 조직의 구성원으로 인정받기 위해 배워야 하는 요령과 같은 것이다.

여섯째, 직원이 고객이나 외부인사와 접촉하는 방식과 사무실의 물리적 배치 등과 같은 조직 내부에 흐르는 어떤 느낌(feeling)이나 분위기(climate)이다.

종합적으로 조직문화에 대한 학자들의 다양한 정의를 정리해보면, 조직문화란 조직구성원들에 의해 집단적으로 공유되고 있으며, 조직이 가진 고유하고 지배적인 가치관, 신념, 규범, 관습 행동양식을 모두 포함하는 개념이라고 할 수 있다. 이러한 조직문화는 공유된 신념과 언어로 인해 의사소통이 원활하고 경제적일 수 있으며 공유된 가치로 인해 더 높은 수준의 협동을 가능하게 할 수 있다는 장점을 가진다. 그러나 공유된 신념이나 가치관이 구성원 및 다른 이해관계자들의 욕구와 일치하지 않을 때에는 조직문화 자체가 오히려 구성원들에게는 부담이 될 수 있다(신복기 외, 2019 : 132).

이러한 조직문화는 조직의 형태별, 즉 휴먼서비스 조직과 비휴먼서비스 조직, 영리조직과 비영리 조직, 공공조직과 민간조직별로 차이를 가진다. 구체적인 내용을 살펴보면 나음과 같다(Glisson, 2000 : 212-213; 원석조, 2008 : 137-138 재인용).

(1) 휴먼서비스 조직 대 비휴먼서비스 조직

휴먼서비스 조직은 인간의 기능과 건강 복지를 개선하는 것을 최고 목표로 하므로, 인간적인 특징과 구성원 간 상호작용, 정서적 인간관계를 중시한다. 반면 비휴먼서비스 조직에서는 업무성과 위주의 보상시스템으로 인한 구성원 간의 갈등과 경쟁적인 문화가 팽배하여 휴먼서비스 조직이 가진 인간적 특징이 다소 약하다. 휴먼서비스 조직과 비휴먼서비스 조직 간의 조직문화 차이를 연구한 이스라엘의 한 연구에 따르면 휴먼서비스 조직에 비해 비휴먼서비스 조직에서는 보상시스템을 직원의 성과중심으로 시행하는 것으로 나타났다.

(2) 영리조직 대 비영리 조직

영리조직은 조직의 이윤을 최대 목표로 삼고 있기 때문에 직원의 채용과 승진에 있어서도 이윤의 추구를 통해 조직에 경제적인 이득을 줄 수 있는 인재를 선호한다. 반면 비영리 조직은 이윤을 추구하지 않아 금전적 유인이 약하기 때문에 조직의 가치와 규범, 이념에 부합하며 조직에 융화될 수 있는 인재를 선호한다. 예를 들면, 사회복지기관에서는 복지적인 가치와 규범 및 개성을 지닌 인재를 채용하기를 원하게 된다.

(3) 공공조직 대 민간조직

공공조직과 민간조직은 비효율성 대 효율성, 무능 대 유능, 무책임 대 책임의 기준으로 비교되어 왔다. 공공조직은 정부의 재원으로 운영되기 때문에 통일된 행정절차를 통해 정해진 규정과 규칙에 의해 운영된다. 전통적으로 공공조직은 관료적 형식주의, 무책임한 관료주의, 세금 낭비 조직이라는 비판을 받고 있지만 질적인 부분에서 차별성이 없다는 특징을 지니고 있다. 반면 민간조직은 공공조직에 비해 성과에 따른 보상과 효율성, 업무의 결과보다는 과정을 강조하며 클라이언트 중심의 서비스를 제공한다는 전문적인 특징을 가진다.

2) 조직문화의 역할

이같이 조직문화는 조직구성원들 간에 공유된 가치와 신념으로 받아들여지고 있으며 조직 속에서 다양한 역할을 수행한다. 조직문화의 역할에 대해 Smircich (1983)는 첫째, 조직문화는 조직구성원들에게 정체성(sense of identity)[1]을 전달해 주고, 둘째, 자기보다 큰 어떤 것에 대한 몰입을 촉진시켜 주며, 셋째, 사회적 체계의 안정성을 증진시켜 주고, 마지막으로 행위를 안내하고 안정성을 형성시키는 감지도구로서 작용한다고 하였다(신복기 외, 2019 : 133 재인용). 또한 황성철 외(2020)는 조직문화는 조직구성원들에게 자신이 속한 조직이 어떤 조직이고 그 안에서 어떻게 행동해야 하는지에 대한 확실한 이해를 가능하게 하는 역할을 한다고 하였다. 또한 조직 내적인 측면에서 구성원들이 조직원 정체성을 공유하

1) 정체성이란 자신의 내부에서 일관된 동일성을 유지하는 것과 다른 사람과의 어떤 본질적인 특성을 지속적으로 공유하는 것 모두를 의미한다(Drikson, 1956 : 57). 즉, 변하지 않는 존재의 본질을 깨닫는 성질 혹은 그러한 성질을 가진 독립적 존재를 의미한다.

게 하면서 조직 내에서의 의사소통방식, 의사결정방식, 과업수행방식, 조직의 성과는 물론 조직 외적인 측면에서는 고객을 처리하는 방식, 경쟁자에 대응하는 방식 등의 환경과의 상호작용에 영향을 미치는 요인이라고 하였다. 이 외에도 염일열 · 이승현(2016)은 조직문화는 정책 결정자들의 가치에 영향을 미치기 때문에 조직의 정책이나 전략의 방향 결정에 영향을 미치는 것으로 보았다. 즉, 조직문화는 조직 내 · 외의 여러 측면에 강력한 영향을 미치는 것으로, 조직구성원의 정체성과 조직의 정책, 전략과정, 성과와도 관련이 있는 중요한 역할을 수행한다.

2. 조직문화의 구성요소

1) Pascale과 Peters의 7S 모형

Pascale & Athos(1981 : 78-84)와 Peters & Waterman(1982 : 8-13)은 조직문화를 구성하는 일곱 가지 요소로서, 공유된 가치(Shared values), 전략(Strategy), 구조(Structure), 제도 · 절차(System), 구성원(Staff), 행동 · 관리(리더십) 스타일(Style), 관리기술(Skill)을 제시하였다. 모든 요소들이 S로 시작하기 때문에 7S 모형으로 불린다. 이 중 가장 중심이 되는 요소를 공유된 가치로 보았으며, 각 요소들의 일관성, 상호 연결성, 의존성이 높아질수록 조직문화는 뚜렷하고 강하게 나타난다고 주장하였다. 구체적으로 살펴보면 다음과 같다.

① **공유된 가치**(Shared values) : 조직이 조직구성원들에게 가장 중요시하며 주입해 온 신념을 말하는 것으로, 전통적인 문화가치, 인간관, 조직관, 세계관 등이 포함되는 개념으로 다른 구성요소에 가장 많은 영향을 미치는 요인

② **전략**(Strategy) : 조직의 자원을 조직의 다양한 구성요소에 배분하는 데 필요한 계획과 행동패턴

③ **구조**(Structure) : 조직의 전략을 수행하기 위해 필요한 조직구조와 조직 구성 단위들을 연결시키는 패턴으로 조직의 행동에 영향을 주는 요소

④ **제도 · 절차**(System) : 일상적 조직운영과 경영과정에 관련된 모든 제도

⑤ **구성원**(Staff) : 조직의 인적자원의 구성과 능력, 전문성, 가치관, 욕구, 태도 등에 관한 요소

⑥ **행동 · 관리**(리더십) **스타일**(Style) : 조직문화와 조직 분위기에 직접적인 영향을 미치는 조직구성원들의 행동경향과 패턴

⑦ **관리기술**(Skill) : 조직구성원들이 가지고 있으며, 조직운영에 실제로 적용되고 있는 경영관리상의 능력요소로 동기부여, 강화, 통제, 조정, 갈등관리, 과업 수행상의 구체적인 기술과 방법을 포함하는 요소(▎그림 5-2▎ 참조, 이학종 · 박헌준, 2009 : 454-456; 김남수 외, 2019 : 117-118).

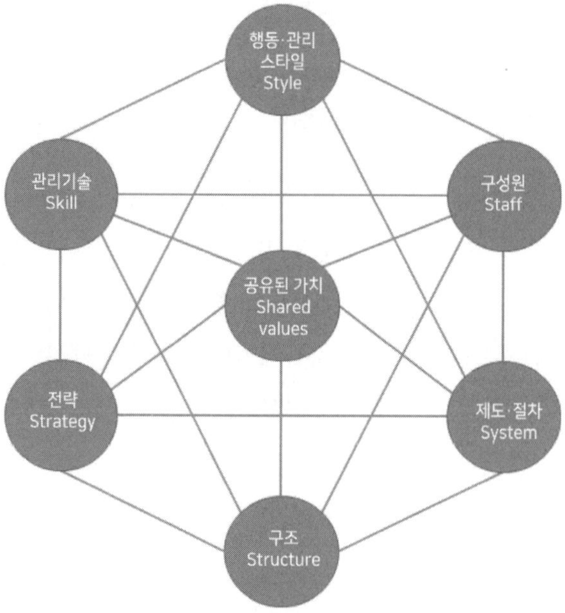

▎그림 5-2▎ 조직문화의 구성요소

출처 : 신복기 · 박경일 · 이명현 외(2019), p. 134 ▎그림 6-2▎.

2) Schein의 조직문화 구성요소

Schein(1985 : 9-20)은 조직구성원과 조직의 전체 행동에 영향을 주는 의식체계를 중심으로 조직문화 구성요소 간의 상호 관계를 중심으로 조직문화의 구성요소를 설명하였다. 조직구성원과 조직의 행동에 작용하는 세 가지 수준의 의식체계를 가시적 수준(visible)으로서의 인공물과 창조물(artifacts and creation), 인식적 수준(awareness)으로서의 가치(values), 잠재적 · 선의식적 수준(invisible preconscious)으로서의 기본 가정(basic assumption)으로 설명하였다. 구체적인 내용을 살펴보면 다음과 같다.

① 가시적 수준(visible)으로서의 인공물과 창조물(artifacts and creation)

표면적으로 나타나고 눈으로 볼 수 있는 물리적 · 상징적 · 행동적인 인간 창조물을 말한다. 제품과 기술, 기구와 도구, 방침과 규율, 서류와 문서, 전통과 일화, 의례와 의식, 행동패턴 등이 포함된다. 조직에 대한 전체적인 인상, 이미지, 조직의 문화적 특성의 형성에 직접적이고 가시적 구성요소로서 작용한다.

② 인식적 수준(awareness)으로서의 가치(values)

조직구성원들이 일반적으로 인식하고 있는 행동의 지침으로, 가시적 수준으로서의 인공물과 창조물을 지배한다. 가치는 조직구성원들의 상황이나 행동, 대상, 그리고 그들을 판단하는 기본이 되는 것으로 물리적 환경과 사회적 합의에 의해서만 검증할 수 있는 요소이다. 여기에는 개인 존중, 창의성, 개방적 의사소통, 참여와 합의의 중요성 등이 포함된다.

③ 잠재적 · 선의식적 수준(invisible preconscious)으로서의 기본 가정(basic assumption)

조직구성원들이 당연한 것으로 간주하지만 관찰이 불가능한 선의식적 가치를 의미하는 것으로, 공유된 기본 가정은 조직문화의 핵심이다. 조직구성원의 지각과 감각 및 사고에 영향을 주는 가장 중요한 요소로 조직이 직면하는 모든 현실과 사실, 시간과 공간에 있어서 조직구성원들이 겪게 되는 사건과 상태, 당면한 상황과 문제에 대해 그들의 의욕과 동기, 태도에 있어서 결정적인 역할을 한다. 주로 조직구성원들이 옳고 그름을 판단하는 기준으로 적용된다(고재욱 외, 2016 : 143-144; 김남수 외, 2019 : 118-119). 이를 도식화하면 다음 ▌그림 5-3▐과 같다.

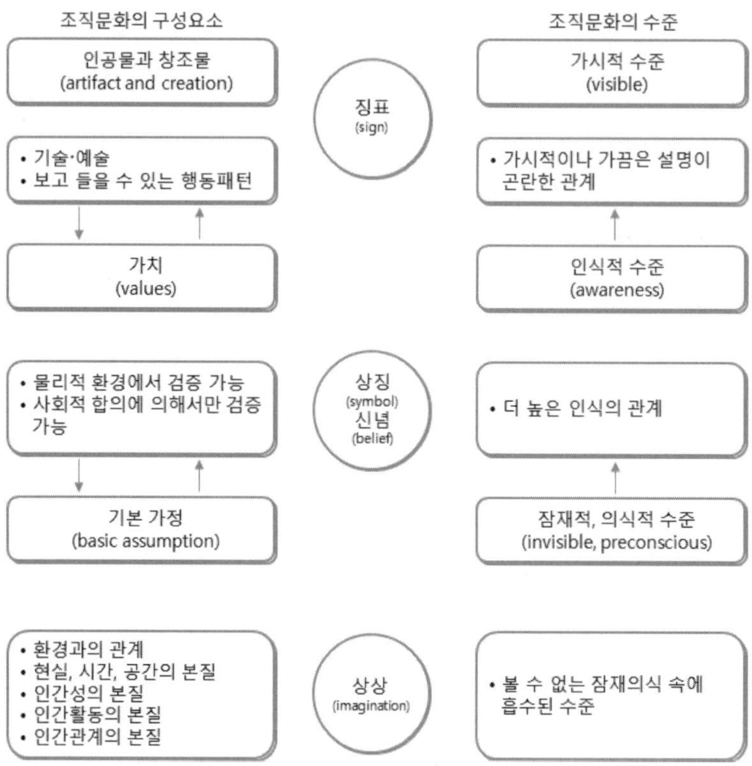

▌그림 5-3▐ 조직문화의 구성요소

출처 : Schein, E. H.(1985)의 내용을 바탕으로 재구성된 고재욱 · 전선영 · 황선영 외(2019), p. 145 ▌그림 5-6▐ 재인용.

3) Deal과 Kennedy의 조직문화 구성요소

Deal & Kennedy(1982 : 13-15)는 조직환경, 기본 가치, 중심인물, 의례와 의식, 문화적 네트워크를 조직문화의 구성요소 제시하였다. 구체적인 내용은 다음과 같다.

① 조직환경(environment)

조직문화에 가장 많은 영향을 주는 외적 요소로서, 시장경쟁에 속한 기업은 제품, 경쟁회사, 고객, 기술, 정부의 영향력 등을 말한다. 따라서 조직이 처한 외부 환경이 내부 경영에 미치는 영향을 고려하여 이에 적합한 조직문화를 형성해 나가야 한다.

② 기본 가치(values)

조직의 핵심을 이루는 기본적인 사고방식이나 신념을 말한다. 조직구성원과 전체 조직체의 행동의 기본 전제에 직접적인 영향을 주는 요인으로, Pascale과 Peters가 제시한 공유된 가치(shared values)에 해당된다.

③ 중심인물(heroic figures)

주로 창업자나 전문경영자 등 조직의 기본 가치를 확립하는 데 오랜 기간 동안 중심적 역할을 해온 인물들을 말한다. 이들은 자신들의 행동을 통해 구성원들의 본보기로서 조직의 가치와 조직문화의 형성에 중심적인 역할을 담당한다.

④ 의례와 의식(rituals and ceremonies)

조직 내에서 업무를 수행하는 데 있어서 구성원들이 규칙적으로 지켜나가는 관습 또는 행동을 말한다. 조회, 회의 진행절차, 보고방식, 상하 간의 관계, 과업처리 방식 등의 표준행동들로서, 조직체의 가치를 행동에 옮기고 이를 강화하는 요소이다.

⑤ 문화적 네트워크(the culture network)

비공식적인 조직 내의 의사소통 수단으로서, 기업의 가치, 중심인물, 신화의 전달매체로서의 역할을 수행한다. 주로 중심인물에 우호적인 사람들이나 그들을 추종하는 구성원들로 구성되므로, 이러한 네트워크를 효과적으로 활용하는 경우 조직문화의 형성에 유리하게 작용할 수 있다(Deal & Kennedy, 1982 : 13-15; 신복기 외, 2019 : 135-136 재인용; 김남수 외, 2019 : 120 재인용).

3. 조직문화의 유형

조직문화는 오랜 기간에 걸쳐 조직의 성장과 발전하는 과정을 통해 형성되기 때문에, 조직의 내·외부적 상황과 조건에 따라 다양하게 유형화된다. 조직문화에 대한 보편적인 합의는 아직 존재하지 않지만, 많은 학자들에 의해 몇 가지 조직문화의 유형들이 제시되고 있다. 이를 살펴보면 다음과 같다.

1) Harrison의 조직문화 유형

Harrison(1972)은 조직문화의 특성은 조직이 지향하는 이념에 달려 있다고 보았다. 의사결정방식을 중심으로 조직 내의 공식화와 집권화 정도를 기준으로 하여 역할문화(role culture), 성취문화(achievement culture), 권력문화(power culture), 지원문화(support culture)의 네 가지 상이한 이념형으로 구분하였다. 각 유형은 조직과 구성원의 이해관계의 일치성 여부, 조직의 외부 환경에 대한 적응능력에 있어 차이가 난다고 보았다.

〈표 5-1〉 공식화와 집권화에 따른 Harrison의 조직문화 유형 구분

구 분		공식화	
		낮음	높음
집권화	낮음	지원문화 (support culture)	성취문화 (achievement culture)
	높음	권력문화 (power culture)	역할문화 (role culture)

(1) 역할문화(role culture)

공식화와 집권화가 모두 높은 역할문화는 조직 내에서 조직구성원들이 수행하도록 기대되는 과업행동에 대한 조화를 강조하는 문화로 합리성을 중요한 가치관으로 본다. 역할문화의 기본 가정은 조직구성원들은 상대적으로 단순하고 책

임과 경계가 명확하며 측정 가능한 과업을 수행함으로써 가장 능률적이고 효율적으로 과업을 수행한다는 것이다. 즉, 구성원의 역할은 구체화되어 있고, 과학적인 업무절차를 따르며 행동은 기계적으로 이루어진다고 보는 것이다. 주로 피라미드 형태의 조직구조를 가지며, 규칙・절차・원칙에 의하여 운영되는 특성을 가진다.

(2) 성취문화(achievement culture)

비교적 공식화는 높지만 집권화는 낮은 성취문화는 직무 자체에 관심을 두고 조직의 과업수행을 중심으로 구성원의 역할과 업무 수행이 이루어지도록 하면서 관련 전문 기능 인력들이 팀을 구성하여 다양성과 창조성의 조화를 통해 조직의 목적을 달성하도록 한다. 주로 상호작용을 중시하며 내재적 만족(intrinsic satisfaction)에 의해서 보다 동기부여가 된다고 본다. 소규모 공장, 컨설팅 회사, 연구소 등에서 이러한 성취문화를 갖는 경향이 있다.

(3) 권력문화(power culture)

공식화는 비교적 낮지만 집권화는 높은 권력문화는 일반적으로 구성원들의 역할이 구체화되어 있지 않고, 강력한 실력자와 핵심인물들에 의해 의사결정이 이루어지는 경향이 있다. 따라서 조직은 기본적으로 전통적인 가족 공동소유의 기업형태를 나타내는데, 가부장적인 리더에 의하여 구성원이 지배・감독되고, 구성원은 리더의 권한과 관습에 복종하고 추종한다. 이로 인해 조직의 활동이 상대적으로 제한되기는 하나 안정된 질서가 존재하는 장점이 있다. 이러한 권력문화에서의 리더십은 권한과 정당성, 가부장적인 덕목을 기반으로 하며, 구성원들은 순종과 자발적인 태도를 지배적으로 갖게 된다.

(4) 지원문화(support culture)

공식화와 집권화가 모두 낮은 지원문화는 구성원들의 역할과 상호관계가 조직의 공동목표를 지향하는 방향으로 이루어지게 하는 문화이다. 구성원들은 조직에 대한 자발적인 관심과 협조에 기반을 두고 상호협조, 귀속의식 연관성 등의 대인관계를 원활하게 함으로써 조직에 대해 개인적 이해관계를 맺도록 하여 진실된 구성원으로서의 소속감과 조직 몰입감(organization commitment)을 갖도록 하는 특성을 가진다.

2) Handy의 조직문화 유형

Handy(1978)는 조직문화란 정확하게 정의할 수 있는 것이 아니라 다만 인식할 수 있는 것이기 때문에 그 어떤 형태이든 그 자체가 좋고 나쁜 것이 아니라 그 환경에 합당한가 아닌가가 중요한 문제라고 주장하였다. 이러한 정의를 바탕으로 Harrison(1972)의 조직문화 유형을 보다 구체화하여 클럽문화(club culture-zeus), 역할문화(role culture-appollo), 과업문화(task culture-athena), 실존문화(existential culture-dionysos)로 분류하였는데, 이는 Harrison(1972)과 그 유형이 유사하다고 할 수 있다.

〈표 5-2〉 Harrison과 Handy의 조직문화 유형 비교

Harrison의 조직문화 유형	권력문화	역할문화	성취문화	지원문화
Handy의 조직문화 유형	클럽문화	역할문화	과업문화	실존문화
특 성	• 친화와 신뢰를 바탕으로 감정이입을 통한 의사소통, 개인 차이 인정 • 비합리적 • 자비로운 권력 • 신속성	• 질서와 규칙, 개인 특성 무시 • 합리적 • 논리적 • 안정성 • 예측성 • 표준화 • 구조화	• 문제해결지향 • 권한 분산 • 전문성 • 창의성 • 다양성	• 조직에 우선하는 인간의 중요성 • 합의에 의한 의사결정 • 보스의 존재 불인정
산업 및 기업형태	• 소기업 • 투자은행 • 정치집단 • 초창기 기업	• 관료조직 • 보험회사 • 상업은행	• 컨설팅 회사 • 기술집약산업	• 전문직(의사, 변호사) • 대학연구개발부서

3) Quinn의 경쟁가치모형과 조직문화 유형

조직문화연구에서 예측과 일반화에 유효한 대표적 양적 연구 방법으로 경쟁가치모형(CVM : Competing Values Model)을 적용한 조직문화 접근을 들 수 있다. 경쟁가치모형은 조직관리에 본질적으로 내재하는 가치들 간의 모순과 긴장관계에 초점을 두고, 서로 양립하기 어려운 것으로 인식되었던 다양한 가치들을 균형된 시각에서 역동적으로 조화시킬 수 있는 통합된 모형을 제시하였다. 경쟁가치모형은 경쟁적인 가치 또는 경쟁적인 문화 유형들 간의 균형을 통해 조직효과성의 추구를 강조한다. 따라서 이 모형에 따르면 변화와 안정, 신축성과 통제성, 혁신성과 효율성의 가치를 균형적으로 발전시켜 나가는 조직이 효과적이라고 할 수 있다. 이러한 경쟁가치모형을 적용한 조직문화의 유형을 살펴보면 다음과 같다(송영선 · 이회수, 2009; 이상철 · 권영주, 2008; 신복기 외, 2019 : 139 재인용).

(1) Kimberly와 Quinn의 조직문화 유형

Kimberly와 Quinn(1984)은 경쟁가치모형을 최초로 조직문화 유형에 적용하여 조직문화의 유형을 두 가지 상반된 차원으로 구성하였다. 조직을 관리하는 측면에서 유연성을 갖는지 아니면 통제성을 강조하는지에 따라 유연성 지향(flexibility)과 통제성 지향(control)의 차원으로, 조직을 보는 관점의 측면에서 미시적이고 내부지향적인지 아니면 거시적이고 외부지향적인지에 따라 내부지향(internal)과 외부지향(external)의 차원으로 구분하였다. 이 두 가지 차원의 결합에 의해 관료문화(hierarchical culture), 개발문화(developmental culture), 합리적 문화(rational culture), 집단문화(group culture)의 조직문화 유형을 제시하였다.

〈표 5-3〉 Kimberly와 Quinn의 조직문화 유형

구 분	유연성 지향	통제성 지향
내부지향	집단문화(합의문화) (group culture)	관료문화 (hierarchical culture)
외부지향	개발문화 (developmental culture)	합리문화 (rational culture)

① 관료문화(hierarchical culture)

내부지향적이고 통제성이 강하며 인간의 안정성에 대한 욕구에 기초한 조직문화 유형으로, 공식적 명령과 규칙, 집권적 통제와 안정성 지향을 강조하는 관료제의 가치와 규범이 반영되어 있다. 따라서 감독과 통제가 중시되고 구성원들은 주로 안전과 질서를 기대하며 조직 내부의 통일성, 능률, 조정, 평가가 강조된다. 또한 일상적으로 표준화된 활동을 수행하며 높은 수준의 복잡성, 공식화, 집권화, 관료제 등의 구조적 특성을 나타낸다. 이러한 조직문화에서 리더는 보수적이고 신중해야 하며 주로 기술에 관한 지식을 제공하고 조직의 기본 구조를 유지하는 데 관심을 둔다. 또한 업무의 질에 대한 관심이 높고 차질 없는 과업수행에 있어서는 장점을 나타내는 반면, 규정의 준수에 대한 지나친 강조로 인해 감독관 및 감시자의 역할이 단순화된다는 한계를 지닌다.

② 개발문화(developmental culture)

조직의 변화와 유연성을 강조하고 외부지향성이 강하며 인간의 변화 가능성에 대한 욕구에 기초한 조직문화 유형으로, 조직의 성장과 적응을 지원하기 위한 기업가 정신, 미래예측을 중심가치로 간주한다. 혁신지향적 문화라고도 하며 성공적 변화와 적응을 위한 혁신적 조직리더와 구성원들의 창의성과 개성, 모험을 추구한다. 이러한 조직문화에서 리더는 여러 가지 위험을 감수할 수 있는 능력을 지녀야 하고, 필요한 자원을 획득하는 데 많은 시간을 할애하여야 한다. 따라서 유연한 사고, 규정에 얽매이지 않는 다양한 견해, 창의력 측면에서 장점을 나타내는 반면, 기존의 규범이나 관습에서 지나치게 벗어남으로써 방종으로 치우칠 수도 있다는 한계를 나타낼 수 있다. 주로 구성원들의 성장과 자극, 다양성을 중시하는 유기적인 조직에서 많이 나타난다.

③ 합리적 문화(rational culture)

외부지향적이면서 통제성이 강하며 인간의 성과달성에 대한 욕구에 기초한 조직문화 유형으로, 과업수행에 있어서의 생산성과 경쟁력을 핵심가치로 인정한다. MBO(Management By Objective) 과정과 같이 합리적인 계획과 목표 설정, 효율적 의사결정, 능률적 과업달성, 실적 위주의 업무관리가 강조되므로, 리더는 지시적이며 목표지향적이어야 하고 조직구성원들의 생산성 향상을 독려할 수 있어야 한다. 이러한 조직문화는 성과에 대한 몰입을 할 수 있고, 실천에 대한 강조를 통한 역동적 조직 분위기를 형성할 수 있다는 장점을 가지는 반면, 지나친 성과지향적 측면으로 인해 조직 분위기가 저해되거나 구성원 간에 갈등이 야기될 수 있다는 한계를 나타낼 수 있다. 주로 공공조직이나 사회복지조직보다는 영리기업조직에서 나타나며 주로 미국의 사회문화적 특성을 반영한 A형 조직에서 많이 나타나는 경향이 있다.

④ 집단문화(group culture)

내부지향적이며 유연성을 강조하며 인간의 친화에 대한 욕구에 기초한 조직문화 유형으로, 구성원들의 신뢰와 팀워크를 통한 참여, 협력, 단결, 충성, 사기 등을 핵심가치로 둔다. 구성원들의 참여에 의한 집단적인 의사결정이 이루어지기 때문에 조직 내 인간관계의 유지에 초점을 두고 구성원들의 재량을 허용한다. 또한 구성원들의 조직몰입과 충성심, 참여와 우리의식을 강조하며, 리더는 관심적, 후원적이어야 하고 구성원들의 원활한 상호작용에 역점을 두어야 한다. 이러한 조직문화는 구성원 단합 및 원활한 조직 분위기 형성을 강조한다는 장점이 있는 반면 지나친 내부단합을 강조하여 집단주의가 심화되거나 성과보다는 조직 내부의 질서 유지에 초점을 둠으로써 획일화된 분위기를 형성할 수 있다는 점에서 한계를 지닌다. 주로 일본의 사회문화적 특성을 반영한 Z형 조직에서 많이 나타나는 경향이 있다.

이상에서 살펴본 A형 조직과 Z형 조직을 비교한 내용을 요약하면 다음의 〈표 5-4〉와 같다.

〈표 5-4〉 A형 조직과 Z형 조직의 비교

A형 조직(미국형)	Z형 조직(일본형)
단기적인 고용	장기적인 고용
개인적 의사결정	집단적 의사결정
개인적 책임	개인적 책임
단기적 평가와 승진	장기적 평가와 승진
통제기구의 명확화	공식적인 통제기구를 가지면서도 비공식적인 통제의 응용
경력관리의 전문화	어느 정도의 경력관리의 전문화
종업원을 하나의 종업원으로만 보고 부분적 관심	가족을 포함한 전반적 관심

출처 : W. Ouchi(1981), p. 58; 신복기 외(2019), p. 141 〈표 6-4〉 재구성.

(2) Quinn과 McGrath의 조직문화 유형

Quinn과 McGrath(1985)는 경쟁가치모형을 적용하여 조직문화의 유형을 유연성(flexibility)과 통제성(control) 차원과 내부지향성(internal)과 외부지향성(external) 차원의 결합에 따라 합의문화(consensus/ group culture), 개발문화(development culture), 위계문화(hierarchical culture), 합리문화(rational culture)의 네 가지로 분류하였다. 조직문화 유형별 구체적 특성은 다음과 같다.

① 합의문화(consensus/ group culture)

인관관계를 지향하는 조직문화 유형으로, 구성원들 간의 신뢰를 바탕으로 친밀감, 인간적 유대감, 집단의 결속력, 사기진작, 상호 협력과 배려, 참여적 의사결정의 특성이 강하게 나타난다. 그러나 환경변화에 대한 적응행동은 소극적인 경향이 많다.

② 개발문화(development culture)

개방 시스템적 의사결정이 이루어지는 조직문화 유형으로 조직의 외부 환경에 대한 유연성 확보와 적응을 강조한다. 구성원들의 새로운 아이디어의 개발, 개방적 의사소통, 모험과 도전, 업무처리의 신속성과 융통성을 통해 동기를 유발하고 최대한의 능력치를 발휘하도록 하여 외부 환경에 적극적으로 대응하는 특징이 강하다.

③ 위계문화(hierarchical culture)

내부적 과정을 지향하는 조직문화 유형으로, 관료제의 특성인 명확하고 공식적인 지시와 규칙, 집권화된 관리와 통제, 직권과 서열의식, 조직의 안정성을 강조한다. 조직 내부의 능률, 통일성, 조정, 평가를 강조하며, 안전과 질서, 규칙 등을 구성원들의 동기부여 요인으로 활용한다. 이 문화에서 리더는 보수적이고 공식적 통제수단을 활용한 조정과 조직화로 구성원들을 관리한다.

④ 합리문화(rational culture)

합리적 목적을 지향하는 조직문화 유형으로, 체계적이고 효율적인 조직관리를 통해 환경변화에 적극적으로 대처하는 특성이 강하다. 목표설정과 계획수립, 과업의 능률적 달성, 성과에 대한 보상의 가치와 목표 달성, 성과, 생산성을 강조한다. 따라서 목표 달성을 위한 동기부여 요인으로는 경쟁과 목표의 성공적인 달성을 활용한다(Quinn, 1988; Quinn & Mcgrath, 1985; Zammuto & Krakower, 1991; 최소연, 2015 : 34-37).

〈표 5-5〉 Quinn과 McGrath의 조직문화 유형

구 분	유연성 지향	통제성 지향
내부지향	합의문화 (consensus culture)	위계문화 (hierarchical culture)
외부지향	개발문화 (developmental culture)	합리문화 (rational culture)

(3) Cameron과 Quinn의 조직문화 유형

Cameron과 Quinn(1999)도 경쟁가치모형을 적용하여 조직문화 유형을 계층문화, 시장문화, 집단문화, 특별위원회 문화의 네 가지로 분류하였다. 이에 대해 송영선・이희수(2009)는 역동적 지향성과 동태적인 문화의 속성을 고려하여 계

층문화는 위계지향문화, 시장문화는 과업지향문화, 집단문화는 관계지향문화, 특별위원회 문화는 변화지향문화로 재명명하여 설명하였다. 구체적인 내용을 살펴보면 다음과 같다.

① 관계지향문화

조직의 유연성과 내부지향성을 강조하는 인간관계모형으로, 사람에 대한 관심과 내부적 유지·통합, 조직원들의 조직몰입과 충성심, 참여와 우리의식에 초점을 두는 조직문화 유형이다. 이 조직문화에서는 직장상사나 선배를 마치 스승이나 부모와 같이 느끼며, 개별 조직원들의 장기적인 발전과 사기, 응집력, 팀워크나 협동 등의 가치를 중요시한다. 또한 구성원들의 단합과 관련된 규범 및 가치관에 기반을 두고 인적자원개발과 구성원들의 의사결정 참여의 가치를 중요시한다.

② 변화지향문화

조직의 유연성과 외부지향성, 외부 환경에의 적응에 초점을 두는 개방체계모형으로, 위험을 감수한 모험, 구성원들의 창의성과 개성, 기업가 정신, 융통성, 독창성, 야망, 미래예측의 가치를 중요시하는 조직문화 유형이다. 새로운 업무방식을 적용하여 업무효과성과 구성원들의 수용 정도를 높여 환경변화에 유연하게 반응할 수 있다.

③ 위계지향문화

조직의 통제와 내부지향성을 강조하고 안정성과 통제에 대한 필요성과 조직 내부적 유지와 통합에 초점을 둔 내부과정모형으로, 질서에 대한 강조와 규칙에 의한 규제, 통제와 예측 가능성을 통한 원만한 조직운영, 조직 내부의 효율성 증진을 핵심가치로 둔다. 새로운 업무방식을 모색하기보다는 규정을 철저히 따르면서 실수가 없도록 수행하는 것을 강조한다.

④ 과업지향문화

조직의 통제와 외부지향성을 강조하고 안정성과 통제에 대한 필요성, 조직의 외부 환경변화에 초점을 둔 합리적 목적모형으로, 경쟁력과 생산성을 핵심가치로 둔다. 성과 극대화와 결과지향을 추구하며, 외부 환경에 초점을 두고 시장점유율을 높이며, 명확한 목표설정과 구성원들 간의 경쟁이 주요 동기부여 요인이 된다. 이러한 조직문화에서는 인간관계나 주어진 여건보다는 성공 여부에 대한 결과를 중요시한다(송영선・이희수, 2009 : 118-120).

〈표 5-6〉 Cameron과 Quinn의 조직문화 유형

구 분		관계지향문화	변화지향문화	위계지향문화	과업지향문화
조직 특성	특징	인간관계, 관심, 유연성, 내부통합	유연성, 변화	조직 내부의 능률, 통일성, 조정, 평가	생산성, 성과, 목적 달성
	핵심가치관	집단보존, 성실, 신뢰유지	외부 환경에의 적응, 창조성	내부 조직논리, 규칙, 안정성	목표 수행
	안전욕구	소속감	이념	규칙	계역
	동기부여 요인	애사심, 집단 응집성, 자격	성장, 경력, 창조성, 다양성	안정, 질서, 규율, 규칙	경쟁, 결정된 목표 달성
	리더십	참여적, 온정적, 지원적	이상지향적, 위험감수	보수적	목표지향적, 도구적, 기능적
	조직형태	씨족	임시	계층	시장
조직 가치	사람 대 조직	사람	조직	사람	조직
	유연 대 통제	유연	유연	통제	통제
	수단	응집력, 사기	적응력, 신속성	관리, 의사결정	계획, 목표 달성
	목적	인적자원개발	성장, 자원획득	안정성, 통제	생산, 능률성

출처 : 송영선・이희수(2009), p. 120 [표 1].

4) Deal과 Kennedy의 조직문화 유형

Deal과 Kennedy(1982)는 조직 환경과의 관계에서 기업활동에 따르는 조직의 위험을 감수하는 수준(모험 감수성)의 고저와 의사결정 전략의 성공 여부에 대한 피드백 속도(시간성)의 장・단기에 따라 조직문화를 거친 남성형, 노력・유희형, 전신전력형, 관료・절차형의 네 가지 유형으로 구분하였다. 구체적인 내용은 다음과 같다.

〈표 5-7〉 Deal과 Kennedy의 조직문화 유형

구분		모험 감수성	
		낮음	높음
시간성	단기	노력·유희형 (work-hard, play-hard culture)	거친 남성형 (tough-guy, macho culture)
	장기	관료·절차형 (hierarchy-process culture)	전신전력형 (bet-your-company culture)

(1) 거친 남성형

모험 감수성이 높아 위험 여부가 높고 단기적이므로 성공 여부에 대한 피드백이 빠른 환경에서 형성되는 문화로 구성원들이 상호 경쟁하는 개인주의적 특성이 강하다. 신속한 의사결정, 위험극복능력은 요구되지만 구성원들 간 협력은 요구되지 않는다. 주로 거칠고 최근 흐름과 유행에 민감한 건설, 화장품, 출판, 스포츠, 오락산업 등이 이러한 조직문화에 속한다.

(2) 노력·유희형

모험 감수성이 낮아 위험 여부가 낮고 단기적이므로 성공 여부에 대한 피드백이 빠른 환경에서 형성되는 문화이다. 구성원들의 정열적 활동과 팀워크가 중시되며 신속한 실천을 특징으로 한다. 열심히 일하고 열심히 노는 기회를 많이 가지게 되는데 주로 백화점, 방문판매 회사, 대기업 영업팀의 맥주파티 등이 이에 속한다.

(3) 전신전력형

모험 감수성이 높아 위험도가 높고 장기적이므로 성공 여부에 대한 피드백이 늦은 환경에서 형성되는 문화이다. 기업 전체의 신중한 의사결정이 중요시된다. 의사결정은 상의하달식으로 이루어지며 회의가 중요한 의례의식이 된다. 질서와 규정을 중시하고 기술력이 높은 반면 환경변화에 약하고 시간이 걸리는 특징이 있다. 주로, 컴퓨터, 석유회사, 항공기 제조회사 등이 이에 속한다.

(4) 관료·절차형

모험 감수성이 낮아 위험도가 낮으며 장기적이므로 성공 여부에 대한 피드백이 늦은 환경에서 형성되는 문화로 결과인 산출보다는 과정을 중요시한다. 모험을 피하기 때문에 일의 속도가 매우 느리고, 방어적이며 위계적 지시와 절차를 따르면서 일하기 때문에 기술적 정확성과 완벽성이 요구되는 특성을 가진다. 다소 창의성이 부족한 은행, 보험회사, 정부기관 등이 이에 속한다(임창희, 2010 : 582-586; 김남수 외 2019 : 122-123).

이 외에도 많은 학자들이 다양한 조직문화 유형을 분류하였다. 예를 들면, Denison(1990)은 준거의 초점과 변화추구 정도에 따라 집단문화, 개발문화, 위계문화, 합리문화의 네 가지 유형으로 분류하였으며, Cooke과 Szumal(1993)은 건설적 주도형, 수동적 방어형, 능동적 방어형의 세 가지 유형으로 구분하였다. 여러 학자들이 분류한 조직문화 유형을 정리하면 다음의 〈표 5-8〉과 같다.

〈표 5-8〉 기타 조직문화 유형

학 자	조직문화 유형분류	분류 기준
Ouchi(1980)	시장문화, 관료문화, 씨족문화	거래비용 중심
Jones(1983)	생산문화, 관료제 문화, 전문직 문화	거래비용 중심
Ernest(1985)	상호작용 문화, 통합적 문화 체계적 문화, 기업가적 문화	인간차원, 활동차원
Sethia & Glinow(1985)	배려 문화, 통합 문화, 냉담 문화, 엄격 문화	구성원에 대한 배려와 업적에 대한 보상체제
Vries & Miller(1986)	피해망상문화, 회피문화, 카리스마적 문화, 아부문화	최고경영자의 심리적 지향
Weiner(1988)	기능적-전통적 유형, 기능적-카리스마적 유형, 엘리트적-전통적 유형, 엘리트적-카리스마적 유형	가치관의 초점과 원천
Reinmann & Wiener(1988)	기업가적 문화, 전략적 문화, 광신적 문화, 배타적 문화	가치의 근원과 초점
Goffe & Jones(1998)	인간관계형, 성과중심형, 개별독립형, 공존공생형	사교성과 단결성
Hampden & Tunner(1992)	갈등 악순환형, 조화 활성화형	가치이슈에 대한 접근방식

4. 조직문화의 개발과 관리

조직문화는 조직구성원들이 공유하고 있는 기본 전제와 가치관에 대한 거시적인 개념으로서 조직구성원 개인의 행동은 물론 조직체 전체 행동에 중요한 영향을 미친다. 뿐만 아니라 조직문화는 조직구성원과 밀접한 관계를 가지고 있다는 것이 인식되어 근래에 와서 바람직한 조직문화의 개발이 매우 중요시되고 있다. 이에 대해 박재린(1998)은 조직문화를 성공적으로 개발한 기업들이 가지고 있는 공통적인 요소가 있다고 하였다. 구체적인 내용을 살펴보면 다음과 같다.

첫째, 우수기업들은 조직구성원들이 성과지향적인 문화가치를 가지고 있다.

둘째, 우수기업들의 창업주와 경영자 및 최고경영층 등 기업체 내 중심인물들의 역할이 기업문화의 성공적인 개발에 중요한 요인이었다.

셋째, 우수기업의 조직구성원들은 모두가 기업체의 문화망을 형성하면서 제각기 기업문화 개발의 역할을 하고 있다.

넷째, 변화담당자들은 개입 역할에도 기업문화 개발의 성패에 중요한 역할을 하고 있다.

이처럼 조직문화는 조직구성원의 행동과 조직 분위기에 중요한 요소로서 조직의 성과에 많은 영향을 미치는 요인이다. 조직의 공유도를 높이고 환경변화에 신속하게 적응하여 조직목표 달성을 가능하게 하며 조직의 협동체계를 확립하게 해준다. 또한 구성원 간의 신뢰도를 높이면서 귀속의식을 향상시켜 조직을 활성화시켜 준다. 그러므로 어느 조직이든 바람직한 조직문화는 유일 불변의 것이 아니며 조직이 처한 상황에 따라 어울리는 문화여야 하므로 조직을 둘러싸고 있는 환경이나 선택하고자 하는 전략이 조직문화와 적합한지를 고려해야 할 필요성이 있다. 따라서 사회복지조직에서도 우리나라의 전통적 문화와 사회복지조직의 상황적 요건을 감안하여 한국적 사회복지조직 문화를 개발함으로써 장기적으로는 복지문화를 구축해 나가야 할 것이다. 또한 클라이언트의 행복과 감동을 자아낼 수 있는 건전하고 강한 조직문화를 정착시키고 사회복지사들의 조직몰입과 책임성을 증진시켜, 지역사회의 인적 · 물적 자원과 상호 의존적인 네트워크를 형성해 나갈 수 있는 조직문화를 정착시켜야 할 필요가 있을 것이다. 이를 위해서는 조직문화에 대한 보다 폭넓은 관리가 필요할 것이다. 이러한 조직문화를 개발하기 위해서는 세 가지 차원, 즉 첫 번째는 조직학습의 촉진과 의사결정의 신속화를 통한 판단과 행동의 지표 차원, 두 번째는 공적인 정보 전달이나 통제 부담의 경감을 통한 정보 전달의 간소화 차원, 세 번째는 평가기준을 명확히 하고 노력목표의 설정을 통한 개인 동기부여 차원을 고려해 볼 수 있다(이덕희 외, 2019 : 113-114; 최덕경 외, 2015 : 122).

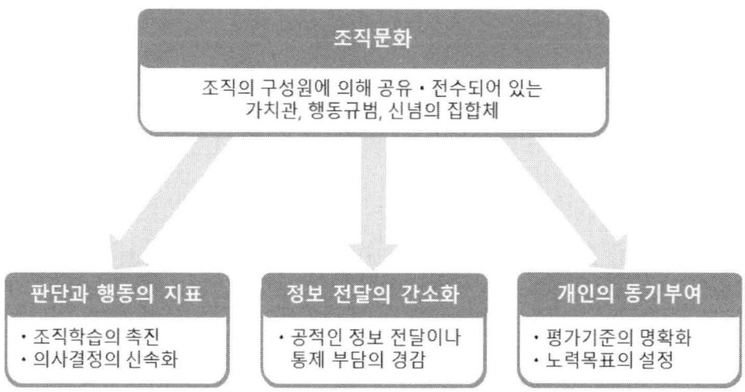

| 그림 5-4 | 조직문화 개발을 위한 세 가지 차원

5. 사회복지조직 문화에 대한 함의

사회복지조직의 성공 여부는 서비스 제공자와 수급자 간의 관계에 의해 좌우되는데, 이때 조직문화는 그러한 관계에 상당한 영향을 미친다. 따라서 사회복지조직에서 어떠한 조직문화를 만들어 갈 것인가는 매우 중요하다.

예를 들어, 사회복지사, 교사, 간호사와 같은 휴먼서비스 조직의 전문직이 자신의 업무환경을 비지지적이고 비인격적이며 스트레스를 주는 곳이라고 인지하게 된다면, 그들이 상대하는 클라이언트에게 그러한 인지가 반영되어 좋지 않은 결과를 가져올 가능성이 크다. 실제로 긍정적이고 덜 규제적인 분위기를 가진 사회복지조직일수록 서비스 결과가 더 좋다는 보고가 존재하고 있으며, 공정한 작업환경, 명확한 역할 설정, 협력관계가 구축되어 있고, 갈등 수준이 낮은 아동복지기관일수록 서비스 질과 결과가 더 좋다는 보고도 존재한다(Glisson, 2000 : 201-205).

따라서 공급자적 측면에서 수요자적 측면으로 이동하여 서비스 질을 중시하는 조직문화로 변하고 있는 지금, 사회복지조직에서도 조직문화의 혁신을 고려할 필요가 있는 것이다. 이를 위해서는 조직구성원의 가치관 혁명이 조직의 패러다임, 공유된 신념, 이미지, 조직 비전과 함께 병행되어야 하며, 구성원들의 새로운 일상과 사용하는 언어까지도 변화를 주는 새로운 생활방식이 성립될 필요가 있다. 따라서 사회복지조직의 조직문화가 성공적으로 나아가기 위해서는 첫째, 새로운 조직문화의 도입은 조직 분위기 조성에 영향력이 가장 큰 최고관리층의 의지에 달려 있으므로 그들의 이해와 의지표현이 급선무이며, 둘째, 최고관리층에서 결정되었다 하더라도 일방적 하향식으로 강요한다고 해서 혁신이 되는 것은 아니므로 현실의 문제점과 그에 대한 분석, 이상적 문화의 설계부터 구성원들의 참여 분위기와 공감대가 형성되어야 한다. 셋째, 일시적 붐 조성이나 전시행정으로 끝날 것이 아니라 계속적으로 후속작업, 제도개편, 의식개혁이 뒤따라야 하며, 마지막으로 구호나 슬로건의 타의적 전개방법보다는 사회복지사 자신의 의식개혁과 보완으로 시작하며 이상적 문화 구축의 순으로 나아가야 한다(임창희, 2010 : 605-606).

이와 더불어 조직문화 개발을 위한 세 가지 차원에서 본 바와 같이 첫째, 사회복지조직 내에서 구성원들이 새로운 사회복지의 이론과 기술을 학습할 수 있는 환경과 여건을 조성하고 촉진시켜야 하며, 둘째, 의사결정을 신속히 하고, 셋째, 정보의 공유와 함께 팀워크를 촉진시켜야 하며, 넷째, 통제의 부담을 경감시키고 권능부여에 의한 민주적인 조직 분위기를 조성하고, 마지막으로 구성원에 대한 평가기준을 명확히 하고 공정한 보상체계를 수립해 나가야 할 것이다.

연습문제

01 사회복지조직의 환경에 관한 설명으로 옳은 것을 모두 고른 것은? 17회 기출

㉠ 인구사회학적 조건은 사회문제와 욕구를 가늠할 수 있게 한다.
㉡ 빈곤이나 실업에 대한 사람들의 태도는 정책수립과 실행에 영향을 미친다.
㉢ 과학기술발전 정도는 사회복지조직 운영에 영향을 미친다.
㉣ 조직에 미치는 영향에 따라 일반환경과 과업환경으로 구분할 수 있다.

① ㉠, ㉡
② ㉢, ㉣
③ ㉠, ㉡, ㉢
④ ㉡, ㉢, ㉣
⑤ ㉠, ㉡, ㉢, ㉣

02 최근 사회복지행정의 환경변화로 옳지 않은 것은? 18회 기출

① 지역사회 주민운동의 활성화
② 사회서비스 공급의 주체로서 영리부문의 참여
③ 지역사회보장협의체를 통한 민·관 협력체계 구축
④ 사회적 경제에 의한 비영리조직의 시장경쟁력 강화 필요
⑤ 복지다원주의 패러다임 등장으로 국가 주도의 복지서비스 공급

03 사회복지조직의 조직문화에 관한 설명으로 옳은 것을 모두 고른 것은?
18회 기출

㉠ 사회복지서비스 체계의 규범과 가치로서 역할을 한다.
㉡ 사회복지서비스 제공자의 상황인식에 중요한 역할을 한다.
㉢ 조직구성원의 행태와 이식 그리고 태도를 통해서 조직효과성과 연결하는 역할을 한다.

① ㉠
② ㉢
③ ㉠, ㉡
④ ㉡, ㉢
⑤ ㉠, ㉡, ㉢

04 Harrison과 Handy의 조직문화 유형을 올바르게 연결한 것은?

① 권력문화－클럽문화
② 역할문화－클럽문화
③ 성취문화－실존문화
④ 지원문화－과업문화
⑤ 권력문화－역할문화

05 조직문화와 조직성과와의 관계에 대한 설명으로 옳지 않은 것은?

① 조직문화가 강할수록 변하기 어렵다.
② 구성원의 이직률이 높은 조직일수록 조직성과가 향상된다.
③ 조직의 핵심가치를 공유하는 조직구성원이 많을수록 조직성과가 향상된다.
④ 긍정적인 조직문화인 경우 조직성과가 향상된다.
⑤ 조직문화가 조직의 전략과 일치할수록 조직성과가 향상된다.

정답 1. ⑤ 2. ⑤ 3. ⑤ 4. ① 5. ②

CHAPTER 06

사회복지서비스 전달체계

06 CHAPTER 사회복지서비스 전달체계

제1절 사회복지서비스 전달체계

1. 사회복지서비스 전달체계 개념

사회복지행정이란 추상적인 사회복지정책을 구체적인 사회복지서비스로 전환하여 서비스를 필요로 하는 클라이언트에게 전달하는 과정에 관한 활동이다(Skidmore, 1990 : 3). 사회복지행정이 궁극적으로 추구하는 목표는 사회복지서비스의 효과적 · 효율적 전달이라고 할 때 서비스의 전달통로인 전달체계에 관한 이해는 필수적이라고 할 수 있다. 사회복지전달체계를 통해 클라이언트와 수혜자격요건, 서비스의 내용과 서비스 방법이 설정되기 때문에 그 어떤 행정과정보다도 중요성이 크다고 할 수 있다.

사회복지전달체계(delivery system)란 지역사회체계 속에서 사회복지서비스의 공급자(공공부문과 민간부문) 간 또는 공급자와 클라이언트(소비자) 간을 연결시키는 조직적 장치(Gilbert & Terrell, 1988 : 143)로서, 이를 통해 클라이언트에게 적합한 서비스를 제공하는 것을 목적으로 한다. 즉, 사회복지서비스 전달체계란 지역사회 내에 존재하는 사회복지서비스의 공급자와 공급자를 연결시키거나 혹은 공급자와 소비자를 연결시키기 위하여 만들어진 조직적 체계이다. 따라서 전달체계는 모든 공 · 사의 조직체들이 클라이언트에게 어떠한 서비스를 제공하는지를 결정하는 데 영향을 주는 중요한 요인인 것이다.

2. 사회복지서비스 전달체계 분석 차원

사회복지서비스 전달체계의 분석은 여러 가지가 있을 수 있지만 그중 구조·기능적 차원과 운영주체 차원의 분석이 중요시된다. 각 분석 차원에 대하여 살펴보고자 한다(최성재·남기민 : 2017 : 120-122; 신복기 외, 2019 : 150).

1) 구조·기능적 차원 분석

사회복지서비스 전달체계를 구조상으로 구분하면 크게 행정체계와 집행체계로 나뉜다. 행정체계는 서비스 전달을 기획하고 지원 및 관리하는 체계이고, 집행체계는 전달자가 소비자와 상호접촉을 가지면서 서비스를 직접 전달하는 체계이다. 예를 들면, 보건복지부, 시·군·구는 서비스를 기획하고 지시, 지원, 관리, 감독하는 업무를 담당하므로 행정체계라고 할 수 있고, 구체적인 서비스를 수혜자에게 제공하는 읍·면·동의 경우는 집행체계라고 할 수 있는 것이다. 사회복지기관의 경우에는 관장, 자문위원회, 기획관리부 등은 행정체계로, 일선부서(아동복지부, 청소년복지부, 노인복지부 등) 이하는 모두 집행체계로 분류할 수 있다.

또한 사회복지서비스 전달체계를 기능적으로 구분하면 행정기능과 서비스 제공기능으로 나눌 수 있다. 행정기능은 서비스의 전달업무를 원활하게 하기 위한 기능이고, 서비스 제공기능은 서비스를 직접 제공하는 기능이라고 할 수 있다. 일반적으로 행정체계는 행정기능만 수행하지만 집행체계는 서비스 제공기능과 행정기능도 함께 수행한다. 예를 들면, 대표적인 집행체계인 사회복지사의 경우 클라이언트와 상담하거나 급여를 제공하는 등의 직접적인 서비스 전달기능과 함께 이를 위한 상담계획의 수립, 슈퍼비전, 회의 참석 등의 행정기능도 함께 수행한다.

2) 운영주체 차원 분석

사회복지서비스 전달체계를 운영주체 차원에서 구분하면 공적전달체계와 사적전달체계로 나눌 수 있다. 일반적으로 공적전달체계는 중앙정부, 지방정부, 공공기관이 직접적으로 관리하고 운영하는 것이고, 사적전달체계는 민간이나 민간단체가 직접 관리하고 운영하는 것을 말한다. 이에 대한 구체적인 내용은 다음 절에서 각각 설명하고자 한다.

3. 사회복지서비스 전달체계의 구축원칙

사회복지서비스 전달체계의 구축원칙은 많은 학자들(Gates, 1980; Friedlander & Apte, 1980; Gilbert & Specht, 1986; 서상목 외, 1988)이 다양하게 제시하고 있다. 여기서는 학자들이 제시한 구축원칙 중 중요하다고 생각되는 여덟 가지의 원칙을 정리한 최성재・남기민(2017)의 원칙을 설명하였다(최성재・남기민, 2017 : 122-127; 양승일, 2018 : 145-149).

1) 전문성의 원칙(Principle of Professionality)

전문성의 원칙이란 사회복지서비스의 핵심적인 주요 업무는 반드시 전문가에 의해 행해져야 한다는 원칙이다. 물론 업무의 특성에 따라 반드시 전문가가 행하지 않아도 되는 부분도 있다. 사회복지분야의 종사자는 전문성의 정도에 따라 전문가(professional), 준전문가(para-professional), 비전문가(non-professional)로 구분된다. 전문가는 국가나 전문직업단체의 시험 혹은 기타 자격심사에 의하여 자격증을 부여받아 객관적으로 자격이 인정된 사람을 의미하는데, 주로 자신의 전문적 업무에 대해 권위와 자율적 결정권과 책임성을 지닌 사람들을 말한다. 사회복지사, 의사, 간호사, 보육교사, 영양사, 물리치료사, 작업치료사 등이 여기에 포함된다. 준전문가는 업무의 특성상 전문성을 덜 요하는 업무를 담당하고, 비전문가는 비숙련 업무 및 일반 행정업무를 주로 맡는다. 따라서 사회복지서비스의 효과성과 효율성을 위해서라도 반드시 이러한 원칙은 지켜져야 한다. 사회복지서비스는 헌신적 자세, 경험, 교양, 상식만 풍부하면 누구나 할 수 있는 심지어 자원봉사도 할 수 있는 그런 종류의 일은 아닌 것이다. 그러므로 반드시 이러한 원칙은 지켜져야 한다. 사회복지를 공부한다고 하면 늘 듣는 '좋은 일 하시네요'에서 말하는 좋아 보이기만 하는 단순한 일은 아니라는 것이다.

2) 적절성의 원칙(Principle of Appropriateness)

적절성의 원칙은 사회복지서비스의 양과 질, 제공하는 기간이 클라이언트의 정신적·육체적 욕구와 서비스의 목표를 얼마나 충분히 충족시켰는지를 의미한다. 이는 양적·질적 서비스를 모두 포괄한다. 즉, 급여의 수준이 최저생계비 수준에 못 미친다든지, 서비스 제공기간이 너무 짧은 경우 클라이언트의 욕구는 물론 서비스 목표도 달성하기 어려울 것이다.

3) 포괄성의 원칙(Principle of Inclusiveness)

클라이언트의 욕구는 다양할 뿐만 아니라 여러 가지 다른 문제와도 연관이 있는 경우가 많다. 포괄성의 원칙은 다양한 욕구와 문제를 해결하기 위해서는 다양한 서비스를 포괄적으로 제공해야 한다는 것이다. 예를 들어, 소득보장의 문제의 경우 단순히 경제적 원조뿐만 아니라 직업훈련이나 직업알선, 가족문제, 자녀문제 등과 얽혀 있을 수 있다. 최근 들어 대두되고 있는 사례관리방법의 경우 이러한 복합적 문제와 욕구를 가진 개인에게 포괄적이고 지속적인 서비스를 제공할 수 있는 효과적인 방법으로 인식되고 있다.

4) 지속성의 원칙(Principle of Continuity)

지속성의 원칙은 클라이언트의 문제나 욕구를 해결하는 과정에서 그들이 필요로 하는 각기 다른 종류의 서비스를 조직 혹은 지역사회 내에서 연속적이고 지속적으로 받을 수 있어야 한다는 원칙이다(Gates, 1980 : 53). 이를 위해서는 같은 조직 내의 서비스 프로그램 간 상호협력이 필요할 뿐만 아니라 타 조직 간에도 유기적으로 잘 연계되어 있어야 한다.

5) 통합성의 원칙(Principle of Unification)

통합성의 원칙은 클라이언트의 문제나 욕구는 복합적이고 상호 연관되어 있으므로 이러한 문제와 욕구를 해결하기 위한 서비스들도 서로 연관시켜 통합적으로 제공되어야 한다는 원칙이다. 이를 위해서는 서비스 프로그램 간 또는 서비스 조직 간에 상호 유기적인 연계와 협조체제가 잘 갖추어져 있어야 한다. 즉, 포괄성의 원칙이 한 클라이언트의 문제에 대한 세부문제들을 해결하기 위해서 포괄적인 다양한 서비스가 제공되어야 하는 원칙이라면, 통합성의 원칙은 서비스 프로그램을 연계하고 통합하는 차원에 초점을 맞춘 원칙이라고 할 수 있다(양승일, 2018 : 147).

6) 평등성의 원칙(Principle of Equality)

평등성의 원칙은 일정한 자산수준이나 연령의 제한이 있는 특별한 경우를 제외하고는 기본적으로 성별, 연령, 소득, 지역, 종교, 지위 등에 관계없이 모든 국민에게 사회복지서비스를 제공해야 한다는 보편주의에 입각한 원칙이다. 현대사회의 다양한 문제들은 클라이언트의 경제적 사정에 관계없이 발생하므로 국가는 사회복지서비스를 모든 국민에게 평등하게 제공하여야 한다는 것이다.

7) 책임성의 원칙(Principle of Accountability)

책임성의 원칙은 사회복지조직이 사회복지서비스의 전달에 대하여 책임을 져야 한다는 원칙이다. 이는 사회복지조직은 국가 및 사회로부터 사회복지서비스를 전달하도록 위임받은 조직이기 때문이다(Hasenfeld, 1983 : 1-2). 책임성과 관련된 내용에는 클라이언트의 문제나 욕구에 대한 서비스의 적절성, 전달절차의 적합성, 서비스의 효과성과 효율성이 포함된다. 또한 사회복지조직이 책임을 져야 하는 대표적인 실체는 중앙정부, 지방정부, 재단, 지역사회 주민, 클라이언트가 되어야 한다.

8) 접근 용이성의 원칙(Principle of Accessibility)

접근성의 원칙은 사회복지서비스를 필요로 하는 사람들이라면 누구나 쉽게 서비스를 받을 수 있어야 한다는 것으로, 클라이언트가 얼마나 편리하게 이용할 수 있는지를 나타내는 원칙이다. 사회적으로 취약한 대상들에게 사회복지서비스는 필수적이라는 점에서 보면 접근성을 높이는 것은 매우 중요할 수 있다. 이러한 접근성을 방해하는 요인에는 서비스에 관한 정보의 결여, 심리적 장애, 지리적 장애, 선정 절차상의 장애, 자원 부족(Gates, 1980 : 148-160) 등이 있다. 이러한 장애요인들을 가급적 제거해 줌으로써 클라이언트의 접근성을 높여주어야 한다.

4. 사회복지서비스 전달체계의 개선전략

사회복지서비스 전달체계는 궁극적으로 서비스를 효과적이고 효율적으로 전달하는 것이 목적이다. 이를 위한 주요 전략은 다섯 가지의 선택적 이슈와 관련이 있다. Gilbert, Specht & Terrell(1993)이 제시한 내용을 기반으로 구체적으로 살펴보도록 하겠다(Gilbert, Specht & Terrell, 1993 : 126-154).

1) 의사결정의 권위와 통제의 재구조화

의사결정의 권위와 통제의 소재를 어디에 둘 것인가에 관한 이슈이다. 의사결정의 권위와 통제의 재구조화 전략에는 크게 협조체제 구축과 시민참여체제의 도입이 있다. 협조체제 구축이란 전달체계의 기관을 중앙집권화(centralization) 또는 연합화(federation)하여 전달체계를 통합적이고 포괄적인 것으로 발전시키는 전략을 의미한다. 여기서 중앙집권화는 행정적인 통일화를 말하고, 연합화는 전달체계 기관 간의 자발적 상호 호혜적 공조체제를 구축하는 것을 말한다. 시민참여체제의 도입은 의사결정의 권위를 전달체계 기관과 클라이언트에게 재배분하는 전략을 말한다. 시민참여를 통해 클라이언트의 접근 용이성과 서비스에 대한 책임성이 보장될 수 있고, 클라이언트의 욕구에 보다 적절하게 반응할 수 있다는 취지에서 선택되는 전략이다. 시민참여의 형태는 의사결정에 전혀 영향을 미치지 못하는 비재배분적 참여, 의사결정에 영향을 미치지만 그 정도가 약한 명목적 참여, 의사결정에 실질적으로 상당한 정도의 영향을 미치는 재배분적 참여로 분류된다(Gilbert, Specht & Terrell, 1993 : 134).

2) 업무분담의 재조직화

업무분담의 재조직화 전략에는 크게 전문가 역할 부여(role attachment)와 전문가 조직의 분리(professional disengagement)가 있다. 전문가 역할 부여는 비전문가에게 전문가의 역할 일부를 부여하는 것으로, 서비스를 전달하는 전문가가 서비스 대상자와 사회 계급적, 문화적, 인종적으로 상이하여 상호 이해와 접근이 어려운 경우 이를 중간에서 연결하여 중계해 줄 수 있는 사람을 찾아 그에게 전문가의 역할 일부를 부여하는 것을 말한다. 전문가 조직의 분리는 전문가 역할의 자율성을 확보하기 위하여 조직 내에 있으면서도 통제를 벗어나게 하거나 혹은 전문가 조직을 완전히 분리시키는 전략이다. 일반적으로 서비스 전달체계가 관료적인 특성이 강해 전문가로서의 전문성과 자율성의 발휘를 저해할 경우 이를 용이하게 하기 위한 조건을 만들어 주는 것을 의미한다.

3) 전달체계의 구조변경

전달체계의 구조변경은 클라이언트의 서비스 접근성을 용이하게 하기 위한 전략이다. 이러한 전략에는 서비스에의 접근을 촉진하는 것 그 자체를 하나의 특별한 서비스로 마련하는 것(specialized access structure)과 의도적으로 같은 서비스 전달체계를 중복시키는 것(purposive duplication)이 있다. 서비스를 안내하거나 의뢰하는 별도의 서비스 접근촉진서비스를 마련하거나 같은 서비스 조직은 클라이언트가 지리적 또는 교통상으로 접근하기 쉬운 곳에 새로 설치하는 방법이 이 전략의 예가 될 수 있다.

4) 전달체계의 운영주체

전달체계의 운영주체 전략은 서비스의 성격에 따라 공공조직이 제공해야 하는 것과 공공 또는 사적 조직이 제공하어도 되는 것이 있다는 것을 전제로 한다. 예를 들어, 사회보험이나 공공부조는 공공조직에서 제공해야 하지만 사회서비스는 공공 또는 사적 조직이 모두 제공할 수 있으며, 사적 조직의 경우 비영리조직일 수도 있고 영리조직일 수도 있다. 이 같은 전략은 같은 서비스라 할지라도 공공조직이 전달하는 경우와 사적 조직이 전달하는 경우 어느 쪽이 더 효과적이고 효율적인가에 따라 정해지게 된다. 이에 대한 확실한 결론이 있는 것은 아니지만 대체적으로 공공조직보다는 사적 조직이 전달하는 경우가 보다 효과적이라는 연구결과가 많은 편이다(최성재·남기민, 2017 : 131).

5) 서비스의 배분방법

서비스 배분방법은 서비스의 효율성을 제고하기 위하여 제한된 지원을 가지고 보다 많은 사람들의 사회적 욕구를 충족시킬 수 있도록 자원을 합리적으로 배분하는 것에 관심을 둔다. 서비스의 배분방법에는 크게 공급억제전략과 수요억제전략이 있다. 공급억제전략에는 클라이언트의 수혜자격을 강화시켜 수혜자격이 있는 클라이언트의 서비스 이용률을 저하시키는 방법과 서비스의 양과 질을 감소시켜 서비스를 희석화하는 방법이 있다. 예를 들면, 클라이언트와의 접촉시간을 단축시키거나 사례를 조기종결하거나 혹은 전문가의 질을 낮추는 것(자원봉사자로 대치) 등이 있다. 수요억제전략에는 서비스의 물리적・시간적・사회적 장애를 제거하지 않거나 혹은 장애를 생기게 하는 방법이 있다. 예를 들면, 서비스에 대한 이용촉진 활동을 하지 않거나 대기자 명단제도의 도입, 신청절차에 시간을 많이 걸리게 하는 것, 교통이 불편한 곳에 사무실 설치, 서비스를 불편한 시간에 배정하는 것 등이 있다.

제2절 공적 전달체계

1. 공공전달체계의 유형

공공전달체계는 크게 종속형(dependent type), 대등형(equal type), 동반형 혹은 파트너십형(partnership type)으로 유형화할 수 있다(김경우, 2007 : 336-337).

1) 종속형

종속형은 시도·광역지방자치단체가 중앙정부에 종속되어 있고, 다시 시군구·기초지방자치단체가 광역정부에 종속되는 형태를 말한다. 기본적으로 지방정부는 중앙정부의 집행기관으로서의 역할을 수행함으로써 자치권이 위축되어 있는 형태이다. 종속형은 중앙정부에서 결정된 사회복지급여가 광역정부를 경유하여 기초정부에 전달되고, 기초정부는 수혜자에게 전달하는 경로를 갖게 되는데 우리나라가 이러한 유형에 속한다고 볼 수 있다.

2) 대등형

대등형은 중앙정부와 광역정부가 대등한 관계를 유지하는 것으로, 광역정부의 경우 자치권이 뚜렷하게 보장되지만 기초정부는 광역정부에 종속되는 관계를 가짐으로써 자치권의 제한을 받는 형태이다. 이러한 대등형은 중앙정부와 광역정부가 독자적으로 수혜자에게 사회복지급여나 서비스를 제공한다.

3) 동반형(파트너십형)

동반형은 중앙정부, 광역정부, 기초정부가 동반자적 관계를 유지하는 형태이다. 이 유형에서는 광역정부, 기초정부 모두 자치권이 보장되어 협력적 관계를 갖게 되는 것으로 가장 이상적인 유형이라고 할 수 있다. 즉, 각 정부는 독자적으로 수혜자에게 서비스를 제공하면서도 파트너로서의 협의관계 유지를 통해 서로 보완적인 역할을 수행하여 서비스의 공백과 중복급여를 최소화할 수 있는 것이다. 따라서 중앙정부는 일관성 있는 사회복지급여를 제공할 수 있게 되고 지방정부는 지역 특성을 고려한 사회복지급여를 제공할 수 있게 되는 것이다.

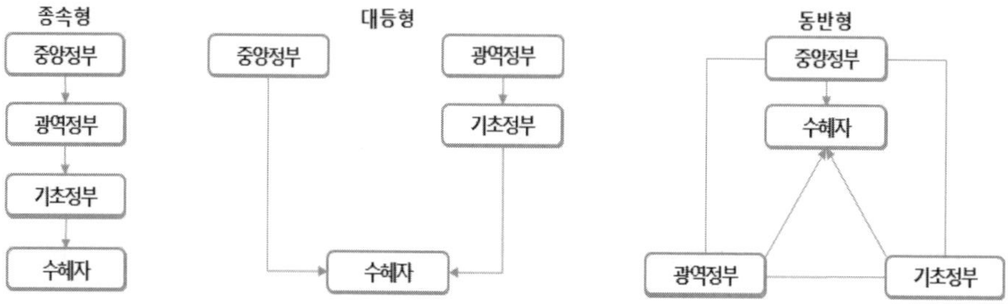

❙그림 6-1❙ 공공전달체계의 유형

출처 : 홍석현 · 박은혜(2009); 양승일(2018), p. 150 ❙그림 6-1❙ 재인용.

2. 공적전달체계의 주체

공공전달체계는 사회복지서비스를 전체적으로 관장하는 정부, 사회복지서비스를 실행하는 기관, 직접적으로 서비스를 전달하는 사회복지사를 포함한다. 공공전달체계는 주로 사회복지관련 법령에 근거하여 소속 공무원이 사회복지를 실천하도록 하거나 사회복지법인 등에 국고나 지방비를 지원 또는 보조하거나 정부의 복지기관을 민간에 위탁하여 서비스를 전달하는 것이다(김형식 · 이영철 · 신준섭, 2009 : 55-56).

공공전달체계는 국가 또는 지방정부가 수립하고 직접 그 운영의 주체가 되는 것으로 대부분의 국가에서는 사회보험과 공공부조는 중앙정부에서 제공하고, 사회복지서비스 등은 지방정부에서 제공하고 있으며, 일부 사회복지서비스는 민간차원에서 활발하게 참여하고 있다(한국복지행정학회, 2014 : 301). 이 같은 사회보험과 공공부조, 사회복지서비스 전달을 담당하는 핵심적인 공공전달체계에는 보건복지부, 고용노동부, 행정안전부, 지방정부 등이 있다. 우리나라 공공전달체계의 흐름은 다음 ❙그림 6-2❙와 같다.

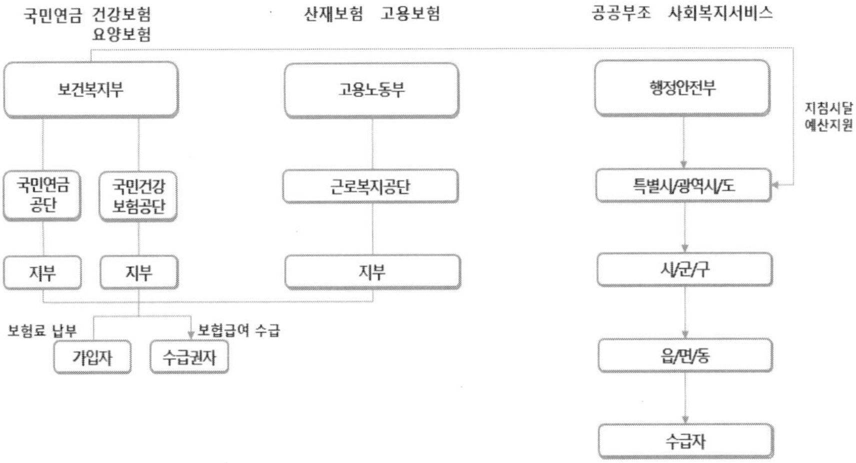

❙그림 6-2❙ 우리나라 공공전달체계의 흐름

출처 : 오세영(2013), p. 189; 현외성(2005), p. 237; 양승일(2018), p. 155를 참고로 재구성.

중앙정부 차원에서의 공공전달체계는 오늘날 대부분의 복지국가에서 중추적인 역할을 하고 있다. 사회복지행정의 주체로서의 역할을 담당하고 있는 중앙정부는 대체적으로 다음과 같은 역할을 담당하고 있다(양승일, 2018 : 152-153).

첫째, 국가보조금을 지원한다. 중앙정부는 민간사회복지기관에 그들의 복지활동을 지원하기 위해 국가보조금을 지급한다. 지급형식에는 직접지원형식과 세금의 감면이나 면제 등의 간섭지원형식이 있다.

둘째, 규제자이다. 중앙정부는 사회복지관련 법규를 근거로 민간사회복지시설의 활동범위 등을 통제하여 그들이 기대하는 정책목표를 달성하도록 유도하는 역할을 한다.

셋째, 사회복지인력의 고용자이다. 중앙정부는 공공복지의 현장으로서 사회복지인력을 직접 채용하여 사회복지실천 등을 수행하는 거대한 조직 중 하나로서의 역할을 수행한다.

우리나라의 경우 산재보험과 고용보험은 고용노동부 소관이고, 국민연금, 국민건강보험, 노인장기요양보험은 보건복지부 소관이다. 그러나 공공부조와 사회복지서비스는 보건복지부가 중앙소관부서이지만 행정안전부 소속의 지방조직에게 업무를 위탁하여 운영되고 있다. 좀 더 구체적으로 살펴보면, 보건복지부는 노인복지, 장애인복지, 국민연금, 건강보험, 노인장기요양보험을 담당하고 있고, 고용노동부는 산재보험, 고용보험, 여성가족부는 여성복지, 청소년복지 등을 담당하고 있으며, 행정안전부는 공무원연금, 교육부는 사립학교연금, 국방부는 군인연금 등을 담당하고 있다. 사회복지서비스와 관련하여 대표적인 핵심부서인 보건복지부의 조직구성은 다음 【그림 6-3】과 같다.

▌그림 6-3▐ 보건복지부 조직구성

출처 : 보건복지부 홈페이지(www.mohw.go.kr).

이러한 중앙정부 차원에서의 전달체계는 대량 생산된 재화 등을 제공하므로 규모의 경제를 달성할 수 있고, 사회복지급여를 균등하게 제공하여 사회적 평등성을 달성할 수 있으며, 다양한 사회복지욕구를 해결하기 위한 프로그램이나 서비스를 통합하고 조정하여 모든 수혜자들을 포괄할 수 있는 프로그램을 산출하고 지속적으로 제공할 수 있다는 장점을 가진다. 반면 중앙정부에서 제공하는 재화들은 일반적으로 다양한 선택요구를 반영하기가 어렵기 때문에 수혜자들의 효용을 극대화하는 데는 한계를 가지고 있으며, 대부분 제공하는 재화들은 공급자가 독점적인 경우가 많기 때문에 수혜자에게는 수준이 낮은 질의 서비스가 제공될 가능성도 배제하기 어렵다는 단점을 가진다. 또한 수혜자들이 중앙정부에 접근하는 데는 한계가 있을 수 있다.

또 하나의 공공전달체계인 지방정부 역시 그 역할이 중앙정부 못지않게 중요하다. 그러나 지방에는 보건복지부 지부나 사무소가 없기 때문에 지방정부 단독으로 사회복지서비스 전달이 이루어지는 경우는 드물고, 주로 행정안전부 소속인 특별시・광역시・도 단위의 사회복지정책과, 저출산고령화과, 가정복지과, 아동여성복지과 등에 의해 이루어지고 있다. 또한 행정안전부의 지방하위조직인 시・군・구 단위에서는 사회복지과, 주민생활지원과, 가정복지과 산하의 사회복지계, 가정복지계, 부녀복지계, 청소년복지계 등이 설치되어 있으며, 필요한 업무는 다시 일선 조직인 읍・면・동 단위의 사회복지계나 소속 사회복지전담공무원으로 이어지고 있다(오세영, 2013 : 190).

이러한 지방정부는 지역의 특수성과 지역주민에게 적절한 서비스를 제공함으로써 상대적으로 효율적이고 효과적인 서비스를 제공하여 지역사회의 욕구에 신속하고 전문적으로 대응할 수 있다는 점에서 유용하다. 또한 지방정부에서 제공하는 재화들은 일반적으로 지역수혜자의 다양한 요구를 반영함으로써 수혜자들의 효용을 극대화할 수 있고, 지방정부들 간의 경쟁을 유발시켜 재화의 질을 제고할 수 있으며 중앙정부에 비해 상대적으로 접근이 용이하다는 장점 또한 가진다. 그러나 중앙정부에 비해 상대적으로 소량 생산된 재화를 공급하기 때문에 규모의 경제를 달성하기 어렵고, 지역 간 복지급여의 차이로 인한 불평등을 야기해 전체적인 사회통합을 저해할 수도 있다. 또한 중앙정부에 비해 기존의 서비스 변경이 잦을 수 있으며 낮은 수준의 재정으로 인해 서비스를 지속적으로 공급하는 데는 한계가 있을 수 있다(양승일, 2018 : 153-154).

3. 공공전달체계의 문제점

공공전달체계는 사회복지행정의 핵심적 주체이긴 하나 조직구조상에서 몇 가지 문제점을 가진다. 이러한 문제점은 프로그램의 운영과 프로그램의 평가 면에 영향을 미치기 때문에 면밀히 검토해볼 필요가 있다(서상목 외, 1989 : 91; 박경숙·강혜규, 1992 : 23; 최성재·남기민, 2017 : 143-146).

첫째, 상의 하달식 수직적 전달체계의 문제이다. 일반적으로 공공전달체계는 중앙정부에서 기본정책과 계획을 수립하고 이를 위한 지침을 시달하고, 광역정부에서 기초정부는 그 지침에 따라 업무를 수행하는 수직적 전달체계를 가지고 있다. 이로 인해 중간이나 하부조직에서 수혜대상자의 욕구나 지역의 욕구에 자율적이며 능동적으로 대처하는 것이 어려워 서비스의 적절성, 통합성, 포괄성을 달성하기 어렵다.

둘째, 사회복지행정의 일반 행정체계로의 편입의 문제이다. 국민기초생활보장, 의료급여, 사회복지서비스의 전달을 위한 행정체계가 행정안전부의 지침을 받는 지방정부의 행정체계에 편입되어 수행됨으로써 사회복지서비스의 특성과 전문성을 전반적으로 살리지 못하고 있다는 점이다. 일부 사회복지전담공무원이 일반 행정업무를 겸하여 전문성을 발휘할 기회가 사라짐으로써 사회복지서비스 전달업무의 효과성, 책임성, 업무만족도가 저하될 수 있으며 전담공무원의 소진을 초래하여 서비스의 효율성을 저해할 가능성이 높아지게 된다.

셋째, 전문인력에 대한 관리가 미흡하다는 점이다. 1999년 9월 이전까지 별정직이었던 사회복지전담공무원이 1999년 9월 28일부터 정규 사회복지직으로 전환되면서 공공행정의 전문화에 대한 기대가 높아졌었다. 그러나 다른 직렬에 비해 승진기회가 낮은 수준이라는 점에서 사기 저하를 불러일으키고 있으며, 아직도 사회복지를 체계적으로 교육받지 못한 타 직렬의 일반 공무원이 사회복지직으로 전환되는 경우가 빈번하여 서비스의 질을 저하시키는 것은 물론 서비스의 효과성도 약화시킬 가능성이 높다.

넷째, 전문인력이 부족하다는 점이다. 1987년 이후 사회복지전담공무원은 매년 증가하고 있다. 2000년에 약 4,800명이었던 것이 2019년 12월 기준 약 41,000명으로 약 10배가량 증가한 것은 사실이다. 그러나 당시 사회복지전담공무원 1인당 취급가구 수가 130가구였던 것이 현재는 약 560가구(2020년 1월 기준 전체 2,309만 가구)로 폭발적으로 증가함으로써 여전히 전담공무원의 부족은 심각한 실정이다. 2011년에서 2017년까지 사회복지전담공무원을 충원하여 복지 업무량을 완화시키고자 하였으나 아직도 역부족인 상황이다. 이러한 전문인력의 부족은 서비스의 질은 물론 효과성 또한 약화시킬 수 있다.

다섯째, 서비스의 통합성 결여의 문제이다. 2020년 기준 18부 5처 17청의 모든 공공전달체계의 일정부서는 사회복지행정의 업무를 담당하고 있기는 하나 각각의 조직들이 독립적으로 분리 설치·운영되고 있어 낮은 수준의 통합성을 나타내고 있다는 것이다. 또한 같은 국내에서도 부서나 프로그램에 따라 서비스 대상자격기준이 달라 이 역시 서비스의 통합성을 저해시킬 가능성이 상당히 높다고 할 수 있다.

여섯째, 각종 위원회의 활동이 부진하다는 점이다. 공공전달체계 내에는 주요한 사항을 자문하고 심위하기 위한 다양한 위원회를 두고 있다. 그러나 이러한 위원회를 활용하는 경우가 드물어 형식적으로 운영되거나 유명무실한 경우가 많다. 특히 사회복지서비스가 지역사회 중심으로 발전하게 될 것이므로 지역사회 중심의 복지서비스를 증진하기 위한 위원회가 크게 활성화되어야 할 것이다. 위원회 운영의 활성화는 클라이언트 삶의 질을 제고하는 데 유용할 수 있다.

제3절 사적(민간) 전달체계

1. 사적 전달체계의 필요성

현대적 사회복지국가는 국가의 제도적 조직에 의한 활동이 주를 이루지만 역사적으로 보면 국가의 관여에 의한 사회복지 이전에는 사적 사회복지조직에 의한 활동이 사회복지의 주된 활동이었으며, 오늘날에도 여전히 사적 사회복지조직에 의한 활동은 활발하게 이루어지고 있다. 사적 전달체계는 사회복지시설을 비롯하여 사회복지사협회, 사회복지협의회, 사회복지 공동모금회와 같은 민간복지기관과 NGO, 기업 및 기업재단, 종교계, 시민단체 등이 포함된다. 이러한 사적 전달체계는 다양한 측면에서 필요성을 가진다(최성재・남기민, 2017 : 149-152).

첫째, 정부가 제공하는 서비스 비해당자에 대한 서비스를 제공할 수 있다. 정부에서 제공하는 서비스의 제한적 수혜자 자격기준에 의해 서비스를 받지 못하거나 받을 수 없는 사람들에게 서비스를 제공하기 위해 민간의 복지활동이 필요하다.

둘째, 정부가 제공할 수 없는 서비스를 제공할 수 있다. 정부의 서비스는 기본적이고 보편적인 문제나 욕구의 충족을 일차적인 목표로 하기 때문에 각 개인의 다양하고 복잡한 문제나 욕구를 모두 충족시켜 줄 수는 없다. 따라서 사적 전달체계는 보다 다양하고 질 높은 서비스를 제공하기 위해 필요하다.

셋째, 동일한 종류의 서비스에 대한 선택의 기회를 제공하기 위해 필요하다. 정부에서 제공하는 것과 같은 서비스를 사적 전달체계 내에서 제공함으로써 클라이언트로 하여금 그들의 기호나 지역적・시간적 여건에 맞는 서비스를 선택할 수 있게 할 수 있다.

넷째, 사회복지서비스의 선도적 개발과 보급을 위해 필요하다. 사적 기관은 공공기관보다 행정적으로 융통성이 있어 환경과 클라이언트의 변화에 민감하게 반응하여 새로운 프로그램을 개발하고 보급하는 데 유리하다.

다섯째, 민간의 사회복지 참여욕구를 수렴하기 위해 필요하다. 자원봉사자로 혹은 재정적 후원자나 운영자로 참여하고 싶어 하는 민간의 욕구를 적절히 수렴하고 충족시켜 줄 수 있다.

여섯째, 정부의 사회복지활동에 대한 압력단체로서의 역할을 수행할 수 있다. 사적 조직은 비슷한 서비스를 제공하면서 연합체 또는 협의체 등을 형성하여 정부기관의 활동과 서비스를 감시할 수도 있고, 정부가 수행해야 할 서비스를 찾아내거나 확인하고 서비스의 개선이나 새로운 서비스의 도입에 대해 압력을 가할 수도 있다.

일곱째, 국가의 사회복지비용을 절약할 수 있다. 현대 복지국가의 일차적 책임은 국가에 있지만 국가가 모든 사회복지욕구를 다 충족시킬 수는 없다. 따라서 사적 조직이 정부가 수행해야 할 일을 대신 수행하게 됨으로써 정부의 사회복지비용을 절약하는 효과가 있을 수 있다. 이를 위해 정부는 사적 조직과의 서비스 구매계약을 하거나 서비스를 위탁할 수 있다. 결국 정부의 서비스를 사적 조직에서 제공하는 경우가 되므로 보다 전문적인 서비스의 제공을 통한 서비스의 효율성을 달성할 수 있게 된다.

사적 전달체계는 사적 사회복지조직체계이자 민간사회복지조직이다. 민간사회복지조직이란 '영리를 목적으로 하지 않는 주민조직과 그리고 사회복지법인, 재단법인 및 사단법인, 종교단체, 법정단체 및 기타 특수법인, 등록단체나 그 법인 또는 단체가 사회복지사업을 목적으로 운영하는 시설(institution)과 기관(agency)'으로 정의된다(최성재 · 남기민, 2017 : 152). 이 같은 민간사회복지조직은 여러 가지로 분류될 수 있는데, 사회사업방법론, 서비스의 직 · 간접성, 서비스 제공 장소에서의 수혜자 주거 여부, 문제 · 대상인구, 설립주체에 따라 다양하게 분류된다. 민간사회복지조직의 구체적인 분류는 다음 〈표 6-1〉과 같다.

〈표 6-1〉 민간사회복지조직의 분류

분류기준	분 류
사회사업방법론	금품지급 서비스조직, 개별 사회사업조직, 집단 사회사업조직, 종합 복지조직
서비스의 직·간접성	직접서비스 조직, 간접서비스 조직
서비스 제공 장소에서의 수혜자 주거 여부	생활시설(주거시설), 이용시설
문제·대상인구	소득유지 조직, 보건의료 조직, 가정복지 조직, 아동복지 조직, 신체장애인 복지 조직, 정신건강 서비스 조직, 성인범죄 문제 조직, 집단활동 서비스 조직, 대중오락 및 비공식 교육조직, 노인복지 조직, 사회계획 및 발전조직, 부녀복지 조직, 청소년 복지 조직, 산업사회 복지 조직, 자원봉사자 양성조직, 갱생보호 조직 등
설립주체	사회복지법인, 재단법인, 사단법인, 사회단체, 개인

출처 : 최성재·남기민(2017), p. 153 〈표 4-2〉 재인용.

2. 사적 전달체계의 주체

여기서는 사적 전달체계 중 가장 대표적인 주체인 생활시설, 이용시설, 이들 간의 협의체에 대하여 살펴보기로 한다. 일반적으로 사적 전달체계의 흐름은 다음 ❙그림 6-4❙와 같다.

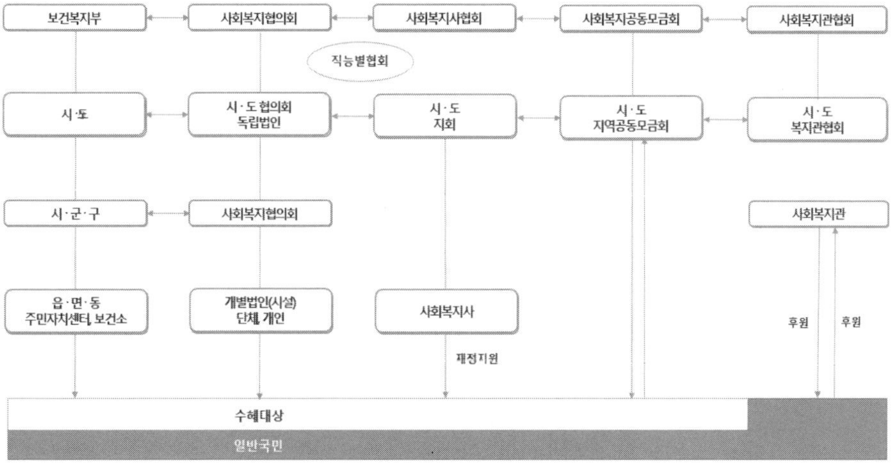

❙그림 6-4❙ 사적 전달체계의 흐름

출처 : 오세영(2013), p. 195 재인용.

1) 사회복지협의체

사회복지협의체는 사회복지기관협의회(councils of social agencies), 지역사회복지협의회(councils of social welfare), 민관협의체, 직능별 협의체의 네 가지로 유형화된다(서상목 외, 1985 : 105).

첫째, 사회복지기관협의회는 지역사회 내의 사회복지기관, 사회복지 담당 위원회 및 부서를 가진 다양한 단체들의 협의체 형태로서, 현재 우리나라에는 존재하지 않는 유형이다.

둘째, 지역사회복지협의회는 전문적 혹은 비전문적 개인과 사회복지기관의 단체회원으로 구성된 협의체로서, 우리나라의 한국사회복지협의회 및 시·도 사회복지협의회가 이에 해당한다.

셋째, 민관협의체는 지역사회복지기관, 민간사회복지 관련 전문가, 사회복지 관련 공무원 등으로 구성된 협의체로서, 지역사회의 사회복지사업에 관한 중요한 사항의 심의 및 건의와 서비스의 연계 및 조정 기능을 수행한다. 우리나라는 2003년에 도입된 지역사회보장협의체(도입 당시 명칭은 지역사회복지협의체)가 여기에 해당한다.

넷째, 직능별 협의체는 사단법인 한국아동복지시설협회를 비롯한 한국노인복지시설협회, 한국장애인복지시설협회, 한국정신요양복지시설협회, 한국여성단체협의회 등이 여기에 해당한다.

이 중 우리나라의 대표적인 사적 전달체계는 한국사회복지협의회와 지역사회보장협의체라고 할 수 있다. 한국사회복지협의회는 사회복지사업법 제33조에 따르면, 사회복지에 관한 조사연구와 각종 복지사업을 조성하기 위해 설립된 것으로, '사회복지에 관한 조사·연구와 각종 복지사업을 조성하고, 사회복지사업과 활동을 조직적으로 협의조정하며 사회복지에 대한 국민의 참여를 촉진함으로써 우리나라의 사회복지 증진과 발전에 기여한다'는 목적을 가지고 있다. 한국사회복지협의회의 주요 사업으로는 사회복지에 관한 조사·연구 및 정책 건의, 사회복지 관련 기관·단체 간의 연계·협력·조정, 사회복지 소외계층 발굴 및 민간

사회복지자원과의 연계・협력, 사회복지 종사자에 대한 교육훈련, 복지증진, 사회복지에 관한 자료수집, 각종 간행물 발간 및 홍보, 시・도 및 시・군・구 사회복지협의회 업무지원 및 협력증진, 국제사회복지단체와의 교류협력, 사회복지자원봉사활동의 진흥, 사회복지 자원개발 및 정보화사업의 진흥, 식품자원 기부촉진 기반조성, 사랑나눔실천 '1인 1나눔 계좌 갖기 운동' 전개, 소아암・백혈병 및 희귀난치성 질환 환아 진료비지원 사업, 사회공헌 문화주도 및 종합정보 제공, 보건복지부장관이 위탁하는 사회복지에 관한 업무 등이 있다.

그러나 한국사회복지협의회는 사회복지서비스의 사적 전달체계로서 다음과 같은 문제를 가지고 있다(최성재・남기민, 2017 : 156).

첫째, 지역사회 및 전국적 사회복지 관련기관 간의 협의조정의 역할을 제대로 수행하지 못하고 있다.

둘째, 사회복지사업법에 의한 법정단체로서 보건복지부의 지원을 받고 있기 때문에 보건복지부의 지도나 통제를 받고 있어 순수한 민간의 자발적 동기에 의해 결성된 민간조직 협의체로 보기 어렵다.

셋째, 협의회 직원들의 전문성이 높지 않아 협의조정 업무와 사회복지 전반에 대한 연구개발이 미흡한 실정이다.

넷째, 별도의 지방조직을 가지고 있지 않아 지방조직과의 유기적 협조가 부족하다.

다섯째, 사회복지계의 이슈나 문제에 대한 정책적 건의를 하는 등의 지도력을 행사하지 못하고 있다.

여섯째, 전반적인 사업의 내용과 활동이 전국적 또는 지역사회의 복지욕구를 충분하게 대변하고 있지 못하고 있다. 또한 민관협의체인 지역사회보장협의체는 지방정부의 사회복지서비스 사업에 관한 중요한 사항에 대한 심의・건의는 물론 지역사회 복지서비스를 연계하고 조정하는 역할을 수행한다. 그러나 대체로 관이 같이 참여하고 관이 협의체 위원장이 되는 경우가 많아 민간 측의 의견이 제대로 반영되지 못할 수도 있다는 점에서 한계를 나타낸다. 한국사회복지협의회의 조직구성은 다음 ❙그림 6-5❙와 같다.

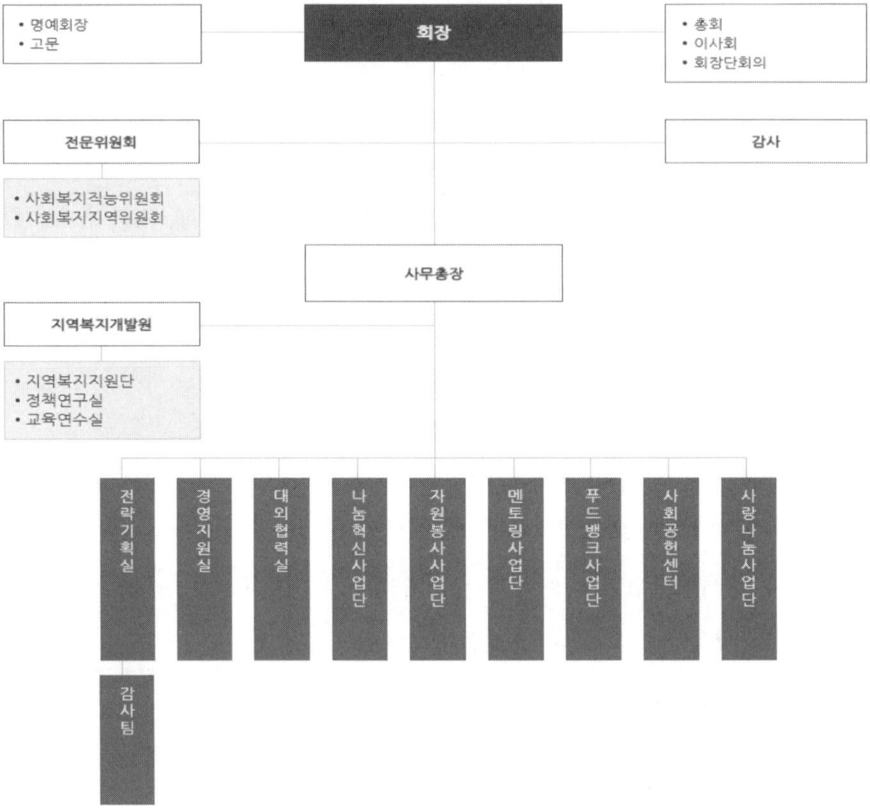

▌그림 6-5▐ 한국사회복지협의회 조직구성

출처 : 사회복지포털 복지넷(www.bokji.net).

2) 생활시설

우리나라의 가장 대표적인 사적 사회복지조직인 생활시설은 일반적으로 장기간 주거지를 떠나거나 주거지가 없어 불가피하게 집단으로 생활하면서 서비스를 받을 수 있는 일정한 조건을 갖춘 시설이다. 우리나라의 생활시설의 시작은 6·25 전쟁 동안 전쟁고아, 미망인, 부랑아, 장애인 등을 집단 수용한 것으로부터 시작되었다. 1970년대 중반 이후에는 시설이 다양화되었다. 사적 전달체계로서의 생활시설은 다음과 같은 몇 가지 문제점을 안고 있다(최재성·남기민, 2017 : 157-158).

첫째, 전문가의 비율이 낮다는 것이다. 이는 특정 업무에만 사회복지사의 채용을 규정하고 있고, 이 외의 업무에서는 사회복지사의 채용을 규정하고 있지 않기 때문이다. 이러한 문제는 시설의 사회복지서비스 전문화를 크게 저해할 수 있다.

둘째, 시설에서 제공되는 서비스의 질이 현실적인 최저생활유지 수준에 못 미치고 있다는 점과, 사회복지전문가에 의한 서비스가 아주 낮은 수준으로 제공되거나 거의 제공되지 못하고 있다는 것이다.

셋째, 시설의 서비스와 지역사회의 서비스가 제대로 연계되지 않아 시설의 생활자들에게 통합적인 서비스를 지속적으로 제공할 수 없다는 것이다.

3) 이용시설

일반적으로 민간사회복지기관을 통칭하는 이용시설은 서비스 대상자가 일정 시간 또는 기간 동안 일정한 조건을 갖춘 시설에서 서비스를 받고 다시 사기 집으로 돌아가는 시설을 말한다. 이용시설은 사회 서비스의 종류에 따라 다양한 형태의 시설이 존재하며, 사회복지법인, 사단법인, 재단법인, 기타 비영리 법인에 의하여 설치·운영되고 있다. 사적 전달체계로서의 이용시설은 다음과 같은 문제를 가지고 있다(최성재·남기민, 2017 : 159).

첫째, 서비스에 적합한 전문가의 수가 부족하다는 것이다. 생활시설에 비하면 많은 편이지만 주요 업무를 수행하기 위한 전문인력은 아직 부족한 실정이다.

둘째, 사회복지서비스에 대한 학문적·실천적 지식과 기술의 부족으로 낮은 질의 서비스를 제공함으로써 서비스의 효과성을 저해하고 있다.

셋째, 이용시설 간의 협의 조정 체계가 구축되어 있지 않아 서비스 간 연계가 부족하여 서비스를 통합적으로 제공하는 것이 어렵다.

넷째, 서비스의 효과성과 효율성, 책임성에 대한 인식이 낮은 편이다.

다섯째, 제공되는 서비스에 대한 홍보가 부족하여 이용자들의 서비스 접근성이 떨어지거나 서비스의 중복이 많은 편이다.

이 같은 사적 전달체계의 문제를 개선하기 위해서는 첫째, 기존 사회복지협의체의 기능을 강화시키고 새로운 순수민간협의체를 결성할 필요가 있다. 둘째, 생활시설의 경우 종사자들의 처우를 개선하고 시설의 개방성을 높여 지역사회자원을 잘 활용할 수 있어야 한다. 셋째, 이용시설의 경우 종사자의 전문적 수준을 높이고, 다른 기관보다 비교우위적인 서비스를 제공함으로써 서비스의 질을 높이고 효과성을 제고하도록 노력해야 한다. 또한 서비스의 효과성과 효율성, 책임성에 대한 인식을 높이는 것도 필요할 것이다.

연습문제

01 한국의 민간사회복지조직에 관한 설명으로 옳지 않은 것은? 17회 기출

① 사회적 기업은 사회서비스 공급에 참여할 수 없다.

② 사회서비스 공급에 영리 기관도 참여하고 있다.

③ 사회복지법인 이외에도 사회복지시설을 운영할 수 없다.

④ 지방자치단체와의 위·수탁 계약을 통해 서비스를 제공하는 경우가 있다.

⑤ 정부보조금, 후원금, 이용료 등 재원이 다양하다.

02 사회복지서비스 전달체계의 도입을 시대 순으로 나열한 것은? 18회 기출

㉠ 사회복지사무소 시범사업	㉡ 희망복지지원단
㉢ 사회복지전문요원	㉣ 보건복지사무소 시범사업
㉤ 지역사회보장협의회	

① ㄹ－ㄷ－ㄴ－ㄱ－ㅁ　　② ㄷ－ㄹ－ㄱ－ㄴ－ㅁ

③ ㄹ－ㄱ－ㄷ－ㄴ－ㅁ　　④ ㄱ－ㄷ－ㄹ－ㅁ－ㄴ

⑤ ㄷ－ㄹ－ㅁ－ㄴ－ㄱ

03 사회복지서비스 전달체계의 주체로서 공공의 역할로 옳은 것은?

① 표준화가 어려운 서비스의 제공

② 외부효과가 강하지 않은 서비스의 제공

③ 개별화가 필요한 서비스의 제공

④ 혁신성이 필요한 서비스의 제공

⑤ 안정적인 예산을 필요로 하는 서비스의 제공

04 사회복지서비스 전달체계의 원칙에 대한 설명으로 옳지 않은 것은?

① 특정 프로그램이 종료된 후 필요한 후속 프로그램이 없다면 평등성이 결여된 것이다.
② 서비스의 양과 기간을 설정하는 것은 적절성의 원칙과 관련된다.
③ 책임성의 원칙은 전달체계 자체의 효과성 및 효율성과 관련된다.
④ 서비스의 포괄성은 다양한 욕구해결을 위해 필요한 서비스를 종합적으로 제공하는 것을 의미한다.
⑤ 이용자가 불만을 표현할 수 없는 장치가 없다면 책임성이 결여된 것이다.

05 사회복지서비스 전달에서 민간조직의 강점이 아닌 것은? 12회 기출

① 다양한 서비스 제공이 가능하다.
② 기본적이고 보편적인 욕구충족에 유리하다.
③ 서비스 이용자의 선택 기회를 넓힌다.
④ 선도적인 서비스 개발과 보급에 유리하다.
⑤ 민간의 사회복지 참여 욕구를 수렴할 수 있다.

정답 1. ① 2. ② 3. ⑤ 4. ① 5. ②

CHAPTER 07

사회복지조직의 리더십

제1절 리더십의 개념

제2절 리더십의 이론

제3절 리더십의 유형

제4절 리더십의 수준

07
CHAPTER

사회복지조직의 리더십

제1절 리더십의 개념

1. 리더십의 개념

리더십(leadership)은 직위(職位, position)와 능력(能力, ability) 두 가지로 정의된다. 직위로서의 리더십은 어떤 상황을 통제할 책임을 지며 지도하고 관리하는 역할을 말하고, 능력으로서의 리더십은 다른 사람과의 관계에 영향을 끼쳐서 지도자가 택한 길을 따라오도록 하는 재능이나 기술을 의미한다(신복기 외, 2019 : 216).

리더십은 이를 연구하는 사람들의 관점에 따라 다양하게 정의된다. Terry(1960)는 리더십이란 '사람들로 하여금 집단의 목표를 기꺼이 달성하게끔 영향을 미치는 활동'으로 정의하였으며, Robbins(1984)는 '목표 달성을 지향하도록 집단에 대하여 영향을 미칠 수 있는 능력'으로 정의하였고, Trecker(1977)는 '공동의 목표 달성을 위해 사람들이 협동하여 일하도록 영향을 주는 능력'으로 정의하였고, Harsey & Blanched(1982)는 리더십이란 '어떤 주어진 상황에서 개개인이나 집단의 활동이 목표 달성을 위한 노력이 되도록 영향을 미치는 과정'이라고 정의하였다(최성재 · 남기민, 2017 : 504). 정리하면, 리더십이란 조직의 목표 달성을 위하여 개인이나 집단을 조정하는 기술과 과정이며 조직의 목표를 설정 · 제시하여 조직구성원들이 그 방향으로 가도록 지지하고 자극하는 것으로 개념화된다. 즉,

리더십은 리더가 가지는 성향이나 행동, 역량을 포괄하는 것으로, 조직의 구성원들에게 영향을 주고자 하는 목적으로 리더의 지위에 부과된 역할을 수행하는 능력 혹은 리더가 영향력을 행사하는 과정의 속성으로 규정될 수 있다(김영종, 2017 : 149). 따라서 리더십은 자발적인 상호작용에 의해 발동되는 것으로 공통의 감정을 강조하는 인간적 차원에서의 유인이 강한 것이다. 또한 전문적 능력과 공식적 지위를 강조하기는 하지만 양방향 의사소통과 리더와의 심리적 유대감에 의한 추종에 따른 신뢰와 인정의 분위기를 형성시킬 수 있다. 이러한 리더십은 위계적 지위로부터 발생하는 명령중심의 헤드십(직권, headship)과는 구별된다.

2. 리더십의 필요성

살펴보았듯이 리더십은 조직의 성과에 중요한 요소이자 조직의 목표 달성의 핵심이라고 할 수 있다. 사회복지조직의 경우 서비스나 프로그램을 제공하는 일 자체가 관계적 작업이기 때문에 어떠한 형태의 리더십을 어떻게 사용하느냐에 따라 조직의 효과성이 많이 달라질 수 있다. 외부 환경에 대한 의존성이 큰 사회복지조직에서도 리더십만큼은 내부적으로 가용할 수 있는 중요한 자원이기 때문에 그 의미가 더 크다고 할 수 있다(김영종, 2017 : 150). 사회복지조직에 있어서 리더십이 필수 불가결한 이유에 대해 Neugeboren(1985)은 다음과 같이 설명하였다. 첫째, 많은 전문가가 고용되어 있는 사회복지조직에는 전문가의 자율성 욕구와 조직의 통제욕구 사이에 부단한 긴장이 존재하며 이와 같은 긴장으로 인해 구성원들은 조직의 규칙과 규정을 준수하게끔 동기를 부여할 리더십이 필요하기 때문이다.

둘째, 사회복지시비스 분야에는 끊임없이 변화하는 환경적 압력이 증가일로에 있으며 외부 요구의 이와 같은 변화를 모두 고려한 조직체계를 갖는 것은 불가능하기 때문에 이에 적절히 대응할 리더십을 필요로 한다.

셋째, 사회복지서비스 분야에서 새로운 기술 또는 새로운 구조의 도입과 같은 중요한 내부적 변화는 이 같은 변화가 조직에 통합될 수 있도록 하기 위해 리더십을 필요로 한다.

넷째, 사회복지조직에서 구성원들의 전문적 목표는 조직의 목표와 완전히 일치하지 않을 수 있다. 구성원의 목표와 조직의 목표 사이에 가능한 한 많은 일치를 가져올 수 있도록 노력하는 데에는 리더십이 반드시 필요하다.

더불어 이러한 리더십에 포함되어야 할 요소로는 프로그램이 실패했거나 수정해야 할 경우에도 포기하지 않고 몇 번이고 다시 계획하고 변화시켜 나갈 수 있는 지속성과 끈기를 지니고 있어야 하고, 자신은 물론 기관 전체와 직원들의 시간을 효율적으로 관리할 수 있어야 하며, 열린 마음으로 다른 사람들의 의견을 경청할 수 있어야 한다. 또한 기관의 목표, 필요, 정책의 범위를 벗어나지 않는 한도 내에서 가능한 한 많은 자유를 직원들에게 허용해야 하며, 기관의 서비스 향상을 위해 직원들이 창의성을 발휘할 수 있는 시간과 기회를 많이 제공해 주고 격려해 주어야 한다.

제2절 리더십의 이론

초기의 전통적 리더십 이론으로부터 최근 리더십 이론에 이르기까지 리더십에 관한 많은 이론들이 존재한다. 이러한 리더십 이론들은 조직의 효과성을 위해 리더가 어떤 역할과 행동, 기술을 갖추어야 하는지를 찾아내는 데에 초점을 두고 있다. 리더십의 효과성을 가져오는 요인들을 설명하기 위해 크게 네 가지 접근방법, 즉 특성이론(trait theories), 행동이론(behavioral theories), 상황이론(situational theories), 최근 리더십 이론(new wave theories)으로 설명하고 있다. 각 접근방법이 강조하는 바를 정리하면 다음 〈표 7-1〉과 같다(최성재 · 남기민, 2017 : 506-507).

〈표 7-1〉 리더십 연구의 주요 접근방법

접근방법	강조 내용
특성이론 (1940~1950년대)	성공적이지 못한 리더로부터 성공적인 리더를 구별할 수 있는·분명한 일련의 특성이 존재한다.
행동이론 (1950~1960년대)	리더십의 가장 중요한 측면은 리더의 특성이 아니라 다양한 상황에서 리더가 행동하는 것이다. 성공적인 리더는 그들의 특별한 리더십 행동유형에 의해 성공적이지 못한 리더와 구별된다.
상황이론 (1970년대)	리더의 효과성은 그 자신의 행동유형에 의해 결정될 뿐만 아니라 리더십의 환경을 둘러싸고 있는 상황에 의해 결정된다. 상황요소들은 리더와 부하직원의 특성, 과업의 성격, 집단의 구조, 강화의 형태를 포함한다.
최근 리더십 이론 (1980~1990년대)	리더는 비전을 지녀야 하며, 부하직원에게 강한 정서적 반응을 이끌어 내야 한다. 리더십을 리더와 부하직원의 상호작용으로 형성되는 과정으로 이해한다.

출처 : 최성재 · 남기민(2017), p. 507 〈표 16-1〉 재인용.

1. 특성이론(Trait Theories, 자질 이론)

초기의 리더십 이론으로 1940년대와 1950년대 초기에 유행했던 이론이다. 특성이론이란 효과적인 리더에게는 비효과적인 리더와는 구별되는 보편적인 특성이 존재한다고 보는 것으로, 어떤 특정한 자질을 갖추게 되면 효과적인 리더가 될 수 있다는 것을 전제로 하는 이론이다. 어떠한 자질을 갖추어야 하는지에 대해서 Davis(1972)는 ① 지능, ② 사회적 성숙과 폭, ③ 내적 동기 여부와 성취욕구, ④ 인간관계의 태도를 제시하였고, Barnard(1949)는 ① 활력과 인내성, ② 결단력, ③ 설득력, ④ 책임성, ⑤ 지적 능력을 제시하였으며, Stogdill(1974)은 ① 육체적 특성, ② 사회적 배경, ③ 지능, ④ 성격, ⑤ 과업과 관련된 특성, ⑥ 사회적 특성을 제시하였다. 실제로 몇몇 연구들에서는 지능, 성격, 과업과 관련된 특성, 사회적 특성 등은 효과적인 리더가 갖추고 있는 특성으로 발견되기도 하였다.

그러나 이러한 특성이론이 타당성을 가지려면 모든 리더가 가지고 있는 보편적 특성을 찾아낼 수 있어야 하는데, 이러한 특성, 즉 리더와 직원을 구분할 수 있거나, 혹은 효과적인 리더와 비효과적인 리더를 구분해 낼 수 있는 일련의 특성을 찾아내지 못하였다는 점에서 한계를 드러냈다. 특히 이러한 자질들은 고정적인 것이 아니라 처한 환경과 상황에 따라 변할 수 있는 것들이기 때문에 모든 상황에서 보편적인 특성을 추구한다는 점에서 비판을 많이 받았다. 이 외에도 부하직원들의 욕구를 무시한 점, 특성들 간의 상대적 중요성을 밝히지 못한 점, 상황적 요소들을 간과한 점 역시 특성이론의 한계점으로 지적되고 있다.

2. 행동이론(Behavioral Theories)

특성이론에 대한 불만으로 1950년대 행동과학자들에 의해 제기된 리더십 이론으로, 눈에 보이지 않는 특성이 아니라 눈으로 관찰이 가능한 실제적인 리더의 행동에 초점을 둔다. 효과적인 리더의 행동과 비효과적인 리더의 행동은 구별된다고 보는 이론으로 오하이오(Ohio) 연구와 미시간(Michigan) 연구, 관리격자(managerial grid)이론 등이 있다.

1) 오하이오(Ohio) 연구

오하이오 주립대학교의 연구는 그들이 개발한 리더 행동기술 질문지(LBDQ : Leader Behavior Description Questionnaire)를 통해 리더십 행동의 다양한 스타일을 측정하였다. 측정결과를 기반으로 리더의 행동을 구조주도행동(initiating structure)과 배려행동(consideration)이라는 두 가지 차원으로 구분하였다. 구조주도행동은 리더가 과업을 조직화하고 정의하여 업무를 할당하고 의사소통망을 확립하여 조직의 성과를 평가하는 리더의 행동을 의미하고, 배려행동은 신뢰, 상호존경, 우정, 지원, 구성원의 복지에 관심을 나타내는 행동을 의미한다(Gutknecht & Miller, 1986 : 155). 오하이오 연구는 이 두 가지의 차원을 상호 연관시켜 리더의 행동유형을 네 가지로 분류하였다. 연구결과 구조주도행동과 배려행동이 높은 리더가 두 가지 차원 중 하나가 낮거나 둘 다 낮은 리더보다 효과적인 유형이라고 설명하였다. 오하이오 연구는 리더십을 매우 체계적이고 상세하게 설명하고 있다는 점에서 높은 평가를 받고 있다(고재욱 외, 2016 : 89).

배려			
	높음	낮은 구조주도 높은 배려	높은 구조주도* 높은 배려*
	낮음	낮은 구조주도 낮은 배려	높은 구조주도 낮은 배려
		낮음	높음
		구조주도	

▌그림 7-1▌ LBDQ 점수에 의한 리더십 유형

2) 미시간(Michigan) 연구

오하이오 연구와 비슷한 시기에 이루어진 미시간(Michigan) 연구는 리더의 입장보다는 조직구성원의 입장을 강조하였다(신복기 외, 2019 : 221). 미시간 연구의 목적은 리더의 어떤 행동유형이 조직의 성과와 구성원의 만족에 영향을 미치는지를 찾는 것이었다. 오하이오 연구와 마찬가지로 두 가지 차원의 리더십 유형이 확인되었는데, 직무 중심적(job-centered) 리더십 유형과 구성원 중심적(employee-centered) 리더십 유형이 그것이다. 직무 중심적 리더십은 세밀한 감독과 합법적이고 강제적인 권력을 활용하며 업무일정표에 따라 업무를 수행하고 평가하는 데 초점을 두는 리더십 유형이고, 구성원 중심적 리더십은 보다 인간 지향적이고 책임의 위임과 구성원의 복지, 욕구, 승진, 개인적인 성장에 대해 관심을 두는 리더십 유형이다(Gutknecht & Miller, 1986 : 156). 이 두 가지 리더십 유형은 오하이오 연구의 구조주도행동, 배려행동과 같은 맥락이라고 볼 수 있다. 오하이오 연구에서는 두 가지 유형의 행동이 모두 높은 경우가 효과적인 리더십 유형이었지만, 미시간 연구에서는 구성원 중심적 리더십 유형이 높은 집단이 조직 효과성과 생산성, 구성원의 만족도가 높게 나타난다는 결과를 발견하였다. 반면 직무 중심적 리더십 유형이 높은 집단의 경우에는 효과성과 생산성, 만족도 모두 낮게 나타나는 경향을 보였다.

구성원 중심적			
	높음	낮은 직무 중심 **높은 구성원 중심***	높은 직무 중심 **높은 구성원 중심***
	낮음	낮은 직무 중심 낮은 구성원 중심	높은 직무 중심 낮은 구성원 중심
		낮음	높음
		직무 중심적	

▮그림 7-2▮ 미시간 연구에 의한 리더십 유형

3) 관리격자(Managerial Grid)이론

오하이오 연구와 미시간 연구의 리더십 행동의 두 가지 차원을 기초로 하여 Blake & Mouton(1964)은 ▮그림 7-3▮과 같은 관리격자이론을 제시하였다. 그들은 오하이오 연구와 미시간 연구의 두 가지 차원을 근거로 '생산에 대한 관심'과 '인간에 대한 관심'이라는 두 가지 차원을 가로축과 세로축에 두고 각 격자망에 9개의 위치를 설정한 다음, 이를 상호 연관시켜 총 81개의 리더십 유형이 나오게 하였다. 이 중 기본적인 5개의 리더십 유형을 무기력형(1.1), 컨트리클럽형(1.9), 과업형(9.1), 팀형(9.9), 중도형(5.5)으로 구분하였다. 이 중 가장 높은 성과를 보이는 리더는 팀형 리더라는 연구결과를 발표하였다.

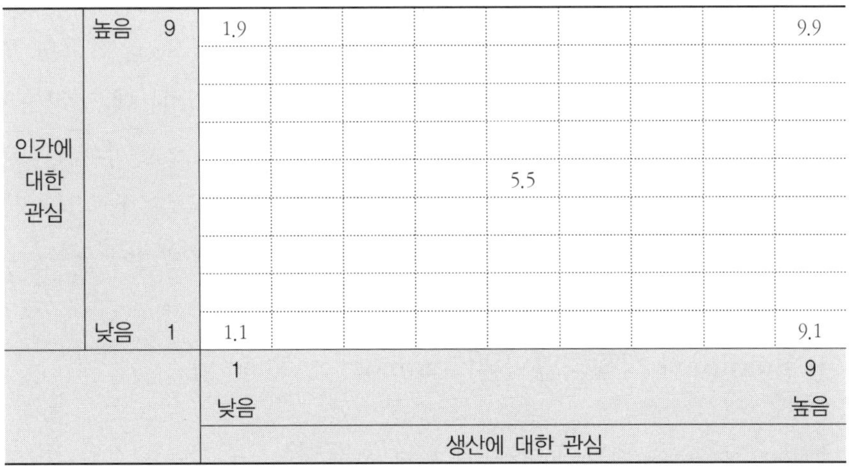

* (1.1)은 무기력형, (1.9)는 컨트리클럽형, (9.1)은 과업형, (9.9)는 팀형, (5.5)는 중도형.

| 그림 7-3 | 관리격자

이상에서 살펴본 리더십의 행동이론들은 리더의 행동유형과 리더십의 효과성 간의 일관된 상관성을 확인해내지는 못했다. 리더의 역할을 지나치게 단순하고 추상적으로 분류하였으며, 구성원의 업무 수행능력이나 훈련 정도 등에 대한 고려가 없었다는 한계를 지닌다. 또한 효과적이라고 밝혀진 리더의 행동으로 인해 조직과 구성원에게 어떠한 변화가 발생했는지에 대해서는 밝혀내지 못했으며, 특히 조직에 영향을 미치는 상황적인 요소를 간과했다는 부분에 있어 많은 비판을 받았다. 이러한 비판과 함께 상황이론이 등장하게 된다.

3. 상황이론(Situational Theories)

상황이론은 1970년대에 이르러 리더십의 행동이론에 대한 한계를 인식하고 리더십에 대한 새로운 접근방법의 연구를 진행하게 되면서 함께 등장한 이론이다. 상황이론에 따르면, 조직이 처한 상황에 따라 리더의 행동이 달라지는데, 리더의 행동이 특정한 상황에 적합한 경우, 즉 리더십은 환경을 이루는 상황에 의해서 결정된다고 보는 이론이다. 따라서 특정한 상황에 가장 부합되는 리더십이 발휘되는 경우 조직의 성과와 구성원의 만족감이 증가될 수 있다고 보는 것이다. 여기에서 상황이란 리더가 속해 있는 기관의 목표와 성격, 규모, 역사, 유형, 발전 정도, 종사자들의 자질과 행동, 기대와 욕구 등의 산물을 말하는데, 상황이론은 이러한 요소들에 대한 검토에 초점을 둔다(신복기 외, 2019 : 224). 상황과 리더의 유형화를 어떻게 시도하느냐에 따라 상황적합이론, 경로-목표 이론, 수명주기 이론, 리더십대체물 이론 등이 있다.

1) Fiedler의 상황적합이론(Contingency Theory)

Fiedler(1967)는 산업계, 교육계, 군 리더 등을 대상으로 한 16년간의 연구결과를 바탕으로 리더의 유형과 상황적 조건을 결합시킨 상황이론(contingency theory)을 주장하였다. 그는 리더의 유형을 관계지향적(relation oriented) 리더와 과업지향적(task oriented) 리더로 분류하고, 리더에게 호의적이냐의 여부를 결정하는 세 가지 상황변수로 리더에 대하여 가지고 있는 신뢰, 믿음, 존경의 정도를 의미하는 '리더-구성원 관계', 직무의 구조화된 정도를 의미하는 '과업구조', 리더가 부하들에 대해 채용, 해고, 징계, 승진 및 임금인상 등과 같은 권력을 행사하고 있는 영향력의 정도를 의미하는 '리더의 권력'을 제시하였다. 따라서 어떤 상황인지에 대한 판단에 따라 과업지향적 혹은 관계지향적 리더십을 적용할 수 있다고 보았다.

이를 위해 리더십의 영향력 정도를 측정하기 위해 최소선호동료(LPC : the Least Preferred Coworker) 척도를 고안하였는데, 이 척도는 총 20개 문항 8점 척도로 이루어져 있다. 측정결과 LPC 점수가 높은 경우에는 관계지향적 리더로, 낮은 경우에는 과업지향적 리더로 분류하였다(이원우 외, 2008 : 490-491). 그러나 이 척도는 기본적으로 싫어하는 사람에 대한 평가이기 때문에 이를 통해 리더가 자신의 행동 스타일로 정의할 수 있는지, 그리고 상황에 대한 호의성을 실제로 적용할 수 있는지에 대한 의문이 제기되기도 한다. 또한 상황변수들 자체가 복잡하고 측정이 곤란하다는 점과 부하직원의 특성과 기술, 능력에는 관심을 두지 않았다는 점에서 몇 가지 한계를 나타낸다. 그럼에도 이 이론은 리더십이 효과적으로 발휘되기 위해서는 상황이 중요하다는 인식을 형성하는 데 중요한 계기를 마련해주었다(고재욱 외, 2016 : 94).

〈표 7-2〉 Fiedler의 상황적합이론

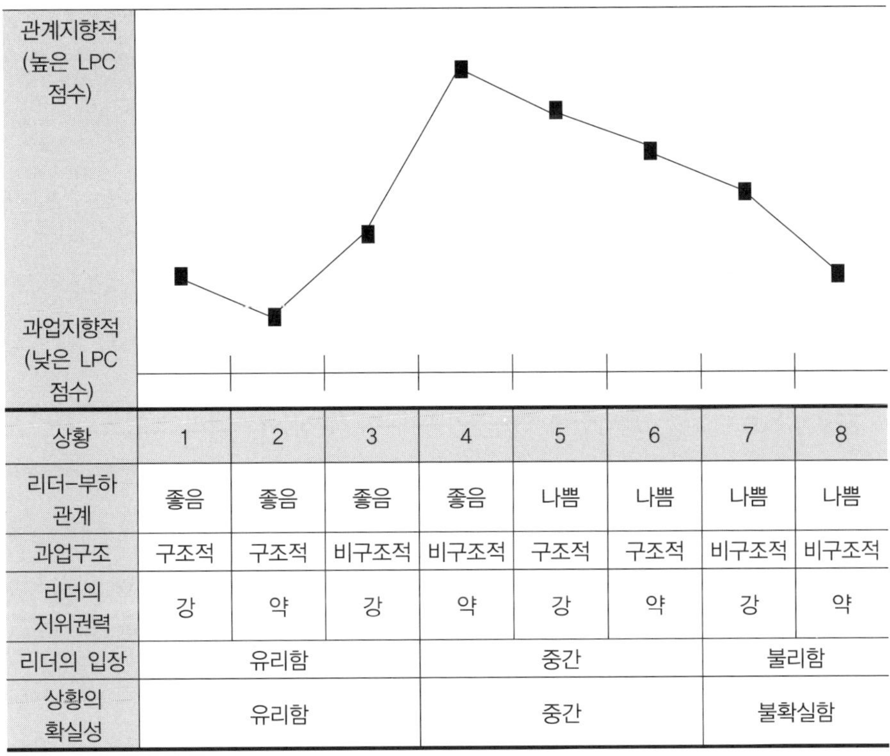

상황	1	2	3	4	5	6	7	8
리더-부하 관계	좋음	좋음	좋음	좋음	나쁨	나쁨	나쁨	나쁨
과업구조	구조적	구조적	비구조적	비구조적	구조적	구조적	비구조적	비구조적
리더의 지위권력	강	약	강	약	강	약	강	약
리더의 입장	유리함			중간			불리함	
상황의 확실성	유리함			중간			불확실함	

출처 : 이학종 · 박헌준(2009), p. 359 재인용.

2) House의 경로-목표 이론(Path-goal Theory)

House(1971)는 오하이오 연구와 동기부여의 기대이론을 결합하여 리더십의 경로-목표 이론(Path-Goal theory)을 제시하였다. 이 이론에 따르면, 리더는 목표

달성에 대한 경로를 명확히 하는 데 도움을 주어 부하의 행동에 도움을 줄 수 있다고 보았다. 이는 리더가 부하들의 유의성, 수단성, 기대에 어떻게 영향을 미치는가에 초점을 두고 있기 때문이다. House의 경로-목표 이론을 도식화하면 다음 ▌그림 7-4▐와 같다.

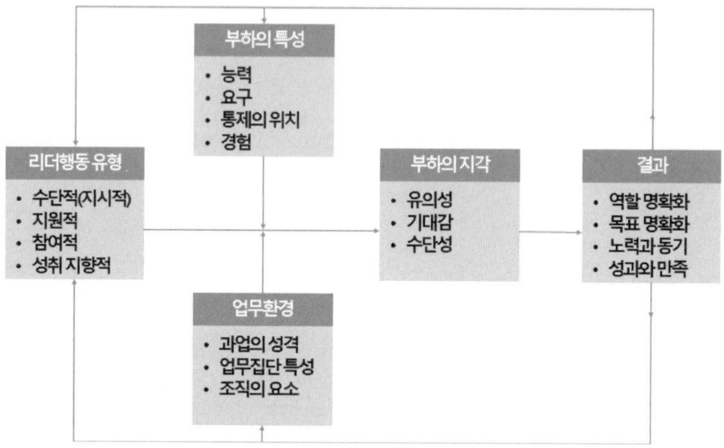

▌그림 7-4▐ House의 경로-목표 이론

경로-목표 이론은 오하이오 연구의 구조주도적 행동과 배려적 행동의 두 가지 차원을 이용하여 리더의 행동 유형을 구조주도적 측면을 강조하는 지시적 리더(instrumental leader)와 성취지향적 리더(achievement oriented leader), 배려행동을 강조하는 지지적 리더(supportive leader)와 참여적 리더(participative leader)의 네 가지 유형으로 분류하였다. 지시적 리더는 부하직원들의 과업을 계획하고 구체화해 주며 적극적으로 지시·조정해 나가는 스타일을 말하고, 성취지향적 리더는 도전적 과업을 부여하여 성취를 향한 욕구로 동기부여시켜 도전적 과업을 실행할 수 있도록 해주는 스타일을 말한다. 지지적 리더는 부하직원들의 욕구와 복지 문제, 온정적이고 친밀한 집단 분위기를 강조하는 스타일이며, 참여적 리더는 부하직원들의 의견을 의사결정에 많이 참여시켜 팀 중심의 관리를 중요시하는 리더십 스타일이다. 이러한 리더십 스타일의 선택에 있어 중요한 요소는 조직이 처한 특정한 상황이라고 보았다. 따라서 효과적인 리더십 스타일은 직원들이 기대하는 목표를 달성할 수 있는 행동경로를 명확히 밝혀주고 그에 따른 보상을 빠르게 받을 수 있도록 해주어야 하며, 부하의 능력이나 성격, 작업집단의 특성, 작업의 구조화 정도, 규칙과 절차 등의 상황변수와 적합하게 맞아떨어질 때 그 유효성이 커진다고 하였다.

경로-목표 이론은 리더십 과정에 있어서 중요한 상황적 요소들에 대한 기초를 정립해주고, 다양한 상황에서의 효과적인 리더의 행동을 제시해 줌으로써 리더십에 대한 보다 깊은 이해를 가능하게 해주었다. 그러나 리더의 행동이 효과적인지를 확인하기에는 너무 포괄적이고 복잡하고 난해하여 완전히 입증하는 것이 어렵고, 서로 다른 상황변수들 간의 상호작용의 가능성을 간과하였으며, 부하직원의 행동에 영향을 미치는 다른 과업요소들을 소홀히 다루었다는 점에서 비판을 받고 있다.

3) Harsey & Blanchard의 상황이론(수명주기이론, Life Cycle Theory)

수명주기이론으로도 불리는 Harsey & Blachard(1974)의 상황이론은 다양한 상황 중에서도 부하직원의 상황에 주목한 이론으로, 부하직원이 없으면 리더도 존재하는 않는다는 가정을 기반으로 하는 이론이다. 특히 부하직원의 성숙도(maturity)에 관심을 가진다. 여기서 성숙도란 지식, 경험, 기술의 보유 등을 포함하는 능력차원과 믿음, 헌신 동기 등을 포괄하는 의지의 차원으로 나누고, 이 두 가지 차원에 따라 부하직원이 보일 수 있는 네 가지 형태의 성숙도 상황을 제시하였다. 부하직원의 능력과 의지에 대한 준비상황에 따라 적합한 리더십 유형이 다르다고 보았다. 부하직원이 능력도 없고 의지도 없는 경우에는 모든 것을 지시하고 점검해주는 지시적 리더십이 효과적이고, 부하직원이 능력은 없지만 의지는 있는 경우에는 아이디어를 제시해 주고 방향을 정해주는 설득적 리더십이 효과적이라고 하였다. 또한 부하직원이 능력은 있으나 의지가 없는 경우에는 참여를 유도하여 부하에게 책임감과 의지를 부여해주는 참여형 리더십이 효과적이며, 부하가 능력과 의지가 모두 있는 상황에서는 부하에게 일을 위임하여 함께 일해 나가는 위임형 리더십이 효과적이라는 것이다. 이 이론은 비록 이론적 기반이 약하다는 한계점이 있기는 하지만 부하의 성숙도와 준비도에 초점을 두고 관리행동을 구성해 나갈 수 있는 경우가 가장 의미 있는 리더십 행동이 될 수 있음을 처음으로 제시한 이론으로, 실천적 측면에서 리더십 훈련에 유익한 지식적 기반을 제공하는 이론이라 평가되고 있다(황성철, 2020 : 151-153). Harsey & Blanchard의 상황이론을 도식화하면, 다음 ▌그림 7-5▐와 같다.

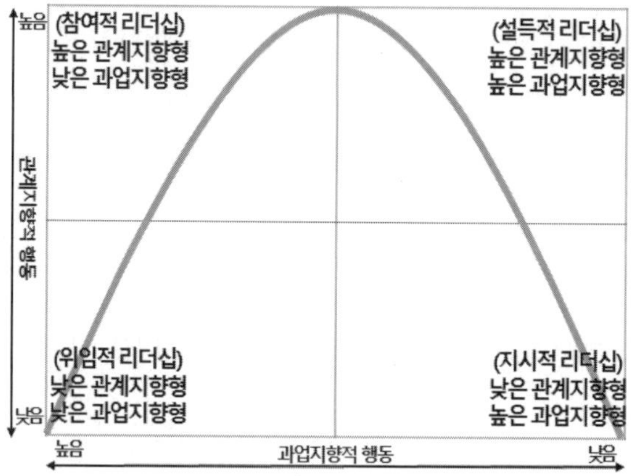

성숙도4	성숙도3	성숙도2	성숙도1
능력과의지 모두높음	능력은있으나 의지는약함	능력은없으나 의지는강함	능력과의지 모두약함

▌그림 7-5▐ Harsey & Blanchard의 상황이론

4) Kerr & Jermier의 리더십대체물 이론 (Substitutes for Leadership Theory)

Kerr(1977)는 리더십 연구에서 리더십 행동을 대체하는 대체물로서의 상황변수를 확인하는 작업을 최초로 시도하였다. 그는 리더십의 영향력을 약화시키는 상황적 측면으로 크게 대체물(substitutes)과 장애물(neutralizers)로 구분하여 제시하였다. 여기서 대체물이란 리더의 행동을 불필요하게 만드는 상황변수를 말하는 것이고, 장애물이란 리더 행동의 유효한 기능을 방해하고 리더 행동의 효과

를 약화시키거나 중화시키는 상황변수를 말한다. 이후 Kerr & Jermier(1978)는 부하직원의 특성, 조직의 특성, 과업의 특성이라는 세 가지 상황변수를 추가하여 이론을 완성하였다. 이 이론은 리더십 연구에 대한 새로운 시각을 제공해 주었다는 점에서 의의가 있으나 이에 대한 실증적 연구가 아직 많이 이루어지고 있지 않아 그 유용성이나 타당성 측면을 평가하기는 어렵다(최성재 · 남기민, 2017 : 515-516).

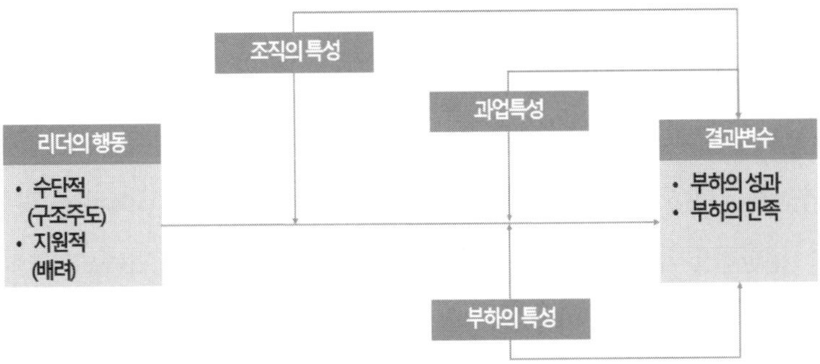

| 그림 7-6 | Kerr & Jermier의 리더십대체물 이론

4. 최근 리더십 이론(New Wave Theories)

이상에서 살펴본 전통적 리더십의 한계를 인식하고 조직현장에서 실질적인 리더십을 보다 타당하게 기술하고 설명할 수 있는 현대적 의미의 리더십 이론들이 많이 개발되었다. 이들 이론들의 공통점은 리더십을 리더와 부하직원과의 상호작용으로 인해 형성되는 과정으로 이해하였다는 점이다. 최근에 발표된 리더십 이론들은 달리 보면 특성이론의 부활이라고도 볼 수 있다. 최근 들어 많은 관심을 받고 있는 몇 가지 리더십 이론을 살펴보고자 한다.

1) House의 카리스마 리더십 이론(Charisma Leadership Theory)

House(1977)의 카리스마 리더십(charisma leadership) 이론에서 카리스마 리더의 특성으로 높은 수준의 자기 확신과, 선명하고 강한 비전, 자신의 비전에 대한 강한 믿음, 전통적 규범과는 다른 형태로 나타나는 독특한 행동 양식, 개혁적이고 변화지향적인 모습, 조직 환경 변화에 대한 민감성, 의사소통의 고수, 높은 수준의 에너지 및 행동 지향적 태도 등을 제시하였다. 즉, 카리스마 리더들은 조직의 구성원들이 리더가 제시하는 바를 따를 수밖에 없는 방식을 사용하는데, 여기에는 자신의 가치와 믿음을 표현하고 성공에 대한 긍정적 이미지를 창출하여 조직의 미래 비전에 대한 이상적인 목표들을 제시하는 행동과 더불어 구성원들이 과업성취를 위한 높은 동기를 가질 수 있도록 동기를 부여하는 행동을 실행한다고 설명하였다. 결과적으로 리더의 믿음에 대한 조직원들의 신뢰, 리더의 믿음과 유사한 구성원들의 믿음, 의심 없는 절대적 수용, 리더에 대한 애정과 복종, 높은 수준의 목적설정, 목적달성에 대한 자기기여에 대한 믿음 등을 가져올 수 있다고 보았다. 이러한 카리스마 리더는 조직의 구성원들에게 상상 이상의 효과를 발휘할 수 있지만, 리더가 독단적으로 행동하거나 충동적, 비정형적 혹은 사익을 위해 이기적으로 행동하는 경우에는 오히려 조직에 엄청난 해악을 미칠 수 있다. 카리스마 리더십 이론은 실증적인 연구를 통한 입증은 아직 부족한 실정이지만 조직을 배경으로 하는 리더십이라는 측면에서 이전의 다른 리더십 이론과는 매우 다른 의미 있는 통찰을 제공하고 있다(황성철 외, 2020 : 158-159).

2) Bass의 변혁적 리더십 이론(Transformational Leadership Theory)

변혁적 리더십(transformational leadership)은 1978년 대통령들의 리더십을 연구했던 Burns의 저서 『Leadership』에서 처음 사용된 용어이다. Burns(1978)의 영향을 받은 Bass(1985)는 조직구성원들의 성과를 보다 높은 수준으로 향상시킬 수 있는 리더십의 과정을 연구하면서 기업이나 행정조직에 보다 적합한 모형으로 변형시켜 제시하였다. 변혁적 리더십은 안정을 지향하는 거래적 리더십(transactional leadership)과 변화를 지향하는 변혁적 리더십의 구분으로부터 시작된다. 변혁적 리더십은 리더의 카리스마적 영향력을 강조하고 변화와 혁신을 지향하며 기대 이상의 성과를 목표로 하고, 구성원의 장기적인 성장과 내재적 보상에 관심을 가진다. 반면 거래적 리더십은 리더에게 주어진 공식적 권위에 의존하고, 조직문화 등을 바꾸기보다는 현상유지에 힘을 쏟으며, 구성원의 단기적 성과와 외재적 보상에 관심을 둔다(유민봉, 2015 : 290). 그러나 변혁적 리더십과 거래적 리더십을 반드시 상호배타적인 관계로 볼 필요는 없다. 조직의 환경이 급변하는 시기에 성공적 개혁이 필요한 경우에는 변혁적 리더십이 보다 효과적일 수 있지만, 조직의 환경이 안정적일 때는 내부관리에 보다 초점을 둔 거래적 리더십이 효과적일 수 있다. 변혁적 리더십과 거래적 리더십의 주요 내용을 비교 정리하면 다음 〈표 7-3〉과 같다.

〈표 7-3〉 거래적 리더십과 변혁적 리더십의 비교

구분	거래적 리더십	변혁적 리더십
현상	• 현상을 유지하기 위해 노력	• 현상을 변화시키고자 노력
목표 지향성	• 현상과 너무 괴리되지 않은 목표 지향 • 조건적 보상(계약적 관계)	• 보통 현상보다 매우 높은 이상적인 목표 지향 • 이상적인 영향(비전과 사명감, 자부심 중시)
시간	• 단기적 전망 • 가시적인 보상으로 동기부여	• 장기적 전망 • 부하들에게 장기적 목표를 위해 노력하도록 동기부여
동기부여 전략	• 부하들에게 즉각적이고도 가시적인 보상으로 동기부여	• 부하들에게 자아실현과 같은 높은 수준의 개인적 목표를 동경하도록 동기부여
행위표준	• 부하들은 규칙과 관례를 따르기 좋아함	• 변환적이고도 새로운 시도에 도전하도록 부하를 격려함
문제해결	• 부하들을 위해 문제를 해결하거나 해답을 찾을 수 있는 곳을 알려줌	• 질문을 하여 부하들이 스스로 해결책을 찾도록 격려하거나 함께 일함

출처 : 고재욱 외(2016), p. 100 〈표 4-6〉 재인용.

변혁적 리더십은 이상적 영향력, 고무적 동기부여, 지적 자극, 개별적 배려의 중요한 요소를 포함한다(Bass & Avilio, 1990; 최성재 · 남기민, 2017 : 517 재인용). 이상적 영향력(idealized influence)은 이상적인 리더의 카리스마적 요소를 말한다.

높은 도덕성과 가치를 중심으로 조직을 이끌고, 위기에 직면하여 기회를 창조해 내는 능력과 성과를 나타내는 요소이다. 고무적 동기부여(inspired motivation)는 구성원과의 적극적 의사소통을 통해 미래 비전에 대한 공감대와 주인의식을 형성하고 목표 달성에 강한 집중력을 보이는 요소로서 직원들을 동기부여하고 자신감과 열정을 불어넣고 팀 정신을 고무시키는 요인이다. 지적 자극(intellectual stimulation)은 보다 혁신적이고 창조적인 관점에서 문제를 해결하도록 자극하고 변화를 유도하여 구성원의 창의력을 발휘하도록 하는 요소이며, 개별적 배려(individualized consideration)는 개별 구성원의 관심과 욕구, 적성에 관심을 갖고, 잠재력을 개발할 수 있도록 코치나 멘토로서 돕는 행동을 의미한다(최성재・남기민, 2016 : 517-518). 특히 사회복지조직과 같은 비영리조직에서는 적극적인 과업의 수행이 금전적인 보상으로 연결되지 않고, 가치적 속성을 지닌 과업들이 주를 이루고 있으며, 조직에서 사용되는 기술이 비일상적이고 불완전함으로 인해 발생하는 조직의 내・외적 한계를 보완하기에는 변혁적 리더십의 유효성이 상대적으로 높을 수 있다. 이처럼 변혁적 리더십 이론은 카리스마 리더십 이론과 마찬가지로 기존의 연구방식으로는 구체적인 내용에 대한 입증에 다소 제한점이 존재하기는 하지만, 변화와 혁신에 직면한 조직의 상황에 필요한 리더십 내용을 적절히 제공하였다는 점에서 큰 의미를 가지고 있다(황성철 외, 2020 : 161).

3) Greenleaf의 서번트 리더십(Servant Leadership)

서번트 리더십은 Greenleaf(1970)가 자신의 수필집에서 처음 제시한 용어로, 서로 상반된 개념인 리더(leader)와 하인(servant)을 합쳐서 만들어졌다. 즉, 타인을 위한 종의 지위에서와 같은 희생과 봉사라는 의미를 기본적인 전제로 하는 리더십으로 이해할 수 있다. 전통적인 리더십 이론들에서는 리더가 타인을 지휘하여 동기화시키는 것이 일반적이나 서번트 리더십에서는 타인에 대한 지휘보다는 타인을 위해 배려하고 희생하는 봉사를 통해 동기화시킬 수 있다고 본다. Spears(1998)는 이러한 내용을 기본으로 실증적인 연구를 수행하여 체계화하고 이론화하고자 하는 노력의 일환으로 서번트 리더십을 구성하는 10가지 주요 요소를 제시하였다. 즉, 경청(listening), 공감(empathy), 치유(healing), 인식(awareness), 설득(persuasion), 예지(foresight), 개념화(conceptualization), 청지기 정신(stewardship), 구성원의 성장에 대한 헌신(commitment to growth), 공동체 의식의 형성(community building) 등이다. 이러한 구성요소를 통해 구성원들을 섬김의 대상으로 보고 명령과 통제보다는 지원과 지지를 통해 함께 발전하는 리더십을 실천하게 된다.

특히 사회복지조직과 같은 비영리 서비스 조직은 조직과 조직에서 수행하는 업무자체가 클라이언트에 대한 섬김과 서비스의 직접적 제공자인 구성원에 대한 섬김이 동시에 필요하기 때문에 보다 관심을 많이 두는 이론이기도 하다. 아직 학문적으로 미흡하긴 하지만 지속적인 후속 연구를 통해 보다 확고한 이론적 토대를 갖추게 된다면 비영리조직뿐만 아니라 다양한 형태의 조직에서 조직의 효과성을 제고하는 데 긍정적인 영향을 받을 수 있을 것이다.

제3절 리더십의 유형

리더십의 유형은 조직구성원을 움직이게 하는 수단에 따라 강제적 리더십과 지지적 리더십으로 분류하기도 하고, 의사결정에 있어서의 리더의 권한을 부하의 재량을 중심으로 분류하거나 과업을 중심으로 하느냐 부하직원과의 관계를 중심으로 하느냐에 따라 각기 다르게 분류한다. 본 절에서는 이러한 관점들을 모두 포괄할 수 있는 일반적 유형인 지시형 리더십, 참여형 리더십, 자유형 리더십에 대하여 살펴보고자 한다(신복기 외, 2019 : 259-260).

1) 지시형

지시형 리더십은 명령과 복종을 강조하는 유형으로 지도자는 독선적이고 조직구성원을 보상처벌의 연속선에서 통제하고 관리한다. 지시형의 장점은 통제와 조정이 쉽고 정책의 해석과 집행에 일관성이 있으며, 신속한 결정이 가능하기 때문에 위기 시에 유용할 수 있다. 그러나 통제를 좋아하지 않는 사람의 본성으로 인해 조직구성원들의 사기를 저하시키거나 경직성과 소외감, 적대감을 초래할 수 있다.

2) 참여형

참여형 리더십은 민주형 리더십으로 의사결정과정에 부하직원들을 적극적으로 참여시켜 일에 대한 동기를 부여하고 사명감을 증진시키는 데 유리한 유형이다. 장점은 의사소통의 경로가 개방됨으로써 새로운 정보의 교환이 활발하게 진행될 수 있으며, 적극적인 참여과정을 통해 개인의 기술과 지식을 발전시킬 수 있는 기회가 많다는 것이다. 그러나 참여에 시간이 많이 걸리기 때문에 긴급한 결정을 요하는 경우에는 적용이 어려울 수 있고, 책임이 확산되어 활동성이 떨어진다. 또한 참여기술을 학습하는 것이 어려우며, 구성원 모두의 지식과 기술 수준이 비슷할 때에만 잘 이루어진다는 한계가 있다.

3) 자유형

자유형은 방임적 리더십으로 대부분의 의사결정을 부하직원들에게 위임하는 형태를 말한다. 부하직원들은 스스로 목표를 세우고 그에 따르는 계획을 수립하기 때문에 특정한 과업의 해결을 위한 전문가 중심조직에 적합성이 높을 수 있다. 이러한 조직에서 리더는 부하직원들을 지식하고 감독하기보다는 자문기관으로서의 역할을 수행한다. 따라서 갈등이 발생하는 경우 리더가 적절히 해결하지 못해 오히려 혼란을 야기할 수도 있다는 한계가 나타날 수 있다.

대부분의 조직들의 상황은 완전한 지시형, 참여형, 자유형 리더십 분위기를 나타내지는 않으며, 실제로는 각 리더십 유형이 혼재되어 나타나는 경향이 많다. 이상에서 설명한 리더십의 유형을 그림으로 나타내면 다음 ▌그림 7-7▌과 같다.

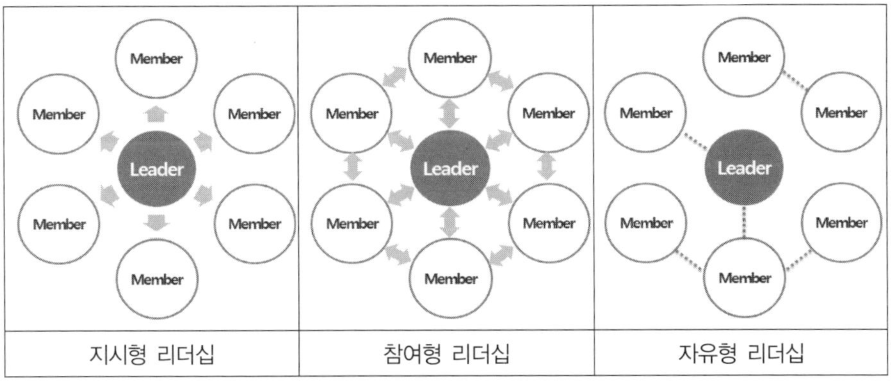

▌그림 7-7▌ 리더십의 유형

제4절 리더십의 수준

사회복지조직의 리더십은 최고관리층, 중간관리층, 하위관리층에 따라 수준이 달라진다(신복기 외, 2019 : 262-263).

1) 최고관리층의 리더십

사회복지조직에 대한 전반적인 책임을 지고 이끌어 나가는 최고관리층의 주요 과업은 조직 내부 운영을 지시하고 조정하는 것과, 환경과의 관계를 수립하는 것이다. 이를 위해 조직의 기본적 임무를 설정하고, 임무를 수행하기 위한 서비스 기술을 선정해야 하며, 조직 내부 구조의 발전과 유지, 변화의 주도와 수행을 위한 중요한 의사결정을 해야 한다. 이러한 의사결정의 형태는 조직의 상황에 따라 그 중요성과 관련성이 달라질 수 있다.

2) 중간관리층의 리더십

조직의 주요한 프로그램 부서를 책임지는 중간관리층의 리더십은 수직적・수평적 연결 기술과 개별 직원들의 목표를 조직의 목표에 통합시키는 기술을 필요로 한다. 이러한 기술을 활용하여 하위 부서 간의 조정을 용이하게 하고 개개인의 욕구와 기대를 조직에 통합시킬 수 있으며, 이를 위해서는 인간관계 기술을 충분히 활용할 수 있는 능력이 필요하다.

3) 지도감독층(하위관리층)의 리더십

일선 직원들과 가장 가까이서 접촉하는 슈퍼바이저의 역할을 하는 지도감독층은 프로그램을 감독하고 일선 직원들에게 업무를 위임하고 분담하며 서비스가 제대로 제공되고 있는가를 검토하는 과업을 수행한다. 일선 직원을 상담하는 주요 책임을 맡고 있으며, 단위 감독자, 조정자, 팀 리더로서의 역할을 주로 수행한다. 이러한 지도감독층의 리더십은 두 가지의 기술을 필요로 하는데, 첫째는 직원과 자원을 효율적이고 효과적으로 활용할 수 있는 기술적 지식이고, 둘째는 보상과 제재를 공정하게 분배할 수 있는 형평성 기술이 그것이다. 특히 배분의 공정성은 직원들의 동기부여와 조직에의 일체감을 발전시키는 데 중요한 영향을 미치는 요인이라고 할 수 있다. 리더십의 수준에 대한 내용을 그림으로 나타내면 다음 【그림 7-8】과 같다.

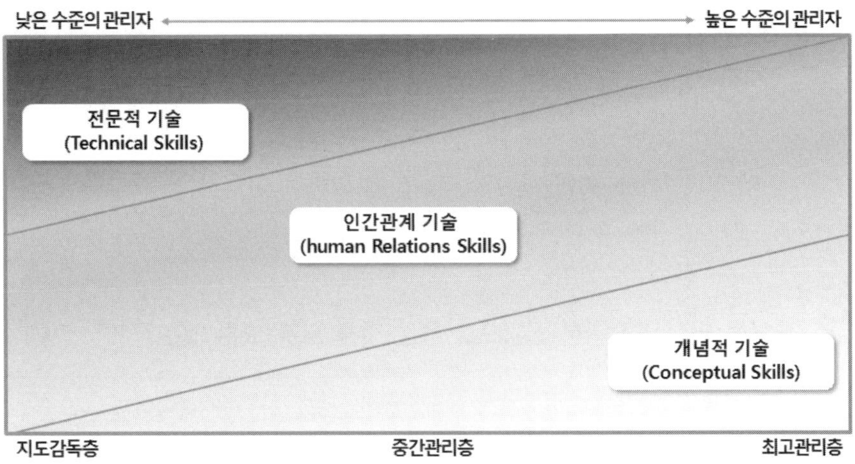

【그림 7-8】 리더십의 수준

연습문제

01 리더십 이론에 관한 설명으로 옳은 것은? 17회 기출

① 블레이크와 머튼(R. Blake & J. Mouton)의 관리격자이론에 의하면 과업형(1, 9)이 가장 이상적인 리더이다.

② 피들러(F. E. Fiedler)의 상황이론에 의하면 상황의 호의성이 모두 불리하면 리더가 인간중심의 행동을 해야 효과적이다.

③ 허시와 블랜차드(P. Hersey & K. H. Blanchard)의 상황이론에 의하면 구성원의 성숙도가 낮을 경우 위임형 리더십이 적합하다.

④ 퀸(R. Quinn)의 경쟁적 가치 리더십에 의하면 동기부여형 리더십은 목표달성형 리더십과 상반된 가치를 추구한다.

⑤ 베스(B. M. Bass)의 변혁적 리더십에 의하면 변혁적 리더는 구성원의 욕구와 보상에 주된 관심을 갖는다.

02 변혁적 리더십에 관한 설명으로 옳은 것을 모두 고른 것은? 18회 기출

㉠ 새로운 비전제시 및 지적 자극, 조직 문화 창출을 지향한다. ㉡ 성과에 대한 금전적인 보상이 구성원의 높은 헌신을 가능하게 한다. ㉢ 조직목표 중 개인의 사적 이익을 가장 우선시한다.

① ㉠　　② ㉢

③ ㉠, ㉡　　④ ㉡, ㉢

⑤ ㉠, ㉡, ㉢

03 리더십 이론의 변천과정을 시대순으로 올바르게 제시한 것은?

① 경쟁적 가치이론－상황이론－행동이론－특성이론

② 행동이론－상황이론－경쟁적 가치이론－특성이론

③ 행동이론－특성이론－상황이론－경쟁적 가치이론

④ 특성이론－행동이론－상황이론－경쟁적 가치이론

⑤ 특성이론－상황이론－행동이론－경쟁적 가치이론

04 **오하이오 연구의 리더십 유형과 미시간 연구의 리더십 유형을 바르게 제시한 것은?**

① 오하이오 연구－구조주도형, 직무중심형
② 미시간 연구－구조주도형, 구성원 중심형
③ 오하이오 연구－직무중심형, 구성원 중심형
④ 오하이오 연구－구조주도형, 배려행동형
⑤ 미시간 연구－구조주도형, 배려행동형

05 **리더십 유형에 대한 설명으로 옳은 것은?**

① 지시형 리더십은 민주형 리더십이라고도 불린다.
② 자유형 리더십은 대부분의 의사결정은 리더가 독단으로 결정한다.
③ 참여형 리더십은 구성원에게 동기를 부여하고 사명감을 증진시킨다.
④ 참여형 리더십은 구성원에 대한 통제와 조정이 용이하다.
⑤ 지시형 리더십은 전문가 중심조직에 적합성이 높은 유형이다.

정답 **1.** ④ **2.** ① **3.** ④ **4.** ④ **5.** ③

Memo

CHAPTER

08

사회복지조직의 인적자원관리

08 CHAPTER 사회복지조직의 인적자원관리

제1절 인적자원관리의 개념

인적자원관리란 '인적자원(human Resource)'과 '관리(management)'라는 두 단어의 합성어로, 여기서 인적자원이란 사회·경제적 가치를 생산·분배하는 투입요소를 뜻하고, 관리는 하나의 제도(institution)나 방식(rule)을 의미한다. 이러한 의미에서 볼 때 인적자원관리란 인적자원의 수요와 공급을 계획하는 인적자원계획에서부터 충원된 인력의 지식과 역량, 기술을 향상시키는 인적자원개발, 배치, 이동, 평가관리 등의 인적자원의 활용까지도 포함하는 과정이라고 할 수 있다(한국복지행정학회, 2014 : 148). 즉, 조직의 목표를 효과적이고 효율적으로 달성하도록 직원을 관리하는 것으로 조직의 유지에 필요한 사람을 채용하고 개발 및 훈련을 통해 역량을 함양시키고 더불어 동기부여시켜 유지 및 관리하는 기능을 모두 포함하는 전반적인 과정을 의미하는 것이다. 단순한 인사행정의 개념이 아니라 직원을 인적자원으로서 활용하기 위한 모든 활동이 포함되는 보다 확대된 개념이라고 할 수 있다.

이러한 인적자원관리의 주된 목적은 조직의 생산성과 효과성을 높이고 조직의 목표를 효율적으로 달성하는 데 직원이 최대한 기여하게 만드는 것이라고 할 수 있다. 특히 사회적 약자인 클라이언트를 위한 서비스를 제공하는 사회복지조직의 인적자원은 사회복지서비스의 직접적 제공자로서 클라이언트의 복지를 증진시키고 제공된 서비스의 질을 결정하는 데 가장 중요한 요인이라고 할 수 있다. 따라서 그들을 희소가치가 있는 대체불가의 인적자원으로서의 자질과 능력을 향상시키는 것이 궁극적으로는 사회복지서비스의 질을 향상시키고 나아가 클라이언트의 삶의 질에도 긍정적인 변화를 가져올 수 있기 때문에 이에 대한 관리는 더 없이 중요할 수밖에 없다. 그러므로 사회복지조직은 구성원들의 참여와 협조를 장려하는 조직문화와 더불어 조직구성원들의 욕구를 충족시키고 업무과정에 자율적 재량권을 부여하며 동기부여와 최대의 직무만족을 추구해야 한다(심상용, 2017 : 230).

일반적으로 사회복지조직의 인적자원관리 대상으로는 사회복지사, 물리치료사, 작업치료사, 보육교사, 의사, 간호사, 심리상담사, 요양보호사 등이 포함된다.

제2절 인적자원관리의 과정

인적자원관리를 위한 일련의 과정에 대하여 채용, 개발 및 훈련, 유지 및 관리의 과정과 동기부여의 과정으로 나누어 구체적인 내용을 살펴보도록 한다.

1. 채 용

1) 인사방침 수립

인사방침이란 현재 또는 장차 조직의 목표 달성을 위해 필요로 하는 인력의 양과 질적 수준을 사전에 예측하고 이를 충족시킬 수 있는 인적자원의 공급을 예측하고 계획하는 것이다(고재욱 외, 2016 : 195). 즉, 어떤 기술을 가진 인력을 어느 정도로 필요하며, 언제 선발할 것인지에 대한 전반적인 충원계획을 의미한다. 따라서 성공적인 서비스 계획을 위해서는 구체적인 인사방침을 수립하여야 하고, 이를 통하여 서비스를 제공하는 시기, 지역과 분야에 맞는 인재를 확보할 수 있게 된다.

2) 채용

채용(placement)이란 채용하고자 하는 지위에 대한 직무분석을 근거로 최소자격요건 이상을 갖춘 사람을 신규로 충원하는 것을 의미한다(심상용, 2017 : 230). 인적자원의 확보할 수 있는 가장 일반적인 방법으로, 인사방침에 근거하여 필요한 직원의 기술・자질・능력・규모・시기 등에 대한 충원계획을 세우고 직무분석을 거쳐 직무기술서(job description)와 직무명세서(job specification)를 작성해야 한다. 구체적인 내용은 뒤에서 다시 설명하도록 한다. 일반적으로 채용의 과정은 모집, 선발, 임명, 배치의 단계로 진행된다.

(1) 모집(recruitment)

모집이란 조직에 필요한 역량을 가진 양질의 지원자를 찾아내어 확보하는 과정을 말한다. 직무분석을 통해 마련한 최소한의 자격요건을 비탕으로 채용희망자들에게 채용에 대한 정보를 제공하여 유능한 인재들이 지원하도록 유도하는 데 목적이 있다. 이를 위해서는 각종 매스미디어를 통한 공개모집, 대학 및 교육기관의 추천 의뢰, 인터넷에 의한 구인등록, 인턴십 제도의 활용, 민간직업소개 사이트 등을 적절히 활용하여 채용에 대한 정보를 제공할 수 있다. 모집활동의 결과는 유능한 지원자의 확보와 직결되는 활동이므로 보다 적극적인 방식으로 진행하는 것이 바람직하다. 소극적인 모집활동으로 인해 유능한 지원자를 확보하지 못한다면 질적으로 우수한 채용후보자를 확보하는 것이 역시 어렵기 때문이다.

(2) 선발(selection)

선발은 인사방침과 충원계획, 직무분석 등을 근거로 세운 선발기준에 따라 가장 적합한 인재를 선별하는 것을 말한다. 지원자가 조직이 요구하는 직무에 적합한 인재인지를 평가하는 하나의 과정으로, 후보자를 채용했을 때 성공적으로 일할 수 있을지를 예측하고, 후보자에게 일과 조직에 대한 정보를 제공하며, 신규직원의 요구와 욕구를 만족시키는 동시에 잠재능력을 최대한 발휘할 기회를 주는 것을 목적으로 한다(원석조, 2018 : 189). 일반적으로 서류전형, 필기시험, 면접시험, 경력조회, 건강검진, 선체검사 등의 복수의 방법을 활용하여 종합적으로 판단한다. 한번 채용하면 쉽게 변경하기가 힘들기 때문에 반드시 엄격한 기준의 적용을 통해 선발해야 할 필요가 있다. 또한 기관장 단독 결정보다는 인사위원회를 통하여 관리자와 해당 업무 담당자의 의견이 반영되어 최종결정을 짓는 것이 바람직하다(신복기 외, 2019 : 208).

(3) 임명(appointment)

임명은 선발된 인원 중에서 선발과정에서의 결과를 토대로 조직에 필요한 사람을 최종적으로 채용하는 과정을 말한다. 즉, 선발된 사람을 고용하겠다는 공식적 계약과정인 것이다. 유능한 관리자는 임명된 직원에게 분명한 목표의식과 책임의식을 심어주는 것이 중요하며, 조직의 잠재력에 대해 적극적으로 말해줄 필요가 있다(권육상 외, 2004 : 246). 더불어 보수조건, 근무조건, 근무시간, 휴가 등에 대한 정보도 함께 제공해 주어야 한다.

(4) 배치(placement)

배치란 직무상의 요구, 근로조건, 보수, 동료, 승진 가능성 등을 고려하여 신규채용직원을 적절한 자리에 배치하는 것을 말한다. 아직 역량이 충분히 알려져 있지 않기 때문에 관리자는 신규직원과 직무가 일치하는 정도에 관하여 잘 살펴보아야 할 필요가 있다(원석조, 2018 : 191).

2. 직원(능력)개발

1) 직원개발의 개념

직원개발(staff development)이란 조직구성원들의 소양과 능력을 개발하고, 직무수행에 필요한 지식과 기술을 향상시키며 가치관과 태도를 바람직한 방향으로 변화시키기 위한 교육 및 훈련 등의 조직적인 활동을 말한다(성규탁, 1989; 양승일, 2018 : 235 재인용). 특히 사회복지조직의 경우 구성원들의 활동이 직접적으로 클라이언트들에게 광범위하게 영향을 미치고, 급변하는 환경의 변화에 크게 영향을 받기 때문에 구성원들의 전문성과 기술 등의 역량을 개발하고 향상시키기 위한 노력을 꾸준히 지속해야 한다. 이를 통해 클라이언트에게 제공되는 서비스의 질적 수준의 향상을 꾀할 수 있고, 구성원들은 직원개발을 통해 전문성과 기술, 지식, 양질의 가치관과 태도를 갖춘 훌륭한 인적자원으로 성장할 수 있는 기회를 얻을 수 있게 된다.

2) 직원개발의 종류

직원개발의 종류에는 신규 채용자를 대상으로 하는 오리엔테이션, 일반직원교육, 감독자 교육, 관리자 교육이 있다. 신규직원을 대상으로 하는 오리엔테이션(orientation)은 직원을 조직에 사회화시키는 과정으로서 조직의 목표, 역사, 정책, 규정, 구조, 직무절차, 프로그램, 자원, 네트워크, 임금, 승진 등 조직의 주요 내용에 대한 교육을 통해 조직에 일체화시키는 작업을 말한다(원석조, 2018 : 191). 이를 통해 조직 환경과 직무에 대한 적응성을 높이고 심리적인 안정감도 제공할 수 있다. 이러한 오리엔테이션은 신규직원뿐만 아니라 새로운 업무를 맡게 되는 기존의 직원들에게도 필요한 과정이다.

일반직원교육은 보수교육이라고도 불리는데, 일반직원들에게 주기적으로 새로운 지식과 기술을 제공하고 바람직한 가치관과 행동규범을 함양시키기 위해 실시하는 교육을 말한다. 특히 중요하게 다루어지는 방법으로는 직장연수가 있다. 직장연수는 직무를 통한 연수(OJT : On the Job Training), 직무와 분리된 연수(OFF-JT : Off the Job Training), 자기계발 원조제도(SDS : Self Development System)의 세 가지 형태로 실시될 수 있다. OJT는 직장연수의 기본으로, 직장의 상사나 선배가 부하나 후배에게 일을 통해 이루어지는 지도 육성 활동으로 주로 경험, 견습, 동기부여 등의 활동이 포함된다. OFF-JT는 직무명령에 의해 일정 기간 동안 직무에서 떨어져 연수하는 것으로, 일상적인 직무에서 하기 어려운 새로운 동기부여, 관점의 확대, 전문지식이나 기능습득을 목적으로 하는 연수형태이다. 마지막으로 SDS는 개별 직원이 스스로를 향상시키기 위한 자기관리를 조직이 적극적으로 지원하고 촉진하는 것을 말한다(신복기 외, 2019 : 211-213).

중간관리자로서의 슈퍼바이저를 대상으로 하는 감독자 교육은 전문적인 지식과 기술이나 실제 업무 관련 내용보다는 인간관계 개선, 의사전달, 인사행정, 근무평정, 사무 관리 등의 사항을 주로 다룬다.

슈퍼바이저보다 높은 계층인 중·고급 이상의 관리자를 대상으로 하는 관리자 교육은 조직과 관련된 일반환경 및 과업환경에 대한 이해, 지도력과 의사결정 역량, 정책분석 능력 등의 함양을 위해 실시되는 교육을 말한다. 이러한 관리자 교육은 순환보직, 회의, 사례연구, 감수성 훈련, 신디케이트(syndicate) 방식[1]이 효과적이라고 알려져 있다(Pecora & Wagner, 2000; 심상용, 2017 : 239 재인용).

3) 직원개발의 방법

직원개발을 위한 다양한 방법들이 존재한다. 일반적으로 가장 많이 쓰이는 강의를 비롯하여 회의, 토의, 계속교육, 슈퍼비전, 사례발표, 역할연기 등의 방법이 사용된다. 구체적인 내용을 정리하면 다음과 같다.

(1) 강의(lecture)

정해진 장소에 직원들을 모아놓고 전문직 지식, 기술, 태도 등을 전달하는 방식으로, 단기간에 많은 사람에게 교육을 실시할 수 있기 때문에 비용 면에서 경제적인 장점을 갖는다. 그러나 집합적 교육의 형태이기 때문에 각 개별의 욕구를 모두 충족시키기 어렵고, 강사의 자질이 역량에 미치지 못하는 경우, 직원이 무성의하게 듣는 경우에는 효과성을 기대하기 어렵다.

(2) 회의(conference)

특정한 주제에 대해 논의와 토의가 이루어질 수 있는 모임을 의미한다. 회의에서는 토론자들 간에 정보의 상호교환이 이루어지므로 이를 통해 많은 것들을

1) 분임연구라고도 불리는데, 피훈련자들을 10명 내외의 분반으로 나누어 분반별로 동일한 문제를 토의해 문제 해결방안을 작성한 후, 다시 전원이 한 장소에 모여 분반별로 작성한 안을 발표하고 토론을 벌여 최종안을 작성하는 훈련 방법을 말한다. 영국의 관리자대학(Administrative Staff College)에서 관리자훈련을 위해 개발한 훈련 방법인 분임연구는 여러 참여자의 중지(衆智)를 모아 문제 해결을 위한 정책대안을 모색하는 데 유용하며, 고급관리자들에 대한 교육훈련에 많이 이용된다(행정학사전).

배울 수 있게 된다. 참여적이고 집단 주도적이라는 점에서 장점을 가진다. 그러나 회의의 참여인원이 지나치게 다수인 경우 토론의 효율성이 떨어질 수 있으며 참여자의 역량과 수준에 따른 주도성에 차이가 있을 수 있다는 단점을 가진다. 또한 일방향보다는 양방향으로 진행되는 것이 바람직하다.

(3) 토의(discussion)

한 주제에 대하여 소수의 사람이 먼저 주제발표를 한 후, 여러 사람이 발표된 주제에 관한 다양한 의견을 제시하는 방식을 말한다. 토의방법에는 포럼(forum), 패널토의(panel discussion), 분임토의(syndicate), 심포지엄(symposium) 등으로 나눌 수 있다. 포럼은 특정 주제에 관하여 새로운 자료를 제시한 후 청중이 토론에 참가해 의견을 종합하는 방법을 말하고, 패널토의는 특정 주제에 대한 상반된 견해를 대표하는 사람들이 청중 앞에서 자유롭게 토론하고 청중들이 이를 청취하는 형식의 토론방법이다. 분임토의는 10명 내외의 분반으로 나누고 분반별로 동일한 문제를 토의하여 해결방안을 마련한 후 다시 전체가 모여 분반별로 결과를 발표하고 토론하여 최종안을 확정하는 방식이며, 심포지엄은 특정한 문제에 대하여 두 사람 이상의 전문가가 서로 다른 각도에서 의견을 발표하고 다른 전문가 혹은 청중의 질문에 답하는 토의방식을 말한다.

(4) 계속교육(continuing education)

학교에서 정규과정을 마친 조직구성원들을 대상으로 그들의 전문성을 유지하고 향상시키기 위한 목적으로 계속적으로 제공되는 교육방식을 의미한다. 다른 말로는 보수교육이라고 한다.

(5) 슈퍼비전(supervision)

실제로 자신의 업무현장에서 선임으로부터 직무에 대해 지도감독을 받는 것을 말한다. 이에 대한 구체적인 내용은 뒷부분에서 다시 다루도록 하겠다.

(6) 사례발표(case presentations)

사전에 선정된 사례에 대해 발표하고 토론하는 과정을 통해 사례와 관련된 이론, 모델, 원리 등을 터득하는 방법이다. 일선현장의 실제 사례를 통해 자신의 직무에 대한 이해와 사례개입에 대한 체계적이고 실질적 효과성을 지닌 기법을 배우는 데 도움이 될 수 있다. 전체 구성원의 참여와 토론을 통해 활발한 상호작용을 가능하게 한다는 장점이 있지만, 잘못된 사례를 선정하는 경우 질 높은 의견 교환에 제한이 있을 수 있다.

(7) 역할연기(role playing)

특정 사례에 대해 몇 사람이 실제 상황과 같이 연기한 후 이에 대해 평가하고 토론하면서 특별한 함의를 발견하는 방식을 말한다. 이 방법은 특정한 상황에 대한 전체 구성원의 감정적 공유와 반성적 사고를 통한 긍정적인 학습경험을 제공할 수 있다는 장점이 있는 반면, 실제 사례의 맥락을 정확히 표현하지 못하는 경우 통찰력을 제공하는 데에 한계가 있을 수 있다.

(8) 임시대역(understudy)

연극에서 주연배우의 역할을 대신 연기하는 것에서 유래된 개념으로, 상사의 부재 시를 대비하여 하급자가 상급자의 직무를 대신 수행하게 하는 방식을 말한다.

(9) 집단훈련(행동)

집단훈련은 조직원들이 집단적으로 일정 기간 합숙방식으로 태도와 행동 변화 훈련을 하는 방식을 말하는데, 감수성 훈련집단(sensitivity group), T-그룹 훈련집단 등이 있다. 구성원들은 훈련집단을 통해 타인의 감정과 행동에 대한 이해를 높이고 상호적 관계를 통해 자기 인식과 타인 행동에 대한 감수성을 증가시킬 수 있게 된다.

(10) 워크숍(workshop)

집단사고나 집단작업을 통해 문제제기 방법이나 해결방법을 연구하는 방식을 말한다. 집단사고 및 집단작업을 통해 교육자들은 전문적인 성장을 꾀할 수 있고, 동시에 구성원들도 직무수행상의 다양한 문제에 대한 해결책을 찾을 수 있다.

(11) 순환보직(rotation)

직장 내의 다양한 업무를 수행할 수 있는 능력 개발을 위해 다른 부서로 발령을 내서 직무를 변경시켜 주는 훈련방식이다. 여러 보직에 대한 경험을 통해 조직 운영에 대한 시야를 확장시킬 수 있는 반면 업무수행의 전문성을 저하시키고 행정의 일관성을 해칠 우려가 존재한다.

(12) 멘토링(mentoring)

역량과 경험이 풍부한 멘토(mentor)가 신입 구성원인 멘티(mentee)에게 직무 및 조직에 대한 지식 및 기술 등을 제공하는 역할모델로서 대인관계를 개발하고 경력관리에 도움을 주는 방식을 말한다. 일반적으로 특정 이슈가 발생할 때 거의 모든 영역에서 도움을 줄 수 있는 선배나 가족 등의 일차적 멘토와 특정 관심 영역에 대한 전문적 도움을 줄 수 있는 전문적인 이차적 멘토의 유형이 있다. 또한 조직에서 지정해주는 공식적 멘토와 조직과 상관없이 신규 조직원과 개인적 관계를 맺는 비공식적 멘토가 있다(심상용, 2017 : 244).

4) 슈퍼비전(supervision)

(1) 슈퍼비전의 개념

슈퍼비전은 라틴어의 위에서라는 의미의 'super'와 지켜보다의 의미인 'videre'의 합성어에서 유래된 말로, '타인의 직무에 대해 책임성을 유지하면서 지켜보는 감독자의 직무'로 해석할 수 있다(한국복지행정학회, 2014 : 171). 따라서 슈퍼비전은 조직의 종사자가 업무를 수행하는 데 지식과 기능을 최대로 활용하고 그 능력을 향상시켜 효과성을 제고하기 위해 전문적이고 기술적으로 원조하고 지도하는 일로 개념화할 수 있다. 즉, 잘 훈련되고 경험과 능력이 풍부하며 전문적 지식과 기술을 갖춘 슈퍼바이저(supervisior)가 지식과 경험, 기술이 부족한 슈퍼바이지(supervisee)에게 업무를 모니터링하고 정서적·사회적 지지를 제공하여 전문성 개발에 도움을 주는 상호 교환적인 활동이라고 할 수 있다. 이를 통해 클라이언트에게 양질의 서비스를 제공함으로써 조직의 책임성을 높이고자 하는 것이 슈퍼비전이 궁극적으로 추구하고자 하는 목적이라고 할 수 있다.

(2) 슈퍼비전의 기능

Kadushin(1916~2014)은 슈퍼비전의 기능으로 크게 교육적 기능과 행정적 기능, 직원의 의욕과 동기를 고취시키기 위한 지지적 기능으로 분류하여 제시하였다.

① 교육적 기능

교육적 기능은 전문인으로서의 지식과 기술을 향상시키는 것을 핵심으로 하는 슈퍼비전으로, 조직의 기본가치, 임무, 목적 등에 대한 교육과 함께 다양한 서비스 실천이론과 모델에 대한 교육을 통해 직원의 문제해결능력과 실천 기술의 향상 도모한다.

② 행정적 기능

행정적 기능은 조직의 관리자로서 규정과 절차에 맞는 서비스를 제공하는 것에 초점을 두는 것으로, 특정한 클라이언트의 사례를 위임하거나 직원의 사례관리와 서비스 제공을 감독하고 평가하는 방식으로 수행된다. 이를 통해 관리자와 직원 간에 의사소통을 촉진시키고 기관 활동에 대한 조정과 통제의 역할을 수행한다.

③ 지지적 기능

지지적 기능은 개별적 욕구에 관심을 가지고 스스로 업무를 수행할 수 있도록 용기를 북돋워 주고 지지해 주는 것을 말한다. 직원에게 스트레스를 유발하는 원인을 살펴 미리 대처할 수 있게 해주고, 동기와 사기를 진작시켜 불만족과 좌절을 해결하여 업무에 대한 만족감을 제고하는 역할을 수행한다.

특히 사회복지 분야에서는 슈퍼비전이 더욱 강조된다. 동일한 사례라 해도 경제상황이나 인간관계, 상태 등에 따라 요구되는 지원내용이 상이하기 때문에 표준화된 매뉴얼이 적용되기 어렵고 대상에 따른 개별적이고 독자적인 해결책이 적용되어야 하기 때문이다. 따라서 이러한 상황을 극복하고 질 높은 업무수행을 위해서는 조직 내부에서의 업무지원(행정적 슈퍼비전), 구체적 사례에 대한 새로운 대처 방법(교육적 슈퍼비전), 심리적 지지(지지적 슈퍼비전)가 필수적이라고 할 수 있다(신복기 외, 2019 : 215).

3. 직원의 유지 및 관리

1) 직무분석

직무분석(job analysis)이란 효율적인 인적자원관리에 필요한 정보를 제공하기 위해 조직구성원이 수행하는 업무의 방법과 절차, 업무수행에 필요한 지식, 경험, 기술의 수준과 정도를 파악하여 각 직무의 내용을 명확히 하는 작업을 의미한다(김신영, 2008 : 5-7). 직무분석으로 수집된 자료는 직무내용에 관한 정보를 담은 직무기술서와 직무수행자의 자격요건을 담은 직무명세서의 토대가 된다. 직무기술서(job descriptions)란 직무에 관련된 과업, 임무, 책임에 관한 정보들을 제공하는 문서로, 직무의 성격과 업무에 필요한 지식, 기술, 능력 등 효율적인 업무수행에 필요한 사항을 기록한 것으로, 구체적으로는 직무의 명칭, 직무의 직종, 직무내용, 수행하는 과업, 직무수행 방법과 절차, 사용하는 장비와 도구, 작업조건 등이 포함된다. 직무명세서(job specification)는 인적자원관리의 특정 목적에 맞도록 직무기술서의 내용을 세분화하여 구체적으로 기술한 것으로, 직무의 명칭, 직무의 직종, 필요한 교육수준, 기술수준, 지식, 정신적·육체적 능력 및 필요한 작업 경험 등이 포함되는 문서이다.

이러한 직무분석은 조직의 입장에서는 새로운 직원의 충원 여부나, 업무 성과의 평가, 직원들의 근무 지속성 유지 및 직무 재배치를 위한 유용한 자료가 될 수 있고, 직원들의 입장에서는 자신의 직책과 직무를 명확히 해줌으로써 책임과 역할을 다할 수 있도록 해주기 때문에 인적자원관리 전반을 통괄하는 중요한 기초자료로서의 역할을 할 수 있다.

2) 직무평가(Performance Evaluation)

직무평가는 조직이 달성하고자 하는 목표에 대한 과업수행의 능력과 산출결과에 대해 점검하고 조직의 미래 비전을 공유할 수 있는 인재인가를 재확인하는 과정을 말한다(양승일, 2018 : 238). 직무평가는 직원에 대한 기대치와 업적 달성 정도를 비교하여 평가하고 이를 다시 일정한 구성원들에게 피드백(feedback)시키는 과정이 이루어지게 되며, 개인의 지식과 기능, 능력과 태도, 직무수행과정과 직무성과 등의 복합적인 요인이 평가내용에 포함된다. 직무평가의 일반적인 목적은 임금관리나 인사이동, 교육훈련이나 사기진작을 위한 것이므로 평가대상자의 참여가 보장되어야 하고 같은 직위의 모든 대상자에게 일관된 방법과 기준이 적용되어야 한다. 또한 평가대상자가 수행한 업무에 초점을 두고 업무활동에 대한 피드백이 이루어져야 하며 평가결과를 통해 문제를 해결해 나가는 데 목적을 두어야 한다(한국복지행정학회, 2014 : 157). 따라서 직무평가는 조직구성원이 조직의 목표를 위해 노력한 활동의 가치를 평가하는 것으로, 직무평가의 결과는 고용, 해고, 승진, 보상, 이직 방지 등 인사관리의 기본이 되는 매우 중요한 자료가 되는 것이다(한용석, 2011 : 43).

직무평가는 평가내용에 따라 결과평가(results approach), 행동평가(behavioral approach), 자질평가(traits approach), 총체적 평가(total quality management approach)로 나누어진다. 결과평가는 직원의 업무활동 결과가 바람직한 것인지에 대한 여부를 평가하는 것이고, 행동평가는 효과적인 업무활동에 필요한 직원의 행동을 평가하는 것이다. 자질평가는 리더십, 창의력, 경쟁력 등 직원이 보유하고 있는 바람직한 자질을 평가하는 것이고, 총체적 평가는 업무에 대한 책임성, 효과성, 충실성 등을 포함하여 직원을 종합적으로 평가하는 것을 말한다. 직무평가의 방법은 객관적 방법과 주관적 방법으로 나눌 수 있다. 객관적 방법은 매출액, 작업량, 불량률과 같은 생산 관련 자료와 근무연수, 교육, 상벌, 결근과 같은 인사 관련 자료를 활용하는 방법이고, 주관적 방법은 평가척도를 이용하거나 평가자의 주관에 의존하는 방법이다(Noe et al., 1997; 원석조, 2018 : 196 재인용). 여기서 중요한 점은 평가자가 아무리 객관적 방법을 사용한다 하더라도 자신의 주관을 완전히 배제하기는 어렵다는 점이다. 평가에서 가장 중요한 것은 공정성이기 때문에 이를 위해 평가자는 자신이 가진 편견 등과 같은 자기 인식에 대한 깊은 고민과 함께 평가에 영향을 미칠 수 있는 요인들을 고려하여 객관적 평가기준을 적용하기 위한 노력이 필수적이라고 할 수 있다.

3) 보상관리(Reward Management)

조직구성원은 일에 대한 대가로 조직으로부터 보상을 받는다. 대표적인 보상으로 승진과 보수가 있다(심상용, 2017 : 265-268). 승진(promotion)이란 조직구성원이 조직 내에서 현재보다 더 나은 직무로 이동하는 것을 의미하는 것으로, 승진을 하게 되면 자신뿐 아니라 관계적 측면에서의 권위가 확대되며 개인적으로는 권한과 보상의 증가가 동반된다. 또한 개인의 성장욕구를 충족시킬 수 있는 기회를 제공받아 자신의 잠재능력을 개발할 수 있으며 대부분의 경우 직장안정으로 연결되어 심리적 안정감을 얻을 수 있게 되기 때문에 승진은 조직구성원들에게 각별한 의미를 가진 보상이라고 할 수 있다. 따라서 조직은 구성원들의 공헌 내용을 정확히 파악하여 구성원들에게 가급적 많은 승진기회를 공정하게 부여해야 한다. 승진의 기준에는 근속연수를 기준으로 판단하는 경력평정과 능력, 개인적 특성, 직무행동, 업적, 시험 성적 등을 기준으로 평가하는 인사평가, 조직에서 실시하는 교육훈련 프로그램에 참가해 얻은 학습 성과를 기준으로 평가하는 연수평정이 있다.

보수(benefits)란 직무수행의 대가로 지급하는 금전적 보상을 의미하는 것으로, 일반적으로 임금과 부가급여(fringe benefits)로 구성된다. 임금은 노동에 대한 대가로 받는 금품 일체를 의미하는 것으로, 직원 개인의 성과, 노력, 연공서열, 지식과 기술수준, 업무의 중요성과 난이도, 조직상의 지위 등에 의해 결정된다. 임금은 조직구성원의 공헌에 대한 대가로 더 높은 지위를 부여받은 결과이므로 적어도 공헌과 일치하거나 공헌보다는 커야 계속해서 공헌을 하게 된다. 이러한 임금의 상승은 사회적 신분 상승은 물론 존경받고자 하는 욕구의 충족도 가져올 수 있다. 부가급여는 임금 이외에 기업의 부담으로 추가적으로 제공되는 편익 혹은 간접적 보상 프로그램으로, 각종 사회보험, 휴가, 안식년제, 교육이나 취미활동 지원, 퇴직 관련 급여 등 주로 기업복지를 의미한다. 부가급여는 조직구성원의 사기를 진작시키고 조직에 대한 헌신과 기여도를 증가시키고자 하는 목적이 있다. 이러한 보상체계의 공정한 관리는 조직이 필요한 인재를 유지하는 데 가장 중요한 원천이라고 할 수 있다. 이를 위해는 객관적인 기준에 의한 직무평가결과를 근거로 한 공정한 인사제도 확립이 우선되어야 할 것이다.

4) 직무만족, 소진 및 갈등 관리

(1) 직무만족(job satisfaction) 관리

직무만족에 관한 연구는 1935년 호포크(R. Hoppock)의 연구로부터 시작되었으며, 이후 많은 학자들에 의해 다양하게 정의되고 있다. 대표적으로 Locke(1976)는 직무만족이란 '직무 또는 직무 경험상의 즐겁거나 긍정적인 정서적 상태'라고 정의하였고, Smith(1970)는 '개별적 직무를 통해 경험되는 모든 감정의 총화 내지 균형상태에 좌우되는 태도'라고 정의하였으며, Porter & Lawler(1968)는 '실제로 얻은 보상이 정당하다고 인정되는 보상의 수준을 초과한 정도'로 정의하였다. 이 외에도

McCormick(1974)은 '직무수행자가 직무수행과정에서 경험하거나 직무수행 결과로 얻게 되는 성취감 등의 욕구만족'으로 정의하였으며, Betty(1978)는 '조직구성원의 직무가치를 달성하고 촉진시키는 것으로서 개인별 직무평가에서 얻은 감정적 상태' 라고 정의하였다. 이처럼 직무만족에 대한 학자들 간의 정의에는 다소 차이가 있으나, 공통적으로 제시하고 있는 내용은 '직무와 관련된 욕구충족의 정도'와 '정당하다고 인정되는 보상의 수준을 초과한 정도'를 포함하고 있다. 즉, 자신의 직무에 대해 만족하는 정도를 의미하는 것이라고 정리할 수 있다(양승일, 2018 : 251).

직무만족에 영향을 미치는 요인은 다양하게 존재하지만, 대표적으로는 회사의 정책, 급여, 승진기회, 의사결정과 참여, 소속감, 인간관계, 성취, 근무조건, 인정, 자율성, 직무안전, 일과 생활의 균형이 있다. 이는 직원의 직무만족을 향상시키기 위해서 조직이 해야 할 일이 그만큼 다양하다는 것을 의미하기도 한다. 또한 직무만족은 직무성과와도 긍정적인 관계를 가진다는 다수의 연구결과들이 제시되고 있는 것으로 보아 직무만족을 높이기 위한 노력과 더불어 직무불만족을 야기할 수 있는 원인들을 파악하여 사전에 대응하기 위한 노력도 함께 동반되어야 할 것이다.

(2) 소진(burnout)의 관리

소진이라는 단어는 Freudenberger(1974)가 직업에 관한 스트레스에 적용하면서 사용하기 시작되었다. 그는 약물중독자와 노숙자를 무료로 치료하는 뉴욕의 성 마르크 무료진료소의 의사였는데, 자신은 물론 진료소의 봉사자들과 사회복지사들이 정신건강 이동진료소에서 특별한 이유 없이 의욕을 잃고 끝내 환자들에게 냉정해지는 것을 보고, 이러한 정서적 및 신체적 탈진 현상을 나타내기 위해 처음으로 사용했다고 한다(원석조, 2018 : 218).

소진이란 장기간 사람들과 밀접한 관계를 유지하는 과정에서 정서적 압력을 많이 받는 휴먼서비스 영역의 종사자에게서 나타나는 신체적·정서적 고갈상태를 나타낸다(김재호 외, 2018 : 247). 이에 대해 Maslach(1993)는 소진의 세 가지 차원, 즉 정서적 탈진(emotional exhaustion), 비인격화(depersonalization), 개인적 성취감의 감소(reduced personal accomplishment)를 제시하였다. 정서적 탈진이란 소진의 핵심 증후로서 정서적 자원이 고갈된 채로 과도하게 많은 시간과 노력을 업무에 쏟음으로써 생기는 일반적인 피로감을 의미하고, 비인격화는 클라이언트에게 냉담한 태도를 취하거나 클라이언트와 의도적으로 정서적・인지적으로 거리를 두는 반응을 말하며, 개인적 성취감의 감소란 클라이언트의 문제해결과 욕구충족을 위해 노력했음에도 불구하고 자신의 과업에 대해 인정받지 못하거나 업무에 대한 보람과 의미를 느끼지 못하고 무기력해지는 상태를 의미한다. 이러한 소진은 직무만족감을 저하시키고 조직몰입을 방해하고, 직무에서 이탈하거나 직장 동료와의 갈등을 유발하기도 한다. 따라서 직원의 소진 발생을 예방하기 위해서는 긍정적인 상하관계의 확립을 통해 의사소통기능을 강화하고 규칙이나 규제, 과도한 서류작업의 감소를 통해 과중한 업무량을 조정해주어야 하며, 직무설계의 개선을 통해 적절한 자리에 직원을 배치할 수 있어야 한다. 또한 지속적인 슈퍼비전과 훈련, 정서적 지지집단의 확보를 통해 직원 간의 상호협력을 증진시킬 수 있어야 하며 무엇보다도 성실하고 세심한 리더십을 통해 직원이 처한 스트레스 상황의 요인을 잘 파악하여 이에 대한 부담을 줄여줄 수 있도록 해주는 것이 필요할 것이다.

(3) 갈등(conflict)의 관리

조직은 다양한 사람 및 집단들과 함께 활동하기 때문에 개인 간, 혹은 집단 간, 업무 간에는 다양한 유형의 갈등이 나타날 수 있다. 갈등이 일어나는 관계나 상황은 매우 복잡하고 다양하다. 그로 인해 갈등의 개념도 다양하게 규정된다. Thomas(1992)는 갈등이란 '어떤 개인이 관심을 가지고 있는 것에 대하여 다른 사람이 부정적으로 영향을 주거나 줄 것이라고 지각할 때 일어나는 과정'이라고 하였고, Miles(1980)는 '어떤 개인이나 집단의 목표지향적 행동이나 기대가 다른 집단 구성원에 의해서 좌절되거나 방해를 받을 때 나타나는 상태'라고 정의하였으며, Stooner(1978)는 '최소한의 자원이나 작업 활동을 배분할 때 혹은 목표, 가치, 인지 등의 차이가 존재할 때, 둘 이상의 개인 간 혹은 집단 내에서 일어나는 대립적 작용'으로 정의하였다(신복기 외, 2019 : 249). 이러한 정의를 종합해보면, 갈등이란 '희소한 자원이나 업무의 불균형 배분 또는 목표, 가치, 인지 등의 차이로 인하여 개인과 집단 및 조직의 심리, 행동 또는 그 양면에 나타나는 대립적 상호작용'으로 정의할 수 있다(박연호, 1994 : 341).

조직이 활동하는 곳이라면 어디든 갈등은 상존한다. 갈등은 그 정도에 따라 조직에 긍정적인 영향을 주기도 하고 해를 끼치기도 한다. 과도하게 많거나 지나치게 갈등이 없는 경우에는 두 경우 모두 조직에 부정적인 결과를 가져오지만 적절한 정도의 갈등은 오히려 조직의 효율성과 효과성에 긍정적인 영향을 미칠 수 있다는 것이다. 조직에 갈등이 너무 없는 경우에는 구성원들은 업무에 대한 의욕과 환경변화에 대한 적응력을 상실하게 되거나, 조직에 지나치게 많은 갈등이 상존하는 경우에는 구성원 간에 대립과 투쟁, 비협조적 행동으로 인한 혼란과 분열이 발생하여 조직의 유효성을 떨어뜨리게 되는 것이다. 따라서 전술한 두 가지 상황은 모두 바람직하지 못한 상황이므로, 조직의 유효성을 향상시키기 위해서는 갈등을 제거시키는 것이 아니라 적당한 정도의 갈등을 조성하고 유지하기 위한 관리가 필요한 것이다. 이를 위한 구체적인 전략에는 갈등예방 전략, 갈등적응 전략, 갈등조장 전략 등이 있다. 첫째, 갈등예방 전략은 갈등의 원천을 사전에 진단하여 미연에 방지하는 전략으로 갈등예방을 위한 의사소통 및 합리적 문제해결방법을 습득할 수 있는 교육과 훈련기회를 제공하는 방법이다. 둘째, 갈등적응 전략은 현재 조직 내에 존재하는 갈등에 구성원들이 적응하도록 만드는 전략을 말한다. 이를 위해 갈등을 중재하거나 해결하는 방법을 교육·훈련하고 건설적으로 갈등을 관리할 수 있도록 도움을 줄 필요가 있다. 셋째, 갈등조상 전략은 갈등의 순기능적인 측면을 부각시켜 조직의 효과성을 제고하기 위한 전략을 말한다. 구성원 간의 경쟁을 유도하고, 자신의 의견을 피력할 수 있는 토론기회를 마련해주며, 이질적인 구성원들을 집단에 유입시키거나 외부집단의 도전이니 위협을 느끼도록 하는 방법 등을 사용하여 경쟁적인 환경을 조성해주도록 한다. 이 외에도 조직의 갈등관리에 적용 가능한 다양한 전략들을 구상하여 효과적이고 효율적으로 갈등을 관리할 수 있는 최적의 대안을 찾는 일이 매우 중요하다 할 수 있다.

제3절 동기부여

1. 동기부여(Motivation)의 개념

동기부여란 '움직이다'라는 뜻의 라틴어 'movere'에서 유래한 것으로, 움직이게 하다 혹은 행동하게 하다라는 의미를 내포하는 단어이다. 동기부여란 '조직의 관리자나 지도자가 조직구성원들을 대상으로 내재적이고 외재적인 영향력을 발휘하여 조직의 목표 달성을 목적으로 하는 활동을 열심히 하도록 유도하는 과정'을 의미한다. 여기서 내재적 동기부여는 업무담당자가 일 자체로부터 얻는 성취감, 도전감, 확신감 등의 내재적 보상을 의미하는 것이고, 외재적 동기는 직무를 수행하는 과정에서 직원 스스로가 조직의 목표 달성을 위한 행동에 노력을 기울이도록 동기부여 하는 것들, 예를 들면 급여의 인상, 승진, 권한위임 등과 같이 외부 환경으로부터 발생하는 보상을 의미한다. 이러한 동기부여는 직무만족의 결정적인 요인임과 동시에 직원들의 근무의욕과 사기를 진작시켜 조직의 업무성과를 향상시키고 효과적이고 효율적인 서비스의 제공에 포괄적으로 영향을 미치는 요인인 것이다(한국복지행정학회, 2014 : 161-162).

2. 동기부여의 이론

동기를 부여하는 주된 요인은 무엇인지 그리고 어떻게 동기를 유발시킬 것인지에 대한 다양한 이론들이 존재한다. 크게는 내용이론(content theories)과 과정이론(process theories)으로 분류할 수 있다. 동기부여의 내용이론(욕구이론)은 동기화된 행동을 유발하거나 촉진시키는 여러 가지 요인에 관심을 두는 이론으로 금전이나 지위, 성취에 대한 개인의 욕구를 만족시킴으로써 동기를 유발시킨다고 보는 관점이고, 과정이론은 행동을 유발하는 요인뿐만 아니라 행동의 과정, 방향 또는 선택에 관심을 두고 노동투입, 성과 요구치 및 보상의 명료화를 통해 동기를 유발시킬 수 있다고 보는 관점이다. 어떤(what) 욕구를 충족시키면 동기가 유발될 것인지는 내용이론의 관심사이고 어떻게(how) 특정한 욕구를 충족시킬 것인가는 과정이론의 관심사인 것이다(김재호 외, 2018 : 234-235). 이에 대하여 구체적으로 살펴보면 다음과 같다(양승일, 2018 : 248-250; 한국복지행정학회, 2014 : 162-166; 신복기 외, 2019 : 238-246).

1) 동기부여의 내용이론

(1) Maslow의 욕구단계설

Maslow(1943)가 제시한 이론으로, 인간의 욕구는 5단계로 구성되어 있으며, 가장 하층의 욕구에서부터 상층의 욕구까지 순차적인 계층(hierarchy)의 형태를 나타낸다고 주장하였다. 즉, 계층적 욕구에 따라 동기부여가 결정된다고 보는 이론인 것이다. 최하위의 제1단계 욕구에는 인간의 최하위 욕구인 의식주, 성욕, 수면욕과 같은 생리적 욕구(physiological needs)를 배치하고, 제2단계 욕구에는 육체적 위험으로부터의 보호, 경제적 안정, 자기보전의 욕구 등과 같은 안전의 욕구(safety needs)를 배치하였으며, 제3단계 욕구에는 사회적 동물로서 집단의 성원이 되려는 사회적 욕구인 소속·애정욕구(belongingness and love needs)를 배치하였다. 제4단계 욕구에는 자기 자신을 중요시하고 타인의 인정을 원하는 존경에 대한 욕구(esteem needs)를 배치하였으며, 최상위인 제5단계 욕구에는 인간이 할 수 있는 모든 것을 하려는 욕구, 자아완성에 대한 갈망을 최대한 실현하고자 하는 자아실현의 욕구(self actualization needs)를 배치하였다. 다섯 가지의 욕구단계는 생리적 욕구로부터 자아실현의 욕구 순으로 발달되는 것으로 보았으며, 전 단계의 욕구가 충족되지 않으면 다음 단계로 진행되지 않는다고 보았다. 그러나 이러한 욕구의 경계가 애매하고 중복되어 있는 경우가 많고, 인간의 행동은 제시된 단일한 욕구보다는 보다 복합적인 욕구에 의해 부여될 수 있으며, 욕구 이외에도 사회적 규범, 의무, 이념 등에 따라서 행동이 유발될 수 있다는 점을 간과했다는 문제점이 발견된다. 또한 조직의 구성원들을 동기화하는 데 욕구단계를 적용하는 경우, 욕구와는 무관한 개인의 개성이나 기술 수준 등에 더 많은 영향을 받을 수 있다는 점에서 비판의 목소리도 적지 않다.

(2) Herzberg의 2요인 이론

Herzberg(1959)는 조직에서 직무에 만족을 주는 동기적인 요인과 불만족을 주는 위생적인 요인의 상호독립적인 2요인 이론(two factor theory)을 제시하였는데, 이를 동기-위생 이론(motivation-hygiene theory)이라고 부르기도 한다. 직무에 만족을 일으키는 동기요인에는 직무에 대한 달성감, 성취에 대한 인정, 직무 자체, 증대되는 책임성, 능력과 지식의 신장 등을 포함하고, 직무에 불만족을 일으키는 위생요인에는 기업의 정책과 경영, 기술적 감독, 봉급, 금전, 작업 조건, 인간관계, 감독자 요인이 포함된다. Herzberg(1959)는 조직의 구성원들은 제시한 두 가지 요인에 의해 동기부여가 결정된다고 주장하면서, 위생적인 요인의 개선은 동기를 유발하기보다는 불만족을 감소시키는 역할을 한다고 보고 근본적인 직무에서의 만족감을 얻기 위해서는 동기적인 요인을 충족시키는 것이 보다 중요하다고 주장하였다.

(3) Alderfer의 ERG이론

Alderfer(1969)는 기존의 Maslow의 욕구단계 이론을 비판·수정하고 Herzberg의 이론을 확장시켜 현실적인 조직 생활에 적용 가능한 세 가지의 욕구단계를 제시하였다. 즉, 생리적 욕구와 안전욕구를 포괄하는 생존욕구(Existence needs), 소속감과 애정의 욕구 및 존경에의 욕구 일부를 포괄하는 인간관계욕구(Relatedness needs), 존경에의 욕구 일부와 자아실현욕구를 포괄하는 성장욕구(Growth needs)로 분류하고, 각 욕구의 첫 글자를 따서 ERG이론이라고 불렀다. 그는 Maslow와는 달리 욕구가 위계적이고 순차적으로 나타나는 것이 아니라 어느 시점에서나 낮은 순위의 욕구와 고순위의 욕구가 나타날 수 있으며 고순위의 욕구가 좌절되면 저순위의 욕구로 퇴행할 수도 있다고 보았다. 그러나 이 역시 욕구의 단계를

3단계로 축소했을 뿐 욕구중심이론의 범주를 벗어나지는 못했다는 비판을 받기도 했다.

(4) McClelland의 성취동기이론

McClelland(1962)가 제시한 성취동기이론(Achievement motive theory)은 동기를 부여하는 욕구를 성취욕구(needs for achievement), 권력욕구(needs for power), 친화욕구(needs for affiliation)의 세 가지로 제시하였다. 성취욕구는 난관이나 장애를 극복하고 자신의 능력을 최대한 발휘하여 문제를 해결하거나 과업을 완수하려는 욕구를 말하고, 권력욕구는 조직구성원이나 타인의 행동에 영향력을 행사하거나 통제력을 발휘하려는 욕구를 말하며, 친화욕구는 '귀속욕구'라고도 불리며 다른 사람과 우호적인 관계를 형성하고 유지하려는 욕구를 말한다.

(5) McGregor의 X · Y이론

McGregor(1960)는 Maslow의 욕구단계설을 기반으로 인간이 가지고 있는 두 가지 상반된 태도에 관하여 X이론과 Y이론으로 모델화하였다. X이론은 Maslow의 하위 욕구들에 초점을 두고 강제나 통제, 명령이나 처벌방식을 적용하는 관리전략을 말하고, Y이론은 관리자의 통제보다는 조직구성원의 창의성이나 능동성에 기반을 두고 조직의 의사소통 활성화와 자율성을 강조한 관리전략을 말한다. X이론의 인간관은 인간은 본래 태만하고 가능한 한 일을 회피하며 변화에 저항하며 생리적 · 안전적 수준에서 동기부여가 된다고 보는 전통적인 인간관을 대별하고 있으며, Y이론에서는 인간은 원래 일을 놀이와 같이 자연스럽게 생각하기 때문에 목표 달성을 위해 자기통제가 가능하고 친화나 자존, 자기실현의 수준에서 동기부여가 되는 자율적이고 창조적인 존재로 보는 현대적 인간관을 반영하고 있다.

(6) Ouchi의 Z이론

Ouchi(1981)는 효율적인 조직의 특성에 관한 연구를 위해 미국과 일본의 다수의 기업체를 조사하여 보다 생산성이 높고 효율적인 조직을 'Z'이론으로 설명하였다. 이 이론에 따르면, Z형 조직의 내부에는 동료조직(clan organization)이 존재하고 있으며 이를 통해 상호 신뢰감, 상호 인간관계의 민감성과 친밀감 등이 형성되고 이러한 요소들에 의해 조직의 응집력을 강하게 만들어 조직의 생산성이나 능률성을 높일 수 있다고 설명하였다.

(7) Likert의 관리시스템이론

Likert(1961)는 기존 학자들의 이론을 기초로 하여 조직의 개혁을 위해서는 X이론보다는 Y이론에, 그리고 위생적 요인보다는 동기적 요인에 의한 관리전략을 두어야 한다고 주장하였다. 이를 위한 조직 대상 행동과학적 연구를 수행하여 일반적으로 통용되고 있는 관리스타일을 시스템 1에서 시스템 4까지의 네 가지로 제시하였다. 각 관리스타일의 구체적인 내용을 살펴보면 다음과 같다(신복기 외, 2019 : 245).

① **시스템 1** : 대부분의 의사결정과 조직목표의 설정은 최고경영층에서부터 명령계통을 통해 아래로 전달되는 관리스타일이다. 이 시스템하에서의 하부직원들은 처벌이나 불이익이 두려워 마지못해 일하는 경우가 많고, 때로 보수가 주어지며 대부분 생리적 욕구나 안전의 욕구 층에서 동기화된다.

② **시스템 2** : 시스템 1과 마찬가지로 대부분의 의사결정과 조직목표의 설정은 최고경영층에서 이루어지고 작업자들의 동기부여는 보수와 실제적이거나 잠재적인 처벌 등에 의해 이루어지는 관리스타일이다. 관리자가 하부직원에게 가지는 신뢰감은 주인의 은혜와 같은 종류의 신뢰감이라고 할 수 있다.

③ **시스템 3** : 일반적인 방침과 결정은 최고경영층에서 이루어지지만 보다 구체적인 결정은 하부직원들이 할 수 있도록 허용하는 관리스타일이다. 시스

템 2와는 달리 관리자는 작업자들에게 실질적인 신뢰감을 가지고 있지만 이 역시 완전한 신뢰감이라고 할 수는 없다. 통제권한의 상당 부분을 하부에 위임하고 있지만 상부나 하부 모두 무책임하지는 않다.

④ **시스템 4** : 의사결정은 각 계층에 따른 종적 의사소통과 동료들 간의 횡적 의사소통 모두 잘 이루어지고 잘 통합되는 관리스타일이다. 타 시스템과는 달리 관리자는 하부직원 모두를 전적으로 신뢰한다. 이 관리 시스템하에서의 구성원은 경제적인 보수, 목표의 설정, 작업방법의 개선, 목표 달성의 진도와 평가 등에 참가하고 관여함으로써 동기화된다.

따라서 시스템 1과 시스템 2는 과업지향적으로 고도로 구조화된 권위형 관리스타일이라고 할 수 있고, 시스템 3과 시스템 4는 팀워크 상호 신뢰, 상호작용에 기반을 두고 관계성을 지향하는 참여형 관리 스타일이라고 할 수 있다.

(8) Hackman & Oldham의 직무특성이론

Hackman & Oldham(1976)은 인간의 본질을 단순하고 획일화한 기존의 동기부여 이론들을 비판하였다. 직무특성이론에 따르면, 인간은 원래 복잡한 존재이기 때문에 상황에 적응적으로 욕구충족을 한다고 하면서, 조직의 직무특성이 조직원의 성장욕구수준에 부합해야만 동기가 유발되어 조직이 지향하는 성과를 달성할 수 있다고 주장하였다. 특히 직무의 정체성, 기술의 다양성, 직무의 중요성, 자율성과 직무수행성과에 대한 정보 환류 등을 중요한 영향을 미치는 직무특성으로 보았다.

2) 동기부여의 과정이론

(1) Vroom의 기대이론

Vroom(1964)의 기대이론(expectancy theory)은 인간의 동기부여는 자신의 노력에 스스로 부여하는 가치에 의해 결정될 것이며 또한 자신의 노력이 목표를 성취하는 데 실질적으로 도움이 될 것이라는 확신이 설 때 더욱 크게 동기부여가 된다고 설명한다. 즉, 동기부여는 결과의 보상에 부여하는 가치인 유의성(Valence)와 성과의 달성 시에 바람직한 보상이 주어지리라고 믿는 정도인 수단성(Instrumentality), 자신의 노력이 성과를 달성하리라는 가능성 혹은 주관적 확률과 관련된 믿음인 기대감(Expectancy)에 영향을 받는다고 주장하였는데, 각 개념의 첫 글자를 사용하여 VIE이론이라고도 부른다. 이 이론은 인간의 행동을 인지이론에 바탕을 두고 행동에 앞서서 행동의 결과에 대해 생각하고 특정한 결과가 이루어질 확률을 고려하여 행동하며, 그 선택은 결과를 초래할 것이라는 인지적 지각에 의해 영향을 받는다는 것을 전제로 한다.

(2) Adams의 공정성이론

Adams(1963)의 공정성이론(equity theory)은 조직원이 받는 보상과 자신이 기울인 노력 사이에 차이가 있는 것을 인지하면 이러한 차이를 줄이고자 하는 노력에 의해 동기부여가 된다고 보는 이론이다. 즉, 보상과 노력 사이에 차이가 크면 클수록 더 강하게 동기부여가 된다는 것이다. 이 이론에 따르면 동기부여에서 중요한 요소는 구성원 개인이 보상체계를 공정하다고 인식하고 있는지의 여부라고 하면서, 이러한 공정성을 결정하는 요인으로는 자신의 투입과 산출, 준거인물 등이 있고, 공정성을 추구하는 방법으로는 자신의 투입과 산출의 조정, 준거인물의 변경, 조직의 이동 등이 있다.

(3) Porter & Lawler의 기대이론

Porter & Lawler(1968)는 Vroom의 기대이론을 바탕으로 직무수행 및 직무만족과 관련된 변수를 추가하여 Adams의 공정성이론과 연계시켰다. 그들에 따르면, 인간의 동기부여는 노력과 성과, 그리고 기대의 인과적 관계에 의해 동기부여가 된다는 기존의 설명방식에서 벗어나 만족해야 성과를 달성하는 것이 아니라 성과를 통하여 만족을 얻는 것이라는 방식을 취하고 있다. 이러한 방식의 설명은 동기부여의 과정이론과 내용이론을 연결하여 통합적 이론을 구축하는 데 기여하였다(한국복지행정학회, 2014 : 165).

(4) Locke의 목표설정이론

Locke(1968)에 의해 시작된 동기부여의 과정이론인 목표설정이론(Goal Setting)은 인간이 합리적으로 행동한다는 기본적인 가정에 기초하여, 개인이 의식적으로 얻으려고 설정한 목표가 동기와 행동에 영향을 미친다는 이론으로 동기에 대한 인지 과정적 접근방법이다. 목표설정이론은 목표관리(MBO), 기획예산제도(PPBS), 경영정보관리(MIS) 등의 경영기법에도 적용되어 왔다.

목표설정이론은 인간행동을 결정하는 인지적 요인에는 가치관과 목표가 있는데, 가치관에 부합하는 일을 하고 싶은 욕망과 감정이 야기되고 이러한 욕망과 감정이 목표를 설정하고 이를 성취하도록 하는 강력한 동기로 작용할 수 있다고 설명한다. 따라서 조직의 성과를 달성하기 위해서는 목표를 설정해야 하는데 이러한 목표가 가져야 할 특성에 대해 Steers(1975)는 다음과 같이 설명하였다. 첫째, 목표는 구체적이어야 성과를 높이는 행동을 불러일으켜 줄 수 있으므로 반드시 명확하게 제시되어야 한다. 둘째, 목표의 난이도는 높게 설정해야 하는데, 이는 다소 어려운 목표가 쉬운 목표보다는 동기유발이나 집중력을 자극할 수 있기 때문이다. 셋째, 조직구성원들이 목표의 설정과정에 참여해야 하며, 넷째, 구성원들의 노력에 대한 피드백이 주어져야만 성과가 향상될 수 있으며, 다섯째, 일방적으로 강요된 목표보다는 구성원이 자발적으로 수용한 목표가 더 큰 동기를 유발시킬 수 있고, 여섯째, 목표 달성에 동료 간의 경쟁이 있어야만 성과를 높일 수 있다고 하였다.

연습문제

01 동기부여이론에 관한 설명으로 옳지 않은 것? 17회 기출

① 매슬로우(A. Maslow)의 욕구단계이론에서 최상위 단계는 자아실현욕구이다.
② 알더퍼(C. Alderfer)의 ERG이론은 인간의 욕구를 세 가지 범주로 나누었다.
③ 허즈버그(F. Herzberg)의 동기-위생 이론에 의하면, 감독, 안전은 위생요인에 해당한다.
④ 맥클랜드(D. McClelland)의 성취동기이론에 의하면 성장욕구는 관계욕구보다 상위단계이다.
⑤ 아담스(J. S. Adams)는 공평성이론에서 조직이 공평성을 실천함으로써 구성원을 동기부여할 수 있다고 하였다.

02 다음에서 설명하는 직원능력 개발방법은? 18회 기출

- 지속적이고 새로운 전문지식 습득 방법
- 지역사회의 필요 및 구성원의 욕구에 따라 융통성 있게 실시 가능
- 사회복지사에게 직무연수 방식으로 제공

① 패널토의(panel discussion) ② 순환보직(rotation)
③ 계속교육(continuing education) ④ 역할연기(role playing)
⑤ 분임토의(syndicate)

03 사회복지조직의 슈퍼비전에 관한 설명으로 옳지 않은 것은?

① 슈퍼비전의 질은 슈퍼바이저의 역량에 좌우된다.
② 슈퍼바이지(supervisee) 간 동료 슈퍼비전은 인정되지 않는다.
③ 카두신(A. Kadushin)은 슈퍼비전을 행정적, 지지적, 교육적 기능으로 설명하였다.
④ 사회복지사의 관리와 통제의 수단으로도 활용될 수 있다.
⑤ 지지적 슈퍼비전은 사회복지사의 소진예방에 도움이 될 수 있다.

04 **인적자원관리 과정을 열거한 것이다. 빈칸에 들어갈 내용을 순서대로 옳게 연결한 것은?**

(ㄱ) − (ㄴ) − (ㄷ) − 임용 − 오리엔테이션 − 평가 − 해임

	ㄱ	ㄴ	ㄷ
①	선발	모집	충원
②	모집	충원	선발
③	충원	모집	선발
④	모집	선발	충원
⑤	충원	선발	모집

정답 1. ④ 2. ③ 3. ② 4. ③

Memo

CHAPTER

09

사회복지조직의 재정자원관리

제1절 재정관리

제2절 예 산

제3절 회계 및 회계감사

09 CHAPTER

사회복지조직의 재정자원관리

제1절 재정관리

1. 재정관리의 개념

재정관리(financial management)란 조직의 목표 달성에 필요한 재정자원을 합리적인 계획을 통해 확보하고, 배분하고, 효율적으로 관리하는 제반 과정으로, 경영목적을 실현하기 위하여 재산이나 채무, 수입과 지출을 통제하고 활용하는 과정을 말한다(최성재 · 남기민, 2016 : 337). 모든 조직은 조직의 목표를 달성하기 위해 가용한 재정자원을 활용하게 되므로, 기본적으로 재정관리는 조직의 생존과 직결된다는 점에서 중요한 의미를 가진다. 즉, 대부분의 조직활동은 재정지출을 동반할 수밖에 없으므로, 재정관리는 조직행정에서 매우 중요한 과업이라고 할 수 있다(White, 1926).

재정관리는 기획, 인사관리, 지역사회관계와 같은 다른 관리적 이슈와 구별되는 일련의 과업으로 구성된다. 예를 들어, 재정 획득, 예산수립, 예산의 집행 및 회계(세입 · 세출 정리), 재정평가 등이 이에 해당한다(Lohmann, 1980; 황성철 외, 2020 : 308 재인용). 재정관리의 활동으로는 ① 예상되는 수입을 검토하여 지출에 맞추어 가는 활동, ② 기부와 모금, 수수료 등 기금 조성과 관계되는 수입원을 찾아내어 확보하는 활동, ③ 이용 가능한 자원을 나누어 할당해 주는 활동, ④ 지도 · 감독 · 회계 등을 통해 지출을 적절히 조절하는 활동, ⑤ 재정적인 책임을 위한 평가가 있다(신복기 외, 2010 : 250). 일반적으로 재정관리는 예산을 수립하는 예산수립, 예산상의 수입(세입)과 지출(세출)활동을 관리하는 예산집행, 재정자원의 수입과 지출에 관한 사항을 기록・정리하는 회계, 재정관리의 전반적 과정을 평가하는 재정평가의 과정으로 이루어진다(한동일 외, 2009 : 225).

이 같은 재정관리의 중요성에 대하여 Lohmann(1980)은 다음과 같이 설명하였다.

첫째, 재정관리는 조직의 생존과 직결된 사항이다. 기관의 존립 여부는 재원 확보와 조달이 매우 중요한 요인이 된다.

둘째, 재정 운용의 중요성 강조는 최근의 경향이다. 국가, 지방자치단체, 민간 기부자 등을 비롯한 재원의 제공자는 그들이 사회복지기관에 직・간접적으로 제공한 재원의 사용 출처에 대해 관심을 가지고 있고, 기관에서도 재정의 투명한 운용을 위해서는 재정 운용에 대한 원칙 설정과 통제 노력이 필요하다.

셋째, 재정관리는 조직의 기획과정과 평가과정에서 매우 중요한 영향력을 가진다. 이는 예산이 결정되어야만 기관의 기획과 평가노력이 실행될 수 있기 때문이다. 따라서 기관의 미래 활동에 대한 기획과 실행 및 이에 대한 평가의 노력은 근본적으로 기관의 재정관리와 함께 다루어져야 한다.

2. 사회복지조직의 재정관리

1) 사회복지조직 재정관리의 특성

사회복지조직은 자원의 독사적 생산능력의 부족으로 인해 외부 자원에 대한 의존성이 높다. 재원을 확보하고 관리하는 구조와 과정은 사회복지조직의 구조와 유형, 의사결정과정에도 상당한 영향을 미치게 된다. 따라서 항상 안정적인 재원을 확보하고, 효과적으로 관리하기 위한 노력이 필요하다.

사회복지조직에서의 재정관리는 사회복지서비스 제공에 필요한 재정자원을 합리적이고 계획적으로 동원하고, 예산을 수립하여 효율적으로 집행하는 과정으로 구성된다. 여기에는 기관의 목표 달성을 촉진하고, 재원과 기타 관련 자원을 법적 및 사회복지윤리성에 근거하여 통제하고, 계획적으로 사용하는 것을 포함한다. 목적적 측면에서 사회복지조직의 재정관리는 예산, 교부금 신청, 인건비, 세금 및 여비 지급 등과 같이 기술적이며 부차적인 과업이며, 수단적 측면에서는 사회복지기관의 근본적인 활동에 광범위하게 관계하고 있다. 즉, 사회복지조직의 재정관리는 조직의 관리과정을 구성하고 있는 중요한 요소로서 사회복지행정에 있어서는 필수불가결한 요소인 것이다. 특히 영리적 이윤을 추구할 수 없는 비영리조직으로서의 사회복지조직들은 모금활동과 같은 외부적 재원확보 노력에 많은 시간과 자원을 투자할 수밖에 없는 것이다(황성철 외, 2020 : 307-308).

이 같은 사회복지조직의 재정관리의 주요 활동으로는 첫째, 프로그램 계획의 재정적 의미를 결정하고 여러 상황하에 예상되는 수입을 검토하여 기대되는 수입과 지출을 맞추어 나가는 데 관계되는 재정계획활동, 둘째, 기부 캠페인, 모금운동, 교부금 신청, 수수료 징수 및 기타 다른 수단을 통해서 수입원을 찾아내어 기금을 확보하는 기금 조성활동, 셋째, 의사결정을 하고, 이용 가능한 자원을 나누어서 그것을 여러 가지 용도로 할당하는 활동, 넷째, 회계기록 및 다른 관리과정을 통한 적절한 지출을 조정하는 지도감독 활동, 마지막으로 사회복지 활동의 가치성 여부를 사정하는 재정적 책임에 따른 평가활동이 있다(장인협・이정호, 2007).

그러나 재정관리는 인적자원관리, 리더십, 슈퍼비전, 기획, 프로그램 관리, 홍보와 모금 등 전형적인 행정가의 역할과는 구분되는 별개의 과업으로 인식되어 왔다. 이에 따라 조직 내외의 전문가들에게 크게 의존하는 경향이 있다. 그러나 사회복지행정가는 재정관리에 대하여 그 중요성을 인식하고 각별한 주의를 기울일 필요가 있다(Lohmann, 1980). 그 이유에 대하여 Hasenfeld(1992)는 다음과 같이 설명하고 있다.

첫째, 재정이란 사회복지조직의 물적 자원의 운영을 의미하기 때문에 재정관리는 조직 활동의 효율성과 직결된다. 전형적인 사회복지조직은 지역사회로부터 투입받은 자원을 서비스로 변형해 클라이언트에게 제공하는 활동을 전개한다. 따라서 재정자원의 효율적 관리는 지역사회로부터 위임받은 조직의 목표 달성을 위해 매우 중요한 책무이다.

둘째, 재정관리는 조직의 전반적인 활동을 통제하는 중요한 원천이다. 사회복지조직의 대부분의 활동은 예산계획 수립과 집행 등 재정 관련 활동을 필수적으로 동반한다. 따라서 실질적이고 체계적인 재정관리가 없다면 조직 활동에 대한 실질적인 통제는 불가능하다.

셋째, 사회복지조직은 일반적으로 재원의 지속적인 조달을 직접적으로 통제할 수 없으며, 통제하려고도 들지 않는다. 사회복지조직은 법적으로 위임된 서비스라 할지라도 재정할당 정도를 스스로 정할 수 없고, 입법기관에서 정해주어야 한다. 이는 사회복지조직이 예산과 관련된 정책결정과정에 참여할 수 있는 권한을 제한당하는 것을 의미한다. 또한 영리부문과 비교할 때 사회복지조직은 그들이 제공하는 서비스의 전체 비용을 기꺼이 지불하거나 지불할 수 있는 소비자에게 접근할 준비가 미흡하다. 즉, 수입을 늘릴 수 있는 홍보, 마케팅, 기타 시도를 충분히 하고 있지 않다.

넷째, 사회복지조직은 매우 다양한 재원을 가진다. 사회복지조직의 재원구성이 다양해짐에 따라 재정자원관리에 대한 행정가의 역할이 주목받고 있다. 최근 공공기관의 민영화, 계약, 보조금, 바우처(voucher, 이용권) 제도 도입, 영리화의 경향 등에 따라 각기 상이한 보고절차, 의무이행, 계약의 준수 등 재정관리의 복잡성 또한 증가하고 있다(Gronbjerg, Kimmich, & Salamon, 1985).

다섯째, 다양한 재정원천으로부터 재원을 확보하기 위한 적극적인 노력을 강화할 필요가 있다. 예를 들면, 재단에 사업제안서(proposal)를 쓰거나, 정부와 계약관계를 맺고, 기부자에게 후원금을 요청하거나, 공동모금회 회원단체들과 연대하여 모금행사에 참여하고, 클라이언트에게 이용료를 지불하도록 요청하거나, 마케팅 전략을 통한 기부금품의 모금 및 접수, 특별행사의 조직화하는 등의 다양한 재원확보를 위한 특별한 입무를 수행해야 한다.

우리나라 사회복지조직의 재정관리는 「사회복지법인 및 사회복지시설 재무·회계 규칙」에 따라 사회복지법인 및 사회복지시설의 재무·회계, 후원금 관리에 관한 사항을 규정하여 재무·회계 및 후원금 관리의 명확성과 공정성, 투명성을 기하여 사회복지법인 및 사회복지시설의 합리적인 운영에 기여하고 있다. 이 규칙에서는 예산과 결산, 회계, 후원금의 관리, 감사(사회복지사업법 제23조 제4항)를 재정관리의 범위로 규정하고 있다(황성철 외, 2020 : 308-309; 심상용, 2017 : 272-273).

2) 사회복지조직의 재원

영리적 이윤을 추구할 수 없는 비영리조직인 사회복지조직들은 외부 재원에 대한 의존도가 높을 수밖에 없다. 따라서 사회복지조직의 외부 재원 확보의 관건이 사회복지서비스 전반에 영향을 미친다. 이러한 사회복지조직 재원의 원천은 다양하다(양승일, 2018 : 259-260). 그중 대표적인 재원인 정부보조금, 클라이언트 이용료, 민간의 기부금, 모금, 사회복지공동모금회에 대해서 살펴보고자 한다(원석조, 2018 : 237-244; 고재욱 외, 2016 : 217-219).

(1) 정부보조금

정부의 사회복지조직에 대한 예산지원을 보조금(grants)이라고 한다. 정부보조금은 정부가 해야 할 사회복지사업을 민간사회복지조직에 위임하면서 지불하는 자금이다. 정부보조금을 지원하는 이유는 민간사회복지조직에 정부의 사업을 대행시킴으로써 관료주의를 피하고 민간조직의 전문성과 융통성을 활용하기 위해서이다. 민간사회복지조직의 입장에서 보면, 정부보조금은 매우 안정적인 재원이라고 할 수 있다. 그러나 보조금을 받음으로 인해 사업내용에 대한 제한점을 갖거나 강제적인 보고를 요구함으로써 많은 양의 관리업무를 부과하고 재량권을 제한하는 등의 통제를 받게 된다.

한편 정부의 보조금은 지방정부도 함께 할당하게 되는데 지급할 보조금 중 가장 큰 액수는 중앙정부의 기관들을 통해 지급되게 된다. 또한 보조금의 신청은 위원회에서 검토하여 경쟁을 통해 지급되며, 재량권이 부가되는 자금의 경우에는 혁신적인 아이디어를 지닌 프로그램에 제공되기도 한다.

(2) 클라이언트의 이용료

클라이언트의 이용료(fees)란 서비스에 대한 클라이언트의 요금(client charge), 즉 클라이언트와 제삼자(공공사회복지기관, 사회보장, 직업재활, 보험회사 등)가 사회복지기관의 서비스를 이용한 대가로 지불하는 돈을 말한다(Lohmann, 1989 : 119).

클라이언트의 이용료의 종류에는 참가비(participation fees), 고정이용료(fixed fees), 슬라이딩스케일 이용료(sliding-scale fees), 공평 부담이용료(fair fees), 삼자 지불 이용료(third party fees)가 있다. 구체적인 내용은 다음과 같다.

① **참가비**(participation fees) : 사회복지조직 프로그램에 참가할 때 지불하는 일정액

② **고정이용료**(fixed fees) : 특정 프로그램을 이용할 수 있는 권리를 구입하는 비용

③ **슬라이딩스케일 이용료**(sliding-scale fees) : 클라이언트의 지불능력을 고려한 이용료. 즉, 일정 소득 이하의 클라이언트에게는 이용료를 면제해주고, 그 이상의 소득수준을 가진 클라이언트에게 누진적 이용료를 부과

④ **공평 부담이용료**(fair fees) : 전체 비용을 참가자 수로 나눈 이용료

⑤ **삼자 지불 이용료**(third party fees) : 우리나라의 장기요양보험 등과 같이 제삼자가 사회복지조직의 서비스 이용료를 대신 지불하는 방식

클라이언트의 이용료는 자본주의 시장경제의 원칙에 부합되는 것으로, 클라이언트가 지불하는 이용료 수입은 사회복지조직이 프로그램을 보다 주체적이고 자율적으로 운영할 수 있도록 해주기 때문에 기관의 선호도가 높은 재원이라고 할 수 있다. 그러나 클라이언트의 이용료 재원은 정부보조금과는 달리 유동적이며 불안정하다는 단점을 가진다. 따라서 이용료를 주요 재원으로 활용하기 위해서는 장기간 이용료를 지불하는 클라이언트와 집단 클라이언트의 확보를 위해 노력할 필요가 있다(Lohmann, 1989 : 125-126). 그러나 재원확보를 통한 경쟁이 치열해짐에 따라 영리적인 행태라는 비난을 받기 쉽다.

(3) 민간의 기부금

기부금(contributions)이란 개인이나 단체가 사회복지기관이나 기관의 프로그램에 조건 없이 제공하는 증여를 의미한다. 민간의 기부금은 프로그램예산의 부족한 부분을 보충할 수 있는 중요한 재원으로 정부보조금과 클라이언트 이용료가 가지는 단점을 해소할 수 있는 재원확보방법이다. 그러나 그 규모와 성질을 예측할 수 없어 유동적이라는 단점을 가진다. 민간의 기부금은 오랫동안 사회복조직의 주요 재원이었으나 현재는 다소 감소하는 추세를 나타내고 있다. 따라서 사회복지조직들은 기부금을 확보하기 위해 다양한 전략을 추구해야 하며, 실천 활동의 일부로서 기부금 확보를 위한 별도의 프로그램을 꾸준히 진행하는 등의 상당한 노력이 필요하다.

(4) 모금

모금은 기관의 재원일 뿐만 아니라 기관을 홍보하는 수단으로서, 조직목표를 달성하는 데 필요한 재원을 확보하고 조직목표에 대한 지역사회 주민의 참여를 통한 관심을 증진시키는 데 목적을 둔 재원확보방법이다. 이러한 모금을 위한 기법으로는 DM(직접우편), 이벤트, 대중매체광고, ARS(자동응답기), 인터넷 등 매우 다양하게 진행될 수 있다. DM은 잠재적 후원자들을 개발해내는 전통적인 모금 방법이고, 이벤트는, 예를 들면 자선 디너파티, 연간 자선음악회, 특별한 아이템의 판매와 판매 수익의 일부를 기부하는 행사 등을 통해 후원자의 후원 동기를 끌어내는 방법이다. 대중매체광고는 TV, 라디오, 신문, 잡지 등의 광고를 활용하는 방법이고, ARS는 자동응답전화를 이용하여 불특정 다수로부터 모금할 수 있는 방법이며, 기관의 홈페이지나 이메일, 인터넷 동호회 등을 활용할 수 있다. 모금은 주요한 민간자원 동원방법인 동시에 시민의식을 고양시키는 동인으로, 단순히 돈을 모으는 것이 아니라 인간 간의 신뢰와 관련된 것이라고 할 수 있다. 따라서 효과적인 모금을 위해서는 몇 가지 원칙을 고려해야 할 필요가 있다. 첫째, 모금 기획과 수행에 경험이 있고 금융과 기업 등과 밀접하게 접촉하는 구성원들로 특별위원회를 구성해야 하고, 둘째, 해마다 같은 시기에 유사한 모금행사가 이행되어야 하며, 셋째, 지명도가 높은 시민이나 회사가 적어도 하나의 행사를 후원하게 해야 하고, 넷째, 대중매체를 적극적으로 활용하여 홍보해야 하며, 마지막으로 지역공동모금 시기나 여름휴가기간을 피하여 행사를 계획해야 한다.

(5) 사회복지공동모금회

사회복지공동모금회는 우리나라에서 가장 대표적인 모금단체로서, 모금의 난립과 관련 비리를 방지하기 위해 사회복지 모금을 일원화한 것이다. 1998년 7월 1일 사회복지공동모금법이 시행됨에 따라 민간법정단체인 전국공동모금회와 16개 지역공동모금회가 설립되면서 모금 업무가 모두 이관되었다. 또한 1999년 4월 1일 사회복지공동모금법이 개정되어 지원대상 사업의 범위가 사회복지사업 및 기타사회복지활동으로 확대되고, 개별 독립법인이었던 지역공동모금회가 공동모금회 지회로 전환되게 된다. 이와 함께 모금과 배분사업의 전문성을 인정하여 모금경비 및 관리운영비의 사용한도를 10% 이내로 대폭 확대하고, 예산안과 사업계획도 보건복지부 승인사항에서 보고사항으로 개정하여 자율성을 확보하였다. 공동모금회의 모금사업은 연말연시 집중모금과 연중모금으로 나누어진다. 모금액은 중앙과 지회를 통틀어 연 약 2천여억 원에 달하며, 배분은 신청사업, 지정기탁사업, 기획사업, 긴급지원사업 등으로 다양하다. 신청사업은 전문프로그램 사업계획서를 제출받아 심사한 후 지원하는 것이고, 지정기탁사업은 기부자의 의도대로 배분하는 것이며, 긴급지원사업은 시급한 지원이 필요한 사람들에게 배분되는 것이다. 일반배분사업에서 제외된 것은 기획사업을 통해 지원되며, 배분 실적은 지정기탁사업에 가장 많이 배분되고(약 50%가량), 기획사업에 약 30%, 나머지는 신청사업과 긴급지원사업에 배분된다. 사회복지공동모금회의 기금은 우리나라 민간 사회복지기관 및 시설의 특별 프로그램의 운영이나 필요한 장비의 구입에 상당한 기여를 하는 재원이라고 할 수 있다. 따라서 배분의 투명성과 공익성을 더욱 강화하여 우리나라를 대표하는 모금기관으로서 시민의 건전한 모금문화를 발전시키고 보다 책임 있는 모금기관으로 확고한 위상을 정립해야 한다.

제2절 예 산

1. 예산의 수립

1) 예산의 개요

(1) 예산의 개념

원래 예산을 의미하는 'budget'이라는 영어단어의 어원은 'little bag'이라는 의미의 프랑스 고어 'bougette'로부터 비롯되었는데, 영국의 재무장관이 의회에서 예산안의 서류를 작은 가방에서 꺼내어 제출하는 동작을 서술하는 것에서 만들어진 말로, 재정에 관한 여러 가지 문서를 넣고 다니던 가방을 의미하는 것으로 사용되기 시작했다고 한다(Skidmore, 1983 : 80).

예산(budget)이란 '한 조직이 일정 기간(회계연도) 동안 수행할 업무와 업무의 실행을 위해 필요한 재원의 확보방안 및 지출에 관하여 수립된 계획'을 의미한다. 즉, 일정한 기간 동안의 계획된 세입과 세출을 명시한 기록으로, 한정된 자원을 배분하고자 하는 의사결정의 과정이며 조직의 목표 달성을 위한 계획을 수치로 표현한 것이다(고재욱 외, 2016 : 219). 일반적으로 예산이라 하면 다음 1년간의 재정계획을 말하는 것으로, 일정 기간의 수입과 지출에 대한 예정적 계산으로서 정해진 기간에 예상되는 수입과 의도한 사용을 목록화하는 중요한 도구이자, 조직목표를 금전적으로 표시하고 일정 기간 동안의 재정활동의 감시 장치도 제공하는 것이 되는 것이다(Gross, 1978 : 233-234; 김치영 · 최용민, 2006 : 182).

예산은 전통적으로 통제 기능이 강하게 적용되어 왔다. 통제기능이란 계획된 목적에 예산을 사용하도록 개입하는 것을 의미한다. 그러나 최근에는 효율적인 목표 달성과 미래비전을 제시하는 계획이 강조되면서 예산의 관리와 기획의 측면이 보다 강조되고 있다. 관리는 효율적으로 목표 달성을 위해 집행과정에 최소한의 예산으로 신속하게 목표 달성을 하는 기능을 말하고, 기획은 미래지향적인 목표를 설정하는 과정으로 단기적·장기적 계획과정을 모두 포함하는 것을 말한다. 예산은 주어진 사업을 시행하는 데 사용되어 효과적·효율적으로 목표를 달성하고 미래지향적 계획을 제시하는 관리, 기획 기능의 성격도 중요하지만 통제 기능도 중요하다고 할 수 있다(허만형, 2004 : 345).

(2) 예산의 종류

예산은 기준에 따라 일반적 정부활동에 관한 세입과 세출을 포괄하는 일반회계예산과 이와 독립적으로 편성한 특별회계예산으로 구분되는데, 사회복지조직에서는 일반적으로 구체적인 구별 없이 일반회계에 따라 구분된다. 일반회계는 사회복지조직의 건전한 운영을 목적으로 클라이언트 및 대상자, 직원의 복지증진을 위하여 운영되는 회계이기 때문에 공공성 이념에 역점을 두고 있다. 사회복지조직에서 주로 일반회계에 따라 본예산, 추가경정예산, 준예산으로 구분된다(고재욱 외, 2016 : 223; 황성철 외, 2020 : 313-314).

① 본예산

본예산은 당초 행정부에 의해 편성되어 의회에서 의결 확정된 예산을 말한다. 「사회복지법인 재무·회계규칙」 제10조에 따르면, 사회복지조직의 본예산은 사회복지법인의 대표이사 및 시설의 장은 법인회계에 속하는 예산을 편성하여 매 회계연도 개시 5일 전까지 이사회의 의결 및 운영위원회 또는 어린이집 운영위원회에 보고를 거쳐 확정하여 시·군·구청장에게 제출하여야 한다. 다만, 법인이 설치·운영하는 시설인 경우에는 시설운영위원회에 보고한 후 법인 이사회의 의결을 거쳐 확정한다. 동 규칙 제11조에는 예산에 첨부되어야 하는 서류[1]를 다음과 같이 제시하고 있다.

---

1) 다만, 단식부기로 회계를 처리하는 경우에는 제1호·제2호·제5호 및 제6호의 서류만을 첨부할 수 있고, 국가·지방자치단체·법인 외의 자가 설치·운영하는 시설로서 거주자 정원 또는 일 일평균 이용자가 20명 이하인 시설(이하 "소규모 시설"이라 한다)은 제2호, 제5호(노인장기요양기관의 경우만 해당한다) 및 제6호의 서류만을 첨부할 수 있으며, 「영유아보육법」 제2조에 따른 어린이집은 보건복지부장관이 정하는 바에 따른다.

1. 예산총칙
2. 세입·세출명세서
3. 추정대차대조표
4. 추정수지계산서
5. 임·직원 보수일람표
6. 당해예산을 의결한 이사회 회의록 또는 해당예산을 보고받은 시설운영위원회 회의록사본

② 추가경정예산

예산이 국회 의결을 거쳐 확정된 이후에 생긴 이유로 인하여 이미 성립된 예산을 변경할 필요가 있는 경우에 편성되는 예산을 말한다.

「사회복지법인 재무·회계규칙」 제13조에 따르면, 사회복지조직의 추가경정예산은 시설의 예산이 성립되고 회계연도가 개시된 후에 새로이 발생한 사유로 이미 성립된 예산에 변경을 가할 필요가 있을 때 시설장은 법인 이사회에 추가로 예산을 편성하여 제출하는 것을 말한다. 본예산과 추가경정예산은 별개로 성립되지만 일단 성립되면 시설예산의 총규모를 파악하기 위하여 하나로 통합되어 운영된다. 대표이사 또는 시설장은 추가경정예산이 확정된 날로부터 7일 이내에 이를 시장·군수·구청장에게 제출하여야 한다.

③ 준예산

예산안이 회계연도 개시 전까지 의회에서 의결되지 못하는 경우에 의결될 때까지 헌법이나 법률이 정하는 범위 내에서 정부가 전년도 예산에 준하여 지출할 수 있는 예산을 의미한다.

「사회복지법인 재무·회계규칙」 제12조에 따르면, 사회복지조직의 준예산은 회계연도 개시 전까지 법인의 예산이 성립되지 아니한 때에는 법인의 대표이사 및 시설의 장은 시장·군수·구청장에게 그 사유를 보고하고 예산이 성립될 때까지 입직원의 보수, 법인 및 시설운영에 직접 사용되는 필수적인 경비, 법령상 지급의무가 있는 경비를 전년도 예산에 준하여 집행할 수 있다. 법인의 대표이사

및 시설의 장은 준예산 편성 전에 시장·군수·구청장에게 사유를 보고하여야 한다. 「지방재정법」 제46조 제2항에 의하면, 법인의 준예산은 본예산이 성립된 후에 본예산에 의거하여 집행해야 하기 때문에 별도의 이사회의 의결이 필요 없는 것으로 해석된다.

❙그림 9-1❙ 사회복지조직 예산의 종류

출처 : 사회복지법인 및 사회복지시설 재무·회계 규칙 매뉴얼(2018), p. 9.

(3) 예산의 기능

예산의 기능에 대하여 국가 차원에서의 기능과 사회복지조직 차원에서의 기능으로 분류하여 살펴보고자 한다.

국가 차원에서 보면, 예산은 일정 기간 동안에 국가의 수입·지출의 예정안 또는 계획안으로서 헌법과 예산회계법에 근거하여 편성되며 국회의 심의·의결을 거친 재정계획이라고 할 수 있다. 일반적으로 정부의 예산은 정치적 기능,

법적 기능, 행정적 기능, 경제적 기능을 수행한다(한동일 외, 2009 : 229-231).

첫째, 정치적 기능이다. 자원의 배분과 관련된 이해관계를 조정하는 과정으로서, 의회가 예산심의 결정권, 결산권, 기채동의권 등을 통하여 행정부를 통제하는 수단으로서의 역할을 의미한다.

둘째, 법적 기능이다. 예산은 법률이 아니지만 입법부에 의한 행정부에 재정권 부여의 형식이라고 할 수 있기 때문에 법령에 따라 편성・집행되는 예산은 법령을 시행하는 기능을 수행함을 의미한다.

셋째, 행정적 기능이다. 행정부가 가용자원을 효과적으로 동원하여 국가발전을 위한 각종 사업계획을 뒷받침하기 위하여 가능한 한 최대의 경제성, 효율성을 고려하면서 이를 관리하는 기능을 말한다.

넷째, 경제적 기능이다. 예산은 국가 경제와 관련하여 회계연도 동안의 조직의 재정활동을 안정화시키는 경제안정 기능, 매년 조직의 재정적 성장을 확인하고 재정전략을 수립하는 원천이 되는 성장 촉진 기능, 조직활동 제 분야 간의 자원배분을 조정하는 자원배분 기능, 국민의 소득 및 부의 재분배정책을 수행하는 소득재분배기능, 각종 사회적 경비를 지탱하며 완전고용을 촉진하고 사회보장을 증진시키는 사회정책 수행의 기능을 수행한다.

사회복지조직에서도 예산은 조직을 운영하는 기능, 법적 기능, 재정적 기능, 행정적 기능을 수행한다(황성철 외, 2020 : 311).

첫째, 조직운영 기능이다. 집행부를 통제하고 이해관계를 조정하며 정책을 형성하는 기능을 말한다.

둘째, 법적 기능이다. 사회복지시설 운영자에 대하여 예산의 집행권한을 부여하는 기능을 포함하여, 세출은 예산에 따라 집행해야 하는 의무(의결기구의 심의・의결된 용도와 금액 이상 지출 불가)가 있으며, 세입은 연간수입의 추계에 불과하여 별도의 법적 근거가 있어야 실현이 가능하다는 의미를 가진다.

셋째, 재정적 기능이다. 사회복지조직에서 세입은 법인이 보유 중인 자원의 일부를 목적사업추진 재정으로 전환하는 것이며, 세출은 전환된 재정을 운용・관리하는 것을 의미한다.

넷째, 행정적 기능이다. 예산이 사회복지조직사업 전반을 관리할 수 있는 도구가 되는 것을 의미한다.

2) 예산수립

(1) 예산수립의 개념

예산편성(budget preparation) 혹은 예산수립(establishment of budget)이란 조직이 실행하는 활동 중 가장 기본이고 중요한 활동으로서, 사업과 계획에 사용될 재원을 추계하고 각종 사업을 지원할 지출규모 등을 확정하는 것을 의미한다. 즉, 한 회계연도의 세입·세출을 미리 계산하여 수립함으로써 보다 효율적으로 조직의 자원을 할당하고자 하는 목적을 지닌다. 이에 대해 Weiner(1990)는 예산수립은 정치적 과정이며, 프로그램 기획 및 관리과정임은 물론 궁극적으로는 조직을 변화시키는 매우 광범위하고 포괄적이며 미래지향적인 과정으로 보았다.

사회복지조직의 모든 활동은 주로 예산이라는 계획하에 진행되기 때문에 예산의 수립과 집행을 중심으로 재정관리 활동이 이루어진다. 일반적으로 사회복지조직의 예산수립은 조직의 상부에서 마련된 예산편성 지침에 따라 하부단위가 각 부서별 예산을 수립하여 상부단위에 제출하면, 상부단위에서 검토와 조정과정을 거쳐 최고책임자 혹은 이사회가 승인하는 방식으로 이루어진다. 예산작성 지침서에는 주로 조직의 목표, 정책 변경 사항, 가용자원, 예산통제 사항들이 포함되어 있다(염일열·이승현, 2016 : 223).

사회복지서비스 프로그램들의 예산편성을 위한 예산안에는 프로그램 목표에 대한 개요, 서비스에 대한 정의, 대상인구의 규모와 서비스 활용수준에 관한 추정치, 프로그램 실행 비용과 요청되는 자금의 액수 등이 기본적으로 포함된다. 그러나 프로그램의 예산안이 작성되기 위해서는 먼저 프로그램의 목적부터 서비스 욕구 추산에 이르기까지 프로그램 기획의 제반 과정들이 선행되어야만 하는데, 그렇지 못한 경우 프로그램에 비용이 얼마나 들지, 수입은 어디에서 얼마나 들어올지에 대한 예상이 불가능하기 때문이다(김영종, 2017 : 209).

(2) 예산수립의 성격

예산은 단순히 1년간의 수입과 지출을 계획하는 것에 그치는 것이 아니라 보다 포괄적이고 다면적인 성격을 가진다(Weiner, 1990 : 289-292). 구체적인 내용은 다음과 같다.

① 정치적 과정이다. 예산은 자원배분이 초점이 되는데 이러한 자원배분에 대한 의사결정이 정치적으로 이루어진다는 의미이다. 예산의 정치적 기능에 기인한다.

② 사업기획과정이다. 예산은 조직의 목표 달성을 위한 사업을 수행하기 위한 것이고, 예산수립과정은 사업기획과정에 반드시 수반되어야 할 과정으로, 목표설정, 대안개발 및 기대효과분석, 효과성 평기기준 설정 등의 사업기획 절차와 병행 · 통합되므로 사업기획과정이라고 할 수 있다.

③ 사업관리과정이다. 예산은 조직의 관리자가 조직의 각 단위의 활동, 책임자, 시행일정 등에 대한 검토가 불가피하기 때문에 사업관리적 성격을 지닌다고 할 수 있다.

④ 회계절차이다. 예산서는 회계담당자가 자금의 내적 · 외적 흐름을 통제하고 재정활동을 승인하는 근거가 되기 때문에 회계절차의 성격을 지니는 것이다.

⑤ 인간적인 과정이다. 예산수립은 조직구성원, 클라이언트, 지역사회 등 예산집행의 영향을 받는 주체들과 의견을 교환하고 합의를 추구하는 과정이기 때문에 인간적인 과정이라고 할 수 있다.

⑥ 미래를 변화시키는 과정이다. 예산수립은 장래의 활동계획에 대한 재정계획이므로 미래를 변화시키는 과정이 될 수 있다.

(3) 예산수립의 원칙

예산원칙이란 예산의 편성 · 집행에서 준수되어야 할 원칙을 말하는 것으로, Smith(1945)는 예산의 수립에 있어 지켜야 할 원칙들을 다음과 같이 제시하였다.

① 공개의 원칙

예산의 편성·심의·집행과정의 주요 단계는 대중에게 공개되어야 한다.

② 명료성의 원칙

예산은 모든 국민이 이해할 수 있도록 편성되어야 한다.

③ 포괄성의 원칙

예산은 총계주의원칙[2]에 입각하여 모든 세입, 세출을 포괄해야 하며, 정부의 모든 활동이 표현되어야 한다.

④ 예산통일성의 원칙

모든 세입은 하나의 공통된 일반세금에 포함해 지출해야 한다는 것으로, 세입과 세출 간에 특별한 직접적인 관계가 있는 경우 등을 제외하고는 특정한 세출과 세입이 직결되는 것을 금지한다.

⑤ 명세성의 원칙

예산의 수입과 지출은 구체적, 명세적으로 제시되어야 하며, 특별한 경우를 제외하고는 예산의 이용·전용은 금지되어야 한다.

⑥ 사전승인의 원칙

예산은 사전에 의회의 심의·의결을 받아야 한다.

⑦ 정기성의 원칙

지출권한을 일정 기간(회계연도)에 한하여 부여하여야 한다는 것으로, 이 기간이 끝날 때까지 사용되지 않은 예산은 효력을 상실하든지 금액과 용도를 정하여 의회의 재의결을 받아야 한다.

⑧ 정확성의 원칙

예산의 추계는 가능한 한 정확해야 하며, 세출을 과다하게 적산하거나 세입의 과소추계에 의한 은폐된 재원이 존재해서는 안 된다는 것을 의미한다.

---

2) 모든 수입과 지출은 세입·세출로 하여 예산에 계상하는 총계예산이어야 한다는 원칙

사회복지조직 예산수립의 원칙은 예산의 편성과 집행 및 결산에 있어 개별 사회복지법인 및 시설이 자의적으로 운영하지 않도록 「사회복지법인 재무・회계규칙」에 의거하여 전국적인 통일성과 행정의 표준화를 기하고 있다.

(4) 예산수립의 절차

바람직한 예산수립 절차에 대하여 살펴보면 다음과 같다(Skidmore, 1995; 염일열・이승현, 2016 : 263-264; 양승일, 2018 : 262-264).

① 목표 설정

예산수립 시 가장 먼저 수행되어야 할 과정으로, 조직의 장기적이고 일반적인 목표와 단기적으로 구체적인 목표를 확인하고 새로운 목표를 설정해야 하는 단계이다. 예산수립은 보통 2년간의 회계연도 단위로 이루어지므로 단기적으로 구체적인 목표에 초점을 두는 경향이 있다. 조직의 단기적 목표를 장기적 목표와는 얼마나 부합되는지, 새로운 단기적 목표를 설정하는 경우 장기적 목표와의 관계를 명시하여야 한다. 또한 목표의 달성 정도에 대한 정기적인 평가를 위해 관찰 및 측정이 가능하도록 제시되어야 한다.

② 자료수집

조직의 목표 확인 및 설정과 함께 이루어져야 할 과정으로 조직의 과거 및 현재의 운영 전반에 관한 정보를 수집하는 것을 의미한다. 여기에는 조직 전체, 부서별, 개인별 업무, 프로그램 실적, 프로그램 평가, 조직 내외의 가용자원, 재정사항 등에 관한 정보가 포함되어야 한다.

③ 운영대안 고려

수집된 정보를 기초로 기존의 운영방법이나 프로그램의 능률성과 효과성뿐만 아니라 새로운 대안의 능률성과 효과성을 검토해 보아야 한다. 이때 다양한 운영대안들 중 하나를 선택하기 위해서는 운영대안들 간에 비교가 가능한 기준을 만들고 그 기준에 의해 각 대안을 고려하는 것이 필요하다.

④ 우선순위 결정

다양한 운영대안 중에서 조직의 목표 달성을 위해 가능한 운영대안들을 비교・검토하여 조직의 장기적 및 단기적 목표와의 관련성, 조직으로서의 필요성, 시급성, 효과성, 효율성, 재정가용성 등을 비교기준으로 하여 우선순위를 정하여야 한다.

⑤ 잠정확정

우선순위에 따라 지출예산을 운영단위, 프로그램 단위, 기능단위에 배정하여 지출예산안을 잠정적으로 확정하되, 다양한 수입원에 대한 정보를 수집하여 재정자원의 동원 가능성을 검토하고 지출예산을 잠정적으로 확정하는 것이다.

⑥ 원천의 확인

수입이 불확실한 경우 프로그램 계획과 예산계획을 확정할 수 없다. 따라서 잠정적으로 확정된 예산안을 가지고 가능하다고 생각되는 재정의 원천과 접촉하여 재정 수입을 확인할 필요가 있다.

⑦ 최종확정

재정의 원천과 접촉하여 재정 수입이 확인되면 수입예산과 지출예산을 삭감 또는 증액하는 등의 수정을 가하여 최종적으로 예산안을 확정하고 이사회에 제출하여 승인을 얻도록 한다.

⑧ 적절한 홍보와 해석

예산안이 최종적으로 확정되고 나면, 이에 따른 지출예산을 운영단위, 사업단위, 기능단위에 배정하여 지출예산안을 잠정적으로 확인해야 한다.

「사회복지법인 및 사회복지시설 재무・회계규칙」 매뉴얼에 따른 사회복지기관의 예산수립절차는 다음의 ❙그림 9-2❙와 같다.

주요내용	주체	일정
시군구에서 법인 또는 시설에 특히 필요하다고 인정하는 사항에 관해 예산편성지침 통보 가능	법인 또는 시설 소재지 관할 시장 · 군수 · 구청장	회계연도 개시 2개월 전까지
법인은 법인과 법인 산하 시설의 예산편성지침을 결정	법인 대표이사	회계연도 개시 1개월 전까지
회계별 예산(법인회계, 시설회계, 수익사업회계) 편성	법인 대표이사 및 시설의 장	회계연도 개시 전까지
시실회계 예산안에 대한 시실 운영위원회 보고 ※ 법인이 설치 · 운영하는 시설의 경우에도 시설회계는 법인 이사회 의결 전 시실 운영위원회에 보고 필요 ※ 법인회계 및 수익사업회계에 대해서는 불필요	시설의 장	예산안 편성 완료시
법인의 회세별 예산(법인회세, 시설회세, 수익사업회계)안에 대한 이사회 의결, 예산안 확정 ※ 법인이 설치 · 운영하는 시설의 시설회계도 포함 ※ 법인이 아닌 경우에는 시설 운영위원회 보고로 예산안이 확정됨	법인 이사회	예산안 편성 완료시
확정된 예산안을 시장 · 군수 · 구청장에 제출 ※ 법인은 법인의 회계별 예산(법인회계, 시설회계, 수익사업회계)을 법인 소재지를 관할하는 시장 · 군수 · 구청장에 제출하고, 시설의 장(법인이 운영하는 시설도 포함)은 해당 시설의 시설회계를 시설 소재지 관할 시장 · 군수 · 구청장에 제출	법인 대표이사 및 시설의 장	회계연도 개시 5일전까지
법인과 시설의 회계별 세입 · 세출 명세를 시군구, 법인, 시설의 게시판과 인터넷 홈페이지에 20일 이상 공고 ※ 「사회복지사업법」 제6조의2에 따른 정보시스템에 게재하거나 「영유아보육법」 제49조의2에 따른 공시로 갈음 가능	시장 · 군수 · 구청장 법인 대표이사, 시설의 장	예산안 제출 20일 이내

▍그림 9-2▍ 사회복지조직의 예산수립 절차

출처 : 사회복지법인 및 사회복지시설 재무 · 회계 규칙 매뉴얼(2018), p. 17.

3) 예산의 모형

사회복지조직의 예산모형은 예산수립의 구성과 조직에 따라 일반적으로 품목별 예산, 성과주의 예산, 기획예산, 영기준예산 등으로 구분된다. 실제로 예산의 체계는 어느 한 가지 모형을 전적으로 사용하기보다는 두 가지 이상의 모형을 결합하여 적용하는 경향이 많다(최성재 · 남기민, 2016). 각 예산의 유형을 살펴보면 다음과 같다(신복기 외, 2019 : 266-272; 황성철 외, 2020 : 317-322).

(1) 품목별 예산(line-item budget)

1921년 미국의 29번째 대통령인 하딩(Warren Gamaliel Harding) 시절부터 사용되기 시작한 예산의 유형으로 예산지출에 대한 통제를 가하기 위해 개발된 유형이다(고재욱 외, 2016 : 225). 품목별 예산은 정부와 비영리조직 예산에서 가장 오래된 모델 중 하나이다. 이 예산유형은 조직의 개선에 따른 세부사업을 중심으로 하여 예산을 할당하는 방식으로 지출대상을 품목별로 분류하여 다양한 수입 및 지출목록들이 명시되고 각 목록별로 예상되는 금액이 명시되어야 한다. 보통 기관의 회계체계가 이러한 항목들로 조직화되어 수입 및 지출내역에 대해 알 수 있게 함으로써 장래 기획안의 기초로 활용된다(Sheafor, Horeisi, & Horeisi, 1998 : 651). 또한 품목별 예산은 전년도 예산을 근거로 하여 일정한 양만큼 증가시켜 나가는 점진주의적 특성을 가지고 있다.

품목별 예산의 장점은 단순하고 간편하며 비용의 조절이 가능하고 지출의 근거가 명확하기 때문에 예산의 통제에 유리하며, 예산 항목별로 지출이 정리되어 있기 때문에 회계에도 유리하다는 점이다. 그러나 전년도 예산을 기준으로 하기 때문에, 예산의 증감이 신축성이 없고 비탄력적이며 예산편성의 근거에 대한 정보가 불충분하여 책임성의 확보에 한계를 지닌다. 또한 사업의 목표나 내용, 성과의 연계를 확인하기 어려워 효과성의 측정, 효율성, 생산성, 서비스의 질을 결정하는 데 사용될 수 있는 정보를 제공해 주지 않는다는 단점을 가진다.

〈표 9-1〉 품목별 예산모형의 예

세 출					(단위 : 천 원)
관*	항**	목***	2020년 추경 (A)	2021년 본예산 (B)	증감액 (B)-(A)
총 합 계			1,399,685	1,307,443	92,242
사무비	합 계		646,845	635,423	11,422
	인건비	소 계	525,322	545,998	20,677
		급여	368,307	387,785	19,477
		제수당	72,325	74,253	1,928
		일용잡금	–	–	–
		퇴직금및퇴직적립금	36,615	38,503	1,888
		사회보험부담비용	47,074	45,357	1,716
		기타후생경비	1,000	100	900
	업무추진비	소 계	10,140	9,640	500
		기관운영비	4,800	4,800	–
		직책보조비	2,010	2,040	–
		회의비	3,300	2,800	500
	운영비	소 계	111,383	79,785	31,598
		여비	2,160	600	1,560
		수용비및수수료	29,153	22,311	6,842
		공공요금	38,360	27,560	10,800
		제세공과금	8,124	6,635	1,489
		차량비	2,950	1,830	1,120
		연료비	–	–	–
		기타운영비	30,636	20,848	9,788
재산조성비	합 계		39,511	7,792	31,720
	시설비	소 계	39,511	7,792	31,720
		시설비	5,000	500	4,500
		자산취득비	8,000	2,000	6,000
		시설장비유지비	26,511	5,292	21,220

* 기능별 · 조직별 · 사업목적별 분류

** 경산예산별, 사업예산별, 채무상환, 예비비 등

*** 사업의 성질별 및 사업내용별 구분

출처 : ○○종합사회복지관 2021년 세출예산을 근거로 재구성.

(2) 성과주의 예산(PB : Performance Budget)

성과주의 예산은 기능주의 예산(functional budget)이라고도 부르는데, 1912년 미국행정부의 한 위원회에서 처음으로 도입하여 행정부의 각 부서에 이용하게 되었다고 한다(양승일, 2018 : 264). 성과주의 예산은 점증주의를 기반으로 한 품목별 예산의 단점을 보완하기 위한 방법으로, 조직의 활동을 기능별 또는 프로그램별로 나눈 다음, 다시 세부 프로그램으로 나누고, 세부 프로그램은 단위원가와 업무량을 계산하여 서로 곱해(단위원가[3] × 업무량 = 예산액) 필요한 예산을 추정하는 방식이다.

사회복지분야에서는 1970년대 중반 이후부터 성과주의 예산모형에 관한 관심을 갖기 시작했으며, 책임성과 성과관리에 대한 외부의 요구가 증가함에 따라 그 중요성이 더해졌다. 품목별 예산모형은 인건비, 사무용품비 등과 같은 투입물(input)에 초점을 두는 반면, 성과주의 예산은 산출물(output)에 초점을 둔다. 또한 품목별 예산모형은 전년도를 근거로 한 점증주의 방식으로 편성되지만 성과주의 예산은 각 서비스의 산출물에 대한 투입비용의 적절성을 근거로 한 효율성을 강조하는 예산을 편성한다. 즉, 개별 지출 항목을 전체 조직 활동과 연결시키고 품목별 예산에서 다루지 않는 산출물(output)도 다룰 수 있다는 점에서 이점을 가진다.

성과주의 예산모형은 목표 달성을 위한 예산을 편성하기 때문에 목표, 사업에 대한 분명한 이해와 모니터링이 가능하다는 점과 단위비용을 계산하기 때문에 자금을 합리적으로 배분하여 효율성을 강조할 수 있다는 점, 사업별 통제가 가능하고 실적 평가에 용이하며 예산집행에 있어 신축성을 부여할 수 있다는 점에서 장점을 갖는다. 그러나 예산의 통제가 어렵고 비용 산출단위의 설정과 비용책정에 어려움이 있으며, 효율성에 대한 강조로 인해 효과성이 무시되거나 장기적 계획을 고려하지 않는다는 점에서 한계를 지닌다.

---

3) 업무측정단위 하나를 산출하는 데 드는 비용

〈표 9-2〉 성과주의 예산모형의 예

(단위 : 원)

사업명	세 입	세 출
• 아동 급식 프로그램 단위비용 2,000원, 총 500회 제공 = 2,000 × 500 = 1,000,000원	1,000,000	963,000
• 사회성 향상교육 프로그램 단위비용 6,000원, 총 2,500시간 서비스 제공 = 6,000 × 2,500 = 15,000,000원	15,000,000	14,320,000
• 청소년 집단 심리상담 프로그램 단위비용 5,000원, 총 25명, 11개월간 상담 제공 = 5,000 × 25명 × 11개월 = 1,375,500원	1,375,500	1,200,000

(3) 기획예산(PPBS : Planning-Programming Budgeting System)

기획예산은 1954년 미국의 Rand연구소에서 처음으로 개발되어 1965년 이후 미국행정부에 채택한 바 있다(양승일, 2018 : 265). 장기적인 사업계획을 세우고 그것을 실천하기 위한 당해 연도의 프로그램 계획과 이를 뒷받침하는 예산을 통합하여 수립하는 예산체계이다. 장기적 계획수립과 단기적 예산편성을 유기적으로 결합시킴으로써 자원배분에 관한 합리적이고 일관된 의사결정을 위한 정보를 제공할 수 있는 모형이다. 핵심적인 특징은 사업기획과 예산을 통합하는 데 있다. 성과주의 예산모형이 투입과 산출을 비교하여 효율성을 강조하는 모형이라면, 기획예산 모형은 사업 목표의 달성 정도를 판단하는 효과성을 강조하는 모형인 것이다. 성과주의 예산모형과 마찬가지로 사업과 목표를 분명히 이해할 수 있고, 합리적으로 자금을 배분할 수 있다는 점에서 장점을 가진다. 또한 사업의 효과성을 제고할 수 있으며 사업계획과 예산이 결합되어 조직운영의 통합성을 확인할 수 있다. 그러나 실제 현장에서는 목표를 설정하는 것이 어렵고, 사업에 필요한 품목과 단위원가가 제시되지 않으며, 결과에만 치중하여 과정을 상대적으로 무시하고, 그 과정에서 권력과 의사결정이 중앙집권화될 우려가 있다는 점에서 한계를 지닌다.

〈표 9-3〉 기획예산 모형의 예

목표 / 연도별	장애인 자립생활관 지원 (전체 1억 원)		
자립생활관 입주 대상자 선정 (2018년)	자립대상자 입주 시 생활용품 구입 (20,000,000원)	자립대상자 생활관 보수 (30,000,000원)	자립대상자 자립 캠프 (10,000,000원)
자립생활관 입주 대상자 자립 지원 (2019년)	장애인 자립대상 교육 (10,000,000원)	장애인 자립 업무 매뉴얼 개발 (20,000,000원)	네트워크 및 업무 협약 (10,000,000원)

(4) 영기준예산(ZBB : Zero-Base Budgeting system)

영기준예산은 1960년대 초 미국행정부 농무성에서 처음 시험되고 1960년대 중반 이후 미국행정부 내에서 채택되고 있던 기획예산에 통합되어 사용되었다. 미국의 카터(Jimmy Earl Carter) 대통령이 조지아 주지사 시절인 1973년부터 조지아주에 도입되었고, 이후 그가 대통령이 된 후 1977년부터 연방정부에도 도입되어 기획예산이 폐기된 이후에도 미국행정부 조직 및 주정부 등에서 사용되었다 (신복기 외, 2019 : 273).

영기준예산 모형은 전년도 사업이나 관행에 구애받지 않고 영(zero)의 상태에서 출발하여 사업계획을 수립하고 채택된 사업에 관해서만 예산을 편성하는 모형이다. 모든 사업을 매년 처음으로 시작한다는 전제하에 매년 사업의 필요성에 대한 정당성을 제시하고 다른 사업과의 경쟁을 전제로 우선순위에 입각하여 예산을 수립한다. 영기준예산 모형은 미리 정한 사업 기간이 종료되면 별도의 조치가 없는 한, 자동적으로 폐지된다는 점에서 일몰법(sunset law)[4]과 관련이 깊다.

영기준예산 모형은 예산을 절감하고 사업의 쇄신에 기여할 수 있고, 재정운영과 자금의 배분을 탄력적으로 할 수 있어 사업의 효과성과 효율성을 제고할 수 있다는 점에서 장점을 가진다. 그러나 매년 영기준을 적용하기 위해서는 효과적

4) 정부의 사업 또는 조직이 미리 정한 기간이 지나면 입법기관이 별도의 조치를 취하지 않는 한, 자동적으로 폐지되도록 규정한 법. 기존 사업과 지출을 재검토하여 불필요한 사업을 폐지하여 효과성과 효율성을 높이는 데 주목적이 있다.

인 의사소통과 의사결정, 사업평가 등에 전문성을 지닌 관리자를 확보해야 하는 어려움이 있으며, 의사결정이나 우선순위 선정 등에 정치적·심리적 요인이 무시되고 지나치게 많은 시간과 노력을 들여야 한다는 점, 그리고 일몰법에 기반을 두기 때문에 매몰비용이 발생할 수 있으며, 장기계획에 의한 사업 수행이 어렵다는 점에서 한계를 지닌다.

이상에서 살펴본 예산모형의 주요 내용을 요약하면 다음의 〈표 9-4〉와 같다.

〈표 9-4〉 예산모형의 주요 내용

구분	품목별 예산	성과주의 예산	기획예산	영기준예산
개념	• 구입할 물품 또는 서비스별로 편성 • 투입중심 예산	• 활동을 기능별·사업별로 구분한 후 다시 세부사업으로 나눈 후 각 사업의 단위원가와 업무량을 곱해 계산하여 편성 • 과정중심 예산	• 목표 달성을 위한 장기적 기본계획을 수립하고 기본계획의 연차적 실행을 위해 사업별로 편성 • 산출중심 예산	• 전년도 예산을 전혀 고려하지 않고 계속사업 실시, 신규 사업의 정당성을 매년 새로이 마련하고 우선순위를 정하여 편성하는 예산 • 우선순위 중심 예산
특징	• 전년도 예산이 주요 근거(점증주의) • 회계계정별, 구입품목별 편성	• 단위원가×업무량=예산 • 효율성을 중시	• 구체적 사업실행 계획을 통해 장기적 계획과 단기적 예산 편성을 유기적으로 연결 • 장기적 계획 전제 • 명확한 목표 설정과 달성을 강조	• 매년 사업목표와 수행능력을 새로 고려 • 목표 달성을 위한 다양한 사업 고려 • 사업의 비교평가에 기초한 우선순위를 기준으로 사업 선택
주요 기능	• 통제기능 • 회계자에 유리	• 관리기능 • 관리자에 유리	• 계획기능 • 계획자에 유리	• 의사결정기능 • 클라이언트에 유리
장점	• 지출근거가 명확하여 예산통제 효과적 • 회계에 용이	• 목표와 사업에 대한 분명한 이해 • 합리적 자금 분배 • 사업별 통제가능 • 사업의 효율성 도모	• 목표와 사업에 대한 분명한 이해 • 합리적 자금배분 • 신뢰할 수 있는 장기적 사업계획 • 사업계획과 예산편성의 괴리 차단 • 사업의 효과성 제고	• 예산절감과 사업의 쇄신에 기여 • 재정운영과 자금배분의 탄력성 제고 • 관리 참여 확대 • 자금배분의 합리화 • 사업의 효율성 및 효과성에 기여

단점	• 예산의 신축성 저해 • 예산 증대의 정당성 부여의 근거 희박 • 결과나 목표 달성에 대한 고려 부족 • 사업 내용 불분명 • 효율성이 무시됨	• 예산통제의 어려움 • 비용산출 단위의 설정과 비용책정의 어려움 • 효과성이 무시됨 • 장기적 계획을 고려하지 않음	• 목표 설정이 어려움 • 결과에만 치중 • 과정에 대한 상대적 무시 • 권력과 의사결정의 중앙집권화 우려	• 효과적 의사소통, 의사결정, 사업평가에 대한 관리자의 훈련 필요 • 정치적·심리적 요인 무시 • 장기적 계획에 의한 사업수행 곤란 • 정치적 영향력 • 매몰비용

출처 : 최성재·남기민(2016), pp. 341-342 재구성.

2. 예산의 집행

1) 예산집행의 개념

예산집행(budget execution)이란 세입·세출예산이 담고 있는 정책목표와 프로그램을 성취하는 데 필요한 수입과 지출을 실행하는 일체의 행위를 말한다. 즉, 면밀한 과정을 통해 편성된 예산이 편성한 대로 행해지고 있는지를 확인하고 필요에 따라 지도·조정하는 일을 말하는 것이다. 모든 예산은 사업을 수행해서 업적을 올려야 할 많은 계획들을 내포하고 있는데 이러한 사업계획을 실천에 옮기는 것이 예산집행인 것이다(박차상, 2002 : 415). 효율성 차원에서 집행통제라는 의미도 강하게 내포하고 있어 다른 말로는 예산통제라고도 한다.

2) 예산집행의 원칙

예산을 집행함에 있어 준수해야 할 원칙에 대해 Lohmann(1980)은 다음과 같은 아홉 가지 원칙을 제시하였다.

① 개별화의 원칙

예산통제체계는 개별 기관의 제약조건, 요구 사항 및 기대 사항에 맞게 고안되어야 한다.

② 강제의 원칙

예산통제체계는 강제성을 띠는 어떤 명시적인 규정이 있어야 하며, 예산을 집행할 때에는 규정을 동일하게 적용하여 공평성을 기해야 한다.

③ 예외의 원칙

규칙에는 반드시 예외 상황을 고려해야 하고, 어떤 상황에서 예외가 적용되는지 사전에 명시해야 한다.

④ 보고의 원칙

예산통제체계는 보고의 규정을 두어야 한다. 보고의 원칙이 없으면 재정 관련 행위를 공식적으로 감시하고 통제할 수가 없다. 예를 들어, 예산을 남용하거나 항목을 변경하고 개인적으로 유용하는 등의 사실들이 있는 그대로 보고되지 않으면 재정활동에 큰 문제가 생길 수 있는 것이다.

⑤ 개정의 원칙

예산 관련 규칙은 많은 경우 일정 기간 동안에만 적용할 수 있도록 제한하고, 적용에 있어 부작용이 나타날 경우를 대비하여 일정 기간이 지난 후에는 새로 개정할 수 있어야 한다.

⑥ 효율성의 원칙

예산통제에는 시간과 비용이 많이 드는 경우가 있다. 따라서 비용과 노력을 최소화하는 정도에서 통제가 이루어질 수 있도록 해야 한다.

⑦ 의미의 원칙

효과적으로 예산을 통제하기 위해서는 규칙, 기준, 의사소통 및 계약 등에 관계되는 모든 사람이 잘 이해할 수 있도록 전달되어야 한다. 따라서 규칙이 보다 명확하게 정리되어야 하고, 통제를 위한 관련 자료들은 쉽게 얻을 수 있어야 하며, 절차의 분류와 해석을 위한 사항들도 명확히 제시되어야 한다.

⑧ 환류의 원칙

예산통제체계에 관한 규칙, 기준, 의사소통 및 계약 등을 적용할 때 발생할 수 있는 다양한 부작용 및 장단점 등에 관해 관련자들의 의견을 수렴하여 개정과 개선의 기초로 삼아야 한다.

⑨ 생산성의 원칙

예산통제 그 자체는 어디까지나 서비스가 효과적이고 효율적으로 전달되기 위한 수단이므로 이로 인한 서비스 전달의 생산성 장애와 갈등이 발생하지 않도록 유의해야 한다.

3) 예산집행 통제의 기제

예산집행을 통제하여 수입과 지출의 균형을 유지하기 위한 다양한 기제들 중 주로 많이 활용되는 몇 가지 기제를 살펴보고자 한다(Weiner, 1990 : 301-304).

① 분기별 할당

수입예산이 계획대로 들어오지 않거나 집중적으로 들어오는 경우가 있는가 하면 비용의 지출이 월별, 분기별로 동일하지 않고 어떤 특정한 시기에 집중되는 시기도 있다. 이 같은 경우 수입과 지출을 분기별로 조정하여 수입과 지출의 균형을 유지하도록 하는 기제이다.

② 지출 사전승인

조직에서 일정 금액 이상을 지출할 경우 규모에 따라 최고책임자나 중간관리자의 사전승인을 받도록 하는 것을 말한다. 사전승인을 통해 수입과 지출의 균형을 유지할 수 있고 승인을 의도적으로 미루어 지출을 억제할 수도 있다.

③ 지출의 취소

예상된 재정원천으로부터 수입이 인가되지 않거나 삭감정책에 의해 예산된 수입액이 입금되지 않는 경우에는 자금의 지출을 잠정적으로 취소하거나 최종적으로 취소할 수밖에 없다.

④ 재정현황의 정기보고

행정책임자는 월별·분기별로 재정현황을 보고받아 검토해야 한다. 보고서에는 수입·지출의 현황, 변제비용, 인원당 비용, 기능별 비용, 서비스 단위당 비용 등이 포함되어야 한다.

⑤ 대체(전용)

회계연도 말 무렵에 재정현황이 사업별 또는 계정별로 과다 지출되었거나 과소지출된 경우에 과다지출분을 메우기 위해 과소지출된 부분을 조절하여 대체하는 것을 말한다. 이러한 대체는 조직의 구조와 액수에 따라 중간행정책임자 또는 최고책임자의 승인을 받아야 한다.

⑥ 지불연기

조직 내·외부로부터 지불요청에 대해 의도적으로 적당한 방법을 통해 지불을 연기함으로써 수입예산의 입금 여유를 얻는 것을 말한다. 특히 지불연기로 벌칙이나 벌금이 없는 경우는 요청자의 양해를 얻어 최대한으로 지불연기를 할 수 있다.

⑦ 차용

차용은 은행 또는 협회, 연합회, 정부기관 등과 같은 특별단체로부터 자금을 빌리는 것을 말한다. 수입예산이 계획대로 확보되지 않을 경우 불가피하게 지출을 위해서는 일반적으로 은행, 사회복지 관련 특별단체 또는 정부의 기금으로부터 장기적 혹은 단기적으로 대부를 받을 필요가 있는 경우가 있다.

3. 결 산

1) 결산의 개념

결산(closing)이란 한 회계기간이 끝남에 따라 그 기간의 재정상태를 정리하여 그 기간의 수입과 지출을 확정하는 과정이다. 즉, 한 회계연도 내에서 발생한 수입과 지출을 확정하고 계수로 표시하는 절차로서, 세입·세출결산보고서는 공공관서의 장이나 법인의 대표이사, 시설의 장이 작성하므로 예산집행의 마무리 단계라고 할 수 있다. 결산은 예산에 의하여 행동한 기관의 사후적 재정보고의 성격을 지니고 있다. 따라서 사회복지조직은 결산에 의하여 사후감독을 받는 것이 된다. 이러한 결산이 필요한 이유는 법인의 경우 이사회의 의도대로 법인이나 시설이 예산을 집행되었는지를 사후적으로 감독하여 집행부의 책임을 해제시켜 주고 감독관청의 감독을 유도하는 것은 물론 흑자 및 적자의 규모를 확인하여 결산의 결과를 다음해 예산에 반영시키기 위해서이다(황성철 외, 2020 : 328).

2) 결산의 절차

사회복지조직은 「사회복지법인 및 사회복지시설 재무·회계규칙」에 근거하여 결산보고를 수행한다. 「사회복지법인 및 사회복지시설 재무·회계규칙」 제19조에 따르면, 사회복지법인의 경우 대표이사는 법인회계와 시설회계의 세입·세출 결산보고서를 작성하여 이사회의 의결을 거친 후 다음 연도 3월 31일까지 시장·군수·구청장에게 제출하여야 한다. 시설의 경우에는 원장이 수입지출결의서와 사업실적보고서를 법인 이사회에 제출해야 한다. 시장·군수·구청장은 결산 보고서를 제출받은 때에는 20일 이내 법인과 시설을 세입·세출 예산의 개요와 후원금품의 수입 및 사용내역 개요에 대한 사항을 시·군·구 게시판에 20일 이상 공고하고, 법인대표이사로 하여금 법인·시설의 게시판에 20일 이상 공고하도록 해야 하며 일간 신문이나 정기간행물에 게재하는 것으로 대체할 수도 있다. 결산보고서에 첨부되어야 할 서류[5]는 다음과 같다.

1. 세입·세출 결산서
2. 과목 전용조사
3. 예비비 사용조서
4. 대차대조표
5. 수지계산서
6. 현금 및 예금명세서
7. 유가증권명세서
8. 미수금명세서
9. 재고자산명세서
10. 기타 유동자산명세서(제6호 내지 제9호의 유동자산은 제외)
11. 고정자산(토지, 건물, 운반구, 비품, 전화 가입권)명세서
12. 부채명세서(차입금, 미지급금 포함)
13. 제충당금명세서
14. 기본재산수입명세서(법인만 해당)
15. 사업수입명세서
16. 정부보조금명세서
17. 후원금수입 및 사용결과보고서(전산파일 포함)
18. 후원금 전용계좌의 입출금 내역
19. 인건비명세서
20. 사업비명세서
21. 기타비용명세서(인건비 및 사업비 제외)
22. 감사보고서
23. 법인세 신고서(수익 사업이 있는 경우에 한함)

사회복지조직의 구체적인 결산보고절차는 다음 【그림 9-3】과 같다.

---

5) 단식부기로 회계를 처리하는 경우에는 제1호부터 제3호까지, 제14호부터 제23호까지의 서류만을 첨부할 수 있고, 소규모 시설의 경우에는 제1호부터 제17호까지의 서류만을 첨부할 수 있다.

주요내용	주체	일정
법인회계와 시설회계의 세입·세출 결산보고서 작성	법인 대표이사 및 시설의 장	출납 완료시
결산 보고서의 시설 운영위원회 보고 ※ 법인이 설치·운영하는 시설의 경우에도 시설회계는 법인 이사회 의결 전 시설 운영위원회에 보고 필요 ※ 법인회계 및 수익사업회계에 대해서는 불필요	시설의 장	결산보고서 작성 후
결산보고서의 법인 이사회 의결 ※ 법인이 설치·운영하는 시설의 시설회계도 포함 ※ 법인이 아닌 경우에는 시설 운영위원회 보고로 결산보고서 확정	법인 대표이사	결산보고서 작성 후
확정된 결산 보고서를 시장·군수·구청장에 제출 ※ 법인은 법인회계, 시설회계, 수익사업회계 결산을 법인 소재지를 관할하는 시장·군수·구청장에 제출하고, 시설의 장(법인이 운영하는 시설도 포함)은 해당 시설의 시설회계 결산을 시설 소재지 관할 시장·군수·구청장에 제출	법인 대표이사 및 시설의 장	다음연도 3월 31일까지
법인과 시설의 세입·세출 결산서를 시군구, 법인, 시설의 게시판과 인터넷 홈페이지에 20일 이상 공고 ※ 「사회복지사업법」 제6조의2에 따른 정보시스템에 게재하거나 「영유아보육법」 제49조의2에 따른 공시로 갈음 가능	시장 · 군수 · 구청장 법인 대표이사, 시설의 장	결산보고서 제출 20일 이내

| 그림 9-3 | 사회복지조직의 결산절차

출처 : 사회복지법인 및 사회복지시설 재무 · 회계 규칙 매뉴얼(2018), p. 37.

제3절 회계 및 회계감사

1. 회 계

1) 회계의 개념

회계(accounting)는 재정적 거래를 분류, 기록, 요약하고 그 결과를 해석하는 표준화된 기술을 말하는 것으로, 자금의 거래, 수입과 지출 등 자금의 흐름을 추적하는 시스템이다. 회계는 목적에 따라 재무회계와 관리회계로 구분된다. 재무회계(financial accounting)란 내부 및 외부 정보 이용자의 경제적 의사결정에 필요한 재무 상태, 경영 성과, 현금 흐름의 변동 등과 관련하여 일정 기간 동안의 수입과 지출 사항을 기록하여 보고하는 것으로, 주요 내용으로는 거래자료 기록, 시간표 작성, 분개 작성, 결산 등이 포함된다. 관리회계(managerial accounting)란 행정책임자가 행정적인 의사결정을 하는 데 필요한 재정관계 자료를 정리하는 것으로, 주요 내용으로는 미래 상황에 대한 예측을 가능하게 하는 예산단위의 비용을 계산하여 예산의 실행성과를 분석하는 것을 포함한다. 「사회복지법인 및 사회복지시설 재무·회계규칙」 제24조에 따르면, 사회복지법인 및 시설에서 비치해야 할 회계장부로는 현금출납부, 총계정원장, 재산대장, 비품관리대장이 있다. 이상에서 살펴본 재무회계와 관리회계를 비교해 보면 다음 〈표 9-5〉와 같다.

〈표 9-5〉 재무회계와 관리회계의 비교

비교기준	재무회계(financial accounting)	관리회계(managerial accounting)
정보의 이용자	외부의 이해관계자	내부 의사결정자
정보의 내용	재무 상태, 경영 성과, 현금 흐름의 변동	관리적 의사결정과 통제에 유용한 모든 정보
거래의 성격	과거의 거래	미래 상황에 대한 예측
작성 기준	안정된 회계 원칙	의사결정에 필요한 합리성

출처 : 이민훈 외(2019), p. 178 〈표 8-10〉 재구성.

2) 회계활동

회계의 주요 활동을 살펴보면 다음과 같다.

① 기록 업무

금전적 수입과 지출에 관한 기록 장부를 마련하고 회계원칙에 따라 장부에 기록하는 활동을 말한다. 「사회복지법인 및 사회복지시설 재무·회계규칙」 제23조에 따르면, 회계는 단식부기[6]를 원칙으로 하는데, 다만 법인회계와 수익사업회계에 있어서는 필요한 경우 복식부기[7]를 할 수 있다.

② 정리 업무

장부에 기록된 회계사항을 월별 혹은 분기별로 주기적으로 종결하여 정리하는 업무를 말하는 것으로, 정기적으로 재정상태를 파악하기 위한 재정보고서 작성에 필요한 절차이다.

③ 재정보고서 작성 및 발행

사회복지조직의 재정상태를 정기적으로 파악하기 위해 월별 혹은 분기별로 재정보고서를 작성하여 시설 내부 및 이사회에 보고하는 과정으로, 회계연도 말 무렵에는 1년 동안의 수입과 지출의 현황을 파악할 수 있는 대차대조표 등을 포함한 보고서를 작성하여 정부기관과 이사회에 반드시 보고하고 재정지원 조직 및 개인에게도 보고하거나 공개하여 제공받은 재정자원이 유용하게 활용되었음을 밝히는 것이 바람직하다.

---

6) 단순히 현금의 수입과 지출만을 기준으로 기록하는 방식
7) 현금뿐만 아니라 경제경영 활동으로 인한 현금 이외 모든 항목도 원인과 결과에 따라 자산, 부채, 순자산(자본), 수익, 비용 항목으로 구분해 서로 대칭해서 동시에 기록하는 방식

2. 회계감사

1) 회계감사의 개념

회계감사(auditing)는 조직의 수입과 지출 결과에 관한 사실을 확인·검증하고, 이에 관한 보고를 하기 위하여 장부와 관련 기타 기록을 체계적으로 감사하는 행위를 말하는 것으로, 회계감사의 초점은 재정기록의 정확성과 표준화된 양식을 얼마나 잘 준수하였느냐에 있다. 회계감사는 결산과 더불어 예산과정의 마지막 과정으로 예산을 정확하고 효율적으로 집행하기 위해서 필요하다. 회계감사는 품목 중심의 예산제도하에서 회계기록을 대상으로 지출의 적법성을 검증하는 것뿐만 아니라 프로그램 중심 예산제도하에서의 프로그램의 능률성과 효과성을 검증하는 것도 그 대상으로 삼고 있다(신복기 외, 2019 : 280).

「사회복지법인 및 사회복지시설 재무·회계규칙」 제42조에 의거하여 법인 및 시설에 대한 회계감사의 절차를 살펴보면, 회계감사는 당해 법인과 시설에 대하여 매년 1회 이상 정기 감사를 실시하도록 하고 있다. 또한 법인의 대표이사는 시설의 장과 수입원 및 지출원이 사망하거나 경질된 때에는 그가 관장하던 수입지출, 재산, 물품 및 현금 등의 관리상황을 감사로 하여금 감사하게 해야 한다. 감사는 감사보고서를 작성하여 당해 법인의 이사회에 보고하여야 하며, 만약 재산상황 또는 업무진행에 관하여 부징 또는 불미한 점이 발견될 때는 시장·군수·구청장에게 보고하여야 한다. 또한 재정의 원천이 다양한 사회복지조직의 경우 재정을 지원하는 곳마다 요구되는 감사 자료가 상이하기 때문에 재정의 지원처별로 감사에 대비하여야 한다.

2) 회계감사의 유형

회계감사의 유형은 감사의 주체, 감사 대상조직, 감사 목적에 따라 다음과 같이 분류할 수 있다.

(1) 감사 주체에 따른 분류

① **내부감사** : 조직의 최고관리자와 같은 조직의 내부 구성원이 감사를 실시하는 것이다. 조직의 내부 상황을 잘 알고 있기 때문에 정확한 감사를 할 수 있는 이점이 있는 반면, 감사하는 이가 조직 내부에 있기 때문에 조직구성원이나 이해관계자의 영향력에서 자유롭지 못하다는 한계가 있다.

② **외부감사** : 조직 외부의 독립된 회계기관, 회계사, 정부의 업무 감독 기관의 구성원이 감사를 실시하는 것이다. 감사하는 이가 조직 외부에 있기 때문에 공정한 감사가 가능하지만 조직의 내부 상황에 대해 잘 알지 못하는 경우에는 감사 자체가 피상적 수준에 그칠 수 있다는 점에서 한계점을 지닌다.

(2) 감사 대상조직에 따른 분류

① **정부기관에 대한 감사** : 정부의 감독관청이나 감사원이 정부기관에 대하여 수행하는 감사를 말한다.

② **법인에 대한 감사** : 법인에서 지정한 외부의 회계기관이나 정부의 감독관청이 법인을 대상으로 실시하는 감사를 말한다.

③ **법인이 운영하는 사회복지조직에 대한 감사** : 당해 법인, 외부 회계기관이나 감독관청이 법인 운영하의 사회복지조직을 대상으로 실시하는 감사를 말한다.

(3) 감사 목적에 따른 분류

① **규정준수 회계감사**(compliance audit)

규정준수 회계감사는 기관이나 프로그램이 규칙과 규제를 잘 따르며 경제적이고 효율적인 서비스 생산을 할 수 있을 것이라는 전제에서 출발한다. 다른 말로는 재정 감사(financial audit)라고도 불리는데, 기관의 재정운영이 적절한 회계절차에 따라 시행되었는지, 재정 및 다른 보고서들이 적절히 구비되었는지, 조직에 적용된 각종 규칙과 규제들을 적절하게 잘 따랐는지를 확인하는 과정을 말한다.

규정준수 회계감사를 통해 실제로 규칙을 잘 준수하였다는 것이 확인되었다 하더라도 규칙에만 충실하여 탄력성을 잃으면서 효율성 측면에서는 다소 낮게 평가되는 경우도 있다. 따라서 규정의 준수 여부만을 지나치게 강조하는 감사는 업무의 실제 효과성과 효율성에 관심을 두지 않게 되어 형식에 대한 지나친 집착으로 인한 관료적 병폐를 만들어 내는 원인으로 작용할 수 있다.

② 운영 회계감사(operational audit)

운영 회계감사는 규정준수 회계감사의 약점을 보완하는 감사로, 예산과 관련하여 의도했던 프로그램의 결과가 달성되었는지, 목표가 어느 정도의 경제성과 효율성을 성취했는지, 자원의 활용이 얼마나 효율적이었는지에 관심을 두는 감사이다. 이를 위해서는 성과주의 예산모형이나 기획예산과 같은 예산형식을 갖추어야 한다. 또한 규정준수 회계감사보다 좀 더 폭넓은 지식과 기술을 필요로 하기 때문에 사회복지행정가는 재정관리에 대해 전문적이지는 않더라도 이에 관한 기본적인 지식 정도는 갖추어야 할 필요가 있다.

연습문제

01 사회복지조직의 예산 수립 원칙으로 옳은 것은? 17회 기출

① 회계연도 개시와 동시에 결정되어야 한다.
② 수지 균형을 맞춰 흑자 예산이 되어야 한다.
③ 회계연도가 중첩되도록 다년도로 수립하여야 한다.
④ 예산이 집행된 후 즉시 심의·의결을 거쳐야 한다.
⑤ 세입과 세출은 모두 예산에 계상하여야 한다.

02 품목별 예산에 관한 설명으로 옳지 않은 것은? 18회 기출

① 예산의 남용을 방지할 수 있다.
② 회계책임을 명백히 할 수 있다.
③ 신축성 있게 예산을 집행할 수 있다.
④ 급여와 재화 및 서비스 구매에 효과적이다.
⑤ 정책 및 사업의 우선순위를 소홀히 할 수 있다.

03 예산의 수립과 관리에 관한 설명으로 옳지 않은 것은?

① 포괄 보조금은 서비스 제공 기관 간 경쟁을 통한 품질 향상을 강조한다.
② 바우처는 서비스 이용자에게 재정을 지원한다.
③ 성과주의 예산모형은 예산배정에서 직관적 성격이 강하다.
④ 기획예산제도는 개별예산과 지출을 성과에 연결하는 예산 형식이다.
⑤ 기획예산제도는 지출과 조직의 장기적 목표를 연동시켜 목표를 합리적으로 달성하는 데 유용하다.

04 예산의 집행과 회계감사에 관한 설명으로 옳지 않은 것은?

① 재정통제는 명시적 강제 규정에 근거해야 한다.
② 예산집행 시 예외적인 상황에 적용할 수 있는 예외적 규칙이 있어야 한다.
③ 재정통제의 결과는 환류 받아 개정의 기초로 사용해야 한다.
④ 규정순응 감사는 프로그램의 목표 달성 여부나 효율성 문제를 다루기 어렵다.
⑤ 법인의 대표이사는 법인회계와 시설회계의 세입·세출 결산보고서를 작성해야 한다.

05 영기준예산 모형의 수립 절차를 차례대로 연결한 것은?

㉠ 프로그램을 어느 수준에서 어떻게 수행할 것인지 의사결정 대안을 개발한다. ㉡ 각 의사결정 단위의 대안과 다른 의사결정 단위의 대안과 비교한 후 우선순위를 부여한다. ㉢ 독자적으로 의사결정할 수 있는 의미 있는 단위를 확인한다. ㉣ 우선순위에 따라 적합한 대안을 선택한다.

① ㉢-㉠-㉡-㉣
② ㉢-㉠-㉣-㉡
③ ㉢-㉣-㉠-㉡
④ ㉢-㉣-㉡-㉠
⑤ ㉢-㉡-㉣-㉠

정답 1. ⑤ 2. ③ 3. ③ 4. ② 5. ①

CHAPTER

10

사회복지조직의 정보관리

제1절 정보관리

제2절 정보관리시스템

제3절 사회복지조직의 정보관리시스템

10 CHAPTER 사회복지조직의 정보관리

제1절 정보관리

1. 정보관리의 개념

정보관리(information management)의 개념에 대해 Wilson(2002)은 조직의 효과적 운영을 위한 양질의 정보를 획득하고, 조직하며, 통제 및 전파는 물론 사용하고 이를 저장하는 등에 대한 원칙을 정하는 활동이라고 정의하였다. 즉, 조직의 목표 달성에 필요한 다양한 형태의 공식적·비공식적 자료와 정보를 수집·기록하고, 분석하여 전달·배포하며, 보관하는 활동에 대한 체계와 절차를 의미한다. 조직을 둘러싼 다양한 정보를 능률적이고 합리적으로 처리하여 목표 달성의 수단으로 이용하는 관리방식으로, 오늘날 모든 조직들은 굉대한 양의 정보를 수용하는 정보망을 형성하고 있으며 이에 대한 효율적 관리를 위해 정보관리를 필요로 하고 있다.

2. 정보관리의 필요성

사회복지조직에서 정보관리는 사회복지서비스 및 유지활동에 관한 막대한 양의 정보를 획득하고 보관하여 필요할 때마다 활용하는 능력을 갖춰주어 인간이 가지는 인지능력과 시간적 한계를 극복하도록 도와주고, 대량의 복잡한 정보를 신속하고 효율적으로 활용하도록 도와줌으로써 효과적인 관리를 가능하게 해준다(권육상 외, 2004 : 197). 사회복지조직의 정보관리는 크게 세 가지 측면에서 그 필요성을 정리할 수 있다(김남수 외, 2019 : 307-308). 첫째, 사회복지서비스 전달체계 측면에서의 필요성이다. 복지서비스 통합창구의 필요성으로 종합적인 서비스 제공이 가능한 사례관리 시스템 구축, 클라이언트의 프라이버시를 위한 온라인 상담, 사회복지행정기관들의 정보화 체계 구축, 복지기관들 간의 협조적 체계 구축, 가상 복지관을 통한 정보 교류를 위해 필요하다. 둘째, 복지자원 동원체계의 정보화 측면에서의 필요성이다. 클라이언트의 복지욕구와 복지자원을 연계시켜 주는 중개서비스 체계, 일반 시민들의 복지정보 참여를 통한 복지전달, 자원봉사 등 후원 및 연결시스템 등을 위해 필요하다. 셋째, 정보관련 인력 양성 및 교육 측면에서의 필요성으로, 가상복지대학이나 산학협동전문 포럼, 산학연계 가상복지관 등이 그 예이다. 이 외에도 사회복지서비스를 제공함에 있어 엄청난 양의 정보를 적재적소에 이용하기 위해서는 정보관리가 필요하며, 합리적인 정책결정에 유용한 정보를 정책결정자에게 제공한다는 점, 다양한 복지서비스의 효과적인 전달, 다양한 사회복지조직과 자원의 상호연계를 통한 서비스 전달체계의 효율성 향상을 위해서도 필요하다. 또한 정보사회에서 서비스의 제공자와 소비자 간의 의사소통을 원활하게 하여 복지서비스의 참여기회를 확대함으로써 사회적 약자를 포함한 모든 국민의 삶의 질을 향상시킬 수 있는 기회를 제공하는 측면에서 반드시 필요하다고 할 수 있다(양승일, 2018 : 276).

그러나 사회복지조직의 정보관리가 반드시 이점만 있는 것은 아니다. 컴퓨터를 통한 전산화로 인해 클라이언트에 대한 모든 정보가 공유되기 때문에 비밀보장이 어려워 사생활을 침해할 우려가 있으며, 정보화로 인한 문서작업 및 전산입력 업무 등으로 인해 일선 사회복지사의 업무에 대한 부담이 가중될 수 있다. 또한 정보에 대한 접근성의 차이로 인해 정보 소외현상[1])이 발생할 수 있고, 잘못 입력된 정보에 대한 정확한 검토 없이 잘못된 정보를 그대로 받아들일 소지가

1) 정보에 대한 접근 기회의 차이로 인해 정보를 제대로 가지지 못한 사람들이 느끼는 소외감

다분하며, 성과평가에 있어 양적평가지표의 충족에만 관심이 집중되어 서비스의 효과성 자체보다는 성과지표의 관리에만 치중하게 되는 기준행동(criterion behavior)[2)]을 유발하는 부작용을 초래할 수도 있다.

3. 사회복지조직에서 요구되는 정보

사회복지조직에서 필요로 하는 정보의 유형에는 클라이언트의 인구학적 특성 및 기관의 이용현황 등에 대한 정보, 지역사회주민과 클라이언트의 복지욕구에 대한 욕구정보, 제공하는 서비스의 종류와 내용, 질에 관한 정보, 처우에 관한 계획과 실시내용에 관한 처우정보, 사회복지사의 전문적 지식과 활용 가능한 기술 등에 대한 기술정보가 있다. 또한 후원자나 자원봉사자의 활동, 이벤트와 강좌에 대한 참가정보, 조직 내 규칙과 지침서 등에 대한 규범정보, 정부시책, 행정방침, 관련 정책과 제도의 변화추이 등에 대한 환경정보, 조직의 재무, 인사, 타 조직에 관한 관리정보가 포함된다.

2) 성과평가 과정에서 성과지표 관리에만 치중하여 실질적인 성과에 대해서는 무관심해지는 현상

제2절 정보관리시스템

1. 정보관리시스템의 개념

정보관리시스템(MIS : Management of Information System)이란 조직의 목표 달성을 위해 개발된 정보원을 활용하여 각종 정보를 산출하고 제공하는 시스템으로 정의된다(심상용, 2017 : 296). 기본적으로 정보관리시스템은 법적인 규제를 확인할 수 있도록 하고, 각종 거래에서 수반되는 요구조건들이 충족되고 있는지를 확인시켜 주며, 기획 및 통제, 의사결정 등에 필요한 경영정보는 물론 외부에서 요구하는 다양한 종류의 보고서를 제공해 줄 수 있다.

바람직한 정보관리시스템을 지향하기 위해서는 정보체계에 대한 전담직원이 별도로 확보되어야 하고, 전체 직원은 일상 업무에 정보체계를 이용하여 자료를 저장하고 사용하며 관리자는 고유사업의 수행과 정보시스템의 활용을 모니터링하여 필요한 경우 업무조정을 해야 한다. 또한 직원교육을 위한 예비예산을 확보하여야 하며, 직원회의 때 정보시스템을 사용하는 직원의 태도, 감정을 모니터링함으로써 조직의 사업 및 목표를 달성하는 데 도움이 되는 가치 있는 정보를 산출하기 위해 정보관리시스템을 활용할 수 있어야 한다(양승일, 2018 : 278-279).

이러한 정보관리시스템을 통해 처리된 정보처리 결과는 기관의 실무자와 행정가들에게 매우 유용한 정보가 될 수 있으며, 그러한 정보를 직원들이 함께 공유함으로써 기관의 통합이 강화될 수 있다.

2. 정보관리시스템의 필요성

사회복지조직에서 정보관리시스템의 활용은 조직업무의 효율화, 서비스의 질 향상, 조직의 성과달성을 위해 중요하다. 사회복지조직은 정보관리시스템을 통해 조직에 대한 효율적인 관리와 책임성을 검증할 수 있으며, 조직의 업무효율성과 서비스의 효과성을 증대시킬 수 있다. 또한 업무처리시간의 단축을 통해 비용을 절감할 수 있으며, 사회복지서비스의 접근성, 정확성, 객관성, 타당성 등을 확보함은 물론 업무의 표준화를 통한 서비스의 질을 확보하는 데 유용한 도구로 활용할 수 있다. 사회복지조직에서의 정보관리시스템의 필요성에 대해 원석조(2018)는 다음과 같이 설명하였다. 첫째, 사회복지조직의 사업결과에 관해 서비스 이용료를 지불하는 클라이언트는 물론 보조금을 지원하는 정부, 납세자, 후원금을 내는 시민들의 알권리를 보장하기 위해 객관적이고 과학적인 정보를 수집하고 보관·정리하는 역할을 하기 때문이다. 둘째, 사회복지조직의 사회복지사들은 자신이 진정으로 클라이언트를 돕고 있으며, 문제를 해결하기 위해 노력하고 있다는 사실을 확인받기를 원하는데, 적절한 정보관리시스템을 통해 이러한 작업이 가능하기 때문이다. 셋째, 사회복지조직은 정보관리시스템을 활용하여 자신들이 수행한 사업에 대한 적절한 평가와 피드백을 통해 수행방법의 개선과 전문성 강화를 원하는데, 바로 정보관리시스템이 이러한 일들을 가능하게 해주기 때문이다. 따라서 사회복지조직은 정보관리시스템을 활용하여 자신의 업무를 과학적으로 관리하고 이를 통해 업무수행능력을 강화시킬 수 있으며, 나아가 기관의 업무성과를 대내외적으로 검증받고 그 결과를 홍보할 수 있게 된다. 이러한 측면에서 사회복지조직에서의 정보관리시스템은 중요한 역할을 한다.

3. 정보관리시스템의 유형

사회복지조직의 업무를 지원하고 문제를 해결하기 위해서 활용되는 정보관리시스템의 유형에는 다음과 같은 것들이 있다(전해황 외, 2006).

1) 자료처리시스템(DP : Data Processing system)

자료처리시스템은 사회복지조직에서 반복적으로 발생되는 사무업무를 자료의 입력만으로 처리할 수 있도록 만든 시스템이다. 자료처리업무는 정보의 수집, 저장, 검색, 전송, 그리고 자료출력을 모두 포함한다. 자동화된 자료처리 응용 프로그램은 직원의 일상 업무를 처리하는 데 소요되는 시간과 비용을 감소시키기 위해 고안된 것으로, 이러한 프로그램을 통해 급여명세서의 자동처리, 자원봉사자의 등록대장 관리, 후원금영수증의 자동 발급 등이 가능해지게 되었다.

2) 관리정보시스템(MIS : Management Information System)

관리정보시스템이란 당초 기업의 사업수행관리를 위해 필요한 정보를 수집하고 배분하기 위해 고안된 시스템이다. 사회복지조직은 업무수행과 서비스 제공을 효율적으로 수행하기 위해서 모든 자료를 전산화하여 관리하고 운영할 필요성이 있다는 측면에서 중요한 의미를 가진다. 관리정보시스템은 사회복지 현장에서 생성되는 자료를 조직의 목적에 따라 통합하고 가공함으로써 새로운 자료의 생성을 가능하게 해준다.

3) 지식기반시스템(KBS : Knowledge-Based System)

지식기반시스템은 아직 실험단계에 있지만 클라이언트와 임상실천가의 상호작용을 증진시킬 수 있는 가능성을 다룬다는 측면에서 매우 중요성을 가진 시스템이다. 사회복지조직과 특별한 관계를 맺고 있는 지식기반시스템에는 전문가시스템(expert system), 사례기반추론(case-based reasoning), 자연음성처리(natural language processing)가 있다(황성철 외, 2020 : 411-412). 이에 대한 구체적인 내용은 다음 〈표 10-1〉과 같다.

〈표 10-1〉 지식기반시스템의 유형

유 형	특 징
전문가시스템 (expert system)	• 사회복지사가 정보관리시스템에 저장한 지식을 응용하여 사례에 관한 의사결정을 하도록 지원하는 시스템 • 다양한 관점에서 문제에 접근할 수 있고, 불완전한 정보를 가지고도 추론을 통해 의사결정에 필요한 정보를 제공할 수 있으며, 의사결정을 위한 다양한 논리적 접근 방법과 가능한 대안의 제시 예 ECS : 클라이언트의 고용문제를 해결하도록 도와주는 전문 상담 시스템 예 ICS : 환자의 투여되는 약의 처방 횟수를 줄이기 위해 병원기록을 점검하는 전문 모니터링 시스템
사례기반추론 (case-based reasoning)	• 수천 개의 클라이언트 사례에 대한 인구통계, 서비스, 성과를 조사하여 저장한 후 저장된 사례로부터 정보를 획득할 수 있도록 지원하는 시스템 • 클라이언트의 문제를 해결하기 위해 특성이 유사한 사례를 골라 해결방법을 찾아내고자 하는 것으로, 문제 중심의 패러다임을 적용
자연음성처리 (natural language processing)	• 외국어를 번역하여 텍스트로 저장해주는 시스템 • 사람이 말한 내용을 텍스트로 전환하여 저장

출처 : 황성철 외(2020), pp. 411-413의 내용을 기반으로 재구성.

4) 의사결정지원시스템(DSS : Decision Support System)

의사결정지원시스템은 전문가가 자료를 검색하고 관리함으로써 의사결정에 관한 정보를 얻는 데 도움을 주는 시스템이다. 의사결정지원시스템이 적용된 예로는 미국 미네소타주에서 개발된 GAIN(general assistance intake, 일반지원 인테이크)을 들 수 있다. 이 시스템은 클라이언트의 접수일정을 자동으로 결정하고, 처음 접수할 때 온라인으로 제공되는 기록을 통해 클라이언트에 대한 정보를 확보하여 서비스 담당자에게 자료를 전송시켜 클라이언트에 대한 통계를 누적시키는 시스템이다.

5) 업무수행지원시스템(PSS : Performance Support System)

의사결정지원시스템은 현장에서 업무수행능력을 향상시키기 위해 개발된 통합 정보제공시스템이다. 다른 사람으로부터 최소한의 도움만 받아 즉시 문제를 해결하거나 업무를 완수할 수 있도록 한다. 이 시스템은 사회복지사가 업무수행을 위한 특정한 정보가 필요한 경우 이에 대한 정보를 제공해 준다. 업무수행지원시스템이 활용된 예로는 해운선사의 화물을 선박하고 목적지에 싣고 내리는 업무를 위한 CASP(Computer Automated Stowage Planning)를 들 수 있다. 이 시스템은 물류산업의 자동화와 전산화를 통해 최적화되고 효율적인 해운항만 운영과 질 높은 서비스 제공을 가능하게 해준다.

정보관리시스템의 유형의 주요 내용에 대하여 정리하면 다음 〈표 10-2〉와 같다.

〈표 10-2〉 정보관리시스템의 유형

유 형	목적	기 능	활용 사례
자료처리시스템	효율	• 업무처리과정, 기록보관, 업무보고 • 사무적 업무처리의 능률 향상에 역점	급여명세서
관리정보시스템	보고	• 구조화된 의사결정을 위한 사무적 능률성 향상 • 정보교환의 매체를 통하여 운영하부시스템을 상호 연결하여 최적화된 산출 지원 • 의사결정을 내리는 데 필요한 정보를 제공하고 이러한 과정에서 상승작용 효과 기대 • 일상적이고 구조화된 의사결정의 능률 향상	클라이언트 정보체계
지식기반시스템	의사 결정 지원	• 클라이언트와 직접 서비스 제공자의 상호작용을 지원하기 위한 복잡성을 다룸 • 전문가시스템, 사례기반추론, 자연음성처리	전문가 상담시스템
의사결정지원시스템	효과	• 의사결정과 프로그램의 집행 지원 • 의사결정의 효과성과 조직의 효과에 초점 • 비구조화되거나 준구조화된 의사결정을 위해 모델링 기법을 이용하여 의사결정지원 • 관리의 효율성을 향상시키는 데 초점	GAIN
업무수행지원시스템	성과	• 업무완성에 필요한 정보를 통합하고 제공하여 업무 능률성 향상 지원 • 서비스 제공자의 성과에 초점 • 업무수행을 위해 필요한 정보의 확인 및 지원	CASP

출처 : 황성철 외(2020), p. 414 〈표 12-1〉 재구성.

제3절 사회복지조직의 정보관리시스템

1. 사회보장정보시스템

1) 행복e음

사회복지서비스 전달체계는 2010년 지방자치단체의 복지업무처리 지원정보시스템인 사회복지통합관리망(지금의 사회보장정보시스템, 행복e음)의 도입으로 새로운 변화의 바람이 불게 되었다. 이러한 시스템의 도입은 중앙정부와 지방자치단체의 복지급여와 서비스 이력을 개인 및 가구별로 통합관리하고, 자산조사를 표준화하여 다양한 복지사업에 공동으로 활용하며, 유관기관의 공적자료의 연계를 가능하게 하였다. 이를 통해 수급자의 선정에 보다 정확성을 기할 수 있게 되었고, 보다 효율적인 사후관리를 도모하고 급여지급 절차를 전산화함으로써 복지급여의 지급에 대한 투명성을 높일 수 있었다.

행복e음은 각종 사회복지 급여 및 서비스 지원 대상자의 자격과 이력에 관한 정보를 통합관리하고, 지자체의 복지업무 처리를 지원하기 위해 기존 시·군·구별 새올행정시스템[3]의 31개 업무 지원시스템 중 복지 분야를 분리하여 개인별, 가구별로 중앙에 통합 구축한 정보시스템이다. 이를 통해 복지대상자 선정 및 사후관리를 위해 소득·재산자료 및 서비스 이력 정보를 연계하여 지방자치단체에 제공하여 수급자 선정의 정확성과 담당 공무원의 업무수행의 편의성을 제고할 수 있게 되었다. 또한 정부에서는 적정 수급자 관리를 통해 복지재정의 누수를 방지하고, 지방자치단체에서는 복지행정의 효율화를 기할 수 있게 되었으며, 수급자의 입장에서는 맞춤형 복지서비스를 제공받을 수 있어 복지체감도

3) 시·군·구의 공무원이 처리하는 민원과 행정업무를 지원하는 시스템으로, 대민을 위한 신속하고 정확한 민원서비스(주민, 지적, 재정, 세정, 복지 등)를 제공하고, 기관 간 자료수집 및 정책보고 등의 업무처리를 지원한다.

가 향상하는 효과를 기대할 수 있었다. 행복e음의 주요 서비스 내용을 요약하면 다음 〈표 10-3〉과 같다.

〈표 10-3〉 행복e음의 주요 서비스 내용

서비스	서비스 내용
일괄 신청 및 맞춤형 서비스	• 서비스 신청 시 민원인의 욕구를 정확하게 파악하여 필요한 서비스를 누락 없이 맞춤형으로 설계하여 일괄 신청할 수 있도록 안내
제출 서류 간소화로 민원 편의 증대	• 사업별로 유사하거나 중복되는 서식을 통합하고, 공적 자료로 제출 서류를 대체하는 등의 제출 서류 간소화로 민원 편의 증대 도모
복지급여 서비스 신청에 따른 결정 처리 기간 단축 및 처리 결과의 신속한 안내	• 복지급여, 서비스 신청에 따른 결정 처리 기간을 단축시키고, 핸드폰 문자 서비스(SMS), 이메일 등으로 처리 결과를 신속하게 안내
추가 지원 가능한 서비스 안내를 통한 서비스 누락 방지	• 사회복지 대상자의 연령, 건강 상태 등의 변화로 추가 서비스가 발생할 경우 추가 지원이 가능한 서비스를 안내하여 서비스의 누락을 방지
보건복지콜센터와 시·군·구 콜센터 연계를 통한 후속 서비스 제공	• 보건복지콜센터와 시·군·구 콜센터 연계를 통하여 필요한 경우 전화 및 상담 정보를 해당 시·군·구로 이관하여 후속 서비스를 제공
사회복지 대상자의 정확한 선정 및 적정 급여 지급	• 소득, 재산 자료, 인적 사항 정보, 서비스 이력 정보 등을 연계하여 사회복지 대상자를 정확하게 선정하고, 적정한 급여를 지급하는 기능 • 사회복지 급여 및 서비스 이력을 개인별, 가구별로 통합 관리함으로써 중복 급여를 차단 • 지방자치단체 차원에서는 복지재정의 효율화를 도모하고, 사회복지 대상자 차원에서는 복지체감도를 향상하며, 정부 차원에서는 복지재정의 누수를 방지하는 등의 기대효과 달성

행복e음의 시스템 구성도는 다음 ▌그림 10-1▌과 같다.

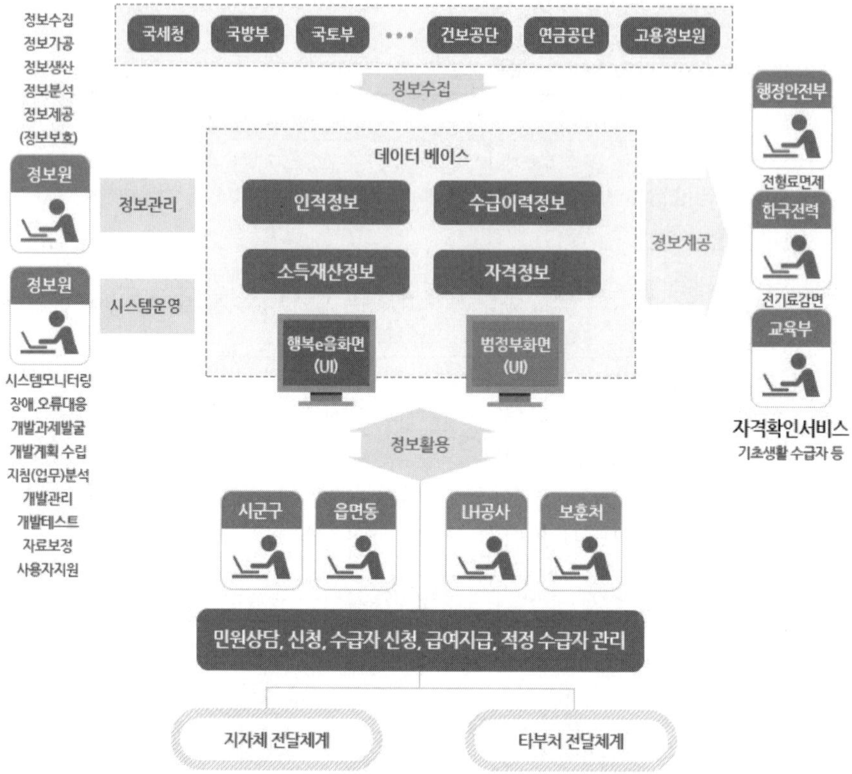

▌그림 10-1▌ 행복e음의 시스템 구성도

출처 : 사회보장정보원 홈페이지(www.ssis.or.kr).

2) 범정부

범정부는 각 부처 및 정보보유기관에서 제공하고 있는 복지사업정보와 지원대상자의 자격정보, 수급이력 정보를 통합관리하는 시스템으로, 복지 업무 담당자는 관리 정보를 기반으로 민원대응, 업무처리, 복지사업설계 등 효율적 복지행정업무를 수행하고, 복지 대상자에게 꼭 필요한 복지서비스를 맞춤형으로 제공할 수 있도록 지원하기 위한 시스템이다. 이를 통해 복지・보건・일자리・교육・돌봄・주거 등 각 부처 및 지방자치단체 복지서비스를 수요자의 생애주기별, 욕구별

맞춤형으로 제공할 수 있고, 복지서비스 신청 서류의 간소화 및 소득·재산조사의 자동화로 복지행정업무의 효율화 및 복지 대상자 선정의 정확성을 향상시킬 수 있으며, 중복 수급 여부, 사망 등 변동정보를 관리하고 각 부처에 주기적으로 제공함으로써 정확한 복지 대상자를 선정하고, 복지 재정의 누수를 방지할 수 있다.

행복e음은 보건복지의 복지사업 업무에 대한 처리를 담당하고 있으며, 범정부는 범부처 복지사업의 업무처리 지원의 역할을 수행한다. 따라서 행복e음의 주요한 이용자는 전국의 사회복지담당 공무원이며, 범정부의 주요 이용자는 중앙부처 및 산하기관의 복지사업 담당자이다.

범정부의 주요 서비스 내용을 요약하면 다음 〈표 10-4〉와 같다.

〈표 10-4〉 범정부의 주요 서비스 내용

서비스	서비스 내용
복지알리미	• 중앙부처 및 지자체 복지사업의 서비스 대상, 서비스 내용, 신청 절차 등을 각 부처 및 지자체[범정부포털, www.wish.go.kr(행정망)], 일반국민(복지로, www.bokjiro.go.kr)에 제공
복지지킴이	• 복지 대상자의 중복이나 부적정한 복지서비스 수급을 사전에 방지하고, 사후 중단할 수 있도록 지원하기 위해 변동·부적정·중복 관리
업무처리지원	• 복지 대상자의 소득·재산, 인적자료, 수급이력 정보를 연계하여 정확한 복지 대상자 선정 및 효율적 복지 업무처리를 지원
서비스의뢰	• 각 부처(기관)에서 복지서비스를 신청하기 위하여 방문한 민원인에게 중앙부처뿐만 아니라 해당 지자체의 각종 복지서비스 안내 및 서비스 의뢰를 지원
자격·수급이력 통합 DB	• 각 부처별로 분산·운영되던 복지서비스 정보(복지서비스 대상자 및 자격·수급이력 정보)를 연계하여 통합관리

범정부의 시스템 구성도는 다음 ▌그림 10-2▐와 같다.

▌그림 10-2▐ 범정부의 시스템 구성도

출처 : 사회보장정보원 홈페이지(www.ssis.or.kr).

2. 사회복지시설정보시스템

사회복지시설정보시스템은 사회복지시설 업무의 표준화, 투명화 및 사회복지 업무의 전자화를 위해 보건복지부에서 구축한 사회복지시설 통합업무관리시스템이다. 이 시스템은 구축된 데이터를 기반으로 효과적인 사회복지정책수립 지원과 대국민 시설이용 편의성 증대에 목적이 있다. 이 시스템은 인터넷 접속이 가능한 모든 곳에서 시스템 접속이 가능한 100% 인터넷 기반 시스템이며 국가 IDC(Internet Data Center, 인터넷 데이터 센터)의 철저한 보안체계 속에서 이중, 삼중으로 백업 시스템이 24시간 가동되고 있어 정보의 손실이나 파기를 막을 수 있다.

사회복지시설정보시스템은 아동시설, 노인시설, 장애인시설, 부랑인시설, 정신요양시설, 모・부자 시설의 내부 관리 업무 분석 및 단일 표준화를 통해 종별에 관계없이 모든 생활시설과 이용시설에서 공통으로 사용이 가능하다. 또한 한 시설 내에서 수기로 작성된 문서의 관리와 복잡한 업무처리를 간소화하고, 시스템 내 모든 업무가 연결성을 가지고 처리되어 업무의 중복을 방지하고, 과거 자료의 조회가 간편하여 필요한 자료 산출이 자동적으로 가능해졌다. 더불어 기본적이고 다양한 감사 자료를 제공해 주고, 사용자의 목적에 맞게 다양한 별지 서식(세입・세출 명세・현금 및 예금 명세서 등)을 제공해 준다.

사회복지시설정보시스템의 운영효과를 이용자별로 살펴보면, 사회복지시설은 전산시스템의 유지보수 비용을 절감하고, 행정기관에 온라인으로 서류를 제출하므로 업무의 표준화 및 업무의 감소효과를 가져올 수 있다. 시・군・구 공무원은 소관 복지시설 자원의 효과적이고 체계적인 관리가 가능하며, 행정업무의 간소화와 중복작업의 최소화로 효율성을 증대시킬 수 있다. 또한 보건복지부에서는 이를 통해 시설현황 및 자동화 통계를 지원하여 효과적인 정책수립의 기반을 확립할 수 있으며, 일반국민들은 시설이용에 대한 편의성이 증대되고 투명성 확보를 통한 신뢰를 구축할 수 있는 효과를 기대할 수 있다.

사회복지시설정보시스템의 주요 서비스 내용을 요약하면 다음 〈표 10-5〉와 같다.

〈표 10-5〉 사회복지시설정보시스템의 주요 서비스 내용

서비스	서비스 내용
회계	• 전표의 입・출력, 검색, 보고서 출력 • 거래내역 관리(지출결의서, 수입결의서 등) • 예산 관리 및 예산실적 / 잔액 관리
인사・급여・자산 관리	• 임・직원의 인사관리 / 근태관리 • 임・직원의 급여관리 / 퇴직직립금 관리 • 비품・소모품 등 자산관리
세무	• 원천세 관리 • 사업소득, 기타소득 관리 • 각종 세무자료 출력 지원

후원관리	• 후원자 등록, 후원금 입력, 영수증 발행 등 • 후원자 및 결연자 정보 관리 • 후원금 입금 / 지급 관리 및 CMS
이력	• 서비스종별 서비스 이력관리 기능 • 생활자(이용자)등록, 검색, 입·퇴소의 정보 관리 등 • 대상자관리, 상담관리, 일지관리, 프로그램관리, 급식관리 등의 상세정보 관리
시·군·구 보고	• 사회복지시설 소관 시군구로 문서 보고 • 사회복지시설 보조금, 교부금 신청 및 정산보고, 정기 / 수시 보고 • 예산서, 추경예산서 작성 및 세입·세출 결산 보고 등

사회복지시설정보시스템의 시스템 구성도는 다음 ▌그림 10-3▐과 같다.

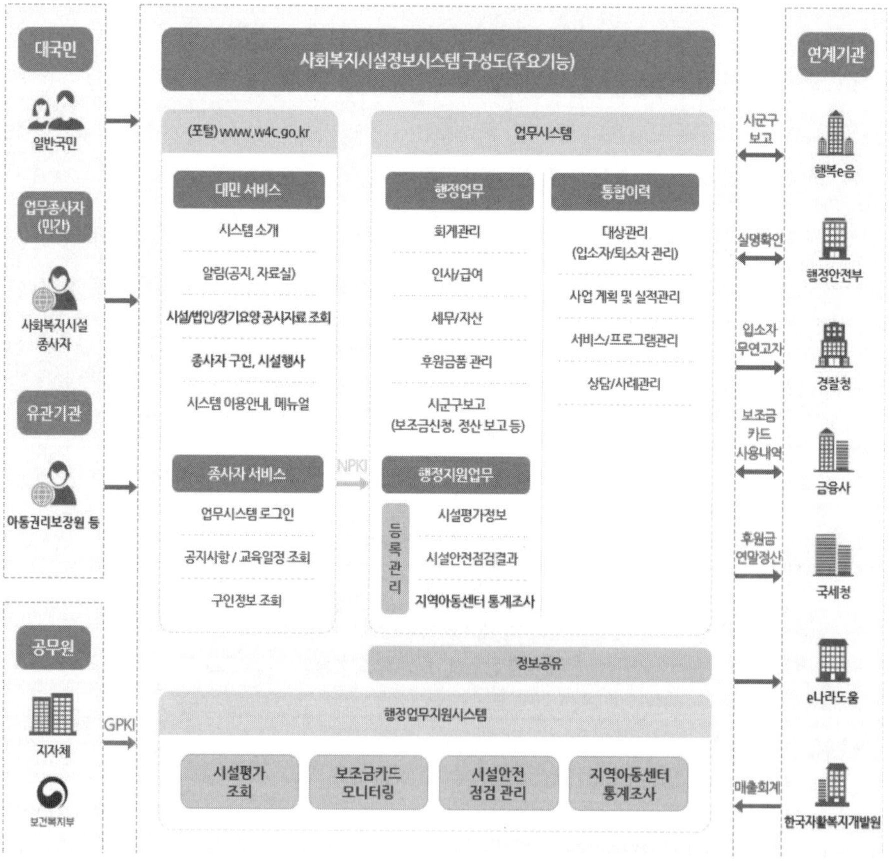

▌그림 10-3▐ 사회복지시설정보시스템의 시스템 구성도

출처 : 사회보장정보원 홈페이지(www.ssis.or.kr).

연습문제

01 정보관리시스템 구축의 영향에 해당하지 않는 것은? 14회 기출

① 대규모 개인 정보 유출 감소

② 사회복지 전문가가 복잡한 의사결정을 쉽게 할 수 있도록 지원

③ 저장된 수천 개의 사례를 기반으로 한 이론의 발전

④ 서비스 이용자의 실적을 월별, 분기별, 사업 현황별로 정기적 점검 가능

⑤ 필요한 정보를 통합·제공하여 업무 향상

02 '행복e음'이 개통됨에 따라 사회복지행정에 나타난 변화로 옳은 것은?

① 사업별로 유사하거나 중복되는 서식이 세분화되어 민원 불편이 초래되었다.

② 민원인이 필요로 하는 서비스를 누락 없이 맞춤형으로 설계가 가능해졌다.

③ 서비스 대상자의 정보 변화로 인한 추가적 서비스가 필요해도 확인이 불가능하다.

④ 서비스 및 급여 신청의 처리기간이 길어졌다.

⑤ 서비스 및 급여 대상자 선정의 기준이 명확하지 않아 민원제기가 많아졌다.

03 정보관리체계의 필요성에 관한 설명으로 옳지 않은 것은?

① 합리적 의사결정의 필요성

② 사회복지서비스의 효과성과 효율성 증대

③ 사회복지조직의 책임성 확보

④ 타 조직 서비스 간의 연계 가능

⑤ 정보 서비스 욕구의 통제

04 다음에서 설명하는 정보관리시스템의 유형은?

> • 클라이언트와 사회복지사 간의 상호작용 증진 가능성을 다룸
> • 정보관리시스템에 저장한 지식을 응용하여 사례에 관한 의사결정을 지원
> • 유사한 사례를 골라 해결방법을 찾아내고자 하는 문제중심의 패러다임을 적용

① 의사결정지원시스템(DSS : Decision Support System)
② 업무수행지원시스템(PSS : Performance Support System)
③ 지식기반시스템(KBS : Knowledge-Based System)
④ 자료처리시스템(DP : Data Processing system)
⑤ 관리정보시스템(MIS : Management Information System)

05 '범정부'의 주요 서비스 내용으로 옳지 않은 것은?

① 복지알리미 서비스
② 복지지킴이 서비스
③ 업무처리지원 서비스
④ 콜센터 연계를 통한 후속 서비스
⑤ 서비스 의뢰 서비스

정답 1. ① 2. ② 3. ⑤ 4. ③ 5. ④

CHAPTER

11

사회복지조직의 마케팅과 홍보

제1절 마케팅

제2절 홍 보

11
CHAPTER

사회복지조직의 마케팅과 홍보

제1절 마케팅

1. 마케팅의 개념과 핵심요소

1) 마케팅의 개념

마케팅(marketing)이란 시장에서 가치를 창출하고, 기본 욕구와 수요를 충족시킬 목적으로 이루어지는 교환이 성취되고, 관계가 이루어질 수 있도록 시장을 관리하는 것을 의미한다. 따라서 마케팅은 제품과 가치를 창조하여 다른 사람과 교환함으로써 그들의 욕구와 수요를 충족시키기 위해 개인과 집단이 원하는 것을 획득하는 과정이라고 할 수 있다. 이처럼 마케팅의 개념에는 교환의 의미가 매우 강하다(황성철 외, 2020 : 339).

마케팅에 대한 다양한 정의들을 살펴보면, 미국 마케팅 협회에서는 마케팅이란 '고객의 목적과 기업의 목적을 충족시키는 교환을 조장하기 위해서 아이디어, 제품 및 서비스들의 개념, 가격결정, 촉진, 유통경로를 계획하고 실행하는 과정'이라고 정의하였으며, 영국의 마케팅 협회에서는 '유용한 고객의 수요를 만족시키고 예측하고 정의하려는 일련의 책임 있는 관리과정'이라고 정의하고 있다. 마케팅의 아버지이자 미국의 경영학자인 Kotler(1980)는 마케팅이란 '조직의 목표를 달성하기 위하여 표적시장(target markets)에서 자발적인 가치의 교환(voluntary exchanges of values)이 이루어지도록 만들어진 프로그램의 분석, 집행, 조정이다.

또한 조직이 제공할 수 있는 제품을 표적시장의 요구에 따라 결정하며, 사람들에게 알리고 동기를 부여하고, 서비스를 제공하기 위해 효과적인 가격설정과 홍보, 그리고 유통경로를 사용하는 것'이라고 정의하였다. 이러한 정의를 바탕으로 몇 가지 구체적인 내용을 덧붙여 제시하였다. 첫째, 마케팅은 분석, 계획, 집행, 그리고 조정을 포함하는 체계적인 과정이고, 둘째, 마케팅은 욕구충족을 위해 짜인 프로그램 속에서 면밀하게 진행되며, 셋째, 마케팅은 모든 사람들에게 모든 제품을 대상으로 모든 시장을 찾아 비현실적으로 공략하기보다는 선정된 표적시장을 대상으로 해야 한다. 넷째, 마케팅의 목적은 효과적인 시장의 공략을 통해 조직의 생존과 건전한 유지를 돕는 것이다. 특히 효과적인 마케팅 계획을 위해서는 조직이 구체적인 목표를 설정하는 것이 필요하다. 다섯째, 마케팅은 판매자의 입장보다는 표적시장의 욕구에 따른 조직의 공략체계에 의존하며, 여섯째, 마케팅은 소위 마케팅 믹스라 불리는 제품설계, 가격, 홍보, 유통의 방법을 혼합하는 것이다.

이상의 정의를 종합하여 Baker(1992)는 마케팅을 다음과 같이 설명하였다. 마케팅은 영리기업뿐만 아니라 비영리조직이나 개인에게도 거래 혹은 설득이나 커뮤니케이션 등 교환을 촉진하기 위한 모든 활동이 될 수 있다. 따라서 기존의 마케팅 개념이 비영리조직으로 확대되고 그 필요성이 인정되면서 사회복지조직 마케팅은 기관의 클라이언트와 자원제공자, 자격부여기관 및 전체 사회가 복지조직에 보다 많은 관심과 요구를 가지도록 하기 위한 제반 활동으로 이해할 수 있다.

2) 마케팅의 핵심요소

마케팅을 구성하고 있는 핵심요소는 소비자의 욕구와 수요, 소비자의 만족과 가치, 교환, 시장이라고 할 수 있다. 이에 대해 구체적으로 살펴보고자 한다(황성철 외, 2020 : 342-344; 신복기 외, 2019 : 323-325).

(1) 소비자의 욕구와 수요

마케팅은 인간의 욕구(need)와 수요(demand)에서 시작된다. 인간의 생존을 위해 필수적으로 갖추어야 하는 것들(의식주, 안전, 소속감, 자존감 등)이 결핍되었다고 느낄 때 욕구를 가지고 있다고 한다. 이러한 욕구들은 사회나 마케팅에 의해 만들어지는 것이 아니라, 인간이 생득적으로 가지고 있거나 인간의 조건 그 자체에서 생겨난다. 소비자가 가지고 있는 욕구를 충족시킬 수 있는 구체적인 제품이나 서비스에 대한 바람을 선호(want)라고 한다. 선호는 문화나 사회에 따라 다르고, 학교, 기업, 가족 등과 같은 사회적 제도나 힘에 의해 형성되고 끊임없이 변형된다. 특정 제품이나 서비스에 대한 욕구가 구매의사와 능력에 의해 뒷받침될 때 우리는 그것을 수요(demand)라고 한다. 지불능력이 있는 욕구는 시장에서 수요가 되고 소비자들은 제품이 주는 혜택이나 이익을 계산하고, 지불하는 금액에 비해 가장 큰 이익과 만족을 주는 제품을 선택하게 된다. 따라서 소비자들의 욕구와 수요를 철저히 파악하고 면밀히 이해하는 것은 효과적인 마케팅 전략을 위한 중요한 투입요소이다.

(2) 소비자의 만족과 가치

소비자는 제품이나 서비스를 통해 자신의 욕구와 수요를 충족시킨다. 소비자는 여러 대안들 중에서 자신의 욕구를 가장 잘 만족시켜 줄 수 있을 것으로 생각되는 대안을 선택하게 된다. 예를 들면, 바쁜 시간에 간단히 배고픔을 해결하기 위해 생각할 수 있는 수단에는 햄버거, 김밥, 자장면, 도시락 등이 있을 수 있는데, 이 중 빠르게 먹을 수 있으면서 배고픔을 가장 잘 해소해줄 수 있을 것으로 생각되는 메뉴를 골라먹게 된다는 것이다. 그러나 소비자는 욕구나 수요의 충족뿐만 아니라 지불해야 할 대가도 동시에 고려하게 된다. 따라서 소비자가 제품을 선택하는 데 지침이 되는 것은 각 대안이 소비자에게 제공할 수 있는 가치(value)라고 할 수 있다. 가치란 고객이 소비자가 제품을 소유하고 사용하고 얻는 혜택과 그것을 얻는 데 필요한 비용 간의 차이를 의미한다. 대안의 가치는 가격을 고려한 대안에 대한 소비자의 만족수준을 말하고, 만족은 기대에 맞추어 가치를 전달하는 제품에 대해 소비자가 지각하는 성능에 좌우된다. 즉, 제품의 성능이 소비자의 기대와 일치한다면 만족을 느끼겠지만, 기대에 미치지 못한다면 불만을 느끼게 된다는 것이다.

(3) 교환(exchange)

어떤 제품이나 서비스가 소비자의 욕구나 수요를 충족시키고 소비자에게 만족과 가치를 제공한다 하더라도 제품이나 서비스를 제공하는 기업에게도 이득이 없다면 교환은 일어나지 않는다. 교환(exchange)이란 가치 있는 제품이나 서비스에 대한 대가를 제공하고 획득하는 행위를 말한다. 따라서 교환이 실제로 일어나기 위해서는 교환의 조건이 교환의 당사자로 하여금 교환 이전보다 더 나은 상태로 만들어 줄 수 있어야 한다. 그런 측면에서 보면 교환은 가치를 창조하는 과정으로서 욕구나 수요를 충족시키기 위한 중요한 수단이라고 볼 수 있다.

(4) 시장(market)

마케팅에서 교환이 일어나는 장소적 의미로서 시장(market)은 제품이나 서비스의 실제 또는 잠재적 구매자들의 집합을 의미한다. 이때의 구매자란 교환과 관계를 통해 충족이 가능한 특별한 욕구와 수요를 가지고 있는 대상을 말한다. 현대 경제에서는 다양한 시장들이 존재하며, 노동의 분업원리에 따라 각 사람들이 어떤 것을 생산하는 데 전문화되고, 대금을 받고, 이 돈으로 필요한 것을 구입하게 된다. 따라서 기업은 마케팅을 통해 특별한 시장의 욕구와 수요를 면밀히 파악하여 최상의 제품과 서비스를 제공할 수 있는 시장을 선정하는 과정을 거치게 된다. 이러한 과정을 통해 기업들은 시장의 구매자들에게 가치와 만족을 창출하는 제품과 서비스를 개발할 수 있으며, 궁극적으로 그 결과로 인해 기업은 판매와 이익을 얻게 되는 것이다.

특히 오늘날 교통과 통신이 발달함에 따라 전화나 인터넷 등으로 광고하고 주문을 받을 수 있게 되면서 제품이나 서비스를 판매하는 기업은 소비자와의 직접적이고 물리적 만남이 없어도 교환이 일어날 수 있다.

또한 시장의 개념은 반드시 전통적 의미의 제품이나 서비스에만 한정되는 것은 아니다. 자금을 필요로 하는 사람들과 이를 공급할 수 있는 능력을 가진 사람들 간의 교환이 이루어지는 '자금시장(money market)'이나 기부금을 얻고자 하는 사회복지기관과 기부를 하고자 하는 사람들 간에 교환이 일어나는 '기부금 시장(raising market)' 등도 분명히 시장이라는 개념이 활용되는 영역이라고 할 수 있다(고재욱 외, 2016 : 262).

2. 사회복지조직 마케팅

1) 사회복지조직 마케팅의 필요성

우리나라의 경우 1980년대부터 외국 원조를 받았던 대규모 사회복지조직들이 외원기관의 철수와 함께 생존을 위한 이벤트, 캠페인, 정기후원자 모집 등 마케팅에 의한 모금을 하기 시작하였다. 1990년대부터는 다양한 비영리조직에서 다양한 기법들을 활용한 본격적인 모금활동과 운동이 확산되었다. 특히 사회복지의 시장화 개념이 도입되고 민간자원 확보의 필요성이 증대되면서 많은 사회복지조직들이 마케팅 개념의 적용을 통한 자원개발에 관심을 갖게 되었다.

사회복지조직에서 마케팅의 중요성이 제기된 배경은 클라이언트의 선택권 확대, 사회복지서비스 제공 기관 간의 경쟁 심화, 고객 중심의 서비스 제공 요구 증가, 사회서비스의 확대, 책임성, 대상자 관리, 서비스 개발, 재정확보의 측면에서 설명할 수 있다. 이를 구체적으로 살펴보면 다음과 같다(김인혁 외, 2019 : 327; 이민훈 외, 2019 : 192; 염일열 · 이승현, 2016 : 351).

(1) 클라이언트의 선택권 확대

사회복지에 '소비자'라는 개념이 등장하면서 공급자 중심에서 이용자 중심으로 사회복지 패러다임이 변화되었다. 그동안 사회복지조직에서 일방적으로 제공하는 서비스를 이용하던 클라이언트들이 보다 적극적으로 자신이 원하는 서비스를 요구하게 되었고, 사회복지조직은 이에 따라 서비스 이용자의 욕구에 부응하는 서비스를 개발하여 이에 대응하고자 하면서 마케팅의 필요성이 커지게 되었다.

(2) 사회복지서비스 제공 기관 간의 경쟁 심화

사회복지환경의 변화와 사회복지사업법의 개정으로 인해 사회복지서비스를 제공하는 주체가 다양화되었다. 전통적인 사회복지 공급주체 중 하나인 사회복지법인을 비롯한 개인, 학교, 종교시설 등의 비영리조직뿐만 아니라 일반 기업체와 같은 영리조직도 사회복지서비스의 공급주체로 등장하게 되면서 서비스 제공조직들 간에 경쟁이 심화되게 되었다. 이러한 경쟁에서 우위를 점하기 위해서는 반드시 마케팅 접근이 필요하게 되는 것이다.

(3) 고객 중심의 서비스 제공 요구 증가

과거의 사회복지서비스나 프로그램이 전문가 관점에서 계획되고 제공되었다면 오늘날에는 클라이언트의 욕구를 파악하고 그 욕구에 대응하기 위하여 서비스가 계획된다. 클라이언트 중심의 욕구사정은 서비스를 이용하는 클라이언트들의 만족도를 높이고 제공된 서비스의 효과성을 높일 수 있다.

(4) 사회서비스의 확대

사회보장기본법 개정에 따라 사회복지서비스 개념이 사회서비스 개념으로 확대되면서 사회서비스와 바우처가 대폭 확대되었다. 이는 사회복지조직 마케팅의 필요성이 더해지는 계기가 되었다.

(5) 책임성 측면

사회복지조직은 정부의 보조금이나 기타 단체의 기부금 등으로 운영되고 있기 때문에 서비스에 있어서 효과성과 효율성을 달성해야 할 책임이 있다. 이러한 책임성의 요구에 부응하기 위해서는 사회복지조직도 전략적인 마케팅 운영이 필요하다.

(6) 대상자 관리 측면

클라이언트, 기관의 이용자, 기부자, 지역사회 등을 고객으로 인식하고 욕구를 세분화하여 욕구의 관리 통해 궁극적으로는 고객의 만족을 이끌어 내야 하는데 여기에도 마케팅 접근은 반드시 필요하다.

(7) 서비스 개발 측면

사회복지조직의 특성상 외부 환경에 많은 영향을 받게 된다. 따라서 정치, 사회, 법, 문화 등과 같은 환경의 영향을 세분화하고 분석하여 서비스 개발에 있어 상품의 가치를 높이기 위해서는 마케팅 접근이 필수적이라고 할 수 있다.

(8) 재정의 확보 측면

외부자원에 대한 의존도가 높은 사회복지조직에서는 조직의 목표를 달성하기 위해 필요한 재정자원의 계획과 동원, 배분, 효율적인 사용과 책임 있는 관리가 필수적이다. 따라서 후원자의 개발, 기부자에 대한 사례관리 등을 통해 재정확보의 극대화를 가져오기 위해서는 전략적인 마케팅이 반드시 필요하다.

2) 사회복지조직 마케팅의 특성

비영리조직인 사회복지조직은 영리조직과는 달리 다양한 가치와 고객집단을 가지고 있으며, 공공의 이익을 실현시키는 것을 최우선으로 한다. 따라서 조직의 목표 달성을 위해서는 마케팅의 목적과 내용 면에서 가치지향적인 마케팅에 접근해야 한다(고재욱 외, 2016 : 265).

비영리조직 마케팅 특성에 대해 Lovelock과 Weinberg(1984)는 다음과 같이 기술하였다.

첫째, 마케팅 관점에서 보면 비영리조직들은 최소한 두 종류의 중요한 대중(수혜자와 기부자)과 상호작용을 한다. 수혜자와 관련해서는 자원배분의 문제가 제기되고, 기부자에 관해서는 자원동원의 문제가 제기된다. 이 외에도 조직을 둘러싼 다양한 구성원들이 존재하기 때문에 이들을 위한 마케팅 프로그램이 필요하다.

둘째, 사회복지조직은 이윤과 같은 하나의 단순한 목표보다는 보다 중요한 다수의 목표들을 추구하는 경향이 있다. 이로 인해 모든 목표를 충족시키기 위한 전략의 구성이 어려워진다. 또한 그러한 목표들은 추상적인 경우가 많아 목표 달성에 대한 측정 또한 어려운 경우가 많다.

셋째, 대부분의 사회복지조직은 물품보다는 서비스를 생산한다. 서비스는 그 실체가 없는 무형성을 지니고 있고, 생산과 소비가 동시에 발생하기 때문에 분리되지 않는다. 개별적인 욕구와 관련된 서비스는 다양하고 복잡하며, 저장이나 반환이 되지 않아 시간이 지나면 소멸되는 특성을 가진다. 따라서 서비스와 관련하여 마케팅을 기획하는 경우 이러한 서비스의 특성들에 대한 고려가 반드시 필요하다.

넷째, 사회복지조직은 대중이 필요로 하는 서비스를 제공하고, 보조금을 제공받거나, 세금이 면제되는 사업을 하며, 많은 경우 대중의 요청에 의해 형성되기 때문에 보통은 철저한 대중의 평가를 받는 경향이 있다. 이러한 경향은 사회복지조직과 관련된 마케팅 활동이 대중의 평가에 의해 지배되기 쉽다는 것을 의미하며, 대중으로부터 투명성과 신뢰성을 얻을 수 있는 마케팅을 실시해야 함을 의미한다.

3) 사회복지조직 마케팅 전략 : 마케팅 믹스(marketing mix)

마케팅 믹스는 사회복지조직이 표적시장에서 원하는 반응을 얻을 수 있도록 하기 위해서 혼합하여 통제 가능한 전술적 마케팅 도구의 집합을 의미한다. 즉, 소비자들의 욕구나 서비스 구매활동에 영향을 주기 위해 활용될 수 있는 모든 수단으로 구성되어 있다는 것이다.

일반적으로 마케팅 믹스는 상품(Product), 가격(Price), 유통 장소(Place), 판촉(Promotion)의 4P로 구성되어 있다. 이에 대해 Fine(1992)은 비영리기관에서 4P만으로는 최적의 함수를 도출해내는 데 어려움이 있음을 강조하였다. 이에 추가적으로 마케팅의 주체인 생산자(Producer), 마케팅의 대상자인 구매자(Purchaser), 과학적 연구과정인 조사(Probing)의 3P를 추가적으로 함께 고려하여 전략을 수립해야 한다고 주장하였다(Fine, 1992 : 4-9). 따라서 여기에서는 Fine(1992)의 7P 모델을 중심으로 마케팅 믹스를 살펴보고자 한다.

(1) 상품(Product) : 서비스

상품은 고객의 욕구를 충족시키기 위한 산출물을 의미하는데, 사회복지조직의 주된 상품은 서비스이다. 여기에는 개인의 만족감, 자부심, 소속감, 제품 서비스에 대한 기대감 등이 포함되기 때문에 상품가치의 최종결정권자는 바로 고객이 된다. 그러므로 고객이 보다 높은 가격을 지불하더라도 이용하고 싶어지는 서비스이거나 보다 값싼 가격으로 기존 서비스보다 큰 효용을 제공하는 서비스를 개발하여 조직의 경쟁력을 강화하여야 한다.

(2) 가격(Price) : 지불능력

가격은 구매자가 그 상품을 얻기 위해 기꺼이 지불하고자 하는 대가를 말한다. 사회복지조직의 가격은 서비스와 프로그램 이용에 대한 가격으로 수익사업 이용료와 모금 프로그램을 이용한 후원금이 포함된다. 영리기업에서의 가격은 이윤을 극대화할 수 있는 수준에서 결정되지만 사회복지조직의 가격은 고객의 욕구와 지불능력을 고려하여 결정되어야 한다. 즉, 지불능력이 높은 사람에게는 더 많은 지불을 요구하고, 그렇지 못한 사람에게는 실비나 무료로 서비스를 제공하는 가격정책이 필요한 것이다.

또한 사회복지조직은 비록 화폐로 환산되지는 않지만 고객이 감수해야 할 비용의 가격을 결정에 고려하여야 한다. 여기에는 투입된 시간, 노력, 불편함, 긍지 등이 포함된다. 예를 들어, 후원자가 후원금을 내기 위해 금융기관이나 사회복지기관을 방문해야 하고, 또 긴 시간 동안 대기해야 한다면 후원을 위해 너무 높은 사회적 비용을 지불하는 셈이 되기 때문이다.

(3) 판촉(Promotion) : 홍보와 의사소통

판촉이란 고객 마음속의 관심, 궁극적으로 구매할 의도를 자극하기 위해 활용되는 모든 판매촉진기술로서, 홍보와 의사소통을 통해 해당 상품의 유익함을 전달하는 과정이라고 할 수 있다. 현재 시장 기제를 활용한 바우처나 서비스 계약제도하에서는 사회복지조직이 고객에게 선택받기 위해 적극적으로 노력해야 할 필요가 있다. 이를 위해서는 대중매체나 광고, 대면 혹은 로비활동 및 프로그램 등의 다양한 통로를 활용하고 여기에 창의적이고 독창적인 아이디어를 더하여 최대의 효과를 거둘 수 있는 종합적인 판촉 프로그램을 개발해야 한다.

(4) 유통 장소(Place) : 접근용이성

구매자들이 구입하기 가장 적합한 때와 장소에 마케팅 상품이 있도록 하는 것을 의미한다. 사회복지조직에서 유통 장소는 서비스에 대한 접근용이성을 나타낸다. 비영리조직이 제공하는 상품이나 서비스는 특성상 고객들이 스스로 찾아나서는 경우가 드물기 때문에 조직이 제공하는 제품이나 서비스에 가능한 한 많은 사람들이 쉽게 접근할 수 있도록 하는 것이다. 따라서 적극적으로 고객들을 찾아나서야 하며, 고객들이 쉽게 접근할 수 있는 다양한 유통 경로를 많이 개발해야 한다. 또한 공간적 접근성은 물론 심리적 접근성도 함께 고려되어야 한다.

(5) 생산자(Producer) : 사회복지조직

마케팅을 위해 구매자와 교환할 아이디어를 창출하고 메시지를 생산해 내는 주체를 의미한다. 사회복지조직은 마케팅의 주체인 생산자가 되어 사회복지조직의 목표에 대한 가치를 확신시켜야 한다. 이를 위해서는 일반 시민들로부터 신뢰를 받아야 하고, 사회복지 대상자들의 대변인 역할을 할 수 있어야 하며, 마케팅의 주체로서 교환하고자 하는 아이디어나 서비스에 대한 책임을 질 수 있어야 한다.

(6) 구매자(Purchaser) : 클라이언트, 후원자

기업의 마케팅에서 구매자는 일반적으로 잠재적 고객을 의미한다. 사회복지조직의 후원자 개발을 위한 마케팅에서의 구매자는 잠재적 후원자가 될 수 있다. 따라서 이러한 사람들에 대해서는 마케팅 초기단계부터 반드시 파악해 둘 필요가 있다.

(7) 조사(Probing)

마케팅 담당자가 사용하는 가장 중요한 도구이기는 하나 때로는 지나치게 남용되기도 한다. 이는 대부분의 조사가 너무 과장되거나 불충분했기 때문에 일어나는 현상이다. 따라서 조사는 필요성이 가장 높을 때 수행되어야 하며, 조사의 과정은 과학적이고 체계적인 절차에 따라 철저하고 주의 깊게 다루어져야 한다.

4) 사회복지조직 마케팅 기법

(1) 다이렉트 마케팅(DM : Direct Marketing)

다이렉트 마케팅은 기부자나 잠재적 후원자, 클라이언트에게 현재 기관의 운영현황, 프로그램 진행 및 서비스 제공 실적 및 내용 등에 대한 다양한 정보를 우편으로 제공하는 가장 전통적인 마케팅 방법이다.

(2) 고객관계관리 마케팅(CRM : Customer Relationship Management Marketing)

고객관계관리 마케팅은 신규 후원자의 개발이나 기존 후원자의 관리, 잠재적 후원자의 개발을 위해 관련된 자료를 분석하고 욕구를 파악하여 맞춤형 서비스를 지속적으로 제공함으로써 재원확보 효과를 극대화하는 마케팅 기법이다. 가족봉사프로그램, 대학 동아리, 직장 동호회의 봉사 등 후원자의 욕구에 맞는 프로그램을 개발하는 것이 성공의 열쇠가 될 수 있다.

(3) 공익연계 마케팅(CRM : Cause-Related Marketing)

공익연계 마케팅은 기업의 기부나 봉사활동을 사회복지조직의 활동과 연계시킴으로써 기업이 얻은 이윤을 사회에 환원한다는 이미지를 높여 기업의 상품판매에 긍정적인 영향을 미치고, 더불어 사회복지조직은 필요한 자원을 효과적으로 연계·활용하여 사회적 효율성을 달성하고자 하는 마케팅 기법이다. 국내 대기업들의 사회공헌활동이나 사회봉사활동 등이 여기에 포함된다.

〈표 11-1〉 기업의 공익연계 마케팅의 사례

기업의 공익연계 마케팅의 사례
① 1983년 아메리칸 익스프레스사의 사례 • 자유의 여신상 보수를 위한 기금을 마련하기 위한 캠페인 • 해당 기업의 카드를 사용할 때마다 1센트의 기금을 기부하는 형식 • 그 결과 신규가입자가 45%까지 증가했고, 기존 사용자의 카드 사용도 28% 상승하는 효과가 나타남
② 우리나라의 사례 • 기업중심 CRM : CJ, 삼성전자, 빅워크 등 • 기부단체 중심 CRM : 아름다운 재단, 사회복지공동모금회 등 • 소비자 중심 CRM : 삼홍테크 비대 판매 사례 등
③ 해외의 대표적 사례 • 탐스 슈즈(TOMS shoes) 사례 • Apple사이 레드 캠페인 사례

출처 : 신복기 외(2019), p. 335에서 발췌.

(4) 데이터베이스 마케팅(database marketing)

사회복지조직에서 데이터베이스 마케팅은 기관을 찾는 이용자의 명단과 주소, 프로그램 이용 횟수와 시기 등에 대한 개별정보와 기관이나 프로그램에 대한 태도, 기호와 생활 스타일 등 다양한 정보를 수집·분석하여 복지기관의 기부나 봉사활동, 프로그램 참여 등에 활용하는 마케팅 기법이다.

(5) 인터넷 마케팅(internet marketing)

인터넷 마케팅은 이메일이나 홈페이지, 배너광고 등 인터넷을 통해 일반후원자나 잠재적 후원자, 클라이언트에게 정보를 전달하여 기관을 홍보하고 모금을 극대화하는 마케팅 기법이다. 인터넷을 활용하여 개별적인 고객관리는 물론 홍보나 기부금 모집, 기관에 대한 만족도 조사도 가능하여 마케팅 접근성 측면에서 매우 효과적이다.

(6) 사회 마케팅(social marketing)

사회 마케팅은 정부나 지방자치단체, 시민과 지역사회를 위하여 대중의 행동변화를 통해 사회문제로부터 도출된 사회적 목적을 달성하기 위한 마케팅 기법이다. 치매예방, 아동학대 예방 캠페인, 장애인 인식개선 캠페인, 금연운동, 생태보호 운동, 지구 온난화 캠페인, 국제적 기아 퇴치나 아동학대 방지 캠페인 등과 같이 대중의 각성과 참여를 촉구하여 사회문제를 해결하고자 하는 목적을 가진 방법이다.

(7) 소셜미디어 마케팅(social media marketing)

소셜미디어는 사람들이 자신의 생각과 의견, 경험, 관점 등을 서로 공유하고 그에 참여하기 위해 사용하는 개방화된 온라인 미디어 플랫폼이다. 이러한 소셜미디어는 텍스트, 이미지, 오디오, 비디오 등의 다양한 형태를 가지고 있다. 소셜미디어 이용자들은 이미 서로 친분이 있거나 흥미나 취미가 비슷한 지인들로 구성되어 있기 때문에 기존 미디어보다 더 많은 신뢰감을 내포하고 있다. 더욱이 기업의 마케팅 담당자나 광고주 입장에서도 기존 미디어에 들이는 비용에 비해 훨씬 적은 비용으로 표적시장에 접근할 수 있다는 점에서 그 활용도가 높다. 대표적인 소셜미디어에는 블로그, Social Network Service, Facebook, Twitter, Instagram, Podcasts 등이 있다(신복기 외, 2019 : 336).

(8) 크라우드 펀딩(crowd funding)

크라우드 펀딩은 대중을 뜻하는 crowd와 자금 조달을 뜻하는 funding을 조합한 용어로, 온라인 플랫폼을 이용해 다수의 대중으로부터 자금을 조달하는 방식을 말한다. 초기에는 Social Network Service, Facebook, Twitter를 적극 활용해 '소셜펀딩'이라 불리기도 했다.

세계 최초의 크라우드 펀딩은 2005년 영국에서 시작된 대출형 크라우드 펀딩 업체인 ZOPA.COM(조파닷컴)이며, 증권형 크라우드 펀딩은 2007년 영국의 크라우드큐브(crowdcube.com)가 최초이다. 그러다 2008년 미국에서 최초의 기부형(후원형) 크라우드 펀딩 플랫폼인 인디고고(Indiegogo)가 출현하면서, 크라우드 펀딩이라는 용어가 일반화되기 시작했다.

우리나라에서는 크라우드 펀딩이 2011년 후원 · 기부 · 대출형을 시작으로 정착되기 시작했고, 2016년 1월에는 증권형 크라우드 펀딩이 도입되었다. 당시 도입된 증권형 크라우드 펀딩은 개인 투자자가 크라우드 펀딩 플랫폼 업체를 통해 중소 · 벤처기업에 연간 최대 500만 원(업체당 200만 원)을 투자할 수 있도록 한 것이다. 이후 2018년 4월에는 일반투자자의 크라우드 펀딩 투자한도가 2배로 확대되는 내용의 '자본시장과 금융투자업에 관한 법률 시행령' 개정안이 국무회의를 통과했으며, 이에 따라 그해 4월 10일부터 일반투자자의 크라우드 펀딩 투자한도가 종전 500만 원에서 1,000만 원으로 확대된 바 있다. 크라우드 펀딩은 그 종류에 따라 후원형, 기부형, 대출형, 증권형 등 네 가지 형태로 나뉜다. 후원형은 대중의 후원으로 목표 금액을 달성하면 프로젝트가 성공하는 방식으로, 공연과 예술 분야에서 많이 활용되고 있다. 기부형은 보상을 조건으로 하지 않고 순수한 기부 목적으로 지원하는 방식이다. 대출형은 개인과 개인 사이에서 이루어지는 P2P 금융으로, 소액 대출을 통해 개인 혹은 개인사업자가 자금을 지원받고 만기에 원금과 이자를 다시 상환해 주는 방식이다. 증권형은 이윤 창출을 목적으로 비상장 주식이나 채권에 투자하는 형태로, 투자자는 주식 및 채권 등의 증권으로 보상을 제공받는다.

5) 사회복지조직 마케팅 과정

사회복지조직의 마케팅 과정을 그림으로 표현하면 ▌그림 11-1▌과 같다.

▌그림 11-1▌ 사회복지조직 마케팅 과정

각 과정의 구체적인 내용을 살펴보면(황성철 외, 2020 : 353-362) 다음과 같다.

(1) 시장기회 분석

시장기회 분석은 사회복지조직이 마케팅을 위한 준비상태를 확인하는 과정으로 조직에 영향을 미치는 환경요인에 대해 분석하는 과정을 말한다. 환경요인은 크게 사회제도적 환경과 조직내부환경으로 구분된다. 사회제도적 환경은 각종 법규 및 정책, 경제 상황 등을 말하고, 조직내부환경은 조직의 경쟁력과 조직 내 자원을 의미한다. 이러한 환경요인에 대한 분석에는 SWOT(Strengh, Weakness, Opportunity, Threat) 기법을 주로 사용한다. 즉, 마케팅상의 강점과 약점을 확인하고 외부 환경인 기회요인과 위협요인을 분석하여 규명하는 것이다. 이를 위해 필요한 자원이 충분한지를 검토하여, 조직이 특별히 강점을 지닌 자원과 능력에 관심을 기울여야 하며, 최고의 강점을 잘 운영하여 조직의 효과성을 높이기 위해 노력해야 한다.

(2) 시장조사

시장조사는 조직과 관련된 환경집단과 시장에 대한 조사를 통해 충분한 자료를 얻어 관리자와 소비자를 직접 연결시켜 줄 수 있는 최선의 커뮤니케이션 수단이다. 주로 마케팅의 초기단계에서 이루어지는데, 상품이나 서비스에 대한 욕구가 있는지, 욕구를 지닌 사람들이 상품이나 서비스를 구매하는 데 관심이나 잠재적 욕구를 가지고 있는지, 이용하거나 기부할 수 있는 돈은 있는지, 마지막으로 충분한 돈을 소유한 자들이 원하는 상품과 서비스를 위해 충분히 소비하고자 하는 의지가 있는지에 대해 분명히 파악해야 한다.

사회복지조직에서의 시장조사는 잠재적 이용자와 그들이 원하는 바를 찾아내는 작업이라고 할 수 있다. 누가, 어떠한 분야에, 언제, 어디에서 이용하기를 원하는지, 왜 우리 조직을 이용하려는지와 관계된 문제이므로 시장조사는 마케팅 과정 중 상당한 중요성을 가지는 과정이라고 할 수 있다.

(3) 목표 설정

사회복지조직의 목적은 소명헌장에 근거한 기관의 존재이유와 사명 등으로 조직의 사업이나 프로그램의 근거가 되며, 조직의 현재 상태와 미래의 방향을 제시해 주는 것이라면, 목표는 실행계획을 구체적으로 제시한 것이다. 이러한 목표의 설정은 정확한 문제의 진술, 표적집단의 성격과 규모, 기관의 정책, 자원동원 등의 변수들에 의해 범위와 방향이 정해지므로 마케팅 초기단계에 명확하게 규명되어야 한다. 특히 하위목표는 구체적(specific)이고, 측정 가능(measurable)하며, 달성 가능(attainable)하고, 결과지향적(result-oriented)이면서 시간적 한계(time- boundary)가 명확히 제시되어야 한다.

(4) 시장분석

시장분석은 전체 시장 속의 세분화된 특정 시장의 소비자 욕구에 대응하는 마케팅 활동을 의미하는 것으로, 표적 마케팅(target marketing)이라고도 부른다.

시장분석은 크게 시장세분화(segmentation), 표적시장선정(targeting), 시장 포지셔닝(positioning)의 세 단계로 구성되어 있다.

사람들마다 각자 다양한 욕구와 기호를 가지고 있기 때문에 이를 충족시키기 위한 상품이나 서비스도 개인별로 달라야 하며, 이와 관련된 시장도 여러 개의 세분화된 시장으로 구성되어 있다고 할 수 있다. 이처럼 시장을 다양한 부문으로 나누어 거기에 적합한 마케팅 전략을 적용하는 것을 시장세분화라고 한다. 전체 시장을 세분화하는 이유는 다양한 소비자의 욕구를 무시하고 하나의 상품만으로 상품시장에서 경쟁우위를 확보하기가 어렵기 때문이다. 이에 전체 시장을 욕구가 비슷한 고객집단으로 구분하고 각 집단별로 차별적인 접근을 시도해야 하는 것이다.

시장세분화 과정을 통해 동질적인 범주를 파악했다면 조직이 공략 가능하다고 선택한 시장을 표적시장이라고 한다. 표적시장을 선정하기 위해서는 세분시장에의 진입과 기업의 목표 및 마케팅 목적과의 일치성 여부, 세분시장에서 성공하기 위한 기술과 자원의 보유 여부, 세분시장의 규모와 성장유지의 적절성 여부, 세분시장의 수익성에 기준을 두고 세분시장을 평가하여야 한다.

표적시장을 선정하여 고객이 원하는 것으로 판단한 새로운 상품이나 서비스를 출시하였다 하더라도 표적시장 내 고객이 자신에게 적합하지 않은 상품이나 서비스라고 생각하게 된다면 그간의 마케팅 노력은 모두 헛일이 된다. 따라서 표적시장의 고객들에게 해당조직이 산출한 상품이나 서비스가 경쟁조직이 산출한 것들에 어떠한 점에서 차별점을 가지고 있는지, 어떠한 점이 고객에게 만족감을 주는지에 대해 포지셔닝 전략을 구사해야 한다. 달리 말하면 경쟁조직들보다 차별적 위치를 차지하여 고객의 욕구를 잘 충족시키는 차별화된 상품이나 서비스를 제공해야 한다는 의미이다.

(5) 마케팅 도구 설정

마케팅을 수행하기 위한 적절한 방법의 설정은 시장의 분석단계와 동일한 중요성을 지닌다. DM, 이벤트, ARS, 특별행사, 재단기부금, 대중매체광고, 모금행사 등의 방법을 활용할 수 있다. 이러한 방법을 사용할 때에는 기부 출처의 특성을 확인하여 보다 효과적인 마케팅 방법을 선택하여 활용하여야 하며, 사용 후에는 그 결과에 대하여 면밀히 분석할 필요가 있다.

(6) 마케팅 실행

마케팅 실행이란 전략적인 마케팅 목표를 달성하기 위해 마케팅 기획을 활동으로 옮기는 과정이다. 효과적인 마케팅의 실행은 조직의 활동, 프로그램, 조직구조, 의사결정 및 보상시스템, 인적자원과 조직의 전략을 지원하는 종합적 프로그램으로, 이를 위해서는 조직이 새로운 환경에서 목표를 달성하는 데 도움이 되는 다양한 전략을 개발하고 실행할 수 있어야 한다.

(7) 마케팅 평가

마케팅 평가는 결과에 대한 종합적인 평가와 함께 새로운 조직 외부 환경에 대한 분석으로 연계되는 과정이다. 기관의 존재 이유가 되는 사명에 기초한 사회적 욕구에 대한 분석이 필요하다는 측면에서 마케팅 평가의 과정은 마케팅의 종료가 아닌 새로운 과정으로의 변환이라고 볼 수 있다. 마케팅 평가는 다음과 같은 네 가지 특성을 포함하고 있어야 한다(신복기 외, 2019 : 333). 첫째, 포괄적인 평가로서, 마케팅 감사는 소수의 문제발생 분야뿐만 아니라 복지조직 전체의 주요 마케팅 활동을 포함한다. 둘째, 체계적인 평가로서 마케팅 환경이나 내부 마케팅 시스템, 특정 마케팅 활동을 포괄하는 체계적인 일련의 평가과정을 내포한다. 셋째, 독립적인 평가로서 자체검사, 상호검사, 상부로부터의 감사, 제삼자 등의 외부감사 등으로 실시될 수 있다. 넷째, 주지적인 평가로서 서비스 제공이나 판매부진, 사기저하 등의 문제가 발생한 이후에 실시하고 상황이 좋을 때는 실시하지 않는 것이 일반적이다. 그러나 상황이 좋은 경우에도 미래의 환경변화에 대처하기 위해서는 주기적으로 마케팅 평가를 실시해야 한다.

6) 사회복지조직 마케팅의 과제

최근에는 기관 활동의 활성화를 도모하기 위한 마케팅이 사회복지조직을 포함한 비영리조직의 자본화의 필요성과 함께 점차 중요해지고 있다. 마케팅은 이제 더 이상 영리조직만의 것이 아닌 것이다. 만성적인 자원 부족의 문제와 더불어 급변하는 사회복지 환경을 생각해 볼 때 사회복지조직의 마케팅은 영리조직보다 더 중요하다고도 볼 수 있다(이민훈 외, 2019 : 200). 이러한 측면에서 사회복지조직 마케팅 전략의 과제들에 대해 살펴볼 필요가 있다(신복기 외, 2019 : 338-339).

첫째, 고객중심의 마케팅이다. 고객중심은 조직의 가치보다 고객에게 가장 중요한 것이 무엇인지에 대한 충분한 이해를 통해서 가치를 창출하는 것을 의미한다. 가치창조의 서비스 환경은 관리자와 소비자의 상호작용에 의존하므로 목표달성을 위해 궁극적으로 조직 전체에 공유될 수 있는 독자적인 문화의 개발이 요구된다.

둘째, 경쟁지향 마케팅이다. 현재와 미래의 경쟁조직의 장단점과 능력, 전략을 이해하는 조직화를 포함한다. 경쟁적 환경에서 살아남기 위해 조직은 끊임없는 혁신이 요구될 뿐만 아니라 효과적인 경쟁상대를 모니터링하는 시스템의 개발이 요구된다.

셋째, 내부 마케팅의 필요성이다. 마케팅의 성공 요건인 부서 간의 조화를 위해서는 내부 마케팅이 필요하다. 따라서 최고관리자는 마케팅에 대해 자주 언급함으로써 마케팅을 수용할 수 있는 분위기를 조직 내에 환기시켜야 한다. 또한 마케팅 훈련을 통해서 마케팅이 조직에서 효과를 발휘할 수 있도록 조직 내 마케팅 교육훈련이 활성화되어야 하며, 무엇보다도 조직의 계획시스템을 개선하여 조직을 마케팅 지향적으로 만들어야 할 것이다. 이를 통해 궁극적으로는 클라이언트에게 더 많은 혜택과 서비스의 공급을 가능하게 할 수 있을 것이다.

제2절 홍 보

1. 홍보의 개념

홍보, 즉 PR(Public Relations)이란 조직이 그의 사회적 환경이 되는 대중과의 원활한 관계를 유지하고자 하는 제반 노력을 말한다. 사회복지조직의 입장에서는 조직을 둘러싼 이해당사자인 클라이언트, 가족, 지역사회 후원자, 정부, 기타 기관들과 다양한 관계를 형성하기 위한 노력을 의미한다. 이러한 노력을 통해 자원을 개발하고, 이용자를 확보할 수 있으며, 조직의 생존을 위한 지지를 얻기도 한다. 또한 지역사회 내의 여러 관련기관들과 밀접한 관계를 유지함으로써 지역주민들과 단체들의 협조와 이해를 얻는 데 상당한 도움을 받을 수 있다. 일반적으로 사회복지조직의 홍보활동은 기관의 이미지와 인지도를 향상시키고, 시행 중인 프로그램과 서비스에 대한 정보를 제공하며, 자원봉사자를 모집하고 관리하고, 기금의 조성과 후원자를 개발하기 위한 목적을 가진다(Wilcox, Ault, & Agree, 1995; 고재욱 외, 2016 : 287 재인용). 이러한 홍보활동의 수단으로는 신문, 잡지, 책자, 사진 등의 시각적인 매체와 이야기, 좌담, 강연회, 라디오 등과 같은 청각적인 매체, 그리고 영화, 텔레비전, 비디오, 인터넷, 공개토론 등과 같은 시청각적 매체가 있다. 이러한 수단들은 특정한 목표 달성에 보다 효과적이라고 판단되는 수단을 선택적으로 활용할 수 있다(염일열・이승현, 2016 : 358).

2. 홍보의 기능 및 원칙

1) 홍보의 기능

사회복지조직의 입장에서 홍보는 다음의 세 가지 기능을 수행한다고 볼 수 있다.

첫째, 홍보는 사회적 취약계층의 존재와 이들의 사회적 요구를 대중과 지역사회에 알림으로써 이들에 대한 사회적 지원을 동원하고, 서비스 대상자들에게는 해당 사회복지기관의 목표와 특징, 기능과 사업내용에 대한 정보를 제공하여 사회복지 프로그램의 효과적인 사용을 유도하는 기능을 수행한다.

둘째, 공공교육의 기능을 수행한다. 즉, 어린이, 청소년, 노인 등의 사회적 적응과 성장에 관한 정보를 제공하고, 이들의 사회적 위기를 예방할 수 있는 다양한 프로그램을 소개하여 지역사회를 교육시키는 기능을 수행한다.

셋째, 예방의 기능을 수행한다. 고립되거나 역경에 처한 사람들에게 유용한 재활의 정보를 제공함으로써 그들의 자조와 자립의 의욕을 북돋우는 기능을 수행한다(장현주, 1997; 이정윤, 2003 : 17).

2) 홍보의 원칙

사회복지조직의 홍보 원칙으로는 다음의 다섯 가지를 들 수 있다(오두범, 1991 : 25-31; 이정윤, 2003 : 21). 첫째, 홍보의 주체를 명확히 해야 한다. 사회복지기관 및 시설 등 관련 단체는 홍보 관련 실무자와 책임자가 명확한 가운데 해당 기관의 목적과 성격에 맞는 홍보를 실시해야 한다.

둘째, 홍보의 대상이 명확해야 한다. 어떠한 조직이든 홍보의 성패는 표적대상을 만족시키는 데 있기 때문이다. 따라서 사회복지기관은 다양한 부류의 대중을 인식해야 하며, 어떠한 대중을 홍보의 표적으로 삼을지를 분명히 해야 한다.

셋째, 무엇을 전달할 것인지 메시지가 분명해야 한다. 홍보는 메시지를 통하여 주체와 객체가 연결된다는 사실을 명심하고, 가장 효과적이고 분명한 메시지 창출에 힘써야 한다.

넷째, 홍보의 목적을 명확히 해야 한다. 사회복지기관은 기관의 이미지 개선 및 인지도를 향상시키기 위하여 시행하고 있는 프로그램의 홍보와 인적·물적 자원의 개발을 위해 홍보활동을 전개하여야 한다. 또한 각각의 목적에 알맞은 세부목표를 설정하는 것이 무엇보다 중요하다.

다섯째, 어떻게 알릴 것인가의 문제는 다양한 홍보수단의 선택과 홍보의 전문성을 위한 끊임없는 노력이 함께 수반되어야 할 것이다.

3) 효과적인 홍보방법

Skidmore(1995)는 사회복지조직의 효과적인 홍보방법에 대하여 다음과 같은 일곱 가지 원칙을 제시하였다.

① 목표가 무엇이며 어디에 있는가를 알아야 한다.
② 접촉하려고 하는 사람이 누구인가를 알아야 한다.
③ 이용 가능한 자원(돈, 정보, 인력 및 기술)을 고려해야 한다.
④ 돌아오는 이익이 접촉하고자 하는 상대방과 어떻게 연관되는가에 유의해야 한다.
⑤ 홍보에 관한 구체적인 기법을 알고 있어야 한다.
⑥ 절대적으로 정직해야 한다.
⑦ 사람들에게 감사해야 한다.

이상의 일곱 가지 원칙을 기반으로 하여 활용할 수 있는 홍보 전략으로는 기관의 이미지를 구축하는 전략, 대중들로 하여금 호의를 얻을 수 있는 모금전략 프로그램의 개발, 언론과의 긴밀한 관계 유지 전략, 유명 연예인이나 방송인, 기업가들을 홍보대사로 활용하는 전략 등이 있다. 이러한 홍보활동을 통하여 사회복지조직은 지역사회 및 주민들과 원활한 관계를 유지할 수 있고 그들에게서 호감과 신뢰감을 얻을 수 있게 된다. 사회복지조직의 홍보활동은 모금과 후원자

개발을 위한 다양한 방법을 모색하기 위해서는 사회구성원 누구나 참여할 수 있다는 공동체적 인식을 심어주는 것을 목적으로 삼고 보다 다양화·전문화되어야 할 필요가 있다. 따라서 사회복지조직은 조직의 소명을 분명히 하고 이를 최대한 성취하기 위한 방향으로 홍보활동들을 전개하여야 한다(고재욱 외, 2019 : 290). 그러나 사회복지조직에서는 예산과 전문인력 부족의 이유로 매우 제한적으로 홍보활동이 이루어지고 있으며, 활용 가능한 매체 또한 다양하지 못한 실정이다. 따라서 사회복지조직 홍보의 활성화를 위해서는 홍보전문인력을 양성하고, 홍보 예산 확보를 위한 보다 적극적인 노력을 해야 할 것이다(남기민·전명희, 2001 : 127-131).

연습문제

01 일반적인 마케팅 믹스(4P) 전략에 포함되지 않는 것은? 17회 기출

① 가격(Price)
② 촉진(Promotion)
③ 성과(Performance)
④ 유통(Place)
⑤ 상품(Product)

02 사회복지관에서 우편으로 잠재적 후원자에게 기관의 현황이나 정보 등을 제공하여 후원자를 개발하는 마케팅 방법은? 18회 기출

① 고객관계 관리 마케팅
② 데이터베이스 마케팅
③ 다이렉트 마케팅
④ 소셜 마케팅
⑤ 크라우드 펀딩

03 마케팅의 핵심요소에 관한 설명으로 옳지 않은 것은?

① 소비자의 욕구와 수요
② 소비자의 만족과 가치
③ 공급자의 경제적 이윤
④ 제품 및 서비스의 교환가치
⑤ 제품 및 서비스의 실제적 혹은 잠재적 구매자들의 집합

04 사회복지조직에서 마케팅이 필요한 이유로 옳지 않은 것은?

① 클라이언트의 선택권 확대
② 사회복지서비스 제공 기관 간 경쟁 심화
③ 사회서비스의 개념 확대
④ 재정원천으로부터 책임성 요구에 부응
⑤ 전문가 관점의 서비스 제공 요구 증가

05 사회복지조직에서의 홍보를 위한 원칙으로 옳지 않은 것은?

① 홍보의 대상은 처음부터 명확하게 정해둘 필요는 없다.
② 홍보의 주체는 명확히 해야 한다.
③ 전달할 메시지가 분명해야 한다.
④ 홍보의 목적을 명확히 해야 한다.
⑤ 홍보에 관한 구체적인 기법을 알고 있어야 한다.

정답 1. ③ 2. ③ 3. ③ 4. ⑤ 5. ①

CHAPTER 12

사회복지조직의 프로그램 개발과 평가

12 CHAPTER 사회복지조직의 프로그램 개발과 평가

제1절 기획과 의사결정

1. 기 획

1) 기획의 개념

기획(planning)의 개념에 관해서는 다양한 정의가 존재한다. Gilbert & Specht (1977)는 기획이란 '통찰력, 체계적인 사고, 조사, 선호하는 가치에 입각한 행동 대안 선택을 통해 문제를 해결하고 장래 일의 방향을 통제하려는 의식적 시도'로 정의하였다. Ewell(1972)은 기획이란 '행동이 요청되기 전에 무엇을 하고 어떻게 할 것인가를 결정하는 것'이라고 하였으며, Dror(1967)는 '최적의 수단을 통하여 목표를 달성하기 위한 미래의 행동에 대해 의사결정을 준비하는 과정'이라고 정의하고 있다. 이러한 정의들을 종합해 보면, 기획이란 '목표를 달성하기 위한 장래의 행동에 관하여 일련의 의사결정을 하는 과정'으로 정의할 수 있다(최성재·남기민, 2017 : 242). 이러한 기획의 특성에 대하여 York(1982)는 기획이란 '미래지향적이고 계속적인 과정이며 의사결정과 연결되어 있고 목표지향적이며 목표를 위한 수단이라는 특성을 지닌 체계적이고 동적인 문제해결과정'이라고 하였다.

기획이란 개념은 계획(plan)이라는 개념과 많이 혼용된다. 엄밀히 말하자면, 기획은 계획을 세워나가는 활동과 과정에 초점을 두고 있는 계속적인 행동이라면, 계획은 기획을 통해 최종 도출된 결론 혹은 결정된 노선이라고 할 수 있다. 즉, 기획은 과정에 초점을 둔 보다 동태적인 개념이고 계획은 기획의 결과에 초점을 둔 정태적인 개념이라고 할 수 있다. 정리하면 기획이란 계획을 세워나가는 과정이라고 할 수 있는 것이다.

2) 기획의 필요성

기획이 사회복지조직과 행정에 필요한 이유를 살펴보고자 한다. 기획의 필요성에 대하여 Skidmore(1990)와 York(1982)는 다음과 같이 설명하고 있다.

첫째, 효율성의 증진을 위해 필요하다. 사회복지조직의 가용자원에는 한계가 있기 때문에 최소의 비용과 노력으로 최대의 서비스 목표를 달성해야 하기 때문에 이를 위해서는 사전에 치밀하게 만들어진 기획이 필요한 것이다.

둘째, 효과성의 증진을 위해 필요하다. 사회복지조직이 제공한 서비스는 클라이언트가 가진 문제나 욕구를 효과적으로 해결할 수 있어야 한다. 사전에 치밀하게 계획되고 의도된 활동이어야만 바라는 대로 달성할 수 있다. 따라서 바라는 바 소기의 효과성을 얻기 위해서는 철저하게 만들어진 기획이 반드시 필요한 것이다.

셋째, 책임성의 증진을 위해 필요하다. 사회복지조직은 내부적 책임성과 외부적 책임성에 대한 요구를 받는다. 외부적으로는 사회의 인가를 받아 국고와 개인의 기부금 등의 외부 재정원천에 사용하고 있기 때문에 이에 대한 효율적이고 투명한 사용에 대한 책임성을 증명해야 하고, 내부적으로는 클라이언트에게 보다 효과적인 서비스를 제공해야 할 책임을 지고 있다. 따라서 이러한 책임성을 잘 수행하기 위해서는 반드시 서비스에 대한 철저한 기획이 우선되어야 한다.

넷째, 사회복지조직 구성원의 사기진작을 위해서 필요하다. 기획과정은 조직의 많은 구성원들의 참여를 통하여 이루어지기 때문에 기획과정에 참여하는 것만으로도 조직구성원들은 조직에 직·간접적으로 기여하는 것이 된다. 이 과정에서 본인의 기획안이 채택되게 되면 인정과 성취감을 얻게 되면서 자연스레 사기가 진작된다. 또한 기획안을 통해 제공한 서비스의 목표를 달성하게 되면 이 또한 구성원의 사기를 진작시킬 수 있고 한 단계 더 성장하는 발판을 만들어 줄 수 있게 된다.

다섯째, 사회복지조직 목표의 불확실성을 감소시키기 위하여 필요하다. 사회복지조직은 급변하는 환경에 많은 영향을 받는 조직 중 하나이다. 따라서 변화하는 환경과 불확실한 미래상황에 대처하기 위해서는 기획과정을 통해 불확실성을 감소시키고 조직의 목표를 명확히 재확인할 필요가 있다.

여섯째, 문제해결을 위한 합리성을 증진시키기 위해서 필요하다. 기획은 문제해결과 합리적 의사결정의 근거로서 타당하게 적용될 수 있는 수단이 될 수 있기 때문에 그 자체로서 합리성을 높여줄 수 있다.

3) 기획의 유형

기획은 구분하는 기준에 따라 조직의 위계적 수준에 따른 유형, 시간 차원에 따른 유형, 대상에 따른 유형으로 분류할 수 있다(Mcfarland, 1970 : 149; 최성재・남기민, 2017 : 245-246 재인용).

(1) 조직의 위계수준에 따른 유형

조직의 위계수준은 조직의 관리운영을 책임지는 관리층과 일선에서 실천활동을 하는 실무자로 구분된다. 관리층은 최고관리층, 중간관리층, 감독관리층으로 다시 세분되며 각 계층에 맞는 기획활동을 하게 된다. 최고관리층의 경우 조직의 정책, 목표, 장기적 계획 및 조직의 전체 영역에 관한 내용을 기획하고, 중간관리층의 경우에는 상위관리층의 기획을 보완하는 수준의 기획이나 사업의 할당을 하게 된다. 감독관리층은 구체적인 사업을 기획하고 단기목표를 설정하거나 일정표를 짜는 기획활동을 하게 되며 실무자는 기획활동을 담당하기보다는 상위관리층에서 결정한 기획을 실천활동과 일상적 활동에 관련된 내용에 대한 기획을 담당하게 된다.

(2) 시간 차원에 따른 유형 : 장기기획과 단기기획

장기기획은 1년 이상 5년 혹은 10년 그 이상의 기간에 걸친 기획으로 외부 환경의 영향에 초점을 두고 주기적으로 조직의 목적과 목표를 재설정하면서 장기적 안목에서 창의성과 미래에 대한 비전을 가지게 하는 기획을 말한다. 반면 단기기획은 1년 미만에 걸친 프로그램 기획을 의미하는 것으로 보다 구체적이고 상세하며, 행동지향적이고 실행방법에 관한 내용이 포함된다. 이러한 단기기획은 반드시 장기기획 안에 통합되어야 하며, 장기기획은 단기기획 수립의 기초가 되는 지침을 제시해 줄 수 있어야 한다. 주로 하위계층에서 상위계층으로 올라갈수록 단기기획에서 장기기획으로 책임이 커진다고 할 수 있다.

(3) 대상에 따른 유형 : 전략적(strategic) 기획과 운영(operational)기획

전략적 기획은 '조직의 구체적 목표의 설정 및 변경, 구체적 목표 달성을 위한 자원 및 그 자원의 획득, 사용, 분배를 위한 정책을 결정하는 과정'을 말하고, 운영기획은 '획득한 자원이 조직의 목표를 효과적이고 효율적으로 달성되도록 사용하는 과정'에 관한 것이다(Anthony, 1965 : 69-71). 즉, 전략적 기획은 목표의 설정, 우선순위 설정, 자원획득 및 분배에 관한 것이며, 운영기획은 자원의 관리에 관한 것이라고 할 수 있다. 또한 전략적 기획은 주로 상위계층에서 이루어지는 정책적 차원의 기획이고, 운영기획은 주로 조직의 중간계층 이하에서 이루어지는 기획이다.

4) 사회복지행정의 기획

Ehlers와 그의 동료들(1976)은 사회복지행정의 기획을 자원기획(resource planning), 프로젝트 기획(project planning), 개인기획(personal planning)의 세 가지로 구분하였다(김인혁 외, 2019 : 162).

(1) 자원기획

자원기획은 크게 재정기획과 시설 및 장비에 관한 기획, 소비 물자에 관한 기획, 인적자원관리에 관한 기획을 말한다. 재정기획은 기관이나 프로그램의 재정 상태를 예측하기 위한 기획을 말하고, 시설 및 장비에 관한 기획은 사회복지조직의 목표 달성을 위해 필요한 시설이나 장비의 구매, 임대 등에 관한 기획이다. 소비 물자에 관한 기획은 서류용지, 필기구, 기록보관철과 같은 품목들의 구매에 관한 기획이며, 인적자원에 관한 기획은 인적자원 확보, 인적자원 개발, 인적자원의 보상 및 유지관리, 노사 관계 등에 관한 기획을 말한다.

(2) 프로젝트 기획

프로젝트 기획이란 프로젝트를 주어진 시간 안에 최소의 비용으로 성공적으로 달성하기 위해 필요한 기획을 말한다. 프로젝트를 시작하면서 기획안을 작성함으로써 노력에 대한 질적 성과가 높고 프로젝트를 달성하는 데 걸리는 시간을 줄일 수 있다.

(3) 개인기획

개인기획은 자신의 목표를 설정하고 이를 성취하기 위하여 계획을 수립하는 것으로 자신의 목표를 설정하고 취해야 할 행동과정을 기술하는 것을 말한다. 개인기획을 할 때에는 계획을 수행하면서 발생할 수 있는 불가피한 변화를 예상할 수 있어야 하며, 이를 위해 유사한 과업이나 프로젝트를 진행해 본 다른 사람의 경험을 활용하는 것도 좋다. 더불어 계획의 실현 가능성도 고려할 수 있어야 한다.

5) 기획의 과정

Skidmore(1990)는 사회복지행정의 기본 기획의 과정을 총 7개의 단계로 제시하였다. 각 단계는 사회복지서비스 전달의 효과성과 효율성을 확보하기 위해 필수적인 요소로 보았다(최성재 · 남기민, 2017 : 246-250).

(1) 구체적 목표의 설정

기획의 첫 번째 단계는 구체적인 목표(objective)를 설정하는 것이다. 목표란 어떤 활동의 주체가 달성하고자 하는 바람직한 미래의 상태를 말한다. 이러한 목표는 구체적이고 실제적이어야 하며, 해결해야 할 문제와 지향해야 할 미래와 직접적으로 관련이 있는 것이어야 한다. 이러한 목표의 설정을 위해서는 기획이 왜 필요한지에 대한 인지와 현재의 문제 상황에 대한 확실한 인지가 우선되어야 한다.

(2) 관련정보 수집 및 가용자원의 검토

기획의 두 번째 단계는 구체적으로 설정된 목표에 대한 다양한 정보를 수집한 후 조직에서 가용할 수 있는 인적·물적 자원을 검토하는 일이다. 기관의 설비, 가용 예산 및 서비스에 대한 지역사회의 후원뿐만 아니라 직원의 가용성, 직원의 자질, 능력, 태도와 감정 등도 함께 고려되어야 한다.

(3) 목표 달성을 위한 대안적 방법 모색

구체적인 목표의 설정과 목표 달성을 위한 정보와 자원에 대한 검토가 이루어진 후에는 목표 달성을 위한 다양한 대안들을 모색해야 한다. 목표를 달성하는 데에는 다양한 방법들이 있을 수 있기 때문에 이 단계에서는 특히 창의력이 중요한 역할을 한다. 자유로운 집단 토의나 개인 간의 대화를 통하여 새로운 가능성을 발견할 수 있는 기회를 많이 만들 수 있는 단계이다.

(4) 대안의 실시조건 및 기대효과 평가

대안을 모색하고 조사한 후에는 각각의 대안이 어떠한 결과를 도출할지에 대해 다각도로 예측한다. 그러한 기대효과에 대해 검토하고 장점과 단점도 찾아내어 평가해야 한다. 그 다음으로 중요성과 실현 가능성에 관한 가중치를 부여하고 가장 중요한 것부터 차례로 우선순위를 정해야 한다.

(5) 최종대안의 선택

각 대안의 실시조건과 기대효과를 비교하여 우선순위를 정한 후에 가장 점수가 높은 것을 최종적인 대안으로 선정한다. 객관적인 평가기준에 의하여 가중치를 부여한 후 전체 점수가 가장 높은 대안을 선택하도록 해야 한다.

(6) 구체적 실행계획 수립

최종적인 대안을 선택하고 나면 선택된 방법으로 실행하기 위하여 시간과 활동이 연관된 구체적인 계획을 수립해야 한다. 실행계획에 사용할 수 있도록 개발된 다양한 방법들을 사용하면 크게 도움을 받을 수 있다. 이러한 기법들에 대해서는 뒤에서 다시 설명하도록 하겠다.

(7) 변화를 위한 개방성 유지

개방성 혹은 융통성은 전체 기획과정에서 꼭 필요한 요소이다. 특정 프로그램을 실행하게 될 때에는 종종 예상치 못한 변화가 발생할 수도 있다. 기존의 기획보다 나은 절차가 없는 경우에는 기존의 기획을 유지하지만 변화가 더 나은 발전을 가져오는 경우에는 언제든지 기획을 변경시킬 수 있어야 한다. 따라서 기획에 있어서 개방성과 융통성은 필수적인 요소로서 반드시 유연성을 지니고 있어야 한다.

6) 기획의 기법

정해진 기획을 보다 효율적이고 효과적으로 준비하여 실시하기 위하여 가장 많이 사용되는 기법은 다음과 같다(Lauffer, 1978 : 163-184; 최성재・남기민, 2017 : 251-254).

(1) 시간별 활동계획도표(Gantt chart)

시간별 활동계획도표는 1910년대 미국의 Gantt(1861~1919)가 생산관리를 위해 고안한 기법으로, 세로에는 사업을 위한 주요 세부목표 및 관련활동을 기입하고 가로에는 월별 또는 일별 시간을 기입한 표에 사업의 시작 또는 완료 시까지의 기간 동안 계획된 세부목표 및 활동 기간과 그것의 실제 수행 현황을 막대 모양으로 표시한 표이다. 작업자의 생산 활동과 시간을 통제할 수 있는 도구로서 작업 단위와 작업 시간의 분석을 통해 하나의 작업이 완성된 후에 다음 단계로 넘어갈 수 있는 작업, 하나의 작업이 진행되는 중간에 이어서 시작되는 작업, 동시에 시작할 수 있는 작업으로 구분하여 시간을 통제함으로써 하나의 프로젝트를 정해진 시간 내에 완성할 수 있도록 하는 기법이다. 막대그래프를 이용하므로 막대그래프 차트라고도 불리는데, 이러한 간트 차트를 이용하는 경우 시간에 대비한 전체 작업의 진행 상황을 점검할 수 있고, 과업 완성 시간의 단축과 여유 시간에 대한 관리가 가능해진다. 그러나 과업 간의 연결성에 대한 파악은 어려울 수 있다. 다음의 〈표 12-1〉은 시간별 활동계획표의 예를 나타내고 있다.

〈표 12-1〉 시간별 활동계획표의 예

활 동	기 간											
	1월				2월				3월			
	1주	2주	3주	4주	1주	2주	3주	4주	1주	2주	3주	4주
취업알선센터 운영팀 구성	■	■										
책임자 및 실무자 임명	■											
취업알선센터 장소 확보		■	■									
취업알선센터 홍보				■	■	■	■	■	■	■		
취업알선센터 인가								■	■	■		
취업알선센터 개소										■		

(2) 프로그램 평가검토 기법(PERT : Program Evaluation and Review Technique)

프로그램 평가검토 기법은 1950년대에 미국 해군의 잠수함 건축 과정에서 고안된 기법이다. 이 기법은 목표 달성의 기한을 정해놓고 목표 달성을 위하여 설정된 주요 세부목표 또는 활동의 상호관계와 시간계획을 연결시켜 표로 나타내는 것이다. 프로그램을 명확한 목표로 조직화하고, 진행일정표를 작성하고, 자원계획을 세우고, 프로그램 진행 사항을 추적하는 데 유용한 기법으로, 주로 시간의 통제를 중시한다. 프로그램 평가검토 기법에서 가장 중요한 사항은 임계경로(critical path)를 확인하는 것이다. 임계경로란 과업의 시작에서 종료에 이르기까지 가장 많은 시간을 필요로 하는 경로로, 과업의 수행 시 최소한 확보해야 할 시간을 의미한다. 따라서 임계경로에 속하는 과업의 수행시간이 지체된다면 전체 프로젝트가 지체될 수 있지만 반대로 임계경로에 속하는 과업의 수행시간을 단축할 수 있다면 프로젝트 전체의 종료 시간을 단축시킬 수 있다.

이러한 프로그램 평가검토 기법은 조직구성원에게 프로젝트를 완성하기 위해 필요한 활동과 과업을 전체적인 그림으로 보여줄 수 있다는 점에서 유용성을 가지고 있으며, 또한 하나의 목표를 달성하기 위해 필요한 시간을 추정하고 목적을 성취하는 데에 따르는 전반적인 사항을 평가할 수 있다는 장점을 가진다. 시간별 활동계획도표는 활동만을 나타내고 활동과 과업 간의 상관관계를 나타내지 않아 전반적인 계획을 잘 이해하기 힘든 한계가 있었는데, 프로그램 평가검토 기법은 활동과 과업 간의 상관관계는 물론 활동에 기대되는 시간까지 나타내주어서 시간별 활동계획도표의 단점을 해소해 주는 아주 유용한 기획기법이라고 할 수 있다. 이러한 프로그램 평가검토 기법을 작성할 때 유의해야 할 점은 가장 먼저 시작지점이 아니라 최종목표인 종료지점을 먼저 설정해야 한다는 것이다. 종료지점을 먼저 설정한 후 시작지점으로 가는 경로를 역으로 연결하여 배치하는 방식으로 사용하는 것이 바람직하다. 다음 ▌그림 12-1▌은 프로그램 평가검토 기법의 예를 나타낸다.

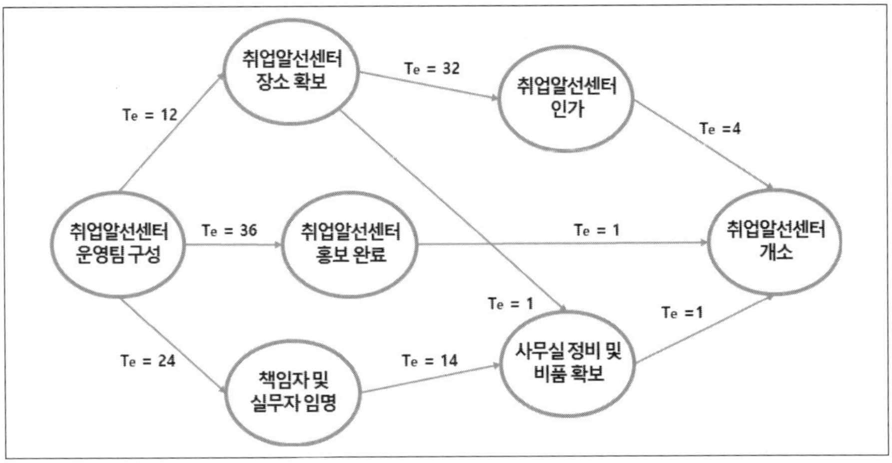

* 위 그림에서는 취업알선센터 운영팀 구성 → 취업알선센터 장소 확보 → 취업알선센터 인가 → 취업알선센터 개소의 경로(총 48주)가 임계경로이다.

▌그림 12-1▐ 프로그램 평가검토 기법의 예

(3) 월별 활동계획 카드(Shed-U graph)

월별 활동계획 카드는 미국의 레밍턴 랜드(Remington-Rand)라는 회사에서 고안한 것이다. 고안될 당시에는 61cm×107cm 크기의 바탕종이에 8cm×13cm 크기의 작은 카드를 꽂을 수 있는 주머니가 달려 있었고, 이 바탕종이의 위쪽 가로에는 월별이 기록되어 있고 특정 활동이나 업무를 조그만 크기의 카드에 기입하여 월별 아래 공간에 삽입하거나 붙이도록 되어 있었다. 월별 활동계획 카드는 시간별 활동계획도표와 비슷한 성격의 기법으로 시간별 활동계획도표와 같이 활동과 과업 간의 상관관계에 대해서는 잘 알 수 없지만, 차이점은 월별 활동계획 카드는 월별로 기록하기 때문에 업무 시간에 따라 변경하여 이동시키는 것이 편리하다는 장점이 있다. 다음의 ▌그림 12-2▐는 월별 활동계획 카드의 예이다.

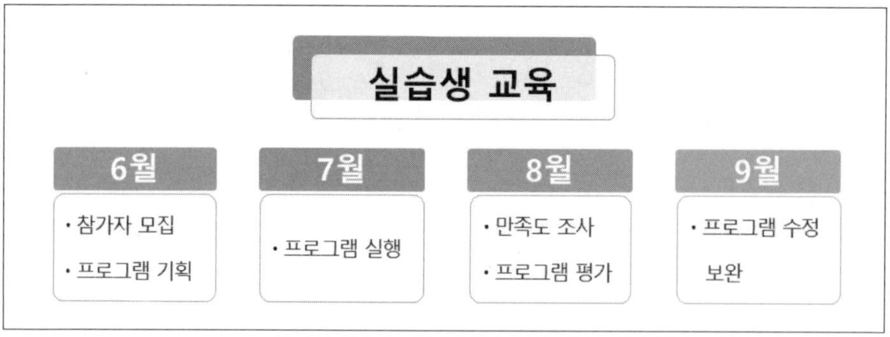

그림 12-2 월별 활동계획 카드의 예

2. 의사결정

1) 의사결정의 개념

현대조직사회에서의 모든 활동은 의사결정의 연속이라고 할 수 있다. 모든 사회주체들은 그들의 활동방식을 결정할 때 이전의 방식을 유지하든 새로운 방식을 도입하든 간에 지속적으로 의사결정행위를 하게 된다. 이처럼 의사결정(decision making)은 조직의 운영에서 핵심이 되는 요인이며 앞서 살펴본 기획에서도 중요한 위치를 차지하는 과정이다. 모든 조직은 계속적인 의사결정을 하고 그것을 실행해 나가는 과정을 통해 운영되고 있기 때문에 이러한 의사결정이 얼마나 효율적으로 이루어지느냐에 따라 조직의 목적 달성 여부가 좌우될 수 있다.

의사결정 또한 연구하는 학자들에 따라 다양하게 정의된다. Ives(1973)는 의사결정이란 '행동노선의 여러 대안 가운데서 하나를 택하는 데 있어 양적이고 질적인 수단을 고려하려는 합리적인 시도'라고 정의하였고, Loomba & Levey(1973)는 '일단의 바라는 목표를 달성하기 위하여 가능한 여러 가지 대안들 가운데서 하나를 선택하는 과정의 결론'이라고 정의하였으며, Ables & Murphy(1981)는 의사결정을 '목표 달성을 위한 여러 가지 대안들 가운데 최적의 것을 선택하는 과정'이라고 정의하였다. 이러한 정의들에서 공통으로 제시하고 있는 내용은 여러 가지

대안들 중 하나를 선택하는 행위가 의사결정의 핵심이라는 점이다. 이에 대하여 박연호(1997)는 다음의 세 가지 내용이 의사결정에 포함되어 있다고 하였다. 첫째, 의사결정은 선택의 행위를 포함한다고 하였다. 둘째, 의사결정은 의식적 수준에서 행해지는 정신적 과정을 내포하고 있다. 따라서 논리성은 물론 감정적·비합리적·잠재의식적 요소들 모두 함께 작용하고 있다고 하였다. 셋째, 의사결정은 목표의 달성을 촉진하기 위해 이루어지는 목표지향적 행동이자 과정이 포함되어 있다고 하였다.

특히 사회복지조직은 내적·외적으로 많은 요청과 압력을 받고 도덕성과 윤리성을 고려해야 하는 인간을 대상으로 하고 있다는 면에서 의사결정은 더욱 어려울 수 있다. 무계획적이고 단순히 상식적인 수준의 의사결정은 비효율성을 초래할 뿐만 아니라 도덕성과 윤리성에 도전을 받을 수도 있다. 따라서 사회복지조직의 행정에도 의사결정에 대한 특별한 지식과 기술이 필요하기 때문에 상당히 중요하게 다루어야 할 부분인 것이다(최성재·남기민, 2017 : 255).

2) 의사결정의 모형

기획은 미래의 환경변화에 대응하기 위한 의사결정의 과정이라고 하였다. 다양한 대안을 모색하고 대안들에 우선순위를 부여한 후 최적의 대안을 선택하기 위한 계속적이고 반복적인 의사결정이 이루어진다. 의사결정모형은 의사결정자의 완전한 합리성을 가정하는 합리모형에서부터 합리성을 부인하는 쓰레기통모형에 이르기까지 많은 이론들이 존재한다. 중요한 것은 어느 하나의 모형만으로 의사결정을 완벽히 설명할 수는 없다는 것이다. 따라서 각 모형에서 제시하는 상황과 시각에 대한 검토를 통한 깊이 있는 통찰을 가져야 할 것이다(양승일, 2018 : 209-212; 박종팔 외, 2019 : 191-194).

(1) 합리모형(rational model)

합리모형은 대다수 의사결정모형의 원형으로, 인간을 이성과 합리성을 지닌 존재로 보고, 인간이 이성과 합리성에 입각하여 의사결정을 한다는 이론이다. 이 모형에는 인간이 모든 문제를 완벽히 이해하고, 명확한 목표를 세우고 문제해결을 위한 모든 대안을 파악하며, 각 대안에 대한 모든 정보를 동원하여 대안을 비교·평가함으로써 명확한 기준으로 최선의 대안을 선택한다는 것을 전제로 하는 모형이다. 합리모형은 의사결정에 관한 연구가 거의 없었던 초창기 이론이기 때문에 의사결정을 너무 낙관적으로 보았다는 점과 인간을 전능한 존재로 보았다는 측면에서 현실적으로 적용 가능성은 거의 없다고 볼 수 있다. 즉, 경험적인 연구의 결과로부터 비롯된 것이 아니라 이상적인 기준을 제시한 것에 지나지 않기 때문이다(박종팔 외, 2019 : 190). 따라서 인간이 아무리 이성적이고 합리성이 높다 하더라도 현실적으로 인간이 처한 다양한 제약조건들이 있기 때문에 완벽히 합리적인 의사결정을 하는 것은 쉽지 않은 일인 것이다. 즉, 완전하고 종합적인 정보수집과 처리에 있어서 인간의 능력에는 한계가 있을 수밖에 없고, 이해관계자들 간의 가치는 갈등을 일으키기 마련이며 이미 상당히 진행된 사업에 대한 보다 합리적인 대안이 있다 하더라도 매몰비용 때문에 기존의 사업을 그냥 진행할 수밖에 없는 상황이 더 많기 때문이다.

(2) 만족모형(satisfying model)

합리모형의 현실적인 제약점을 해소하기 위해 March & Simon(1958)에 의해 제시된 모형이다. 합리모형에서의 완전무결한 합리성이 아니라 인간의 제한된 합리성에 기초하여 최적의 대안보다는 현실적으로 만족할 만한 대안의 선택에 타당성을 두고 있는 이론이다. 의사결정에 있어서 인간의 인식적·감정적 요소를 많이 고려하였다는 점에서 현실적·경험적 접근방법으로 간주되기도 한다. 이로 인해 좀 더 인간의 실제상황에 적합한 모형이라는 점에서 높게 평가받기도 한다. 그러나 만족할 만한 정도를 기준으로 대안을 선택하게 되는데 만족을 객관적으로 결정지어 주는 척도가 없어 주관의 지배를 받기 쉽다는 점에서 비판을 받는다. 또한 급변하는 상황에서의 창의적인 문제해결을 어렵게 만든다는 비판도 받는다.

(3) 점증모형(incremental model)

Lindblom(1980), Wilensky(1966) 등에 의해 제시된 점증모형은 합리모형의 비현실성에 대한 비판을 제기하며 등장한 모형이다. 기획의 현실 가능성을 높이기 위한 현실적인 의사결정 형태를 가장 잘 설명하는 모형이라고 할 수 있다. 점증모형은 기존의 의사결정을 토대로 조금씩 차이가 있는 대안을 마련하여 점증적으로 수정해 나가는 모형으로, 합리모형에서처럼 모든 대안을 분석하고 평가하기보다는 기존의 기획에서 약간 향상된 기획에 관심을 두고 의사결정을 진행해 나가는 방식이기 때문에 현실에서의 의사결정 상황에 적용 가능성이 가장 높다. 그럼에도 불구하고 점증에 대한 명확한 기준이 없는 데다가 안정과 균형을 지향하는 조직에는 적용하기가 어려울 수 있으며, 과거나 현재의 기획을 약간 변화시키는 것이기 때문에 임기응변적 정책의 모색에는 유용할 수 있으나 새로운 아이디어를 적용하는 것에는 미흡할 수 있다는 측면에서 비판을 받는다. 특히 급속한 환경변화에 점진적으로 대응할 수 없는 경우가 많고 전례가 없는 문제에 대해서는 해결방법으로 사용하는 것이 적합하지 않다.

(4) 혼합모형(mixed model)

Etizioni(1968)가 제시한 혼합모형은 합리모형과 점증모형을 혼합・절충한 보다 적극적인 제3의 의사결정모형이다. 인간을 전능한 존재로 보고 그 능력을 과신하는 합리모형의 이상주의적 단점과 반대로 인간의 능력을 과소평가하는 점증모형의 보수성을 탈피하기 위하여 두 가지 모형을 변증법적으로 합해놓은 모형이다. 예를 들면, 기본적 방향의 설정은 합리모형의 방법으로 하고 이후의 특정 문제의 결정은 점증모형의 방법을 사용하여 검토하는 방식으로 활용되는 것이다. 장점은 합리모형과 점증모형의 단점을 극복하여 단기적 변화에 발 빠르게 대처하면서도 장기적인 안목을 가질 수 있다는 것이지만, 반면 두 개의 대립되는 극단의 두 모형을 단순히 혼합·절충한 것에 불과하여 현실적이지 않다는 단점 또한 존재한다.

(5) 최적모형(optimal model)

Dror(1971)가 제시한 최적모형은 의사결정을 체계론적 시각에서 파악하고 성과를 최적화하려는 모형이다. 여기에서 최적화란 의사결정과정에서 투입보다는 산출이 커야 한다는 의미로, 의사결정에 드는 비용보다는 효과가 더 커야 한다는 것을 전제로 한다는 의미이다. 만족모형이나 점증모형의 보수성을 비판하면서 의사결정 시에 합리적인 요소와 직관, 판단, 창의력 같은 초합리적 요인의 중요성을 강조하였다. 의사결정의 평가는 정치적·경제적 측면에서의 실현 가능성에 따라 달라질 수 있으며, 양적 분석과 질적 분석을 모두 중시하고, 합리적 요인과 초합리적 요인 모두를 포괄하며, 경제적 합리성과 환류 작용상의 의사결정을 중요시한다는 특징을 가진다.

(6) 쓰레기통모형(garbage can model)

Cohen, March, Olsen(1972)이 제시한 쓰레기통모형이란 '조직화된 무정부 상태'를 나타내는 것으로, 의사결정이 어떠한 일정한 규칙에 의해 움직이는 것이 아니라 쓰레기통처럼 뒤죽박죽 움직인다는 것을 나타낸다. 즉, 조직 내 의사결정의 비체계성을 다루는 이론으로 목표가 불확실하여 목표 달성을 위한 수단이 불분명하며 의사결정에 참여하는 사람들이 계속 바뀌는 조직에서는 문제해결을 위한 의사결정이 계획적이고 단계적인 체계에 의해서가 아니라 '우연하게' 이루어진다는 것이다.

이와 관련하여 쓰레기통모형은 불확정적 선호, 불명확한 기술, 유동적 참여 등을 전제로 하는데, 불확정적 선호(indefinite preference)는 기존의 모형들이 조직 내에서 자신이 어떤 목적을 가지고 참여하는지를 알고 있는 것으로 전제하였지만, 실제로는 자기가 어떤 목적을 가지고 의사결정에 참여하고 있는지를 모르는 경우가 많아서 자신이 실제로 무엇을 선호하는지도 제대로 알지 못한다는 의미이다. 불명확한 기술(unclear technology)은 목표와 대안 사이에 존재하는 인과관계가 명확하지 않아 목표를 안다고 해도 이를 실행할 구체적인 대안을 잘 모른다는 것을 의미하고, 유동적 참여(fluid participant)는 동일한 개인이라고 해도 시간의 흐름에 따라 결정에 참여하기도 불참하기도 한다는 상황을 의미하는 것이다. 쓰레기통모형에서 가정하고 있는 조직화된 혼란상태는 오늘날의 공공조직 등에서 쉽게 발견될 만큼 그 실용성을 인정받고 있는 실정이다. 그러나 그러한 상태가 조직의 모든 의사결정 형태에서 일어나는 것이 아니라 일부분의 조직에서만 나타나는 의사결정 형태만 설명할 수 있다는 비판을 받기도 한다.

제2절 사회복지 프로그램 개발

1. 사회복지 프로그램과 개발의 개념

프로그램이란 '하나의 단일 목표를 달성하기 위한 활동들의 집합체'(Rapp & Poertner, 1992 : 29)로서, '특정한 목적 달성을 위하여 자원과 기술이 투입되어 일정한 절차에 따라 이루어지는 조직의 계획적 활동체계'(황성철, 2005 : 18)라고 정의할 수 있다. 따라서 사회복지 프로그램이란 '사회복지조직에 의해 실행되는 사회복지적 목표를 달성하기 위한 활동들의 집합체'(정무성, 2005 : 25)로 정의할 수 있는데, 즉 사회복지 프로그램은 사회복지적 목적과 목표가 있어야 하고 사회복지기관과 같은 비영리조직이 주관해야 하며, 사회복지 전문인력에 의해 실행되는 다양한 활동들로 구성되어 있다고 설명할 수 있다. 그러므로 사회복지 프로그램이란 '사회복지조직이 사회복지조직의 목표 달성을 위해 의도적으로 만들어진 계획적 활동체계'라고 정리할 수 있다.

이처럼 사회복지 프로그램에 대한 정의는 다양하지만, 결국 사회복지 프로그램이란 사회복지정책이 서비스로 구체화되어 전달되는 과정이자 실현방법에 대한 내용을 담고 있는 것으로 볼 수 있다. 따라서 프로그램 개발이란 하나의 생산물(product)인 동시에 하나의 방법(method)인 것이다(Rapp & Poetner, 1992 : 30). 생산물로서의 프로그램 개발은 프로그램의 목표를 달성하기 위해 요구되는 프로그램 실행자들의 최소한의 행위를 기술한 문서로, 실제로 클라이언트를 돕고 지원을 얻기 위한 목적을 가진 것이라면, 방법으로서의 프로그램 개발은 중요한 관리상의 결정이 수립되는 하나의 틀(framework)로서, 프로그램과 관련한 사항들에 대한 명확한 기준으로 의사결정을 하기 위한 하나의 분석적 도구이자 보다 나은 성과를 위해 장애물을 제거하기 위한 진단적 도구인 것이다(최성재 · 남기민, 2017 : 277). 따라서 프로그램 개발은 단순한 일회성 작업이라기보다는 끊임없는 검토와 재검토가 요구되는 반복적인 과정인 것이다. 즉, 프로그램 개발은 조직의 수행능력을 증진시키고 개선시킬 수 있는 경영전략 중 하나로서 클라이언트와 그들의 문제, 개입과 관련한 사항들을 계속적으로 수정하고 보완하는 하나의 과정인 것이다(지은구, 2005 : 49).

이 같은 프로그램을 개발하는 데 필요한 몇 가지 원칙이 있다. 첫째, 합목적성과 목표의 일관성(purpose) 원칙이다. 프로그램 내용은 목적이 제시하는 내용에 적합해야 한다. 프로그램 내용에 지나치게 치중하여 '목표전치'가 발생하지 않도록 상시 목적과 목표를 점검해보아야 한다는 것이다. 둘째, 능력수준과 흥미에의 적합성(person) 원칙이다. 프로그램의 내용 선정은 클라이언트의 필요와 흥미, 능력수준을 고려하여 가장 적합한 것으로 선정해야 한다. 셋째, 프로그램의 통합성(problem) 원칙이다. 프로그램에 참여하는 대상자의 인간으로서의 경제적·사회적·심리적·문화적 문제들을 통합적으로 고려할 수 있어야 한다는 것이다. 넷째, 프로그램의 지속성과 네트워크화(process)의 원칙이다. 프로그램은 장기적이고 체계화된 계획에 따라 지속적으로 제도화된 프로그램이 되어야 한다는 것이다. 또한 보다 통합된 프로그램의 제공을 위해 다양한 성격의 서비스 기관이 참여할 수 있도록 해야 한다. 다섯째, 지역성(place)의 원칙이다. 프로그램을 시행하는 기관의 지역적·문화적 상황에 따라 각 지역의 독특성을 반영하여 지역사회 주민이 프로그램에 더욱 쉽게 접근할 수 있도록 해야 한다(염일열·이승현, 2016 : 331-332).

2. 사회복지 프로그램 개발과정

사회복지 프로그램의 개발과정은 학자에 따라 다양하게 제시하고 있다. 여기에서는 ❙그림 12-3❙과 같은 과정으로 정리하여 설명하고자 한다.

❙그림 12-3❙ 프로그램 개발의 과정

1) 문제 확인과 욕구사정

(1) 문제 확인

사회복지조직에서 프로그램을 개발하기 위한 문제를 발견하는 과정이다. 발견된 문제가 사회적 문제인지 아니면 개인적 문제인지를 보고, 문제분석을 통해 문제 상황으로 간주되는 조건들은 무엇이고, 누가 문제로 규정하고 있는지, 그 문제로 인하여 얼마나 많은 사람들이 고통받고 있는지, 그리고 현재 그 문제를 다루고 있는 프로그램들이 있는지를 우선 분석하는 단계이다. 이 단계에서는 해결하고자 하는 문제의 정확한 원인을 분석하여 프로그램을 통해 해결하고자 하는 문제의 원인이 무엇인지, 또한 이 문제에 이해관계가 얽힌 집단은 누구인지, 마지막으로 현실적으로 문제해결이 가능한지의 여부도 함께 살펴보아야 한다.

(2) 욕구사정

발견된 문제를 바탕으로 욕구분석을 통해 원인을 규명하고 문제를 진단하는 과정이다. 욕구사정은 한정된 지역 안에서 사람들의 욕구수준을 확인해내고 수량화하는 방법으로 사람들의 서비스 욕구를 체계적으로 분석하는 것이다. 일반적으로 기존 자료를 활용하거나 주요 관련정보나 지역사회 서베이 등을 통해 욕구의 주체 및 객체, 욕구의 유형 등을 파악한다.

① 욕구유형

프로그램 개발과정에 적용할 수 있는 욕구이론으로는 Maslow(1943)의 욕구유형과 Bradshaw(1944~)의 욕구유형을 적용할 수 있다. Maslow(1943)의 욕구유형은 타 과목에서 많이 다루었으므로 여기서는 Bradshaw(1972)의 욕구유형에 관하여 살펴보도록 하겠다. Bradshaw(1972)는 사회적 욕구에 초점을 두고 욕구의 인식기준에 따라 규범적 욕구, 인지적 욕구, 표현된 욕구, 상대적 욕구의 네 가지로 유형화하였다.

- **규범적 욕구**(normative need) : 전문가의 판단에 의해 규정된 욕구로, 표준

적이고 전문적인 기준을 사용하여 욕구를 조사한다. 쉽게 수량화될 수 있어서 구체적인 표적집단을 제시할 수 있지만 욕구를 규정하는 전문가마다 기준이 다를 수 있고 시간의 변화에 따라 기준에도 변화가 있을 수 있다는 단점이 있다.

예 최저 생계비 산정 기준

- **인지적 욕구**(perceived need) : 실제 서비스를 받고 있는 당사자가 인지하는 욕구로, 느껴진(felt need) 욕구라고도 한다. 전화나 우편, 대인면접 형식의 설문조사 등을 통해 파악한다. 그러나 사람마다 자신들이 느끼는 욕구의 기준들이 다르기 때문에 인지적 욕구 그 자체만으로 조사하여 지역사회 주민 전체의 욕구로 추정하는 것은 쉽지 않다. 따라서 프로그램 개발 시에는 인지적 욕구에만 주목해서는 안 된다.

예 가정폭력 피해여성의 수치심, 두려움, 과거의 경험 등

- **표현된 욕구**(expressed need) : 서비스에 대한 요구, 즉 욕구를 가진 당사자가 행동으로 직접 표현한 욕구를 말한다. 사회복지조직에서 가장 많이 활용하는 욕구로 얼마나 많은 사람이 서비스를 요청하는지에 따라 욕구의 정도를 추정할 수 있다. 그러나 사람들이 인식하지 못하거나 실제로 존재하지 않는 서비스의 경우 욕구로 표출되기 어렵다는 단점을 가진다.

예 수강신청 시 수강인원이 몰려 서버가 다운되는 것 등

- **상대적 욕구**(comparative need) : 다른 사람이나 집단에 존재하는 서비스와 상대적으로 비교함으로써 생기는 욕구로, 비교적 욕구라고도 한다. 상대적 욕구는 특정한 기준에 의해서 발생하는 것이 아니라 각기 다른 인구집단에 존재하는 서비스의 수준 차이를 비교함으로써 욕구가 확인되는 것이다. 일반적으로 유사한 상대집단은 서비스를 받았는데 해당집단은 서비스를 받지 못하였을 때 욕구가 발생하는 것으로 판단한다.

예 A 복지관에서는 노인을 위한 건강프로그램에 수지침 프로그램이 있는데 B 복지관의 프로그램에는 수지침 프로그램이 없어 이에 대한 요구가 발생하는 경우 등

② 욕구사정 방법

이러한 욕구사정을 위한 방법으로는 지역사회 공개토론회, 주요 정보제공자 조사, 초점집단기법, 명목집단기법, 사회지표분석, 지역사회 서베이, 델파이 기법, 2차 자료를 활용하는 방법 등이 있다.

- **지역사회 공개토론회**(community forum)

  지역사회 공개토론회는 지역사회의 다양한 구성원들로부터 가치, 태도, 의견 등을 직접 청취하여 자료를 수집하는 방법이다. 적은 비용으로 광범위한 지역이나 계층, 집단의 의견을 들을 수 있고, 지역사회나 다른 기관 및 집단의 협조를 얻을 수 있는 기반을 마련할 수 있는 비교적 쉬운 자료수집 방법이라고 할 수 있다. 그러나 관심 있는 사람들만 참석하는 경우가 많아 참여자의 대표성에 문제가 발생할 수 있으며, 표현력이 부족한 소수 집단의 의견이 반영되지 못할 우려도 가지고 있다.

- **주요 정보제공자 조사**(key informants)

  주요 정보제공자 조사는 지역사회의 지도자, 서비스 제공자, 인접 분야의 전문직 종사자, 지역 내 사회복지단체의 대표자, 지역 유지, 공무원 등 지역사회 내 영향력이 있는 사람을 대상으로 의견을 수집하는 방법이다. 주요 정보제공자 조사는 비용이 적게 들고, 비교적 단시일 내 조사가 가능하고, 대상자 선정이 용이하며, 해당 지역사회의 문제를 쉽게 파악할 수 있다는 장점이 있다. 그러나 표본에 대한 의도적인 선정으로 인한 편향(bias)이 나타날 수 있고, 주민들로부터의 직접적 의견청취가 아니기 때문에 주요 정보제공자들의 주관이 개입될 수 있어서 실질적으로 주민들이 관심을 갖는 문제들은 소홀히 다루어질 수 있다는 단점이 있을 수 있다.

- **초점집단기법**(FGI : Focus Group Interview)

  초점집단 조사는 어떤 문제에 관련된 12~15명의 사람들을 한곳에 모아 놓고 특정 문제에 대한 의견을 나누고 토론할 수 있도록 하여 깊이 있는 의견을 듣는 자료수집방법이다. 초점집단의 대상자들은 주요 정보제공자

뿐만 아니라 관련 서비스 제공 기관의 대표자, 클라이언트, 잠재적 클라이언트, 지역주민 모두가 될 수 있다. 적은 비용으로 비교적 손쉽게 자료수집이 가능하다는 장점이 있지만 초점집단 역시 구성원의 대표성이 문제가 될 수 있고, 상호 합의가 어려워 합치된 의견을 얻지 못할 수도 있다는 단점이 있다. 그러므로 다른 자료수집방법과 함께 실시하는 것이 바람직하다.

- **명목집단기법**(NGT : Nominal Group Technique)

명목집단기법은 토론에 참여한 주체들 간의 감정이나 분위기상의 왜곡현상을 피하기 위해 각자의 의견을 종이에 기록하여 의견을 개진하는 방법이다. 이로 인해 이름만 있는 집단이라는 의미의 명목그룹이라는 명칭을 사용하는 것이다. 명목집단기법은 특정한 문제해결을 위하여 집단구성원들이 한 장소에 모이기는 하지만 다른 사람의 의견에 영향을 받지 않을 수 있다는 장점이 있다. 각자 종이에 기록하여 제출한 아이디어는 칠판이나 차트에 기록하여 각 아이디어의 장단점을 평가한 후 아이디어의 서열을 매겨 종합 순위에서 최고 점수를 받은 것을 욕구로 확인하게 된다.

- **사회지표분석**(social indicator)

사회지표분석은 정부기관이나 연구기관들에서 공식적으로 발표한 지역사회나 전체 인구의 어떤 차원들을 특징적으로 나타내는 비율이나 평균값 같은 수치들을 말한다. 예를 들면, 지역사회의 인구변화, 성비, 혼인 및 이혼율, 소득수준, 빈곤율, 실업률, 영아 사망률, 주택보급률, 범죄율 등이 해당된다. 별도의 비용을 들이지 않고 손쉽고 빠르게 욕구사정이 가능하다는 장점이 있으나 자료의 신뢰성과 타당성에 문제가 있을 수 있으므로 자료의 공식성에 대한 검토가 필요하다.

- **지역사회 서베이**(survey)

지역사회 서베이는 욕구사정을 위한 일차적 자료수십방법으로, 조사대상 전체를 대표할 수 있는 대상자를 선정하여 이들을 대상으로 설문지 혹은 대인면접의 형식으로 자료를 수집하는 방법이다. 주로 잠재적 클라이언트를 정보의 원천으로 활용함으로써 개인들의 인지적 욕구를 중심으로 직접적인 자료를 얻는 욕구사정 방법이다. 지역사회 서베이는 서비스를 직접적으로 이용할 사람들의 의견과 인지를 직접 끌어 낼 수 있기 때문에 실제 서비스를 이용할 대상자 또는 잠재적 대상자가 인식하는 욕구와 선정된 표본을 통해 대상자 전체의 욕구를 직접적으로 파악할 수 있다는 이점이 있다. 그러나 적용 방식에 따라 상대적으로 비용이 많이 들거나 회수율이 낮을 수 있으며 사회적 바람직성의 편향이 반영되어 솔직한 응답을 얻지 못할 수도 있다는 한계점이 있다.

- 델파이 기법(Delphi technique)

델파이 기법은 필요한 정보를 가지고 있다고 여겨지는 전문가들로부터 일정한 정보의 합의가 도출될 때까지 몇 차례 우편설문을 되풀이하는 욕구사정 방법이다. 일단의 전문가 집단에게 무기명의 설문형태를 발송하여 응답을 회신하고 회신된 응답의 결과를 다시 첨부하여 발송하는 과정을 일정한 정도의 합의에 도달할 때까지 반복적으로 수행하는 방식이다. 익명성이 보장되기 때문에 특정인이나 집단의 영향과 압력으로부터 자유로울 수 있고, 응답자들이 편리한 시간에 차분히 응답할 수 있다는 장점이 있다. 반면 반복적인 과정에 따른 시간의 소요가 클 수 있으며 합의점의 도출을 위해 극단적이거나 소수의 의견은 배제될 수 있다는 단점도 지닌다.

- 2차 자료의 활용

2차 자료의 활용은 지역주민 혹은 전문가들로부터 직접적으로 자료를 수집하는 것이 아니라 지역사회 내 사회복지기관의 서비스 이용기록, 면접기록 등을 검토하여 욕구사정의 대상이 되는 특정 지역사회나 집단의 욕구나 문제를 사정하는 방법이다. 적은 비용으로 손쉽게 수행할 수 있다는 장점이 있는 반면 비밀보장의 문제로 필요한 자료들에 대한 접근이 쉽지 않을 수 있고 자료의 제공처마다 양식이 상이하여 조사자가 필요한 공통의 자료를 얻는 것이 불가능할 수 있다는 단점을 가진다.

2) 대상자 선정

프로그램을 위한 문제를 확인하고, 이를 기반으로 욕구사정을 완료하였다면 그 다음은 이러한 프로그램의 직접적인 대상자를 누구로 할 것인지를 결정해야 한다. 대상자를 선정하는 데 있어 중요한 것은 보다 객관적이고 합리적인 근거를 마련해야 한다는 것이다. 그러한 기준이 없다면 원칙 없이 대상자를 결정하거나 프로그램의 효과성이 나타날 가능성 큰 대상자만을 선정하는 크리밍(creaming)현상을 초래할 수도 있기 때문이다. 따라서 프로그램 대상자의 결정은 클라이언트의 욕구, 프로그램 이론, 법적 규정, 행정적 관계 등을 고려하여 일정한 원칙에 따라 신중하게 이루어져야 한다(정무성, 2005 : 223). 일련의 관리 및 프로그램 결정에 따라 자격이 있는 대상자 집단을 좁혀가는 대상인구집단 분석은 서비스 대상자를 결정하는 하나의 방법이 될 수 있다. 이때 인구집단 깔때기(population funnel) 분석이 유용할 수 있다(Rapp & Poetner, 1991 : 44-46). 대상인구집단은 ▌그림 12-4▐ 와 같이 분류된다.

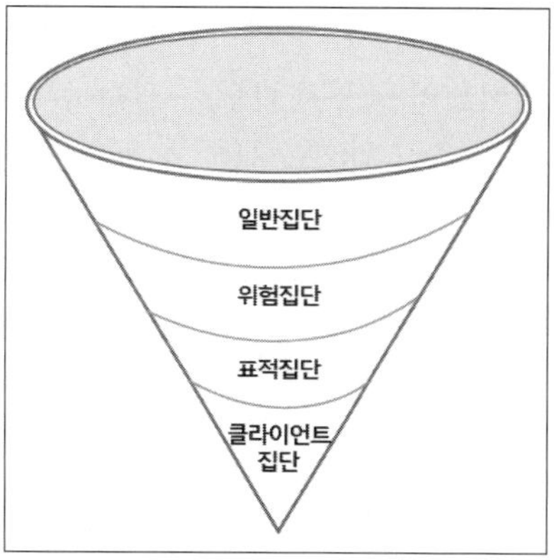

▌그림 12-4▐ 대상인구집단 깔때기

- 일반집단(general population) : 문제를 가지고 있는 해당 지역의 모든 사람을 포함한다.

  예 부산광역시 65세 이상 노인인구 전체 ○○명
- 위험집단(at-risk population) : 일반인구집단의 하위집단으로 문제에 특히 노출위험이 있는 취약한 인구집단을 말한다. 위험인구집단은 사회복지 프로그램을 통해 특별한 개입을 필요로 하는 사람들을 추정하여 산출해야 한다.

  예 부산광역시 65세 이상 노인인구 중 치매노인 ○○명
- 표적집단(target population) : 위험집단의 하위집단으로 프로그램의 제공을 통해 서비스를 받을 자격이 있는 인구집단을 말한다. 위험집단 중 대상자의

특성, 프로그램 이론, 기관의 자원, 후원기관의 욕구 등을 고려하여 반드시 서비스가 제공되어야 하는 문제의 심각성이 높은 집단으로 선정된 집단이다.

예 부산광역시 65세 이상 치매노인 중 주간보호가 필요한 치매노인 ○○명

- **클라이언트 집단**(client population) : 표적집단의 하위집단으로서 프로그램의 대상자인 클라이언트가 되는 사람, 즉 프로그램에 직접 참여하게 되는 사람들을 말한다. 클라이언트 집단을 결정할 때에는 기관의 가용자원과 클라이언트의 자발성, 접근성, 참여의지 등 특정 프로그램의 기회를 이용할 수 있는 최소한의 능력을 고려해야 한다.

예 부산광역시 65세 이상 치매노인 중 주간보호 프로그램을 희망하는 치매노인 ○○명

3) 목표 설정

문제를 확인하고 분석한 후 욕구를 사정하고 프로그램의 직접적인 대상을 선정하였다면, 그 다음은 클라이언트를 위한 바람직한 성과인 목표를 설정하는 것이다. 여기서 목표란 클라이언트에게 긍정적인 변화를 가지고 오는 데 필요한 기여요인을 구체적으로 결정하는 것이다(최성재・남기민, 2016 : 294). 일반적으로 목표는 일반적 목표와 구체적 목표로 구성되어 있다. 대부분의 프로그램들은 하나의 일반적 목표와 여러 개의 구체적 목표를 가지고 있다.

우선 일반적 목표는 참여자(누가, Who), 변화의 내용과 정도(무엇을, What), 행위 또는 결과(어떻게 한다, Do)의 세 가지 요소를 반드시 포함해야 한다. 이러한 일반적 목표를 설정하는 기준은 다음과 같다(Rapp & Poertner, 1992 : 50-52).

첫째, 문제와 목표의 관계를 명료화하기 위해서 일반적 목표는 반드시 사회문제 분석과 연관되어야 한다.

둘째, 일반적 목표는 클라이언트를 위해서 진술되어야 하므로 클라이언트를 위한 성과측정이 가능하도록 결과지향적이어야 한다.

셋째, 일반적 목표는 재정적, 기술적, 윤리적, 법적으로 실현 가능해야 한다.

넷째, 일반적 목표는 프로그램이 존재해야 하는 핵심적인 이유를 반영하여 분

명하게 설정되어야 한다.

다섯째, 일반적 목표는 클라이언트 인구집단에 관해 반드시 언급해야 한다.

여섯째, 일반적 목표를 관찰과 측정이 가능하도록 정확해야 한다.

일곱째, 일반적 목표는 무엇인가 성취될 것이라는 긍정적인 변화를 지향해야 한다.

구체적 목표는 클라이언트가 구체적으로 서비스를 받을 수 있도록 일반적 목표를 나누어 놓은 진술문을 말한다. 문제분석과 클라이언트 인구집단, 핵심적 프로그램 담당자들, 기타 프로그램 설계의 구성요소들에 대한 정보를 담는다. 따라서 구체적인 목표는 프로그램 기획자에게 프로그램 구성의 방향과 행동지침을 제공해주고 프로그램이 종료된 후에는 프로그램 평가의 기준을 제시하는 역할을 한다. 구체적 목표를 설정하는 기준에는 일반적 목표를 설정하는 기준 중 실현 가능성, 결과지향적, 관찰 및 측정 가능성, 긍정적인 변화지향 기준은 중복되고 추가로 세 가지의 기준을 더 설명하면 다음과 같다(Rapp & Poertner, 1992 : 52).

첫째, 구체적 목표는 일반적 목표를 구체적인 서비스에 대한 기술로 분해한 것으로 반드시 일반적 목표와 연관성을 가져야 한다.

둘째, 각각의 구체적 목표는 적절한 성과를 규정하는 숫자나 퍼센티지 또는 비율의 단일한 기준하에 제시하여야 한다.

셋째, 구체적 목표는 회계연도, 프로그램 연도, 캘린더 연도 등의 공통된 시간의 변수를 사용하여 시간제한에 대한 진술을 포함해야 한다.

일반적으로 구체적 목표를 설정할 때는 SMART 원칙을 따른다. 즉, 구체적(Specific)이어야 하고, 측정 가능(Measurable)해야 하며, 성취할 수(Achievable) 있어야 하고, 결과지향적(Result-oriented)이어야 하며, 달성할 날짜(Time-bounded)를 표시해야 한다는 것이다.

이 외에도 클라이언트와 사회복지사 상호 간의 의무사항과 기대사항을 구체화해주고, 조직적인 관점에서 프로그램을 실행하면서 추구하는 기타 목표도 함께 설정하는 것이 바람직하다.

〈표 12-2〉 목표설정 사례

사례 : 저소득 치매노인의 일상생활 수행능력 향상 프로그램	
목 적	이 프로그램은 일상생활과 관련된 활동들을 반복적으로 훈련하여 동작적응기능을 습득하고 생활감각을 회복함으로써 경증치매노인이 일상생활 또는 수단적 일상생활 수행능력을 향상시킨다.
목 표	2021년 12월 31일까지 프로그램에 참여한 치매노인의 일상생활 수행능력에 유의미한 향상을 보인다.
하위목표 1	12월 31일까지 프로그램에 참여한 치매노인의 30%가 혼자 힘으로 보행 가능
하위목표 2	12월 31일까지 프로그램에 참여한 치매노인의 50%가 혼자 힘으로 식사 가능
하위목표 3	12월 31일까지 프로그램에 참여한 치매노인의 70%가 혼자 힘으로 옷입기 가능

출처 : 김인혁 외(2019), p. 304 〈표 11-4〉 부분 재인용.

4) 프로그래밍(개입전략의 선정)

목표 설정은 프로그램을 통하여 왜 그리고 어떻게 의도하는 결과로 도출될 수 있었는지에 대한 개입논리에 의해 설정된다. 이러한 개입논리는 해결하고자 하는 사회문제의 원인과 결과 간의 인과관계에 개입하여 원인이 결과에 미치는 영향을 제거하거나 완화시키는 기능을 하게 된다. 특히 프로그램 개발에서 전문적 기술이나 개입논리는 무엇보다도 직접적으로 프로그램 대상에게 제공되는 서비스의 질을 결정하는 대단히 중요한 요소이다. 개입논리를 결정하는 핵심에는 결과 목적, 결과 목표들, 사회복지사와 클라이언트의 기대 등이 포함되어 있다(김인혁 외, 2019 : 305). 프로그래밍 단계에서는 그러한 개입논리를 바탕으로 프로그램 대안을 선택하고 확인하는 과정을 거친다. 구체적으로 살펴보면 다음과 같다(염일열·이승현, 2016 : 335).

첫째, 관련 자료의 수집과 기존의 유사 프로그램에 대한 확인을 수행한다. 프로그램 관리자가 설정한 대상 집단이나 대상문제와 관련한 프로그램이나 해당기관 혹은 타 기관 및 시설에 유사한 프로그램의 존재 여부나 외국의 실제 사례 등에 대한 조사를 수행하여 관련 자료를 수집한다. 일반적으로 해당 기관을 방문하거나 주요 관계자들을 초청하여 이야기를 듣거나 현장을 실제로 답사해 보거나 영화나 비디오 관람, 인터넷 검색, 해당 기관에 전화를 걸어 자료를 수집하는 등 여러 가지 방법이 있을 수 있다.

둘째, 서비스의 우선순위를 선정한다. 우선순위를 선정한다는 것은 어떠한 서비스가 클라이언트에게 가장 도움이 되었는지, 어떠한 서비스가 가장 많은 자원을 필요로 하는지 그리고 적은 자원을 필요로 하는지, 어떠한 서비스가 해당 프로그램의 목적과 목표를 달성하는 데 가장 바람직한지를 결정하는 단계이다. 이 단계에서 우선순위를 설정함에 있어 고려해야 할 가장 중요한 질문은 '클라이언트의 문제에 가장 적합한 서비스는 무엇인가?', '해당 서비스 제공자들이 가장 잘 할 수 있는 서비스는 무엇인가?' 그리고 '수혜자와 제공자 모두에게 가장 만족감을 줄 수 있는 서비스와 앞으로도 계속 봉사활동의 성과가 지속될 수 있는 서비스는 무엇인가?'이다.

셋째, 최종적으로 대안을 선택한다. 프로그램의 대안은 우선순위를 비교하고 자원의 동원 가능성을 기준으로 결정되며, 우선순위는 목적 및 목표와의 적합성 여부와 실행 가능성 여부에 의하여 비교분석 후 결정된다. 대안을 선택하는 과업은 프로그램 참여자 전체의 합의가 필요한 사안이므로 반드시 프로그램 참여자 각각의 의견을 들어본 후 상호 간의 타협과 조정을 해나가는 작업이 반드시 필요하다.

5) 프로그램 설계

프로그램 설계 단계는 서비스를 구성하고 서비스를 작동하는 중요한 요소들을 결정하는 과정으로 프로그램 개발의 심장에 해당되는 부분이라고 할 수 있다(심상용, 2017 : 393). 이 단계에서는 앞서 선택된 대안 서비스들이 구체적으로 작성되는 과정으로 서비스를 제공하는 절차에 포함되는 구체적인 내용을 결정하게 된다. 이 과정을 통해 프로그램의 관리자와 사회복지사, 클라이언트가 프로그램 목표에 초점을 누고 함께 움직여 나가는 데 도움을 받을 수 있다. 전통적인 프로그램 설계 모델은 투입에서 활동, 산출물로 구성된 3단계의 모델이었다. 그러나 전통적인 프로그램 설계 모델은 산출물만을 강조하고 프로그램의 실행 후 받은 영향 등에는 상대적으로 소홀하다는 비판을 받았다. 이에 프로그램 실행 후의 결과물로 제시된 산출물과 그 이후의 대상자들의 변화나 영향 정도를 함께 강조하는 논리모델(logic model)이 많이 활용되고 있다. 논리모델이란 프로그램의 투입, 전환, 산출, 성과 간의 관계를 논리적으로 연결하여 도식화한 것으로 프로그램을 체계적으로 기획하고 성과를 구체적으로 측정하고 평가하는 도구 모델로서 프로그램이 가지고 있는 프로그램 이론과 활동에 대한 논리개념을 표현한 것이다(김인혁 외, 2019 : 305-308). 논리모델의 프로그램 구성요소들은 단계적으로 'If, then(만일 그렇다면 이러할 것이다)'이라는 논리로 연결하여 클라이언트 집단의 문제나 욕구확인을 가능하게 해주고, 투입의 요소와 내용구성, 활용내용과 과정을 명확히 제시할 수 있게 해주며, 최종적으로 산출과 성과지표의 구체화를 실현시킬 수 있는 것이다.

이러한 논리모델은 프로그램을 효율적으로 설계하기 위한 체계적인 사고와 기획을 요구하여 다양한 형태의 프로그램 및 비영리조직의 업무를 표현하는 데 유용하다. 또한 프로그램의 수행과정부터 평가 단계에 이르기까지 프로그램의 강점과 약점을 확인할 수 있게 해주고 이해관계자(stakeholder)들로부터 어떠한 선택이 최선이었는지에 대한 조정을 가능하게 해준다. 더불어 프로그램이 수행되는 과정 중에도 얼마든지 프로그램의 방향성의 전환을 꾀할 수 있어 궁극적인 성과를 표현할 수 있게 해주는 역할을 한다.

이러한 논리모델은 일반적으로 투입(input), 전환(throughputs 혹은 활동), 산출(outputs 혹은 결과), 성과(outcomes 혹은 영향)로 구성된다. 여기서 투입은 프로그램을 실행할 때 필요한 자원이나 인력 장비를 의미하고, 전환(혹은 활동)은 프로그램의 실시나 실행을 의미한다. 산출(혹은 결과)은 프로그램 실행이나 실시 후에 즉각적으로 나타나는 결과로, 서비스 횟수, 교육시간 수, 참석 클라이언트 수 등을 말하며, 성과(혹은 영향)는 산출을 통해 클라이언트가 느끼는 변화나 향후 영향 등을 포함하여 프로그램이 궁극적으로 지향하는 목적을 의미한다. 이상에서 살펴본 논리모델을 도식화하면 다음 ▌그림 12-5▌와 같다.

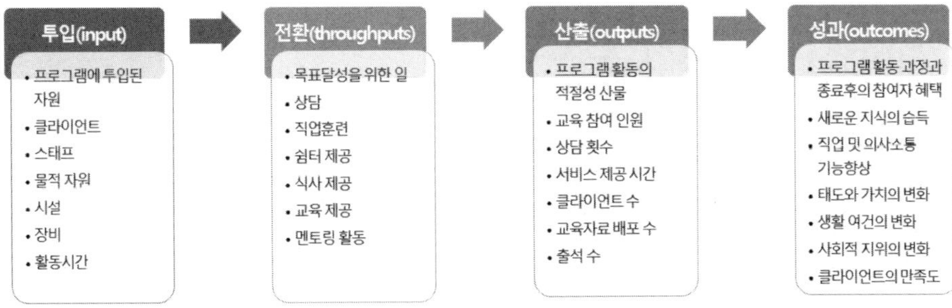

▎그림 12-5▎ 논리모델(logic model)

출처 : 김인혁 외(2019), p. 306 ▎그림 11-4▎ 재구성.

6) 프로그램 실행

프로그램의 실행은 이전 단계들에서 제시되고 계획한 사항들, 서비스를 정해진 시간 내에 실시하는 것으로, 유의할 사항은 프로그램 계획에 지나치게 얽매여 수단과 목표의 전치현상이 발생하지 않도록 유의해야 한다는 것이다. 프로그램은 서비스를 효과적이고 효율적으로 제공하기 위한 수단이지 그 자체가 목적은 아니기 때문에 프로그램의 실행계획은 탄력성과 융통성을 필요로 하며, 필요한 경우 수정할 수도 있음을 인식하고 있어야 한다(염일열 · 이승현, 2016 : 336).

7) 프로그램 평가

일반적으로 프로그램 개발에서의 평가는 설정된 목표가 잘 달성되었는가를 알아보기 위한 과정 혹은 시행한 프로그램의 가치와 의의를 판단하는 사회적 과정이라고 정의할 수 있다. 이를 위한 평가기준과 기법을 선정하고 이를 근거로 측정과 평가가 수행된다. 프로그램의 평가는 프로그램의 계획이나 운영과정에 필요한 정보를 획득하여 이 과정이 바람직하게 이루어지도록 노력하는 '환류의 기능'과 프로그램 담당자가 프로그램의 계획과정에서 행하는 활동에 대해 사회적 책임을 지도록 하는 '책임성의 이행 기능', 프로그램에 내재된 변수들 간의 인과관계를 검증하여 '이론 형성'에 기여하는 역할을 하기도 한다. 보다 자세한 내용은 다음 제3절에서 구체적으로 다루도록 한다.

제3절 사회복지 프로그램 평가

1. 사회복지 프로그램 평가의 개념

사회복지 프로그램의 평가는 프로그램의 기획, 실행 및 결과에 관한 자료를 과학적 절차와 방법을 통해 수집하고 분석하여 서비스와 프로그램의 개발 및 프로그램의 질적 향상을 위한 의사결정의 자료로 삼기 위한 조사활동이라고 정의할 수 있다(심상용, 2017 : 396). 즉, 사회복지 프로그램의 평가란 실천가와 평가자, 행정가들이 사회과학적 조사방법을 활용하여 프로그램이 성취하고자 했던 목표를 달성하였는지를 사정하는 광범위한 정치적 활동인 것이다. 이를 위해 투입과 관련된 변수를 평가하고, 전환과 관련된 변수들을 측정하고, 산출과 관련된 변수들의 결과물을 확인한다. 성과는 변화의 정도, 영향, 지식의 축적 등과 같은 변화내용과 관련된 변수들을 평가한다. 이러한 사회복지 프로그램 평가는 프로그램의 관리능력을 향상시키고 다음 프로그램의 개발에 영향을 미치기 때문에 최근에는 대부분의 중요한 평가는 강제적으로 선택하도록 하고 있다(박종팔 외, 2019 : 289).

이 같은 사회복지 프로그램을 평가하는 목적은 다음과 같이 서술할 수 있다. 첫째, 프로그램이나 서비스가 욕구를 가진 사람들에게 얼마나 양질의 서비스를 제공하였는지에 대해 확인하는 것이다. 둘째, 프로그램 효과성과 효율성을 측정하여 목표 달성의 성공 여부를 확인하는 것이다. 셋째, 피드백을 통해 기존 프로그램 내용을 발전시켜 나가는 것이다. 따라서 프로그램 평가란 프로그램 운영의 성공 여부를 판단하는 전반적인 과정이며, 프로그램의 중단, 축소, 유지, 확대 여부 등의 결정을 하는 데 실질적 도움을 주는 것에 궁극적인 목적이 있다고 할 수 있다. 또한 프로그램의 평가자는 평가하려는 서비스나 프로그램이 지향하는 목표가 무엇인지, 평가하고자 하는 것이 무엇인지를 명확히 하여야 하며, 프로그램의 평가는 본디 가치개입적 과정이므로 최대한의 객관화를 유지하기 위해 노력하는 것이 중요하다.

2. 사회복지 프로그램 평가의 기준

사회복지 프로그램 평가는 프로그램의 효과성과 효율성, 프로그램 운영과정에 대한 환류를 통해 프로그램 운영의 개선점을 발견하는 토대로서 행정적 통제의 중요한 원천이 된다. 또한 사회문제 해결을 위한 개입 및 실천 방법의 효과성을 확인하여 지식 기반을 확충할 수 있으며 이는 향후 서비스의 개선으로 이어질 수 있다. 특히 사회복지조직은 사회로부터 권한을 위임받은 공적 주체로서 프로그램의 평가를 통해 서비스의 전문성을 입증하고 효과성과 효율성을 제시함으로써 사회복지조직의 책무성을 강화할 수 있게 된다(심상용, 2017 : 397). 이 같은 프로그램 평가의 기준은 다음과 같다.

① **노력성**(effort) : 노력성은 프로그램에 투입된 자원의 정도와 양을 의미한다. 프로그램에 투입된 예산, 인력, 활동의 양이 얼마나 되는지를 판단하는 것이다. 사회복지조직의 활동을 평가하기 위해 가장 자주 쓰이는 평가 기준으로, 클라이언트와 상담 건수, 의뢰건수, 사회복지사의 수, 자원봉사자의 수, 참여 전문가의 수, 시설공간의 이용률, 면접횟수, 치료건수, 집단 활동 횟수 등을 포함한다.

② **효과성**(effectiveness) : 특정 프로그램이 당초에 의도한 목표를 얼마나 달성하였는지, 클라이언트에게는 의도한 변화가 일어났는지를 측정하는 기준이다. 클라이언트의 상태변화를 기준으로 클라이언트의 인지・정서・행동의 변화와 클라이언트의 가족 및 사회적 기능의 변화를 측정할 수 있으며, 의도된 결과와 함께 예기치 않았던 결과도 같이 생각해야 한다.

③ **효율성**(efficiency) : 최소의 자원을 투입하여 최대의 효과를 내는 것을 의미하는 것으로, 투입에 대한 산출의 비율에 대한 평가로서 자원의 효율적인 사용에 대한 정보를 제공해주는 기준이다. 효율성을 측정하는 방법으로는 비용-효과성 분석, 비용-편익, 비용-노력성 분석 등이 있다.

④ **서비스의 질**(quality) : 제공되는 서비스들이 전문적인 지식과 기술을 가진

직원들에 의해서 제공되는지에 대한 여부와 서비스를 제공받는 사람들의 신체적·정서적·인지적·사회적·경제적 욕구를 충족시킬 수 있는 수준으로 제공되었는지를 평가한다(염일열·이승현, 2016 : 338).

⑤ 영향(impact) : 해당 프로그램이 의도했던 사회문제 해결에 어떠한 기여를 했는지를 평가하는 것이다. 일반적으로 문제나 욕구를 가진 전체 인구집단 중에서 이 프로그램을 통해 효과를 얻는 사람들의 비율로 계산할 수 있다.

⑥ 형평성(equity) : 프로그램의 효과와 비용이 사회집단 간에 공평하게 배분되었는지를 평가하는 것이다.

⑦ 이용자 만족도(user satisfaction) : 일반적으로 프로그램을 종료하면서 프로그램과 서비스에 대한 전체적인 내용을 조사할 때 사용하거나 혹은 과정평가 시에 프로그램의 방향을 수정할 때 사용하기도 한다.

3. 사회복지 프로그램 평가의 유형

1) 프로그램의 목적에 따른 평가 유형

(1) 총괄평가

총괄평가는 프로그램이 종료된 뒤에 실시하는 평가로 프로그램의 효과성과 효율성 등 프로그램의 성과와 영향을 총체적으로 판단하기 위한 평가이다. 프로그램의 대상인 클라이언트에게 어떠한 변화가 일어났는지, 투입된 비용에 비추어 그 성과는 어느 정도 달성되었는지에 초점을 두고, 총괄평가의 결과를 근거로 하여 프로그램의 유지, 중단, 확대, 축소, 취소 등의 결정을 하게 된다.

(2) 형성평가

형성평가는 프로그램의 운영 중에 실시하는 평가로 프로그램의 수행 및 전달과정을 양적·질적으로 모니터링하고 프로그램 수행 과정에서의 문제점을 발견해 프로그램을 수정・보완하기 위해 실시한다. 결과보다는 과정에 초점을 두기 때문에 과정평가라고도 불린다.

(3) 통합평가

통합평가는 형성평가와 총괄평가의 장점만을 통합하여 실시하는 평가이다. 프로그램의 시행 초기에는 형성평가를 통해 신속한 환류를 제공하고, 프로그램의 종결 후에는 프로그램의 효과성을 평가하기 위한 총괄평가가 수행된다. 일반적으로 사회복지현장에서는 통합평가가 주를 이룬다.

2) 프로그램의 평가주체에 따른 평가 유형

(1) 자체평가

자체평가는 프로그램의 담당자가 자신이 담당했던 프로그램을 스스로 평가하는 것이다. 자기 프로그램은 자기가 제일 잘 안다는 것을 기본 가정으로 한다. 자체평가는 주관적인 범위를 벗어나기 어려운 한계가 있기 때문에 반드시 내부평가나 외부평가를 병행하여야 한다.

(2) 내부평가

내부평가는 프로그램의 담당자는 아니지만 조직 내부의 사람이 프로그램을 평가하는 것이다. 일반적으로 사회복지조직의 최고 관리자, 프로그램 관리자, 프로그램 수행자 등이 포함된다. 자체평가와 마찬가지로 조직 내부인은 조직의 상황을 잘 알기 때문에 전체적인 맥락 속에서 평가할 수는 있지만 객관성과 공정성 측면에서는 의문이 제기될 수 있다

(3) 외부평가

외부평가는 프로그램의 관련 분야의 교수나 조사연구기관의 연구자와 같은 조직의 외부인이 평가하는 유형이다. 주로 전문가로 구성되기 때문에 평가에 대

한 신뢰도가 높아질 수 있다. 외부인은 내부인에 비해 조직의 상황을 잘 모르기 때문에 객관적일 수는 있으나 평가가 형식에 그치는 경우가 있고, 조직과 친분이나 이해관계가 있는 경우에는 객관성이나 신뢰성이 보장되지 않을 수 있다.

3) 접근방법에 따른 평가 유형

(1) 양적 평가

양적 평가는 계량화된 객관적 자료를 수집하고 계량적 조사방법을 적용하는 연역적 분석방법이다. 주로 설문조사와 같은 구조화된 설문지를 이용하고, 숫자, 비율 등의 강성자료(hard data)를 활용한다.

(2) 질적 평가

질적 평가는 수량화되지 않는 소수의 표본을 활용하여 귀납적으로 분석하는 방법이다. 인터뷰나 관찰, 문헌 연구 등을 통해 수집한 연성자료(soft data)를 활용한다.

4) 적합성 평가와 메타평가

(1) 적합성 평가

적합성 평가는 개별 프로그램에 대한 평가가 이루어지기 전에 해당 프로그램의 가치를 규명하여 평가 대상으로 적합한지를 판단하는 평가유형이다. 본격적인 평가에 앞서 평가 대상이 되는 프로그램의 목표가 사회적 가치나 정책적 함의 면에서 바람직한지를 검토하는 것이다.

(2) 메타평가

메타평가는 평가 자체를 평가하기 때문에 '평가에 대한 평가' 혹은 '평가의 평가'라고 불리기도 한다. 주로 평가 활동의 질적 수준을 향상시키기 위한 목적으로 실시하는 평가로, 평가상 문제점이 있지 않은지 확인하여 이를 개선함으로써 더욱 정확하고 유용한 평가를 할 수 있도록 돕기 위해서 실시한다. 메타평가는 평가 결과물을 재검토하면서 평가 대상이 잘 선정되었는지, 프로그램은 적질한 상황에서 잘 실시되었는지, 평가 목적 및 절차가 정확히 진술되었는지, 자료의 출처가 제시되었는지, 평가와 측정에 사용한 방법의 신뢰도와 타당성이 검증되었는지 등에 대한 검토를 주로 한다. 정리하면 메타평가는 이미 완성된 평가 결과에 대해 최종 보고서로 발간하기 이전에 적정성, 자료수집의 오류, 평가 결과 해석의 타당성 등을 종합적으로 검토하는 것이다.

연습문제

01 논리모델을 적용하여 치매부모 부양 가족원 스트레스 완환 프로그램을 설계했을 때, 옳은 것을 모두 고른 것은? 17회 기출

> ㉠ 투입 : 스트레스 완화 프로그램 실행 비용 1,500만 원
> ㉡ 활동 : 프로그램 참여자의 스트레스 완화
> ㉢ 산출 : 상담전문가 10인
> ㉣ 성과 : 치매부모 부양 가족원 삶의 질 향상

① ㉠
② ㉠, ㉣
③ ㉡, ㉢
④ ㉢, ㉣
⑤ ㉡, ㉢, ㉣

02 사간별 활동계획표(Gantt Chart)의 설명으로 옳은 것을 모두 고른 것은? 18회 기출

> ㉠ 시간별 활동계획의 설계는 확인－조정－계획－실행의 순환적 과정으로 이루어진다.
> ㉡ 헨리 간트(H. Gantt)에 의해 최초로 개발되었다.
> ㉢ 목표 달성 기한을 정해놓고 목표 달성을 위해 설정된 주요 활동과 시간계획을 연결시켜 도표로 나타낸 것이다.
> ㉣ 활동과 활동 사이의 상관관계를 파악하기 어렵다.

① ㉠, ㉡
② ㉠, ㉢
③ ㉡, ㉢
④ ㉡, ㉣
⑤ ㉢, ㉣

03 사회복지조직 의사결정모형에 관한 설명으로 옳지 않은 것은?

① 합리모형 : 인간을 완벽한 이성과 합리성을 지닌 존재로 보았다.
② 만족모형 : 인간의 제한된 합리성을 기초로 현실적 선택에 타당성을 둔다.
③ 점증모형 : 기존의 의사결정을 토대로 점증적으로 수정해 나가는 모형이다.
④ 혼합모형 : 합리모형과 점증모형을 혼합·절충한 모형이다.
⑤ 최적모형 : 합리모형의 비현실성에 대한 비판을 제기하여 등장한 모형이다.

04 사회복지조직의 기획과정에서 대상인구 규정과 설명의 연결이 바르지 못한 것은?

① 일반집단 : 문제를 가지고 있는 해당 지역의 모든 인구집단
② 위험집단 : 문제에 노출될 위험이 있는 취약한 인구집단
③ 위험집단 : 프로그램에 직접 참여하게 되는 인구집단
④ 표적집단 : 서비스를 받을 자격이 있는 인구집단
⑤ 표적집단 : 문제의 심각성이 높아 서비스가 제공되어야 하는 인구집단

05 프로그램 평가의 기준에 관한 설명 중 옳지 않은 것은?

① 노력성 : 기관이 얼마나 많은 활동을 했고 서비스를 제공하였는가?
② 효과성 : 당초 의도했던 프로그램의 목적과 목표를 달성했는가?
③ 서비스의 질 : 프로그램의 효과와 비용이 사회집단 간에 공평하게 배분되었는가?
④ 영향 : 의도했던 사회문제 해결에 어떠한 기여를 하였는가?
⑤ 효율성 : 최소의 자원으로 최대의 산출을 냈는가?

정답 1. ② 2. ④ 3. ⑤ 4. ③ 5. ③

Memo

CHAPTER 13

사회복지조직의 책임성과 평가

13 CHAPTER 사회복지조직의 책임성과 평가

제1절 사회복지조직의 책임성

사회복지행정은 조직적 과정을 통해 사회복지의 목적과 실천을 연결하는 역할을 한다. 이 과정에서 수반되는 사회적 책임성은 사회복지조직의 변화의 밑거름이 된다. 이러한 책임성은 평가와도 깊은 관련이 있다. 특히 사회적 자원을 할당받아 활동하는 사회복지전문직이나 기관, 프로그램으로서는 그에 따른 정당성을 제시해야 할 당연한 의무가 있다(김영종, 2017 : 351).

1. 사회복지조직 책임성의 개념

책임성이란 수행의 결과와 과정이 효과성과 효율성을 갖추어야 함은 물론 권한의 원칙이나 영향력 등의 정당성도 함께 고려되어야 한다는 의미를 가진다. 영어로는 'accountability'와 'responsibility'로 표현될 수 있다. 'responsibility'는 주관적이며 개인적인 책임을 강조하는 반면 'accountability'는 객관적이며 기관의 책임성을 강조한다는 측면에서 'responsibility'보다는 포괄적인 용어이다(Gates, 1980).

일반적으로 책임성의 개념에는 두 가지 의미가 있다. 특정한 업무 수행에 대해 책임을 진다는 의미와 어떤 집단이나 개인에 대해 책임을 진다는 의미가 있다. 전자는 '무엇을 책임지는(responsible for)'을 강조하고, 후자는 '누구에게 설명할 수 있는(accountable to)'을 강조한다. 주로 사회복지행정의 책임성(accountability)이란 '누구에게 무엇에 대해 설명할 수 있음'이라는 의미에 가깝다. 즉, 사회복지행정의 책임성이란 사회복지 프로그램 및 서비스를 둘러싸고 있는 다양한 이해집단이 존재하고 있음을 전제로 이해되어야 하는 개념으로서, 다원적인 이해관계 네트워크 속에서 '누구'에게 조직의 프로그램 및 서비스의 효과성과 효율성을 설명해야 한다는 것을 의미한다. 그러므로 사회복지조직의 책임성을 구현하기 위한 가장 중요한 과제는 설명해야 할 대상이 누구인지, 그리고 조직을 둘러싼 환경의 이해집단에 대한 우선적 파악이라고 할 수 있다.

사회복지조직을 둘러싼 이해집단에는 프로그램 및 서비스 이용자, 정치경제적 자원의 제공자, 지역사회 구성원, 시민, 자원봉사자, 경쟁자, 협력자 등을 포함하여 서비스 제공자를 대표하는 각 전문직들과 조직의 운영 주체가 해당된다. 모든 책임성의 소재를 파악하여 책임지는 것은 어려울 수 있으므로, 각 이해집단이 요구하는 책임성의 성격과 강도, 영향력의 크기를 파악하여 책임성 구현의 우선순위를 설정할 필요가 있다(김영종, 2017 : 432-433). 그러므로 사회복지조직의 책임성을 확보하기 위해서는 프로그램 및 서비스 이용자와 조직, 조직 내에서 실행한 프로그램에 참여한 사회복지사와 실무자를 포함하여 이들의 상호작용뿐만 아니라 조직과 외부지역사회와의 관계에서 정당성을 획득해야 한다.

2. 사회복지조직 책임성의 법적 근거

사회복지조직의 책임성에 대한 법적 근거는 2019년 8월 12일에 공포되어 2019년 9월 27일부터 시행되고 있는 사회복지사업법 시행규칙에서 찾아볼 수 있다. 사회복지사업법 시행규칙의 목적은 사회복지사업법 및 동법 시행령에서 위임된 사항과 그 시행에 관하여 필요한 사항을 규정하는 것에 있다.

사회복지사업법 시행규칙을 근거로 사회복지학 전공교과목과 사회복지 관련 교과목을 정하고, 사회복지현장실습의 기관실습을 실시할 수 있는 기관 및 법인, 시설 또는 단체, 훈련기관, 자격증, 수련기관, 보수교육 등을 규제하여 양질의 사회복지전문가들을 양성할 수 있는 환경을 제공하고 있다. 또한 시설의 설치 및 운영, 위탁기준, 지원금의 지급 기준, 시설의 서비스 최저기준 등의 조항을 통해 사회복지조직 책임성에 대한 평가의 근거를 제공하고 있다.

사회복지조직은 비영리조직으로서 외부자원에 대한 의존도가 높다. 자체적으로 이익을 추구하기 않기 때문에 프로그램 및 서비스의 제공을 위하여 조직을 유지하고 관리하기 위한 자원은 중앙정부나 지방자치단체의 지원을 받거나 민간단체의 후원 등에 의존하는 실정이다. 따라서 사회복지조직은 자원제공자들의 위임을 받아 필요한 서비스를 제공하기 때문에 사회복지사업법 시행규칙에 따라 책임감을 강조하고 있다.

3. 사회복지조직 책임성의 주체

미국의 사회사업협회(NASW)에 따르면 책임성의 주체는 크게 정부, 사회복지조직, 사회복지전문직, 서비스 이용자로 구분하고 있다. 구체적으로 살펴보면, 첫째, 정부는 빈곤, 공공의료 등 사회복지서비스, 사회원조가 필요한 부분에서 재정정책, 법률정비, 행정적 시도 등을 통해 사회적·정치적 노력을 해야 할 책임성이 있다. 둘째, 사회복지조직은 사회복지 전달체계로서 공공이나 민간의 자원을 이용하여 사회복지서비스를 직접 실천하는 곳이므로, 경제적 효율성과 윤리적 책임을 다함으로써 책임감을 다해야 한다. 셋째, 사회복지전문직은 자신이 개입하는 문제에 대해 윤리적·법률적으로 책임을 다함으로써 개입의 효과성에 대한 인정과 신뢰를 얻어야 하며, 마지막으로 서비스 이용자는 사회복지전문직과의 관계를 형성하는 과정에서 사회복지전문직이 새로운 기술을 획득하고 지속적으로 서비스의 계획과정에 도움을 줄 수 있도록 노력해야 할 책임이 있다. 따라서 사회복지조직이 책임성을 구현해야 할 대상은 서비스 이용자뿐만 아니라 지역사회는 물론 잠재적인 이용자가 될 수 있는 일반시민, 사회복지조직과 사회복지전문직 모두가 포함된다고 할 수 있다(전해황 외, 2021 : 341-342).

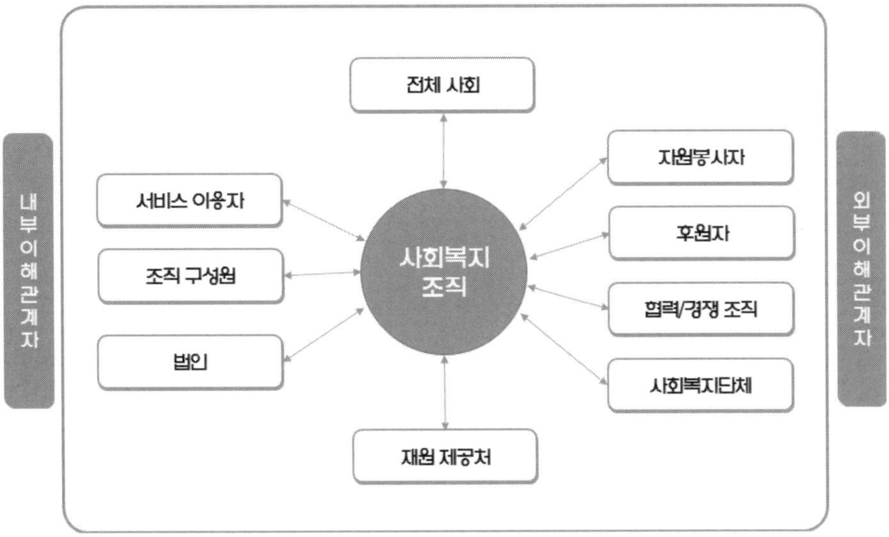

【그림 13-1】 사회복지조직 책임성의 대상

출처 : 김형식 외(2020), p. 315.

4. 사회복지조직 책임성의 특성

사회복지조직 책임성의 특성에 대하여 박연호(1998)는 다음과 같이 구체화하였다.

첫째, 사회복지조직의 책임성은 일정한 행동을 해야 할 의무를 전제로 한다. 복지사회 실현이라는 대전제를 중심으로 국가의 사회복지분야의 적극적 참여와 관여는 그 어느 때보다도 강하게 요구되고 있기 때문이다. 즉, 사회복지서비스가 필요한 계층이나 사회복지조직이 차지하는 사회적 영향력과 책임성의 비중은 날로 증대되고 있으므로 이들 수요에 대한 행동을 해야 할 의무도 날도 증대되고 있다.

둘째, 사회복지조직의 책임성은 일정한 재량의 여지가 있는 경우에만 발생한다. 사회복지조직 책임성의 논란은 행정관리자의 재량권과 깊은 관련이 있다. 즉, 규제개혁과 자율 및 책임경영, 생산성 증대 등의 문제는 많은 의미의 재량권이 일선 관리자에게 있음을 의미한다. 따라서 사회복지행정 전반에 걸쳐서 재량권의 정도가 더욱 확대될 것이며 이로 인한 책임성의 문제는 더욱 중요성을 가진다.

셋째, 사회복지조직의 책임성은 객관적 기준과 결과에 따라야 함을 전제로 하여야 한다. 사조직뿐만 아니라 공공조직 운영의 생명은 조직구성원 모두가 인정하는 객관적 기준에 의한 운영과 결과의 정확한 평가가 필요하다.

넷째, 사회복지조직의 책임성은 통제 및 참여를 통하여 확보될 수 있다. 행정책임에 대한 실천적 방안은 기술적 통제방법과 관련 당사자의 자발적 참여이다.

결론적으로 사회복지조직의 책임성은 사회복지의 행위자(사회복지 관련 공무원, 행정기관, 사회복지기관 및 시설, 행정 실무자 등)가 논리적·기술적·법규적 기준에 따라 사회복지 행정행위를 할 의무를 지는 것이라고 할 수 있다. 여기서 사회복지조직의 책임성의 기준은 명문화된 기준, 사회복지행정이념, 공익, 이용자의 요구로 볼 수 있다. 우선 명문화된 기준은 명문화된 법규에 얼마나 충실했느냐의 여부를 기준으로 윤리적·도덕적 의무를 보완할 수 있는 법률적 책임을 강조하는 기준이다. 사회복지행정이념은 복지행정이 추구해야 할 가치를 의미하는 것으로 책임성의 법적·윤리적 기본 전제가 되는 동시에 결과에 대한 평가의 기준이 되며, 공익은 규범적 기준으로서 사회복지행정 책임의 중요한 추구기준이다. 특히 사회복지조직은 이용자의 요구에 대한 접근성과 대응성을 가장 우선적으로 하여 이에 대한 적극적인 프로그램과 서비스를 제공하여야 한다(김병석, 2000 : 35).

5. 사회복지조직 책임성에 영향을 주는 요인

사회복지조직의 책임성에 영향을 주는 요인을 김형식·이영철·신준섭(2020)은 다음과 같이 설명하고 있다.

첫째, 사회복지조직의 책임성에 영향을 주는 내적 요인으로서는 서비스의 다양성, 기술의 복잡성, 목표의 불확실성을 들 수 있다. 대부분의 사회복지조직에서는 매우 다양한 유형의 서비스가 제공된다. 따라서 다양한 서비스가 제공되는 조직일수록 기술의 복잡성이 크지만 단일 서비스를 제공하는 경우에도 고난도의 다양한 기술들이 사용될 수 있다. 어떤 경우든 기술이 복잡할수록 많은 사람들이 개입하게 되며, 결과적으로 기술의 복잡성은 수행성과의 책임 추궁을 어렵게 만든다.

또한 사회복지조직의 운영과정을 체계적 관점에서 보면 투입되는 자원에 대해 산출되는 성과를 볼 수 있다. 그런데 사회복지조직에서 투입과 산출 간의 인과관계는 항상 불확실하다. 이는 사회복지조직의 원료가 인간이라는 점과 투입과 동시에 산출이 이루어지는 점, 그리고 사회복지실천의 기술들이 가진 비일상성 때문이라고 할 수 있다. 이러한 특성은 사회복지조직의 불확실성을 키워 책임을 측정하기 어렵게 만드는 요인이 될 수 있다.

둘째, 사회복지조직의 책임성에 영향을 주는 외적 요인으로서 공급주체의 다원화와 민영화 경영, 사회복지시설평가의 제도화를 들 수 있다. 제도화된 사회복지기관 밖에 종교기관과 시민단체를 중심으로 한 민간조직들의 사회복지활동참여가 확대되고 있다. 사회복지 공급주체의 다원화로 기존 사회복지기관의 비효과적 형태를 문제 삼는 세력들이 등장하고 있다. 주로 비민주적 운영사례, 후원금 관리의 투명성 의혹, 모금에 대한 행정비 과잉지출 등을 들 수 있다.

인간의 삶에 있어 국가의 역할보다는 시장과 시민사회의 기능을 강조하는 변화가 일어나면서 사회복지계에도 민간위탁이 증가하고 있다. 그러나 이러한 민간위탁을 받는 법인들은 사업형태 자체가 타율적이고 정부에 대한 의존도가 높은 경우가 많아 민간 사회복지사업이 비체계적이고 저효율적인 형태가 되는 원인이 되고 있다. 이로 인해 민간 사회복지기관이 우리 사회의 다양한 복지욕구에 대해 전문적이고 자율적이며 탄력적인 대응을 하는 것을 어렵게 만들고 있다.

또한 사회복지사업법의 개정에 따라 민간 사회복지기관 및 시설들이 최소한 3년에 1회 이상 평가를 받아 책임성을 입증하도록 제도화함으로써 가시적이며 측정 가능한 목표를 강조하는 경향이 늘고 있다. 뿐만 아니라 사회복지사들도 전문성에 대한 자긍심이 높아져 전문가적 성취와 자율성 추구, 그리고 정책결정에의 참여요구가 늘어 가고 있다. 이 같은 사회복지조직 외적 환경의 변화는 사회복지조직의 책임성에 대한 인식에 많은 영향을 미치고 있다.

6. 사회복지조직 책임성의 관리

사회복지조직 책임성의 대상과 영향요인들을 파악하였다면, 이제는 책임성을 어떻게 관리할 것인가에 대해 살펴보아야 한다. 일반적으로 조직 내 책임성의 관리의 구성에 관하여 김영종(2017)은 다음과 같이 설명하였다.

첫째, 특정 상황에서 업무자가 취해야 할 반응은 어떤 것이어야 하는지(should)를 파악한다.

둘째, 업무자들의 활동을 모니터링하고, 모니터링된 현재 활동(is)을 조직이 원하는 반응(should)과 비교해서 사정한다.

셋째, 조직은 업무자들의 바람직한 행동을 유도(is → should)하기 위해 다양한 유인적 동기와 제제 수단을 갖추어야 한다.

정무성・정진모(2001 : 19-20)는 책임성의 유형을 다음과 같이 구분하여 제시하였다.

첫째, 적용의 책임성(coverage accountability)은 대상자 작용에 관한 책임성으로서 서비스가 제공될 대상자와 서비스 내용에 관련된 것이다.

둘째, 서비스 전달의 책임성(service delivery accountability)은 서비스가 자격 있는 종사자에 의해서 책임성 있게 전달되는가에 대한 책임성을 의미한다.

셋째, 영향 책임성(impact accountability)은 서비스를 제공받은 서비스 이용자의 생활에 얼마나 많은 영향과 변화를 주었는가에 대한 책임성을 의미한다.

넷째, 효율성 책임성(efficiency accountability)은 서비스 제공의 효율성과 관련하여 서비스 비용적인 측면에 대한 책임성을 의미한다.

다섯째, 재정적 책임성(fiscal accountability)은 재정 집행의 투명성에 관련된 책임성을 포함한다.

여섯째, 법률적 책임성(legal accountability)은 모든 서비스나 법적인 규정이나 계약에 준하는가에 대한 책임성을 내포한다.

일곱째, 윤리적 책임성(ethical accountability)은 모든 서비스가 도덕적으로 바람직한지, 그리고 윤리강령과 사회복지원칙에 따라 제공되었는지를 포함하는 책임성을 의미한다.

여덟째, 이미지 책임(image accountability)은 서비스 이용자가 사회적으로 낙인에 대한 이미지로 인하여 부당한 평가절하를 받을 수 있다는 것과 관련된 것으로서 대상자의 사회적 이미지의 중요성에 대한 책임성을 의미한다.

아홉째, 욕구 책임성(need accountability)은 서비스 이용자의 욕구충족이 원만하게 이루어졌는가에 대한 이용자 중심의 서비스 제공과 관련된 책임성을 의미한다.

이와 같은 맥락에서 사회복지조직의 책임성에 대한 관리영역의 중요성은 더욱 강조되고 있다(전해황 외, 2021 : 248-249).

첫째, 계획의 중요성 : 관리자가 목표, 정책, 행동의 경로를 결정할 때 하는 일로서 전략을 세우거나, 전문사회복지사들이 주요 부서의 작업계획을 세우는 일, 기부금 개발, 기록 등의 활동을 포함하는 것이다.

둘째, 정보관리의 중요성 : 관리자나 조사자가 무슨 일을 했는가에 대한 특별히 정할 수 없는 경우의 정보 과정이나 의사소통 활동 등을 포함한다. 웹사이트를 방문하거나 이메일을 사용하거나 보고서 작성, 전화 걸기, 서류작성, 책상 정리 등을 들 수 있다.

셋째, 통제의 중요성 : 기능의 활동범주 통제는 전체적 운영과 주요 부서들의 활동으로 다양한 정보를 모르고 분석하는 일에 대한 활동범주로서, 전문가들과 부서 간의 정보교환 및 전문 활동이 진행되는 동안에 주어진 시간을 잘 활용하는지 등 통제기능이 이루어지도록 한다.

넷째, 협조의 중요성 : 사회복지 프로그램은 단일 사례로 끝나는 경우도 있지만 다른 팀들과의 긴밀한 협조가 중요하다. 기관 내외의 전문종사자들과 정보교환은 물론 다른 팀들과의 협조를 통하여 더욱 효과적인 서비스를 제공할 수 있도록 하는 것이다.

다섯째, 평가의 중요성 : 작업수행에 대한 조사로서 평가활동을 포함하는 것으로 전문가들이 프로그램 수행상황을 평가하거나, 제안이나 건의를 평가하는 것,

평가를 목적으로 이루어진 연구와 관계된 활동들을 포함하는 것이다.

여섯째, 타협의 중요성 : 관리조합협상, 서비스 이용자 불만 조정 및 제약 조정·수립 등과 대표자로서의 활동, 인사업무, 감독, 자원 조달, 과외 활동 등 직·간접 서비스를 책임성에 포함하여 논의할 수 있다.

제2절 사회복지조직의 평가

사회복지조직의 책임성은 사회복지조직과 프로그램에 대한 과학적 관리와 평가를 통해 이행될 수 있다. 이러한 측면에서 사회복지조직의 평가에 관하여 자세히 살펴보고자 한다.

1. 사회복지평가

1) 사회복지평가의 개념

일반적으로 '평가'란 '평가조사', 영어로는 'evaluation research'를 의미한다. 이는 범사회과학적 용어로서, 공공행정, 환경, 교통, 보건, 교육 등의 분야에서 다양하게 사용되고 있으며, 일반론적 의미는 '좋고 나쁨의 가치판단 행위' 혹은 '보다 바람직한 상황을 만들고자 하는 진단 및 수정 행위'로 볼 수 있다.

'평가'의 개념은 학자들 마다 다양하게 정의하고 있다. Weiss(1998 : 4)는 평가란 "정책이나 프로그램의 개선을 목적으로 일련의 내재적·외재적 기준에 따라 효과성 혹은 시행상태를 체계적으로 사정하는 작업"으로 정의하였고, Rossi & Freeman(1993 : 5)은 평가란 "사회개입 프로그램의 개념화·설계·시행·효용성을 사정하기 위해 사회조사방법을 체계적으로 응용하는 것"으로 정의하였다. 평가란 "정책이나 프로그램에 관한 의사결정을 목적으로 사회과학적 조사방법을 원용하여 정책 또는 프로그램의 수행과정과 결과를 측정하는 일련의 절차"로 보았으며, Pattron(1986)은 평가를 "프로그램의 특성 및 활동과 결과에 관한 체계적인 정보수집을 통해서 불확실성을 제거하거나 효과성을 증진하거나, 혹은 프로그램의 진행 상황과 영향에 관한 의사결정을 위한 것"이라고 정의하고 있다. 김형식 외(2020)는 평가란 '한 기관의 전체 또는 선별될 프로그램의 효율, 효과 및 적절성을 철저하게 그리고 비평적으로 검토하는 과정'으로 정의하면서, 보다 구체적으로는 첫째, 평가란 하나의 프로그램이 거쳐야 하는 각 발달과정에서 성취하게 되는 결과를 자원투입, 효과, 효율, 책무성, 이용자의 만족도 등을 기준으로 하여 체계적인 자료를 수집하고 분석하는 모든 행위를 포함한다. 둘째, 평가란 프로그램 전반에 걸친 결정을 하기 위한 총괄적인 정보수집 과정이다. 셋째, 평가란 프로그램의 가치, 장점, 단점 등에 대한 체계적인 분석적인 연구이다. 넷째, 평가는 프로그램의 가치, 질, 중요성, 타당성, 업무 수행에 관한 효과, 효율 및 책무성을 체계적으로 분석하는 데 필요한 것이라고 보다 구체적으로 평가의 개념을 정의하였다. 또한 성규탁(1994)는 사회복지행정에서 평가란 행정관리수단으로 사회복지서비스가 욕구를 지닌 사람들에게 정확하게 제공되는가, 적절한 서비스를 제공하는가, 서비스는 효과적인가, 그리고 효율적인가를 파악하는 데 초점을 두게 되어 행정관리수단으로서의 역할을 지닌다고 하였다.

요약하면 평가란 문제의 본질에 관한 조사로서 개인, 가족, 조직 및 지역사회의 본질에 관한 조사를 질문과 응답을 통하여 사회복지조직에서 제공한 서비스 및 프로그램이 서비스 이용자들의 욕구 충족에 얼마나 효과적이었는지 측정하는 과정이라고 할 수 있다. 무엇보다 평가는 사회복지행정에서 이루어지는 기본적인 기능이기도 하며, 행정과정에서 필요한 기준의 설정, 성과에 대한 평가, 목표달성을 위한 변화 유도, 책무성의 개발과 같은 관리의 일반적인 기능의 한 유형에 해당한다(박차상 외, 2008).

2) 사회복지평가의 목적

사회복지조직에서 평가를 하는 목적에 대해서는 학자들의 다양한 의견이 존재한다. Rossi & Freeman(1993)은 평가의 기본적인 목적은 "효과성을 측정하여 사업의 지속, 중단, 확대, 축소 등과 관련된 의사결정을 위한 정보를 제공하는 것"이라고 정의하면서 평가의 대상으로는 프로그램, 조직, 혹은 정책에 대한 가치판단, 개선, 효용성 판단, 운영의 효과성 증진, 책임성 제고, 정보 제공 등을 제시하였다. Shadish & Epstein(1987)은 실증적 분석을 통해 다양한 평가목적이 있다고 주장하면서, 평가활동의 주목적은 "프로그램의 효과성 측정, 프로그램의 성과향상, 의사결정자에게 영향을 주는 것, 프로그램의 가치성 판단, 필요한 정보제공"의 순으로 나타난다고 밝히고 있다. 이상의 정의를 통해 평가는 다양한 목적에서 수행될 수 있으며, 특히 효과성과 책임성의 검증 차원에서 수행되는 평가의 중요성을 높게 인식하고 있음을 알 수 있다. 이에 대해 Weiss(1998)는 평가의 결과가 즉각적인 사업의 중단, 확대, 수정 등을 포함하는 변화로 연결되어야 되는 것은 아니며 이보다는 평가의 결과로서 대상에 대한 유익한 정보를 제공하는 것 자체가 의의가 있다고 하였다.

한편 성규탁(1994)은 사회복지평가의 목적에 관하여 환류적 과정평가, 책임성 이해평가, 학술적 평가연구의 세 가지로 분류하여 제시하였다. 환류적 과정평가란 프로그램 계획이나 운영과정에 필요한 정보를 확보하여 보다 바람직한 프로그램 운영이 되도록 노력하는 프로그램 과정상의 환류기능에 초점을 둔 평가를 의미하고, 책임성 이해평가는 프로그램 운영에 대한 사회적 책임성의 이행 차원에서 수행하는 평가를 의미한다. 학술적 평가연구는 프로그램 속에 내제된 변수간의 인과관계를 검증하여 이론현성에 기여하는 평가연구의 학술성을 강조하는 기능을 의미한다. 제시된 세 가지의 평가목적은 상호배타적이기보다는 주로 복합적으로 설정되어 다목적적 성격을 갖는 경우가 많다고 하였다.

또한 신복기 외(2019)는 사회복지에서 평가의 목적을 다음과 같이 제시하고 있다.

첫째, 행정상의 의사결정에 도움을 받기 위해서이다. 평가는 기관이 수행하는 활동에 관한 정보뿐 아니라 이러한 활동이 클라이언트에게 미치는 효과에 관한 자료를 제공한다. 조직 활동에 관한 이러한 정보는 의사결정자로 하여금 자원할당, 직원의 역할, 서비스 제공내용과 여부 등에 관한 중요한 이슈를 다룰 수 있도록 도움을 제공한다. 평가는 보다 합리적인 의사결정하에서 조직이 운영될 수 있는 중요한 정보와 자료를 제공하는 목적을 수행할 수 있다.

둘째, 조직에서 운영하고 있는 프로그램의 개선이다. 평가의 주요 목적은 무엇보다도 기획 혹은 설계 단계에서 마련된 기준에 비추어 진행 중인 프로그램을 비교하는 데 있다. 그렇기 때문에 평가는 프로그램의 질을 개선시킬 수 있는 도구가 된다. 물론 평가 자체가 기관의 발전적 방향을 반드시 제시해 주는 것은 아니지만, 체계적으로 평가를 활용하게 된다면 기획과 운영과정상의 괴리 혹은 차이를 보여주게 된다. 평가가 이루어지지 않는다면, 프로그램의 질을 개선하는 것이 힘들기 때문이다.

셋째, 책임성의 수행이다. 책임성은 특정 업무에 대한 책임 이외에도 집단이나 개인에 대한 책임의 의미를 포함한다. 책임성의 개념은 조직뿐 아니라 조직 내 전문인력에게도 적용될 수 있고, 사회복지조직에서 책임성은 프로그램 평가와 서비스 전달과정에 관한 조사를 통해 파악될 수 있다. 평가활동도 이러한 책임성을 보여주는 중요한 과정이기도 하지만, 기관의 활동과 활동결과를 담고 있는 기관 평가 보고서는 기관의 책임성 여부를 보여주기도 하고, 기관의 책임성을 강화시키는 역할을 한다.

넷째, 기관에 대한 외부의 지원을 증가시킨다. 평가는 기관의 효과성 등을 입증해 주고, 이를 알리는 역할을 담당하기 때문에 기관의 입지를 강화시킬 수 있다. 평가는 지역사회나 정부로부터 지원 혹은 지지를 획득할 수 있는 정보를 제공한다.

다섯째, 서비스 제공방법에 관한 지식 획득이다. 평가는 기관의 활동 내용이나 그 여부에 대한 일상적인 평가의 의미도 가지고 있지만, 최근에는 기관의 성과에 대한 평가라는 의미로 이해되고 있다. 더욱이 평가에 사용되는 방법들은 기관의 개입활동과 계획한 성과 간의 관계에 대한 지식을 개발하는 데에도 활용된다.

결론적으로 평가의 목적은 사회복지조직의 서비스 제공능력을 향상시키는 데에 있으며, 평가 그 자체에 목적이 있는 것이 아니라 목적달성을 위한 수단이라고 할 수 있다(신복기 외, 2019 : 367). 결국 사회복지평가란 사회복지조직의 목적달성에 기여할 수 있어야 하며 이를 위해서 평가의 결과는 충분한 활용 가능성을 가져야 한다.

▌그림 13-2▐ 사회복지평가의 목적

3) 사회복지평가의 필요성

평가는 조직이 의도된 목적을 적절히 실현하는지를 알기 위한 것으로, 평가의 결과는 다양한 이해집단에 의해 달리 해석되고 활용될 수 있다. 기획의 입장에서는 자원의 제공 및 철회, 확대 및 축소 등의 의사결정에 합리성을 높이는 데 활용할 수 있으며, 서비스 기관이나 실무자들의 입장에서는 자신들이 수행한 업무에 대한 피드백(feedback)으로 활용하여 프로그램의 개선, 서비스 전달체계와 조직구조의 변화 필요성과 방향의 파악에 활용할 수 있다. 또한 서비스 이용자의 입장에서는 특정한 조직이나 프로그램이 자신들의 욕구에 적합하게 활동하고 있는지 등을 파악하는 데 활용하기도 한다.

이러한 평가는 공식적·체계적으로 이루어지기도 하고, 비공식적으로 의식적인 개입 없이도 이루어지는 경우가 많다. 그러나 평가란 단순히 수치나 자료들의 수집을 의미하는 것이 아니라 그러한 자료들을 조합하고 연결하여 유용한 정보를 도출해 내는 과정이기 때문에 공식적이고 체계적인 평가가 필요한 이유도 바로 그 때문이라고 할 수 있다. 사회복지조직에서의 공식적이고 체계적인 평가가 필요한 구체적인 이유에 대하여 이덕희 외(2019)는 다음과 같이 설명하였다.

첫째, 경영통제(management control)를 위함이다. 분권화된 조직이 전사적 목표 달성을 위하여 효과적으로 업무를 수행하도록 하는 것이 경영통제의 역할이다. 통제 과정이 확실하게 기능하도록 하기 위해서는 적절한 관리 책임 단위의 설정과 관리 회계의 지식, 그리고 인간에 대한 깊은 통찰이 필요하다.

둘째, 서비스 혁신(innovation)을 위함이다. 평가의 정보는 서비스의 변화와 개선을 자극하는 데 유용하게 쓰인다. 클라이언트의 변화와 관련된 정보, 서비스 기술들 간의 우월성 비교, 불충족된 욕구들에 대한 자료 등을 통해서 새로운 서비스 전달의 양식을 찾게 하는 자극제의 작용을 한다.

셋째, 책임성(accountability)과 순응(compliance)을 위함이다. 수행의 결과에 대한 책임감과 함께 조직의 효과성과 효율성을 위한 투입단계에서부터 산출단계까지의 과정에 있어서의 정당성을 갖추는 것을 말하며, 프로그램을 수행하는 데 관련된 법이나 규제, 절차 등에 순응하고 있는지, 바람직한 성과의 도출에 대해 순응하고 있는지 등을 판단할 수 있게 한다.

넷째, 업무자들에 대한 피드백(feedback)을 위함이다. 일선 업무자들에게 자신들의 실천 활동을 되돌아 볼 수 있게 하는 평가 정보를 제공한다. 이러한 정보는 또한 업무자들을 적재적소에 배치하는 데 효과적으로 사용될 수 있고, 슈퍼비전 활동을 통해 일선 업무자들에게 필요한 지식이나 기술의 부족 상태를 알려주고 이를 지도하기 위한 목적으로 활용될 수 있다.

다섯째, 대외관계(public relation)를 위함이다. 평가 정보들은 프로그램의 성과를 외부 사회에 알리는 데 사용된다. 이것은 외부의 부당한 비난으로부터 프로그램을 방어하고 외부로부터의 지지를 구축하는 데 요긴하게 쓰인다.

4) 사회복지평가에 대한 조직 이론적 접근

사회복지평가의 틀은 조직 이론적 측면에서 목표달성모델, 체계모델, 성과평가모델로부터 주로 영향을 받는다. 각 조직 이론적 접근에 관하여 구체적으로 살펴보도록 하겠다.

(1) 목표달성모델

사회복지평가에서 목표달성모델은 고전적 모델로서 설정된 프로그램의 목표와 실제 성취된 결과를 비교하여 그 성공 여부를 판단하는 것으로, 모든 조직은 특정의 목표를 달성하기 위해 만들어진 합리적인 도구라는 명제를 전제로 한다(Weber, 1968). 따라서 평가는 그 자체가 목적이 아니라 프로그램을 합리적으로 판단하기 위한 수단으로서 조직의 효과성을 판단하는 기준으로 절대적인 중요성을 가진다. 목표달성모델 접근법에 따르면 조직은 달성하고자 하는 목표를 명확히 할 수 있고, 조직의 산출물을 정확하게 예측할 수 있으며, 주어진 목표를 성취하기 위하여 공식적 구조를 통해 자원을 조작할 수 있기 때문에 조직의 존재에 대한 정당성을 확보하는 데 강력한 장점을 가지고 있다.

그러나 사회복지조직의 목표가 일반적으로 추상적이거나 포괄적인 경우가 많기 때문에 구체적으로 효과성을 평가하는 것이 쉽지 않다. 또한 외부 환경에 민감한 사회복지조직의 경우 외부 환경의 다양성과 복잡성이 증가함에 따라 이에 보다 능동적으로 대응하기 위한 조직의 목표 역시 다양하고 복잡해질 수 있다는 점에서 약점을 가진다. 이러한 약점에도 불구하고 많은 학자들은 목표달성모델의 접근법을 효과성을 평가하기 위한 가장 유용한 방법으로 간주하고 있다. 이는 모든 조직은 조직의 생존을 위해 각자가 지향하는 목표가 있으며, 조직구성원들 역시 목표달성에 많은 관심을 기울이기 때문에 오히려 목표 갈등이나 모호한 목표를 명확하게 하는 데 도움을 줄 수 있기 때문이다. 결론적으로 목표달성모델 접근법은 조직이 측정 가능하거나 관찰 가능하고 상대적으로 단순하며 많은 사람들이 동의하는 목표를 가지는 조직에서 가장 유용할 수 있다(Cameron, 1986).

(2) 체계모델

체계모델은 목표나 산출 그 자체보다는 목표를 달성하기 위해 필요한 수단과 과정에 초점을 두고 있으며, 조직의 주요 기능 간의 상호독립성을 강조하는 접근방법이다. 체계모델 접근방법에 따르면 모든 조직은 상호연관적인 하위체계들로 이루어진 사회적 체계로 보며, 각 조직은 외부 환경으로부터 투입(input)을 받아들여 조직 내의 변환과정(throughput process)를 거쳐 환경으로 산출(output)하는 과정을 지속하여 조직의 생존과 성장이 보장됨을 전제하고 있다(권기성・나운환, 1995; 전혜승・최재성, 1999).

사회복지조직은 사회로부터 인적・물적 자원을 제공받아 조직 내의 프로그램이나 서비스 등의 개입과정을 거쳐서 이용자의 변화를 도모하고자 만들어진 사회기관이며, 이 과정을 도식화하면 다음 ❙그림 13-3❙과 같다.

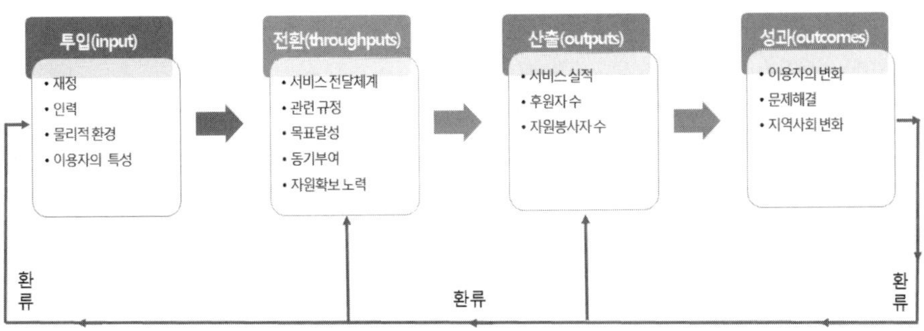

❙그림 13-3❙ 사회복지조직의 투입-변환-산출 과정

(3) 성과평가모델

목표달성모델과 체계모델 이외에 최근 들어 주목받고 있는 조직 이론적 접근법은 성과평가모델이다. 눈으로 확인 가능하고 객관적 변화의 증거를 보여줄 수 있는 사업만을 성공으로 보는 인식을 바탕으로 하는 접근법으로서, 이러한 인식의 배경에는 사회문제 및 사회복지문제 해결을 위해 동원할 수 있는 자원이 한정적이라는 것을 지적할 수 있다. 즉, 한정된 자원을 보다 성공 가능성이 높은 사업에만 선택적으로 투자해야 한다는 것을 강조하는 것으로서 효과가 입증되기 어려운 사업에는 자원을 투입할 명분이 약하다고 본다. 달리 말하면, 최소한 문제 해결을 위한 노력 과정 및 단순한 실적보다는 변화목표달성을 포함하는 성과달성에 좀 더 주목해야 한다는 것이다. 여기서 말하는 성과란 어떤 활동의 결과로 얻어낸 것, 성취한 것, 달성한 것을 의미하는 개념이다.

목표달성모델 및 체계이론모델과 비교하여 성과평가모델은 앞서 두 모델에 대한 일종의 하이브리드 모델로 볼 수 있다. 목표달성모델의 경우 투입과 활동보다는 산출과 성과에 주목하기 때문에 목표달성을 이루었다면 투입요소 및 활동과정은 별로 중요하지 않다고 본다. 반면 체계모델은 프로그램 과정 혹은 조직과정을 논리적으로 보여주는 모델로 투입, 활동, 산출, 성과, 영향의 각 단계들을 모두 중요하게 고려하며 이 과정에서의 절차의 적절성도 중요하다고 본다. 따라서 성과나 영향을 단기간에 측정하기 어려운 보건의료 및 사회복지조직에 유용한 평가모델이 될 수 있다. 한편 성과평가모델은 산출실적 목표치 달성도 중요하고 성과목표달성 및 변화의 정도, 사회문제 해결 기여도 등도 중요하게 보는 것이다(황성동 외, 2020 : 431-434).

이 세 가지 접근법을 비교하면 다음 〈표 13－1〉과 같다.

〈표 13-1〉 조직 이론적 사회복지평가모델 비교

목표중심모델	체계이론모델	성과평가모델
• 산출, 실적, 성과를 강조하며 투입과 활동은 중요하지 않음	• 투입, 활동, 산출, 성과, 영향 모두 강조하는 경향	• 투입, 활동, 산출, 성과, 영향 중 결과 및 영향을 더 많이 강조하는 경향
• 사회복지기관의 사업결과보고서 및 사회복지시설평가에서 일부 사용	• 사회복지조직의 프로그램 개발과정에서 기본 로직으로 폭넓게 활용됨 • 사회복지시설평가의 기본틀을 구성함	• 사회복지조직 및 NGO 등에서 확장적으로 응용하고 있음 • 비영리재단 및 기업사회공헌 분야에서 활발하게 활용
• 기업조직에서 보편화되어 있음	• 비영리조직 및 보건의료조직에 보편적으로 사용됨	• 공공 · 비영리민간 · 영리민간

출처 : 황성철 외(2020), p. 433 〈표 13-1〉.

2. 사회복지시설평가

1) 사회복지시설평가의 도입배경과 목적

1997년 개정된 사회복지사업법 제43조의2 '① 보건복지부장관과 시·도지사는 보건복지부령으로 정하는 바에 따라 시설을 정기적으로 평가하고, 그 결과를 공표하거나 시설의 감독·지원 등에 반영할 수 있으며, 시설 거주자를 다른 시설로 보내는 등의 조치를 할 수 있다.' 및 제27조의2 '① 보건복지부장관 및 시·도지사는 사회복지사업법 제43조의2에 따라 3년마다 시설에 대한 평가를 실시하여야 한다.'에 의거하여 정부와 지방자치단체는 3년마다 1회 이상 전국의 사회복지시설을 대상으로 시설평가를 실시하도록 되어 있다. 여기서 말하는 사회복지시설이란 사회복지사업법 제2조의4에서 규정한 '사회복지사업을 행할 목적으로 설치된 시설'을 말한다. 1기(1999~2001년)를 시작으로 하여 현재 8기 평가(2020~2022년)가 진행 중이다. 최초의 사회복지시설평가는 1999년 장애인복지관과 정신요양시설을 대상으로 실시되었다. 실무 작업은 보건복지부로부터 용역을 받아 한국보건사회연구원이 1999~2003년까지 수행하였고, 2004년부터 2016년까지는 한국사회복지협의회가, 2017년부터 지금까지는 사회보장정보원이 맡고 있다.

사회복지시설 유형 중 매년 3~4개의 시설유형을 미리 평가대상으로 선정하고 공지한 후 시설평가를 실시하고, 이들 시설들은 3년 후에 다시 순차적으로 평가를 받는 방식으로 진행되어 왔다.

사회복지시설평가에서 사용하는 평가지표는 2020년을 기준으로 공통지표와 개별지표로 구성된다. 공통지표는 모든 사회복지시설에 공통적으로 적용되는 지표를 의미하고, 개별지표는 개별 사회복지시설의 특수성을 감안하여 시설유형별로 적용되는 지표이다. 평가 영역은 A : 시설 및 환경, B : 재정 및 조직운영, C : 프로그램 및 서비스, D : 이용자의 권리, E : 지역사회관계, F : 시설운영전반의 6개 영역으로 구성되는데, 여기서 프로그램 및 서비스 영역이 개별지표에 해당한다(사회보장정보원, 2020).

사회복지시설평가제도는 사회복지시설의 양적 성장에 따라 한정된 자원의 효율적인 배분과 활용이 사회적 관심사로 대두하게 되면서 책무성과 서비스 질의 향상 차원에서 사회복지시설의 전반적인 전문성 강화를 위한 배경에서 도입되었다(정무성, 2007). 또한 사회복지 패러다임의 전환으로 인해 공급자 중심의 복지에서 수요자 중심의 복지서비스와 인권 중심에 적응하게 되면서 사회복지시설 운영 개선을 요구하는 목소리가 증대하였으며, 이는 정부로 하여금 시설 평가의 전면적인 실시를 가져오게 하였다(신복기 외, 2019 : 287).

사회복지시설평가의 목적에 대하여 사회보장정보원(2019)에서는 첫째, 사회복지시설의 운영 효율화 및 서비스의 질을 제고함으로써 사회복지시설 이용자 및 생활자에 대한 사회복지서비스의 질 향상을 도모하고, 둘째, 합리적 평가지표와 평가체계의 개발을 통해 사회복지시설에 대한 객관적인 평가를 마련하며, 셋째, 사회복지시설평가를 통해 전국의 사회복지시설 운영 수준에 대한 지역별·시설 종별 차이를 파악하여 사회복지시설 운영 수준의 개선과 균형화 대책을 마련하기 위해 기초자료를 확보하고, 넷째, 사회복지 수요 증대에 따른 사회복지시설 운영상태에 대한 정보 제공으로 사회복지시설에 대한 국민의 선택권 확대 및 보장을 도모하며, 다섯째, 국민에게 직접 복지서비스를 제공하는 사회복지시설의 기능 강화를 통해 사회안전망을 강화하고 시설 운영의 선진화를 통하여 국민의 복지수준 향상에 기여하는 데 있다고 설명하였다.

사회복지협의회와 보건복지부(2012)는 사회복지시설평가의 목적을 장기적 목적과 단기적 목적으로 구분하였다. 장기적 목적은 첫째, 사회복지시설의 투명성을 확보하고 서비스 질의 향상을 통해 사회복지시설 이용자와 국민의 복지수준을 증진하는 것이고, 둘째, 사회복지시설의 평가결과를 정부의 사회복지정책에 반영함으로써 예산집행의 효율성과 합리성을 강조하고 사회복지시설의 선진화를 지원하여 복지시설의 상향평준화를 추구하는 것이다. 셋째, 사회복지시설에 대한 일련의 정보를 복지수혜자 및 일반 국민에게 정확하게 제공하여 향후 노인장기요양보험제도 및 시설이용권제도 등 국민의 시설선택에 관한 기초자료로 활용하게 하는 목적을 가지고 있으며, 넷째, 전국적인 사회복지시설평가를 통해 사회복지시설 운영 수준에 대한 지역 및 시설종별 차이를 파악하여 사회복지시설의 균형적 발전을 추구하는 목적도 가지고 있다.

단기적 목적은 첫째, 생활시설 및 이용시설에 대한 평가를 통해 효율적이고 효과적인 사회복지시설의 운영기반을 정착시키고 시설 간 선의의 경쟁을 유도하는 것이고, 둘째, 시설이용자의 인권을 보호하고 지역사회와의 긴밀한 연계 속에서 사회복지시설의 책임 있는 운영을 도모하는 것이다. 셋째, 사회복지시설의 정확한 운영실태파악을 통해 정부지원정책을 위한 과학적 근거자료를 제공하는 데도 그 목적이 있다.

이러한 사회복지시설평가는 고객 만족, 효율, 효과성과 같은 시장경제의 가치관이 사회복지에 적용되는 등의 사회적 분위기의 변화에 따라 사회복지분야에서도 모든 프로그램을 책임성, 효율성, 효과성에 대한 자료를 바탕으로 예산을 측정하고 기획하여야 하는 현실에서 등장하였다(이선우 · 최상미, 2002). 시설평가는 기관이 자원을 확보할 수 있는 능력을 강화시키며, 자원을 보다 효율적으로 활용할 수 있게 해주기 때문에 기관이 보다 효과적이고 체계적이며 지속적으로 변화할 수 있도록 한다. 그러므로 시설의 운영자와 관리자의 경우 평가를 통해 운영, 인력 관리, 프로그램의 현황에 대해서 진단을 하고 앞으로 개선되어야 할 방향을 제시할 수 있다.

2) 사회복지시설평가의 원칙

한국보건사회연구원(2001)은 사회복지기관을 대상으로 실시된 평가의 전체 과정을 통하여 평가기준, 평가지표 개발, 평가의 시행, 평가의 결과에 대한 조치 등에서 기본 원칙들을 다음과 같이 제시하고 있다(변재관 · 변용찬, 2001 : 29).

첫째, 서비스 질 향상의 원칙이다. 사회복지시설평가는 시설 운영의 개선 및 서비스의 질 제고를 유도하는 수단으로 작용해야 한다. 즉, 서비스 질 중시의 환경변화에 따라 전 직원이 참여와 지속적인 개선에 의해 서비스의 질을 중시하는 다양한 기법과 실천들이 적용되어야 한다는 것이다.

둘째, 평가절차의 투명성 원칙이다. 평가기준은 지표 개발의 의도하는 바를 모든 사람이 이해하고 수행할 수 있도록 상세하고 쉽게 구성하며, 평가기준과 평가과정을 사전에 공개하여 평가지표에 대한 이해를 명료하게 인지시킴으로써 평가절차의 투명성을 확보하여야 한다는 것이다.

셋째, 평가 참여의 원칙이다. 평가대상 시설이 평가과정에 참여하는 참여자로서 평가과정 속에서 스스로 시설의 문제점을 객관적으로 인식하고 개선 노력을 기울일 수 있도록 하여야 한다. 이것은 사회복지시설평가가 기존의 감사와는 달리 시설이 참여하여 평가하며, 평가를 통하여 긍정적인 발전의 기회를 갖도록 하는 평가의 목적을 수행하도록 한다는 것이다.

넷째, 기본선 확보의 원칙이다. 평가의 목적은 최고의 시설을 선정하는 것이 아니라, 사회복지시설이 전체적으로 기본적인 수준 이상을 견지할 수 있도록 유도하는 것을 기본 목표로 한다.

다섯째, 이용자 중심의 원칙이다. 사회복지시설을 이용하는 이용자 중심의 평가로서, 이용자 만족도와 서비스의 질을 고려하지 않으면 좋은 평가를 받을 수 없도록 한다. 즉, 사회복지시설은 기존의 서비스 제공자 중심의 시설에서 이용자 중심의 서비스 제공이 이루어질 수 있도록 한다.

여섯째, 지역사회관계의 원칙이다. 사회복지시설이 지역사회 내에서 융화될 수 있도록 한다. 즉, 사회복지시설이 지역사회의 원활한 상호관계를 유도하는 방향으로 이루어지도록 한다.

3) 사회복지시설평가의 대상과 추진체계

사회복지시설평가 대상시설은 설립한 지 3년 이상 된 11개 유형의 사회복지시설[1])이며, 2018년부터는 보조금 지원여부와 관계없이 평가를 하도록 되어 있다(보건복지부, 2018). 사회복지시설의 평가 수행체계는 보건복지부(사회서비스자원

1) 사회복지관, 노인복지관, 장애인복지관, 아동복지시설, 노인양로시설, 한부모가족 복지시설, 장애인거주시설, 정신요양시설, 사회복귀시설, 장애인직업재활시설, 노숙인 복지시설을 의미함

과), 사회보장정보원(시설평가부), 사회복지시설평가위원회, 자문위원, 현장평가단이 있으며, 주로 수행하는 내용은 보건복지부(사회서비스자원과)는 시설 평가정책을 수립하고, 사회보장정보원(시설평가부)은 시설 평가사업 운영 및 관리를 수행하며, 사회복지시설평가위원회는 평가계획 및 결과를 심의·의결한다. 자문위원은 평가 관련 주요 현안을 자문하고 현장평가단은 평가대상 시설의 현장평가를 수행한다. 사회복지시설에 대한 평가절차는 ❙그림 13-4❙와 같다.

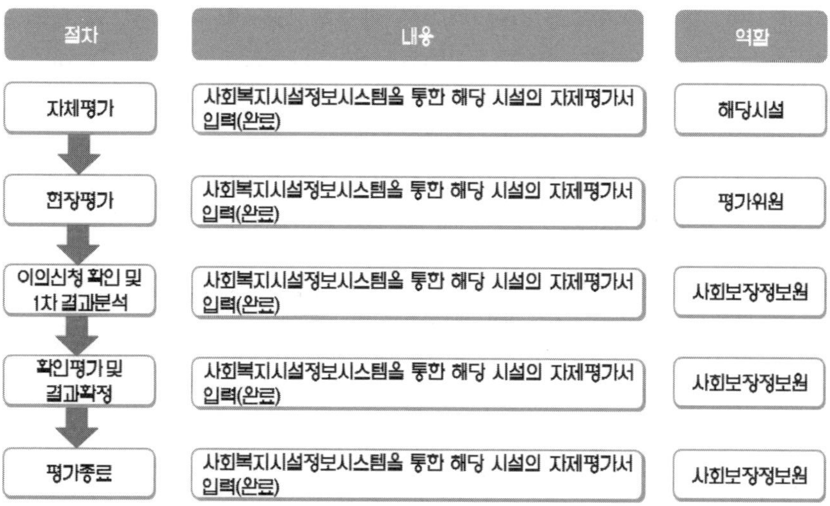

❙그림 13-4❙ 사회복지시설평가의 평가절차

출처 : 사회보장정보원 홈페이지(2022). 사회보장정보원사회복지시설평가.

사회복지시설평가절차는 자체평가와 현장평가를 핵심내용으로 한다. 평가대상이 된 사회복지시설은 미리 공고된 사회복지시설 평가지표에 따라 자체평가를 실시하고 자체평가보고서를 사회복지시설 정보시스템에 탑재하게 된다. 그러면 사회보장정보원에서 위촉된 평가위원들이 자체평가보고서를 현장평가를 통해 재확인하는 방식으로 진행되며, 현장평가 이후에는 사회보장정보원이 이의신청을 받고 평가분석을 실시하여 평가결과를 확정하는 순서로 진행된다.

4) 사회복지시설평가의 문제점과 과제

지난 20여 년간 수행된 사회복지시설평가는 부족한 평가예산과 평가인력수급의 부족, 평가과정상에서 발생하는 다양한 시행착오 등으로 인해 많은 어려움이 있었다. 가장 큰 문제점으로 지적되는 것은 사회복지시설의 고유성이 반영되지 못했다는 점이다(정무성, 2007). 그러나 더욱 위험한 것은 사회복지시설을 단순히 수량적 산출결과만으로 평가하는 것이다. 또한 현장평가를 담당하는 평가위원 간의 격차에 따른 평가결과 간에 격차가 발생하고 더불어 객관성과 신뢰성이 떨어진다는 점도 문제로 지적되고 있다. 평가위원의 주관적인 의사의 반영가능성이 높은 정성적 평가지표의 비율이 높다는 점, 그리고 평가 이후의 시설운영에 대한 사후관리지원체계가 미비하다는 점도 문제점으로 많이 지적되고 있다.

이러한 문제점을 개선하고 성공적인 사회복지시설평가를 위해서는 평가목적을 보다 명확하게 설정하고 이에 따라 평가체계의 구축, 평가인력의 훈련, 평가예산의 확보를 우선적으로 이룸으로써 사회복지가치를 지키면서 사회복지시설의 책무성을 강화하고 전문성을 증진하는 평가제도를 정착시켜야 할 것이다. 이를 통해 이용자의 만족도를 극대화하고 효과성과 효율성을 동시에 추구하는 사회복지시설 문화를 확산시켜야 한다(황성철 외, 2019 : 446).

구체적으로 개선되어야 할 몇 가지 과제를 살펴보면 다음과 같다.

첫째, 평가지표 문항과 기준의 정교화 및 자의적 판단의 가능성을 최소화할 필요가 있다. 이는 평가지표를 일반적, 객관적으로 수량화할 수 있도록 각각의 영역에서 정교화를 시도해야 하며, 현실적으로 수준이 너무 높거나 낮은 평가항목의 내용은 수정할 필요가 있다(이덕희 외, 2017 : 299-300).

둘째, 이용자, 거주자 또는 그 보호자의 참여 보장 및 확대이다. 시설평가에 있어서 이용자, 거주자의 만족도 조사의 결과는 시설 및 사업의 효과성을 판단할 근거가 될 수 있다는 점에서 확대되어야 한다.

셋째, 평가지표의 세분화이다. 서로 다른 시설에서 최대한 동일한 지표를 사용할 수 있는 시설은 평가지표를 단일화하고, 그렇지 않은 시설에 대해 별도의 평가지침을 개발 및 보완해야 한다.

넷째, 시설평가 중심에서 사업(프로그램)평가 중심으로 변화해야 한다. 시설평가 중심이 아닌 프로그램 평가를 통해서 개별 프로그램의 효과성과 효율성에 대한 평가가 이루어져야 한다.

다섯째, 실무자에 대한 지속적인 교육이 필요하다. 시설평가는 등급을 나누는 것이 목적이 아니라 서비스 수준을 높이는 것이므로 부족한 부분을 발견하고 이에 필요한 교육을 시설운영자 및 직원들에게 지속적으로 실시하는 것이 중요하다.

이에 대해 황성철 외(2020)는 현재의 이벤트적 시설평가를 지양하고 상시평가가 가능한 체계를 마련하여 이를 통해 평가 관련 자료의 축적과 분석을 가능하게 함으로써 사회복지시설 관련 정책개선을 위한 귀중한 정보를 제공해야 한다고 하였다. 또한 평가제도 관련 한계를 극복하기 위해서는 사회복지시설 전문평가인증제도(accreditation)와 같은 과정 중심의 접근법을 적극적으로 검토할 필요가 있다고 하였다. 실제로 최근에는 사회복지시설 평가인증제도의 도입 필요성 및 도입방안, 평가인증제도에 대한 현장 전문가들의 인식 등에 대한 연구들이 활발이 이루어지고 있다. 한편 평가인증제도뿐만 아니라 성과중심의 평가지표체계 개발(초의수 · 이신정, 2011), BSC(Balanced Score Card) 성과측정모델의 사회복지시설평가 적용 등에 대한 논의(김만호 · 박순미 · 송영달, 2012) 등의 연구들이 모두 현행 사회복시설평가제도의 개선과제와 향후 더 나은 평가체계 구축을 위한 시도로서 이해될 수 있다(황성철 외, 2020 : 447).

연습문제

01 사회복지조직 책임성의 주체에 관한 설명으로 옳지 않은 것은?

① 생활지도사
② 공공(정부)
③ 사회복지조직
④ 사회복지전문직
⑤ 서비스 이용자

02 사회복지조직의 책임성에 영향을 주는 요인에 관한 설명으로 옳지 않은 것은?

① 서비스의 다양성
② 기술의 복잡성
③ 서비스에 대한 효과성
④ 관리의 투명성
⑤ 서비스 통제성

03 사회복지조직 책임성의 유형에 관한 설명으로 옳지 않은 것은?

① 적용 책임성
② 복지서비스 전달책임성
③ 효율적 책임성
④ 법률적 책임성
⑤ 비전문가의 책임성

04 사회복지시설평가의 원칙에 관한 설명으로 옳지 않은 것은?

① 서비스 질 향상
② 평가절차의 투명성
③ 평가참여 제한성
④ 이용자 중심성
⑤ 지역사회관계성

05 사회복지시설평가의 목적에 관한 설명으로 옳지 않은 것은?

① 합리적 의사결정
② 자원통합
③ 책임성 수행
④ 외부의 지원 확보
⑤ 이용자 제공능력 향상

정답 1. ① 2. ⑤ 3. ⑤ 4. ③ 5. ②

CHAPTER 14

사회복지행정의 전망과 과제

14
CHAPTER

사회복지행정의 전망과 과제

제1절 사회복지행정의 전망

사회복지행정이 급변하는 환경에 대한 적절한 대처와 예측 및 대응은 사회복지행정 자체의 발전은 물론 나아가 전체 사회복지의 발전과 서비스를 이용하는 이용자들의 삶의 질에도 큰 영향을 미친다. 이 같은 중요성을 지닌 사회복지행정이 점점 더 복잡하고 다양한 양상을 나타내는 사회변화에 향후 어떻게 대처해 나갈 것인지에 대해 전망해보고 이를 위한 사회복지행정의 과제는 어떤 것들이 있는지 살펴보고자 한다.

1. 사회복지행정 환경의 변화

사회에 있는 모든 제도는 환경의 변화에 영향을 받지만 특히 자원의 자력생산이 어려워 외부에 대한 의존도가 높은 사회복지제도는 환경변화에 민감하게 반응할 수밖에 없는 특성으로 인해 사회복지행정에도 지대한 영향을 미친다.

최근 들어 사회복지공급에 있어 서비스 공급자가 기존의 국가와 민간 비영리 부문 외에 시장의 영리 부문, 종교 부문, 가족, 지역사회 등으로 확산되고 있다. 그뿐만 아니라 각각의 조직이나 부문들이 서로 간에 맺고 있는 관계양상이 더욱 복잡하게 얽히는 현상까지 보이고 있다(김영종, 2017 : 112-114).

특히 삶의 질이 중요시되면서 복지서비스의 발상전환이 요청되고 있는 실정이다. 사회복지서비스의 발상전환이 요구되는 이유는 첫째, 정상화 이념의 확대,

둘째, 이용자 중심의 서비스 제공, 셋째, 생활상 문제의 다양화와 복잡성, 넷째, 복지이념과 복지욕구의 변화, 다섯째, 공공조직과 비영리조직이 기업조직들과 동일한 시장을 놓고 경쟁해야만 하는 조직 환경의 변화에 따른 위기의식이 증대되고 있기 때문이다(신복기 외, 2019 : 391).

현재 우리나라의 사회복지조직이 겪고 있는 내・외부의 환경변화에 대해 박경일(2006)은 다음과 같이 설명하였다. 내부 환경의 변화로 ① 시민단체나 종교단체의 경쟁조직이 증가하고 있다는 점, ② 재정자원의 제공자가 점점 줄어들고 있다는 점, ③ 프로그램 개발 및 응모를 통한 경쟁의 조장과 비용효율성 추구를 들고 있다. 외부 환경의 변화로는 ① 사회복지기관 평가를 통한 책임성과 투명성 증진, ② 1급 국가고시를 통한 전문성의 확보, ③ 시설 설치 신고를 통한 참여의 확대, ④ 프로그램 특성화를 통한 지역성 중시, ⑤ 지방자치단체의 복지수준 평가, ⑥ 지역복지 계획의 수립, ⑦ 수혜자 만족도를 통한 서비스 질 중시, 특히 2000년 이후 공공부문 영역에서는 ⑧ 사회복지시설평가와 고객만족도 조사를 공표하고, ⑨ 전담공무원들의 교육훈련과 성과평가를 통한 ⑩ 서비스 질 관리의 추구 등이 강조되고 있는 실정이다.

한편 Hasenfeld(1996 : 191-202)는 휴먼서비스 조직은 합법성, 클라이언트, 서비스 기술, 그리고 자원들과 같은 환경에 높게 의존하고 있으므로 내・외적 환경의 변화는 사회복지서비스와 관리에 직접적인 영향을 미친다고 보고 다음과 같은 복지환경의 변화를 제시하였다.

1) 복지국가의 쇠퇴와 불평등의 증대

복지국가의 쇠퇴는 인구통계학적 변화와 결부되어 저조한 경제성장률과 국제경쟁과 같은 경제적 압력에 의해 가중되어 왔다. 특히 사회적 여론에 위협적인 사회적 불평등의 증가는 복지국가를 더욱 위태롭게 만든다. 이러한 경향이 의미하는 바는 다음과 같다.

첫째, 정부가 관리하는 기금에 대한 믿음이 불확실해지고, 일시적인 기증자의 기금에 대한 의존성이 증가할 것이다.

둘째, 정부의 원칙에 의존하고 있는 여러 가지 정책들은 원조가 필요한 클라이언트와 그렇지 않은 클라이언트를 구별해야 할 것이다.

셋째, 서비스는 유산자와 무산자를 더욱 분명하게 양분화하고 있다. 유산자는 그들에게 공급되는 양질의 서비스를 찾아낼 수 있지만 무산자는 그들에게 주어지는 질 낮은 서비스조차도 접근이 어렵기 때문이다.

2) 사회복지서비스의 민영화와 상업화

복지국가의 쇠퇴는 사회복지서비스의 민영화와 상업화 결과를 초래하는데, 특히 비영리 부문에서 그러한 경향이 두드러질 수 있다. 뿐만 아니라 서비스의 지방분권화로 인해 조직 혁신, 자조집단이나 지역사회 풀뿌리 조직 등의 새로운 조직형태를 추구하는 방향으로 옮겨갈 것이다. 이러한 조직들에 대한 정부의 지원이 축소될 것이며, 이들은 재원의 증대를 위해 필연적으로 서비스의 상업화를 강요당하게 될 것이다. 또한 지역주민과 복지 프로그램의 관계는 물론 서비스에 대한 책임의식도 국가에서 지역주민 중심으로 바뀌게 될 것이다.

3) 변화하는 인간의 욕구

경제와 기술의 변화는 휴먼서비스 조직이 직면하는 욕구의 유형과 본질에도 영향을 미칠 것이다. 첫째, 제조업 중심의 경제에서 지식과 서비스 중심의 경제로의 변화 및 재구조화는 이러한 경제구조로부터 소외되고 있는 계층을 발생시키고 이들은 커다란 경제적 궁핍과 빈곤을 경험하게 된다. 이는 새로운 경제구조에 융화될 수 있는 기술이 부족하여 적절한 임금을 벌어들일 수 없기 때문이며, 특히 교육과 훈련의 한계에 놓인 젊은 세대에게 그 위험은 더 크게 다가올 수 있다.

4) 민족의 다양화

지난 10여 년간 비유럽국가로부터의 갑작스러운 이민 증대를 통해 21세기의 인구는 문화적, 민족적으로 다양해지고 있다. 이러한 변화는 기존의 사회복지서비스가 종종 가치나 규범, 클라이언트의 기대 등과 충돌하게 되는 경향을 생성하게 되고, 이는 사회복지서비스 정책의 바탕이 되는 민족·문화적 측면의 재정립을 필요로 하게 된다.

5) 정보혁명

휴먼서비스 조직은 정보를 모으고, 관리하고 보급하는 방식에 있어 정보기술의 변화에 적극적으로 대처해 나가야 할 것이다. 다른 사회복지서비스 정보시스템과 연합하여 이용자와 서비스에 대한 더 많은 정보를 수집하고 처리하며 산출하게 되는 커다란 변화를 겪게 될 것이다. 이러한 정보기술의 발달은 빅데이터나 인공지능 기술, 메타버스 기술들과 결합하여 많은 사람들에게 복지서비스에 더욱 쉽고 통합적으로 접근할 수 있게 할 것이다.

2. 사회복지행정의 전망

앞서 살펴보았듯이 사회복지행정을 둘러싼 환경의 변화는 이전과는 다른 방식의 조직운영을 요구하게 된다. 특히 한정된 자원하에서는 이를 효율적으로 사용하기 위해서 서비스의 우선순위를 조정하거나 생산성이 낮은 프로그램의 조정, 사용자 부담 등 효율화를 위한 다각적인 방안을 고민해야 할 것이다. Martin(2002 : 55-67)이 제시한 사회복지행정의 중요한 경향과 신복기 외(2019)가 제시한 한국사회복지학계의 사회복지 재설계 방향을 고려한 사회복지행정의 전망에 관하여 살펴보도록 하겠다(신복기 외, 2019 : 395-399).

1) 경쟁행위의 강화와 민영화의 증대

전통적으로 공공 사회복지기관과 민간 사회복지시설 및 비영리조직 등의 관계는 상호 협조적·보완적 관계였지만 앞으로는 기금 모집, 프로그램, 이용자 유치 등에서 경쟁적이 될 것이다. 특히 신자유주의 기조 위에서 보수적이고 정부의 개입이 최소화될 가능성이 지배적이므로 계약, 보조금, 이용권, 공동생산, 자원봉사자의 적극 활용 등 민영화의 방향을 견지할 것으로 예상된다.

2) 재구조화의 요청과 마케팅의 활성화

조직 간의 경쟁이 보다 심화되고 민영화가 진행되는 동시에 정보기술이 획기적으로 발전하게 되면 사회복지조직은 적절한 재구조화를 해야 할 것이다. 이제 더 이상 전통적인 사회계획이나 욕구사정 등의 방법이 통용되기 어려울 것이며 이용자와 자원제공처의 관심을 끌 수 있는 서비스의 제공이 더욱 주요한 관심사가 될 것이다.

3) 기업가적 경영 및 질적 관리의 중시

사회복지제도의 분권화 및 민영화가 심화될수록 공공영역인 중앙정부와 지방자치단체의 재원을 확보하기 위한 차별적인 프로그램의 개발이 요구될 것이다. 이를 위한 기업가적 경영과 이용자가 서비스의 질을 결정하는 품질관리 접근법이 요청될 것이다.

4) 성과에 대한 강조와 전략적 기획의 중시

앞으로의 사회복지행정은 성과를 높일 수 있는 과업의 할당과 성과를 측정하기 위한 노력이 많이 요구될 것이다. 이러한 경향은 기관은 물론 프로그램의 존폐에 지대한 영향을 미칠 것이다. 또한 급변하는 환경과 조직의 상황에 대한 체계적 분석을 통해 서비스 이용자, 프로그램, 기관 등에 미칠 영향을 면밀히 분석하여 적절히 적응할 수 있는 전략적인 대처가 요구될 것이다.

5) 옹호(Advocacy)의 강조와 이용자에 대한 강조

사회적으로 취약한 대상들에 대한 공격적인 옹호는 앞으로 더욱더 중요해질 전망이다. 과거에는 사회복지행정이 기관의 욕구와 프로그램만을 강조해왔다면 앞으로는 클라이언트와 기금, 서비스 수행활동의 계측 가능성, 품질관리, 마케팅, 전략적 기획, 옹호에 대한 강조를 통해 이용자의 적응, 문제해결, 자립, 자활을 이루어 내는 것에 초점을 둔 과업수행이 주를 이룰 것이다.

6) 인공지능을 통한 복지행정의 재설계

4차 산업혁명으로 인해 현재 새로운 기술의 변화주기는 매우 짧아지고 사회적 변화의 속도 또한 빛의 속도만큼이나 빨라질 것이다. 특히 2019년 중국 우한에서 시작된 COVID-19의 확산으로 인한 팬데믹(pandemic)은 관련된 인공지능 및 가상현실, 메타버스 등의 기술의 발전을 엄청난 속도로 발전시키고 있다. 사례관리와 같은 서비스 패키지 설계도 빅데이터나 인공지능의 도움으로 다양한 경우의 수를 조합하여 관리할 수 있게 될 것이며, 현물과 현금급여 또한 훨씬 수월해질 것이다. COVID-19로 인한 긴급재난지원금의 신청 및 지급체계에서도 이러한 경향을 발견할 수 있었으며, 최근에는 백신의 예약이나 방역 패스를 위한 QR코드의 발급 및 인증체계 역시 이러한 전망을 수렴하고 있다고 할 수 있다.

특히 COVID-19의 확산을 방지하고자 인공지능에 기반한 메타버스와 같은 가상현실 실습실을 만든다든지 양방향 소통을 통한 온라인 수업 등과 같은 스마트 교육의 활용으로 인해 앞으로는 더욱더 다양한 장면에서 교육을 진행할 수 있게 될 것이다. 이로 인해 교육 및 실습 비용의 절감을 구가할 수 있으며, 보다 충실도 높은 교육을 제공할 수 있을 것이다. 이러한 환경에 발 빠르게 적응하기 위해서는 보다 유연하고 개방적인 사회복지행정 체계를 개발하기 위한 노력을 신속하게 해나가야 할 것이다.

2021년 우리나라 정부는 이러한 경향을 반영하기 위해 국민 생활 편의를 향상시키거나 사회문제를 해결하기 위한 메타버스 기반의 [솔]루션을 국민이 [직]접 개발하는

'솔직 챌린지' 공모전을 실시하였으며, 현재(2022년 1월) 최종적으로 우수한 작품들이 선정되어 있는 상태이다. 공모전의 자세한 내용은 부록에 제시해 두었다.

출처 : https://2021ictchallenge.kr

또한 창조경제연구회(KCERN)는 2018년 6월 26일에 '4차 산업혁명과 스마트 복지 4.0'이라는 공개포럼을 개최한 바 있다. 포럼에서는 사회안전망, 일자리 안전망, 혁신의 안전망이라는 3대 사회적 안전망에 4차 산업혁명의 기술을 활용한 복지 4.0 스마트 트랜스폼이 제안되었다. 주요 내용은 다음과 같다.

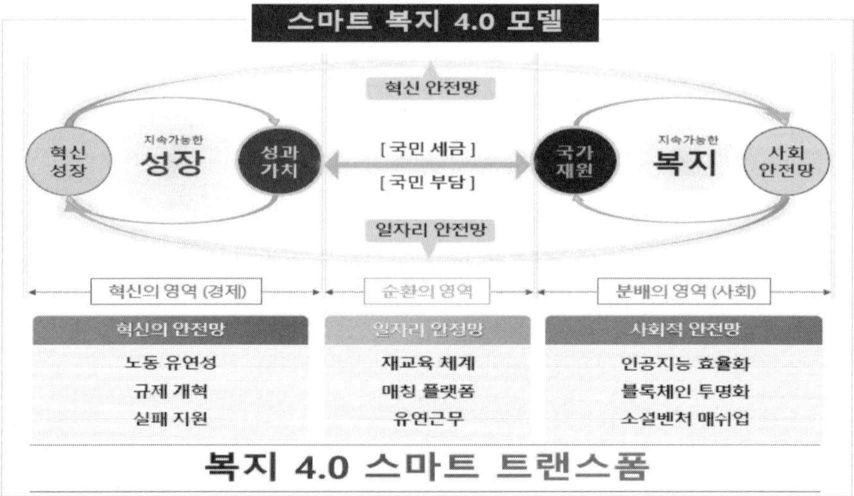

출처 : 제48차 KCERN 공개포럼 발표자료.

제2절 사회복지행정의 과제

1. 사회복지행정의 과제

현재 우리나라 사회복지의 공급체계는 사회보험, 공공부조, 사회복지서비스의 세 가지를 기본구조로 하고 있다. 사회보험은 근로자가 보험료 납부를 통해 먼저 기여하고 나중에 수령하는 재정방식을 사용하고 있으며, 공공부조는 정부가 개인이나 기업에게 세금을 거둬 대상자의 기여와 상관없이 급여를 제공하는 방식이다. 사회복지서비스는 정부의 보조, 민간의 후원, 지역사회의 참여, 개인의 서비스 이용대금 지불 등이 복합적으로 섞인 재정방식을 취하고 있다. 이로 인해 사회보험이나 공공부조의 행정보다는 사회복지서비스의 행정 관리가 훨씬 복잡할 수밖에 없다. 이러한 복잡성은 사회복지서비스의 실행을 다양한 유형의 민간조직들에게 이양하게 만들었다. 과거에는 주로 비영리 민간조직들이 주를 이루었지만 현재는 영리조직들도 사회복지서비스 시장 진입에 적극성을 모색하는 실정이다.

또한 그간 민간 사회복지서비스기관들의 대부분의 재정이 정부보조금 방식에 의존했었다면, 2006년 이후 제3자 지불형식의 바우처(voucher)전략이 등장하면서 이용자의 서비스기관에 대한 선택권을 부여하고 서비스 조직들 간의 경쟁을 유발하여 자연스러운 서비스의 질 향상을 가져오게 되었다. 이 같은 사회복지서비스 수행방식의 변화는 사회복지조직들에게 운영 시스템 전반에 대한 전면적 개편을 요청하게 되었다(김영종, 2017 : 114-117).

이러한 급격한 한국 사회복지환경의 변화에 대응하기 위한 과제에 대하여 황성철 외(2020)는 다음과 같이 제시하고 있다.

첫째, 사회복지서비스 공급조직의 확대에 따라 조직 경쟁력이 강화되어야 한다. 한국에서 사회복지서비스는 현재 총량적인 차원에서 지속적으로 확대되고 있기 때문에 지역사회에 기반을 둔 기존의 사회복지서비스 조직은 새로운 조직의 증가로 한정된 지역사회 자원을 놓고 경쟁하거나 갈등하는 상황에 더욱 심화될 것이다. 따라서 사회복지서비스 조직은 관리 및 행정체계를 정비하여 경쟁우위를 확보하지 않으면 생존에도 크게 위협을 받게 될 것이다.

사회복지조직은 그 특성상 외부자원에 크게 의존할 수밖에 없기 때문에 적극적인 환경관리가 요청되고 있다. 이러한 관점에서 사회복지조직의 행정가와 관리자는 외부지향적이며 변혁적인 리더십을 발휘하여 사회복지조직의 환경변화에 능동적으로 대응해 나가야 할 것이다.

둘째, 책임성의 요구 증대에 따른 사회복지조직관리 및 행정의 과학화가 필요하다. 사회복지조직에 대한 평가는 이미 법제화되어 7차에 걸쳐 평가가 진행되었고, 이는 사회 전반에 걸쳐 피할 수 없는 흐름으로 자리를 잡아가고 있다. 사회복지조직을 비롯한 공공영역의 평가 핵심은 책임성의 요구이고 이는 앞으로도 더욱 강화될 것이다. 따라서 사회복지조직은 올바른 책임성 이행을 위해 시설 및 기관의 전반적인 운영과 프로그램, 재정, 클라이언트와의 관계에서도 합리성과 전문성을 향상시키기 위해 노력해야 한다. 아울러 사회복지조직에서는 행정체계의 과학화를 위해 경영정보 시스템 도입, 욕구조사방법의 체계화와 다양화, 각종 프로그램의 과학적인 관리기법 등이 요구되고 있다.

셋째, 노동환경의 변화에 따른 조직의 근로환경 개선과 새로운 사회복지서비스 조직의 문화 창달이 요구된다. 사회복지서비스의 질은 전문성을 갖는 직원들의 사기와 노력에 의해 크게 좌우된다. 따라서 서비스의 효과성을 향상시키기 위해서는 직원들의 동기부여 및 역량 강화, 참여확대 등 발전적인 조직 문화를 형성하고 유지해야 할 것이다.

2. 사회복지전문직의 과제

사회복지행정의 핵심적인 역할을 수행하며 조직의 책임성과 변화의 주체이자 대상인 사회복지전문직이 해결해야 할 과제에 관하여 김영종(2017)은 다음과 같이 설명하고 있다.

1) 관리자로서의 역할과 역량

사회복지조직의 관리자가 수행하는 역할은 매우 다양하게 나타난다. 이들의 역할을 조직이나 프로그램, 전달체계, 서비스의 기획이나 실행 관리 등에 대한 책임과 연관되어 있다. 관리자가 각각의 역할을 적절히 수행하려면 그에 부합되는 기술 역량도 갖추어야 한다.

첫째, 의사소통(communicating) : 조직 활동의 핵심적 역할을 하는 기술을 말한다. 관리자는 조직 내·외부 관련자들과 효과적인 의사소통을 수행하기 위해 대면, 문서, 전자매체 방법 등을 적절히 다룰 수 있는 기술을 갖추어야 한다.

둘째, 경계 잇기(boundary spanning) : 조직 단위들 간의 경계를 잇는 역할을 하는 기술을 말한다. 관리자가 다른 조직들과 파트너십을 맺거나 서비스 전달체계의 통합을 모색하는 등의 역할을 수행하려면, 유력자들과 관계 맺기, 네트워킹, 영향력 행사하기(influencing)와 같은 기술을 갖추어야 한다.

셋째, 비전 제시(futuring) : 외부 동향을 예측하고, 조직이 이에 대응하는 데 필요한 혁신적 대안 전략을 개발하는 역할을 의미한다. 사회서비스 환경의 불확실성이 증가함에 따라, 관리자에게 이 역할이 더욱 강조된다. 이를 위해 환경 분석, 전략적 기획, 혁신 추진에 필요한 역량 기술이 중시된다.

넷째, 조직 정비(aligning) : 환경 적응을 위해 조직 내부의 구조와 과정, 조건들을 변화시키는 역할을 말한다. 이를 위해 관리자는 조직 자원의 배치와 업무 흐름을 구조화하는 조직화(organizing), 일에 대한 책임과 권한을 공식적으로 할당하는 위임(delegating), 직원의 채용과 훈련, 보상, 규율 등을 수행하는 스태핑(staffing) 등과 같은 기술을 갖추어야 한다.

다섯째, 자원 관리(resource administration) : 기관의 운영과 클라이언트 서비스에 필요한 자원을 확보하고 관리하는 역할을 말한다. 관리자에게는 네트워킹, 기부자 개발, 프로포절 운용, 마케팅, PR, 대중매체 관련 기술이 필요하다.

여섯째, 평가(evaluating) : 서비스 요구의 확인과 기관의 서비스 효과성을 판단하는 역할을 말한다. 조직의 유효성을 대외적, 대내적으로 검증해 보고, 이를 통해 발전적 대안을 위한 정보를 생성해 내는 것이다. 이를 위해 관리자는 욕구 사정과 프로그램 평가와 관련된 제반 기술들이 필요하다.

일곱째, 정책 실천(policy practice) : 국가나 지역사회 차원에서 정책을 개발하거나 해석하고, 그에 영향력을 행사하는 역할이다. 근래에는 사회복지조직 관리자에 대한 요구가 정책의 단순 순응자 역할을 넘어서서 정책 형성 과정에 적극 참여를 강조하는 것으로 바뀌고 있다. 따라서 관리자는 정책 분석, 지역사회 조직, 집단 옹호 등에 관련된 지식과 기술을 보다 큰 비중으로 갖추어야 한다.

여덟째, 옹호(advocating) : 사회복지서비스 관리자의 본원적 역할이다. 주요 이해관련자들 앞에 특정 사례나 계층에 대한 대의(cause)를 촉진하거나 대변한다. 이를 위해 관리자는 의사소통이나 경계 잇기 등의 다른 기술들과 함께, 집단 행동에 관한 역할 기술도 갖출 필요가 있다.

아홉째, 슈퍼비전(supervising) : 업무 단위들에 대한 일상적 운영 지원을 통해 서비스의 효과성과 효율성을 높이는 역할이다. 사회복지 슈퍼비전은 행정적, 교육적, 지지적 역할 모델을 모두 포함한다. 이를 위해 관리자는 직원의 동기유발, 업무 모니터링과 조정, 피드백 제시, 직원 교육과 상담, 사회·정서적 지지 등에 관한 기술이 필요하다.

열째, 촉진(facilitating) : 조직의 비전이나 사명, 목적 성취를 위해 업무자들의 노력을 이끌어 내는 역할이다. 업무자들이 기관과 프로그램 운영에 영향력을 행사하게 해서 업무 수행력과 혁신의 증진을 돕는 '힘 실어주기(empowering)', 훈련과 교육 기회를 제공해서 전문성 증진을 도모하는 '개발(developing)', 실천 활동이나 가치 등을 내면화하게 하는 '모델링(modeling)'과 관련된 기술들이 관리자에게 필요하다.

열한째, 팀 개발(team building) : 업무 수행을 위해 기관 내부 혹은 지역사회 차원에서 행정적·임상적 집단을 구축하고 활용하는 역할이다. 집단 역학과 집단 과정의 단계 과업들에 대한 이해, 사회·감정적 기술의 제휴(coalition)에 관한 기술들이 요구된다.

2) 사회복지 전문 실천과 행정

사회복지조직에서 활동하는 모든 전문인력은 행정 및 관리자의 역할을 자연스레 내포하고 있다. 공공이나 민간 차원의 조직에서 전문직이 특정 부서나 업무, 프로그램 단위를 운영하는 것은 모두 행정의 범위에 속한다. 지역사회나 국가 차원에서 다수의 조직군으로 구성된 전달체계가 실제로 이어지게 하는 관리도 전문인력들의 활동에 의해 이루어진다.

이러한 사회복지행정과 관리자의 역할이 반드시 '장'에 의해서만 수행되는 것은 아니다. 전문 조직의 성격을 띤 사회복지기관에서는 일선 서비스 전문가의 실천 활동이 곧 행정과 관리자, 리더로서의 역할과 불가분의 관계에 있다.

사회복지사와 같은 휴먼서비스 전문가들은 자신이 복잡하게 분화된 사회 조직적 기능의 한 부분을 관리하고 있음을 이해해야 한다. 이러한 이해가 통합적 서비스 실행을 방해하는 것이 아니라, 오히려 클라이언트 문제의 전일성과 개별화 특성을 적절히 구현하는 데 도움을 준다. 사회복지전문직이 조직과 전문직의 이중적 속성을 가진다는 점을 고려하자면, 사회복지사는 전문적 실천의 효과성과 책임성 제고를 위해서라도 사회복지행정에 대한 적절한 지식과 역량을 갖출 필요가 있다.

연습문제

01 사회복지행정 환경의 변화에 관한 설명으로 옳지 않은 것은?

① 민족의 다양화
② 변화하는 인간의 욕구
③ 사회복지서비스의 공영화
④ 복지국가의 쇠퇴와 불평등의 증대
⑤ 정보기술의 혁명

02 사회복지행정의 전망에 관한 설명으로 옳지 않은 것은?

① 경쟁행위의 강화와 민영화의 증대
② 인공지능을 통한 복지행정의 재설계
③ 기업가적 경영 및 질적 관리의 중시
④ 서비스 제공자에 대한 강조
⑤ 성과에 대한 강조와 전략적 기획의 중시

03 사회복지전문직의 관리자로서의 역할과 역량에 관한 설명으로 옳지 않은 것은?

① 효과적인 의사소통 수행
② 타 조직들과의 네트워킹
③ 환경 분석 및 전략적 기획
④ 정책 분석 및 지역사회 조직
⑤ 조직의 이윤창출 극대화

정답 1. ③ 2. ④ 3. ⑤

부록

부록 1. 2021년 솔·직 챌린지 공고문

부록 2. 사회복지공동모금회 표준신청서 양식

부록 1. 2021년 솔·직 챌린지 공고문

2021년 솔·직 챌린지 공고문

☐ **공모명** : 2021년 국민 생활문제 해결을 위한 '솔·직 챌린지'

☐ **공모개요**
- ○ 국민 생활 편의를 향상시키거나 사회문제를 해결하기 위해 **메타버스 기반**의 [솔]루션을 국민이 [직]접 개발하는 챌린지

☐ **공모주제** : **['메타버스가 여는 슬기로운 국민생활']**

☐ **공모분야** : 메타버스로 해결 가능한 사회적 관심 분야

〈「2021년 솔·직 챌린지」 지정과제(3) 〉

① [탄소중립] 자원 재활용, 친환경 이동수단 보급 등 탄소배출 저감 방법
② [디지털포용] 디지털 정보에 취약한 소외계층을 돕는 방법
③ [코로나극복] 코로나 예방 및 극복을 위한 대응 방법

☐ **지원방법** : ①기존 메타버스 플랫폼 활용, ②VR·AR 활용 등

☐ **온라인 사전 설명회(유튜브를 통해 참여)**
- ○ 일시 : (1차) '21. 9. 15.(수) 14:00~15:30, (2차) '21. 9. 30.(목) 14:00~15:30
- ○ 주제 : 솔직챌린지 사업 설명 및 참가자 신청 가이드 등 공지

☐ **접수기간** : '21. 8 . 31.(화)~11. 8.(월) 오전 10:00까지

☐ **참가자격** : 국민 누구나(개인 또는 단체) ※단체(팀)는 최대인원 5인으로 제한

☐ **시상** : 총 상금 1억원(과기정통부, 국민권익위원회, 정보통신산업진흥원 시상 등 총 13점)

분야	구분	시상내용	상금	시상 수
메타버스로 해결 가능한 사회적 관심 분야	대상(2)	과학기술정보통신부장관상	2천만원	1점
		국민권익위원회위원장상	2천만원	1점
	우수상(4)	정보통신산업진흥원장상	1천만원	4점
	장려상(5)	단체장상*	2백만원	5점
	특별상(2)	과학기술정보통신부장관상	5백만원	1점
		국민권익위원회위원장상	5백만원	1점

* ①한국모바일산업연합회(MOIBA), ②한국가상증강현실산업협회(KoVRA), ③한국전파진흥협회(RAPA), ④한국소비자연맹, ⑤행정개혁시민연합

※ 시상내역은 변경될 수 있으며, 적격응모작이 없을 경우, 시상하지 않을 수 있음

※ 특별상은 국민권익위 국민패널을 활용해 구성된 평가단의 국민평가를 통해 선정

□ 신청방법

○ **서류 및 솔루션 제출**

– 양식 다운로드(참가신청서, 솔루션 기획서, 개인정보수집 · 이용 · 위탁동의서)

※ 서명란에 반드시 자필로 서명한 후, 스캔을 통해 pdf 파일로 제출

○ 공모전 홈페이지(www.2021ictchallenge.kr)에서 온라인 접수 및 제출

□ 심사방법

○ 심사기준 : 기획의 적합성(20점), 사회적 가치 및 효과성(20점), 우수성 및 차별성(30점), 솔루션 기술적 완성도 또는 완성 가능성(30점)

○ 심사방법 : 1차 **서면평가**(30점 선정) → 2차 **발표평가** 및 **국민평가**(13점 선정)

※ **서면평가 선발작**은 약 2주간의 전문가 **멘토링 과정**을 거쳐 **솔루션 보완 및 고도화**

※ 발표평가(70%), 국민평가(30%)로 수상작 선정 예정

※ 평가과정에서 개별통지를 할 수 있으므로 참가 신청 시 연락처를 정확히 기재

○ 최종 결과발표 : '21. 12월

※ 상황에 따라 심사방법과 일정 등이 변경될 수 있음

□ 참가제한

① 동일 아이템으로 전년도 진흥원 및 타 기관 공모 대회 입상자(팀)

② 동일 아이템으로 정부 및 지자체, 타 기관으로부터 보조금(지원금)을 지원받아 개발 중이거나 개발 완료한 사업(과제)을 중복 신청하는 경우

③ 타인의 특허 · 실용신안 등 지적재산권을 침해할 우려가 있는 아이디어

④ 공고일 기준 국가연구개발(또는 지원) 사업에 참여 제한 조치 중인 기업(대표) 및 사업 책임자

붙임1 2021 솔·직 챌린지 지정과제 예시

□ 지정과제 예시 솔루션

<table>
<tr><td>솔루션 지원 방법</td><td colspan="2">① 기존 메타버스 플랫폼 활용
② VR · AR 활용 등</td></tr>
<tr><td>필수사항</td><td colspan="2">최종 솔루션 검증 신청 시, 실제 구현 및 지속적인 서비스 제공 가능 정도</td></tr>
<tr><td>① 탄소중립</td><td colspan="2">자원 재활용, 친환경 이동수단 보급 등 탄소배출 저감 방법</td></tr>
<tr><td rowspan="2">문제·솔루션 예시</td><td>친환경차 충전소 부족, 성능 안전 등 부정적 요인으로 인한 구매 불안</td><td>플라스틱 재활용 미흡으로 인한 환경오염 심화</td></tr>
<tr><td>
• 메타버스 기반의 충전 체험</td><td>
• 메타버스 기반의 가상 의류 피팅 서비스</td></tr>
<tr><td>② 디지털 포용</td><td colspan="2">디지털 정보에 취약한 소외계층을 돕는 방법</td></tr>
<tr><td rowspan="2">문제·솔루션 예시</td><td>디지털 취약 계층(노인, 장애인 등)의 키오스크, 앱 사용 등 문제</td><td>디지털 취약 계층(노인, 장애인 등)의 디지털 정보 격차 심화</td></tr>
<tr><td>

• 메타버스 기반의 피자 주문, 키오스크 안내</td><td>

• ICT 기반의 장애인 경로 및 장애물 정보 제공</td></tr>
</table>

③ 코로나 극복	코로나 예방 및 극복을 위한 대응 방법	
문제·솔루션 예시	사회적 거리두기 장기화로 인한 오프라인 활동 부족	코로나19 유행이 장기화되면서 우울감을 느끼는 '코로나 블루' 현상 발생

	• 메타버스 기반의 방구석 해외 여행 체험	• 메타버스 기반의 극장 및 명상룸 운영

붙임2 시상 및 향후 계획(안)

ㅁ 시상 : 총 13점 시상

ㅇ 총 상금 1억원(과기정통부, 국민권익위원회, 정보통신산업진흥원 시상 등 총 13점)

분야	구분	시상내용	상금	시상 수
메타버스로 해결 가능한 사회적 관심 분야	대상(2)	과학기술정보통신부장관상	2천만원	1점
		국민권익위원회위원장상	2천만원	1점
	우수상(4)	정보통신산업진흥원장상	1천만원	4점
	장려상(5)	단체장상*	2백만원	5점
	특별상(2)	과학기술정보통신부장관상	5백만원	1점
		국민권익위원회위원장상	5백만원	1점

* ①한국모바일산업연합회(MOIBA), ②한국가상증강현실산업협회(KoVRA), ③한국전파진흥협회(RAPA), ④한국소비자연맹, ⑤행정개혁시민연합

※ 시상내역은 변경될 수 있으며, 적격응모작이 없을 경우, 시상하지 않을 수 있음
특별상은 국민권익위 국민패널을 활용해 구성된 평가단의 국민평가를 통해 선정

ㅁ 심사 및 추진 일정

심사 절차	접수 기간
참가 신청・접수(서류 및 솔루션 제출)	'21.8.31.(화)~11.08.(월) 오전 10:00까지
서면평가	'21.11.9.(화)~11.12.(금)
1차 선정작(30점) 발표 : '21.11.16.(화)	
솔루션 멘토링	'21.11.17.(수)~11.29.(월)
발표평가 및 국민평가	'21.11월 말~12월 초
최종 선정작(13점) 발표 : '21.12월	
시상식	'21.12월 중

※ 상황에 따라 심사방법과 일정 등이 변경될 수 있음

※ 참가자 심사 절차

① 서면 및 솔루션 제출 필수

② 서면평가 통과작(30점)을 대상으로 발표 및 국민평가* 진행

* 국민권익위가 구성한 정책설문 참여단 '국민 패널(약 8,000명)' 활용

③ 발표평가, 국민평가를 통해 최종 수상작 13점 선정

* 발표평가(70%), 국민평가(30%)로 수상작 선정 예정

○ 서면평가 기준

순번	평가항목	평가요소
1	기획의 적합성(20)	1-1. 솔루션 기획의 창의성(10)
		1-2. 개발 방법 및 과정(설계)의 주제와의 적절성(10)
2	사회적 가치와 효과성(20)	2-1. 솔루션의 사회적 가치성(10)
		2-2. 솔루션의 사회문제에 대한 효과성(10)
3	우수성 및 차별성(30)	3-1. 솔루션의 우수성 및 차별성(20)
		3-2. 보유기술의 수준 및 차별성(10)
4	기술적 완성도 또는 완성 가능성(30)	4-1. 솔루션 개발 결과의 실용화 수준(20)
		4-2. 솔루션의 기술적 완성도(10)

부록 2. 사회복지공동모금회 표준신청서 양식

배분신청서

<table>
<tr><td>기관명</td><td colspan="3"></td><td>고유번호
(사업자등록번호)</td><td colspan="2"></td></tr>
<tr><td>사업명</td><td colspan="6">〈대상+목적+방법 : 부제〉</td></tr>
<tr><td rowspan="3">사업
기본
정보</td><td>연차</td><td colspan="5">___①1년차 ___②2년차 ___③3년차 ___④기타( )</td></tr>
<tr><td>대상 지역</td><td colspan="2"></td><td>사업수행
인력</td><td colspan="2">명</td></tr>
<tr><td>사업 기간</td><td colspan="5">년 월 일~ 년 월 일 (총 개월)</td></tr>
<tr><td rowspan="2">사업
참여자</td><td>참여자 구분</td><td colspan="5">___①아동/청소년 ___②노인 ___③장애인 ___④여성/다문화
___⑤위기가정 ___⑥지역사회 ___⑦북한/해외/기타</td></tr>
<tr><td>핵심 참여자</td><td colspan="2"></td><td>인원수</td><td colspan="2">명</td></tr>
<tr><td colspan="2">사업구분</td><td colspan="5">모금회 지속가능발전목표(C-SDGs)</td></tr>
<tr><td colspan="2">□ 기초생계 지원</td><td colspan="5">□ 경제적 빈곤 퇴치 □ 영양 및 급식지원/기아종식</td></tr>
<tr><td colspan="2">□ 교육/자립 지원</td><td colspan="5">□ 교육 및 자립역량 강화 □ 양질의 일자리 만들기
□ 적정기술과 정보기술격차 해소 지원</td></tr>
<tr><td colspan="2">□ 주거/환경 개선</td><td colspan="5">□ 모두를 위한 깨끗한 에너지 □ 지속가능한 지역사회 인프라 구축
□ 지속가능한 생산과 소비 □ 기후변화와 대응 □ 해양생태계 보존 □ 육상생태계 보호</td></tr>
<tr><td colspan="2">□ 보건/의료 지원</td><td colspan="5">□ 신체 · 정서적 건강과 회복 □ 깨끗한 물과 위생</td></tr>
<tr><td colspan="2">□ 심리/정서 지원</td><td colspan="5">□ 신체 · 정서적 건강과 회복</td></tr>
<tr><td colspan="2">□ 사회적 돌봄 강화</td><td colspan="5">□ 사회적 배제 감소와 불평등 완화</td></tr>
<tr><td colspan="2">□ 소통과 참여 확대</td><td colspan="5">□ 성평등 □ 지속가능한 지역사회 인프라 구축 □ 사회적 약자의 권리증진</td></tr>
<tr><td colspan="2">□ 문화 격차 해소</td><td colspan="5">□ 사회적 배제 감소와 불평등 완화</td></tr>
<tr><td>성과
목표</td><td colspan="6">해당사항이 없을 경우에는 공란으로 표기</td></tr>
<tr><td rowspan="4">주요
사업
내용</td><td>세부 사업명</td><td colspan="5">주요 내용</td></tr>
<tr><td></td><td colspan="5"></td></tr>
<tr><td></td><td colspan="5"></td></tr>
<tr><td></td><td colspan="5"></td></tr>
<tr><td>사업비</td><td>총 사업비</td><td colspan="2">원</td><td>신청금액</td><td colspan="2">원</td></tr>
<tr><td rowspan="2">신청
금액
세부
내역</td><td rowspan="2">사업비</td><td>원</td><td rowspan="2">인건비</td><td>원</td><td rowspan="2">관리
운영비</td><td>원</td></tr>
<tr><td>%</td><td>%</td><td>%</td></tr>
<tr><td rowspan="2">담당자</td><td>성명</td><td></td><td>직통전화</td><td></td><td>E-mail</td><td>@</td></tr>
<tr><td>직위</td><td></td><td>휴대폰</td><td></td><td>FAX</td><td></td></tr>
</table>

위와 같이 2020년도 사업을 신청합니다.

2019년 월 일

기관대표자 : (인)

사회복지공동모금회장 귀하

신청기관 현황

<table>
<tr><td colspan="2">기 관 명</td><td colspan="3"></td><td>대 표 자</td><td colspan="2"></td></tr>
<tr><td colspan="2">고유번호
(사업자등록번호)</td><td colspan="3"></td><td>전화번호</td><td colspan="2"></td></tr>
<tr><td colspan="2">E-mail</td><td colspan="3"></td><td>FAX</td><td colspan="2"></td></tr>
<tr><td colspan="2">홈페이지</td><td colspan="3"></td><td>설립연월일</td><td colspan="2">년 월 일</td></tr>
<tr><td colspan="2">주 소</td><td colspan="6">□□□□□</td></tr>
<tr><td colspan="2" rowspan="2">직원 현황</td><td rowspan="2">총 명
(①+②)</td><td colspan="3">상근 (①)</td><td colspan="2">비상근 (②)</td></tr>
<tr><td colspan="3">명</td><td colspan="2">명</td></tr>
<tr><td rowspan="2">기관
주요
사업</td><td>구분</td><td colspan="6">___① 노인복지 ___② 영유아/아동복지 ___③ 장애인복지 ___④ 노숙인복지
___⑤ 지역복지 ___⑥ 정신보건 ___⑦ 여성복지 ___⑧ 가족복지
___⑨ 청소년복지 ___⑩ 다문화지원 ___⑪ 북한/해외지원 ___⑫ 기타( )</td></tr>
<tr><td>내용</td><td colspan="6"></td></tr>
<tr><td rowspan="4">결산</td><td rowspan="2">세입</td><td>총 계</td><td>보조금수입</td><td>전입금</td><td>후원금수입</td><td>사업수입</td><td>기타수입</td></tr>
<tr><td>천원</td><td>천원</td><td>천원</td><td>천원</td><td>천원</td><td>천원</td></tr>
<tr><td rowspan="2">세출</td><td>총 계</td><td>인건비</td><td>관리운영비</td><td>사업비</td><td>재산조성비</td><td>기타지출</td></tr>
<tr><td>천원</td><td>천원</td><td>천원</td><td>천원</td><td>천원</td><td>천원</td></tr>
<tr><td rowspan="4">예산</td><td rowspan="2">세입</td><td>총 계</td><td>보조금수입</td><td>전입금</td><td>후원금수입</td><td>사업수입</td><td>기타수입</td></tr>
<tr><td>천원</td><td>천원</td><td>천원</td><td>천원</td><td>천원</td><td>천원</td></tr>
<tr><td rowspan="2">세출</td><td>총 계</td><td>인건비</td><td>관리운영비</td><td>사업비</td><td>재산조성비</td><td>기타지출</td></tr>
<tr><td>천원</td><td>천원</td><td>천원</td><td>천원</td><td>천원</td><td>천원</td></tr>
<tr><td rowspan="5">운영
법인
또는
단체</td><td>운영주체
성격</td><td colspan="6">___① 사회복지법인 ___② 사단법인 ___③ 종교법인 ___④ 학교법인
___⑤ 재단법인 ___⑥ 국가지방자치단체 ___⑦ 임의단체 ___⑧ 개인(신고)
___⑨ 법인(기타) ___⑩ 단체(기타)( ) ___⑪ 개인(기타) ( )</td></tr>
<tr><td>법인
(단체)명</td><td colspan="3"></td><td>대 표 명</td><td colspan="2"></td></tr>
<tr><td>고유번호
(사업자번호)</td><td colspan="3"></td><td>전화번호</td><td colspan="2"></td></tr>
<tr><td>홈페이지</td><td colspan="3"></td><td>설립연월일</td><td colspan="2">년 월 일</td></tr>
<tr><td>주소</td><td colspan="6">□□□□□</td></tr>
</table>

※ 신청기관 조직도, 운영위원회 및 운영법인 이사회 명단은 별첨자료로 첨부 요망

〈성과중심형〉 사업계획서

1\. 사업명 : ___대상___ ___목적___ ___방법___

• 대상, 목적, 방법과 관련된 정보를 담은 사업명을 적어주십시오.(슬로건은 부제(副題)로 병기해주세요)

2. 사업 내용 및 추진 전략

1) 사업 참여자 모집 전략

(1) 참여 대상 및 인원

핵심 참여자	
주변 참여자	

• 누가 이 사업에 참여합니까?

– **(핵심 참여자)** 성과를 측정하게 되는 대상은 누구이며, 인원은 몇 명입니까?
(이 사업에 참여하게 함으로써 누구의 변화를 이끌어내려고 하는 것입니까?)

– **(주변 참여자)** 성과측정 대상은 아니지만 핵심 참여자의 변화를 이끌어내는데 중요한 역할을 하는 사람은 누구이며, 인원은 몇 명입니까?

(2) 참여자 선정 기준

• 어떤 기준을 세워서 참여자를 모집하게 됩니까?

(3) 참여자 모집 방안

• 기준에 적합한 참여자를 어떻게 모집할 예정입니까?

2) 사업 내용 및 사업 집행 전략

• 아래 내용을 모두 포괄하되, 자유롭게 (질문순서에 상관없이) 표현해 주시기 바랍니다.

– 전체 사업을 몇 개의 세부 사업으로 분류한다면 어떻게 구성될 수 있습니까?

– 사업을 어떻게 추진할 것인지에 대하여 세부 사업별 시행방법, 시행 시기 및 횟수, 사업 진행 일정 등 구체적인 정보를 담아서 기술해 주시기 바랍니다.

3) 기관 연계협력 전략

• 위의 사업 집행 전략과 관련하여, 지역사회 내(또는 그 범위를 넘어서) 어떤 기관들과 유기적인 협조관계를 가질 것인지에 대하여 아래 내용을 포함하여 기술해 주시기 바랍니다.

– 협력 기관이 세부 사업에서 어떤 역할을 담당하게 되는지, 그 때 신청기관의 역할은 무엇인지, 이러한 협력체계는 어떤 절차를 통해 진행되는지 등

3. 예산 편성

(단위 : 원)

목	세목	세세목	계	산출근거	예산조달 계획				
					신청금액	비율 (%)	자부담	비율 (%)	자부담 재원
총 계									
인건비									
	소 계								
사업비									
	소 계								
관리 운영비									
	소 계								

- 사업에 직접 투입되는 비용을 인건비, 사업비, 관리운영비로 구분하여 작성해주시기 바랍니다.
  - **(인건비)** 해당사업을 직접적으로 수행하는 인력에게 투입되는 비용
  - **(사업비)** 프로그램 수행에 필요한 직접비용
  - **(관리운영비)** 프로그램의 수행에 필요한 간접비용(사업관리에 필요한 비용)
  - 예산 수립 시 예산편성기준표를 참고하여 주시기 바랍니다.
- 세목은 세부 사업별로 구분하고 단위가 큰 경우 세세목으로 구분하여 작성하시기 바랍니다.
- 산출근거는 실제 단가, 수량, 인원수, 건수, 횟수 등을 구체적으로 기록해 주시기 바랍니다.

4. 문제 의식(사업 필요성)

1) 사업 계획 배경

- 왜 이 사업을 기획하게 되었습니까?
  - 귀 기관이 관심을 가지기 전에는 어떤 상태에 있었는지, 인근 다른 지역에도 유사한 상황이 있다면 어떻게 대응하고 있는지에 대해서도 서술해 주시기 바랍니다.

2) 기존 유사사업과의 차별성

- 기존의 시각이나 접근방식과 다른 점은 무엇입니까?

3) 신청기관의 강점

- 이 사업을 신청기관에서 수행해야 하는 이유에 대해 사전조사 내용, 관련 분야 수행 경험 등을 포함하여 기재해주시기 바랍니다.

5. 목표 및 평가

1) 산출목표

세부 사업명	산출목표	모니터링 방법

- 성과목표를 달성하기 위해 이끌어내야 하고 모니터링 해야 하는 산출목표는 무엇입니까?

2) 성과목표 및 평가 방법

성과목표	평가 도구 및 방법	측정 시기

- **(성과목표)** 성과목표와 관련하여 아래 내용들에 대해 작성해 주시기 바랍니다.
  - 핵심 참여자의 어떤 부분을 어느 수준까지 변화시키는 것입니까?
  - 작성하고자 하는 성과목표가 이후에 기술되는 평가 방법을 통해 달성여부를 알 수 있게 됩니까?
  - (성과라고 강조하고 싶은데) 양적으로 드러내기(수치화하기) 어려운 성과목표가 있다면 무엇입니까?
  - 앞서 기술하신 사업내용과 성과목표를 논리적으로 연결하여 작성해 주십시오.
- **(평가 도구 및 방법 / 측정 시기)** 성과목표 달성 여부와 정도를 어떻게 평가하실 건가요?
  - 성과목표 달성 여부와 정도를 판단하기 위해 어떤 성과지표를 설정하실 건가요?
  - 제시된 성과목표에 대한 평가계획(자료수집방법, 측정시기 등)은 어떠한가요?
  - 수치화하기 어려운 성과목표가 있다면 어떤 평가방법을 통해 변화의 수준과 의미를 드러내실 건가요?

6. 사업종료 후 지향점

1) 사업 수행으로 인한 기대 효과

- 이 사업이 성공적으로 수행된다면 기대되는 효과는 무엇입니까?

2) 사업 결과의 활용 계획

- 사업의 효과로 나타난 결과를 어떻게 활용할 계획입니까?
- 사업 결과를 통해 유사기관이나 지역사회에 꼭 알리고 싶은 이야기가 있다면 무엇입니까?

참고문헌

고재욱・전선영・황선영・박성호・이용환(2016). **사회복지행정론**. 파주 : 정민사.

권육상・전대성・홍석자・서상범・조미영・홍전희(2004). **사회복지행정론**. 서울 : 유풍사.

김경우(2007). **사회복지정책학기술론서**. 서울 : 북카페.

김계수・김용철・박주영・장정근(2008). **프로세스 중심의 경영 혁신**. 서울 : 대경

김기태・박병현・최송식(2000). **사회복지의 이해**. 서울 : 박영사.

김남수・류기덕・박철민・이승준・진석범(2019). **사회복지행정론**. 고양 : 공동체.

김만호・박순미・송영달(2012). 사회복지관 평가의 BSC성과측정모델 도입에 관한 탐색적 연구. **한국사회복지행정학**, 14(4), 115-139. 한국사회복지행정학회.

김병섭(2000). 정부 조직 개혁의 방향과 과제. 한국행정학회 학술발표논문집.

김신영(2008). 직무분석을 통한 대학도서관 직무모형 개발 연구. 연세대학교 대학원 박사학위논문.

김영재・김재구・이동명(2009). **조직행동론**. 서울 : 무역경영사.

김영종(2017). **사회복지행정**. 서울 : 학지사.

김인혁・김정기・문수열・유태완・이은정・이화명(2019). **사회복지행정론**. 파주 : 양서원.

김재호・김현란・정하선・제미자・최정규・한성수(2018). **사회복지행정론**. 파주 : 양서원.

김치영・최용민(2005). **사회복지행정론**. 파주 : 도서출판 21세기사.

김통원(2003). **사회복지프로그램 개발과 평가**. 서울 : 학지사.

김형식・이영철・신준섭(2009). **사회복지행정론**. 파주 : 양서원.

김희성・함수연・정민아(2017). **NCS기반 사회복지행정론**. 고양 : 공동체.

남기민(2009). **사회복지정책론**. 파주 : 양서원.

남기민・전명희(2001). 사회복지관의 PR 현황과 활성화 방안. **한국사회복지행정학**, 5. 한국사회복지행정학회.

노규성・조남재(2010). **경영정보시스템**. 서울 : 사이텍미디어.

노대명(2014). **각국 공공부조제도 비교연구 : 영국 & 일본**. 서울 : 한국보건사회연구원.

박경숙・강혜규(1992). 사회복지사무소 모형개발. 서울 : 한국보건사회연구원.

박경일・장중탁・이명현(2002). 사회복지기관의 TQM 진단평가를 통한 단계별 수행방안에 관한 연구-부산광역시 지역사회복지관을 중심으로. **한국사회복지행정학**, 6. 한국사회복지행정학회.

박경일(2006). 지역사회복지관에서 TQM실행에 관한 사례연구- 서비스 질 관리와 고객만족을 중심으로. 한국사회복지행정학회. 2005년 춘계학술대회 전환기의 사회복지행정.

박연호(1998). **현대행정관리론**. 서울 : 박영사.

박연호・오세덕(1996). **현대조직관리론**. 서울 : 법문사.

박용순・김성철・김세원・이명남(2011). **사회복지행정론**. 서울 : 창지사.

박재린(1998). **현대조직론의 이해**. 서울 : 무역경영사.

박종팔・구재관・권명희・남상권・박현식・임원균・정명희・조국행(2019). **사회복지행정론**. 파주 :

양서원.
박차상(2002). 한국사회복지행정론. 서울 : 대학출판사.
배은영・류기덕・김남숙・조당호・조대흥・권도국(2010). 사회복지행정론. 고양 : 공동체.
사회복지법인 및 사회복지시설 재무・회계 규칙(2020). 서울 : 법제처.
사회복지법인 및 사회복지시설 재무・회계 매뉴얼(2018). 서울 : 서울특별시사회복지협의회.
서상목・최일섭・김상균(1989). 사회복지전달체계의 개선과 전문인력 활용방안. 서울 : 한국개발연구원.
송영선・이희수(2009). 조직문화 유형과 학습조직 수준 및 조직효과성 관계. HRD연구, 11(2), 115-151.
신복기・박경일・이명현・윤기혁・권진아(2019). 사회복지행정론. 고양 : 공동체.
심상용(2019). 사회복지행정론. 서울 : 학지사.
안영진(2000). 21세기 기업경쟁력 강화를 위한 TQM. 서울 : 박영사.
양승일(2018). 사회복지행정론. 파주 : 양서원.
염일열・이승현(2016). 사회복지행정론. 고양:공동체.
원석조(2018). 사회복지행정론. 파주 : 양서원.
오두범(1991). PR커뮤니케이션. 파주 : 나남출판.
오세영(2013). 사회복지행정론. 서울 : 신정.
유기현(1998). 경영학원론. 서울 : 무역경영사.
유민봉(2015). 한국행정학. 서울 : 박영사.
이민훈・이진용・김준환・유한별・박화영・박경순・김주형(2019). 사회복지행정론. 고양 : 어가.
이덕희・김 구・박서영・박서춘・이은영・이진용・한승협(2019). 사회복지행정론. 서울 : 창지사.
이성기(2019). 사회복지행정론. 서울 : 학지사.
이정윤(2003). 사회복지기관의 홍보도구로서 웹사이트 활용에 관한 분석. 숙명여자대학교 대학원 석사학위논문.
이준영(2019). 사회복지행정론. 서울 : 학지사.
이학종・박헌준(2009). 조직행동론. 파주 : 법문사.
임창희(2010). 조직론. 파주 : 학현사.
장인협・이혜경・오정수(1999). 사회복지학. 서울 : 서울대학교 출판부.
장인협・이정호(2007). 사회복지행정론-이론과 실제. 서울 : 서울대학교 출판부.
장현주(1997). 사회복지관 자원동원을 위한 홍보방안. 동국대학교 대학원 석사학위논문.
전해황・김종명・송낙길・송혜자・이명희・이장희・장정순・(2016). 사회복지행정론. 파주 : 양서원.
전해황・김종명・송낙길・송혜자・이영희・이장희・조추용・이지복(2021). 사회복지행정론. 파주 : 양서원.
정무성(2005). 사회복지 프로그램 개발론. 서울 : 학현사.
정우열・손승수(2008). 한국사회복지행정의 역사적 변천과정에 대한 연구 : 조선 구호령 제정 이후의 구빈행정을 중심으로. 한국행정사학지, 22, 201-226.
지은구(2005). 사회복지프로그램 개발과 평가. 서울 : 학지사.

최덕경 · 강도명 · 김준환 · 김태동 · 박주현 · 이은경 · 전영록(2015). **사회복지행정론**. 서울 : 창지사.

최성재 · 남기민(2016). **사회복지행정론**. 파주 : 나남출판.

최소연(2015). 조직문화과 조직성과에 미치는 영향력 연구 : 공공복지조직과 민간 지역사회복지관 비교를 중심으로. 건국대학교 대학원 박사학위논문.

한국복지행정학회(2014). **사회복지행정론**. 파주 : 양서원.

한동일 · 전해황 · 김종명 · 박상도 · 송낙길(2009). **사회복지행정론**. 파주 : 양서원.

황성철 · 정무성 · 강철희 · 최재성(2020). **사회복지행정론**. 파주 : 정민사.

행정학용어 표준화 연구회 · 하동석(2019). **(이해하기 쉽게 쓴) 행정학용어사전**. 서울 : 새정보미디어.

허만형(2004). **사회복지행정론**. 파주 : 법문사.

현외성(2005). **사회복지정책강론**. 파주 : 양서원.

홍봉수 · 임현진 · 임안나 외(2016). **사회복지행정론**. 고양 : 공동체

홍석보 · 송병선 · 김창원 · 이내풍(2003). **전략적 경영혁신기법**. 서울 : 학문사.

홍현미라 · 정진경 · 이은정 · 심선경 · 김가율 · 함수연(2014). **사회복지행정론**. 고양 : 공동체.

Baker, W. E.(1992). The Network Organization in Theory and Practice. In N. Nohria & R. G. Ecles(Eds.), *Networks and Organization : Structure, Form and Action*. Boston : Harvard Business School Press.

Deal, T. E., & Kennedy, A. A.(1982). *Corporate Cultures : the Rites and Rituals of Corporate Life*. Addison Wesley.

Denison, D. R.(1990). *Corporate Cultures and Organizational Effectivenuss*. New York : John Weiley & Sons.

Drucker, P. F.(1969). *The Practice of management*. Harper & Brothers Publishiers.

Dunham, A.(1970). *The Practice of Management*. NY : Harper & Brothers.

Ehlers, W. H., et al(1976). *Administration for the Human Services*. New York : Harper & Row.

Erikson, E. H.(1956). The problem of ego identity. *JAPA, 4*, 56-121.

Etzioni, A.(1964). *Modern organization*. Englewood Cliff, NJ : Prentice-Hall.

Ewell, Jr., C. M.(1972). Setting Objectives : First Step in Planning. *Hospital Process, 53*, 60-72.

Fayol, H.(1918). Administration industrielle et general. et Appendice Tableau. 3. Paris : Dunod.

Fiedler, F. F.(1967). *A Theory of Leadership Effectiveness*. New York : McGraw_Hill.

Fine, S. H.(1992). *Marketing the Public Sector*. New Brunswick. NJ : McGrew-Hill Inc.

Gate, B. L.(1980). *Social Program Administration : The Implementation of Social. Policy*. Englewood Cliff. NJ : Prentice-Hill.

Ghobadian, A., Gallear, D., & Hopkin, M.(2007). TQM and CSR Nexus. *International Journal of Quality and Reliability Management, 24*(7), 704-721.

Giddens, A.(1979). *Central Problems on Social Theory*. London : Macmillan.

Gilbert & Specht.(1986). Dimensions in Social Welfare Administration. In Parri, R, J.(Ed.), *The Handbook of Social Welfare Management*. Thousand Oaks, CA : Sage

Glisson, C., & Durick, M.(1988). Predictors of Job Satisfaction and Organizational Commitment in

Human Service Organizations. *Administrative Science Quarterly, 33*(1).

Greenleaf, R. K.(1970). *The Servant as Leader.* Cambridge. MA : Center for Applied Studies.

Handy, C.(1978). *Gods of Management.* Souvenir Press.

Hanlan, A.(1978). From Social Work to Social Administration. In S. Slavin(Ed.), *Social Administration : The Management of the Social Service.* New York : The Haworth Press.

Harrison, R.(1972). Understanding your organization's character. Harvard Buisiness review, May/June.

Hasenfeld, Y.(1983). *Human service organizations.* Englewood Cliffs, NJ : Prentice-Hall.

__________(1992). *Human service as Complex Organization.* New York : Sage Publications.

Hasenfeld, Y., & English, R. A.(1983). *Human Service Organizations.* Ann Arbor : The University of Michigan Press.

Hertzberg, F.(1966). *Work an the nature of man.* New York : World.

House, R. J.(1971). *Management : Principles and Practices*(3rd ed.). Englewood Cliffs. NJ : Prentice-Hall.

Kerr, S., & Jermier, J. J.(1978). Substitutes for Leadership : Their Meaning and Measurement. *Organizational Behavior and Human Performance, 22,* 375-403.

Kidneigh, J. C.(1950). Social Work Administration : An Area of Social Work Practice. *Social Work Journal, 31.*

Kotler, P.(1980). *Principles of Marketing.* NJ : Prentice-Hall. Inc.

Latham, G. P., & Sarri, L. K.(1979). Importance of Supportive Relationships in Goal Setting. *Journal of Applied psychology, 64,* 151-156.

Lewis, J. A., Lewis, M. D., Packard, T., & Souflee, F. S. Jr.(2001). *Management of Human Service Program.* Belmont : Wadsworth Com.

Likert, R.(1961). *New Patterns of Management.* New York : McGrath-Hill.

Lohmann, R.(1980). *Breaking even : Financial Management in Human Service Organizations.* Philadelphia : Temple University Press.

Lovelock, C. H., & Weinberg, C. B.(1984). *Public and nonprofit Marketing : cases and reading.* Palo Alto, Calif, New York : Scientific Press.

Maslow, A. H.(1970). *Motivation and Personality.* New York : Harper an Row.

Mathis, R. L., & Jackson, J. H.(2004). *Human Resource Management*(10th ed.). Cincinnati, OH : Thomson/South-Western.

Mintzberg, H.(1979). Musing on Management. *Harvard Business Review, 74,* 61-67.

__________(1980). *Nature of Managerial Work.* Englewood Cliffs. NJ : Prentice-Hall.

Netting, F. E.(2004). *Social Work Macro Practice*(3rd ed). Boston : Allyn & Bacon.

Neugeboren, B.(1985). *Organizations, Policy, and Practice in the Human Services.* New York : Longman.

__________(1991). *Organizations, Policy, and Practice in the Human Services.* Binhamton, New York : Haworth.

Ouchi, W.(1981). *Theory Z : How American Business Can Meet the Japanese Challenge Menlo Park.*

CA : Addison-Westley.

Patti, R. J.(1983). *Social Welfare Administration : Management Social Programs in a Developmental Context.* Englewood Cliffs. NJ : Prentice-Hall.

Perrow, C. A.(1986). *Conplex Organizations : A Critical Essay*(3rd ed.). New York : Harper & Row.

Peters, T. J., & Waterman, R. H. J.(1982). *In search of Excellence.* New York : Harper & Row.

Quinn, R. E., & McGrath, M. R.(1985). The transformation of organizational cultures : A conpetingn values perspective. *Organizational Culture*, 315-334.

Quinn, R. E., & Rohrbaugh. J.(1983). A Spatial Model of Effectiveness Criteria : Toward a Competing Values Approach to Organizational Analysis. *Management Science, 29*(3), 363-377.

Rapp, C. A., & Poertner, J.(1992). *Social Administration : A Centered Approach.* White Plains. N. Y : Longman.

Rodgers, R., & Hunter, J. E.(1991). Impact of Management by Objectives on Organizational Productivity. *Journal of Applied Psychology, 76,* 322-336.

Rodney, B. H.(1973). MBO Goes to Work in the Public Sector. *Harvard Business Review, 51,* 65-74.

Robbins, S. P.(1983). *Organization Theory : the Structure and Design of Organizations.* Engwood Cliffs, N. J. : Prentice Hall.

Rubin, H. J., & Rubin, I.(1986). *Community Organizing and Development.* Columbus : Merrill.

Schein, E. H.(1985). Three culture of management : Key to organizational learning. *A Dynamic View. Sloan Management Review, 38*(1), 9-20.

Schmid, H.(2000). Agency-Environment Relationships : Understanding Task Environments. In OP. Glasser, R, C Sarri, R. D. Vinter(Eds.), *Individual Change Through Group.* New York : The Free Press.

Senge, P.(1990). *The Fifth Discipline.* London : Century Business.

Sethia, N. K., & Von Glinow, M. A.(1985). Arriving at four cultures by managing the reward system. In Kilmann, R. H. et al.(Eds.), *Gaining Control of the Corporate Culture.* San Francisco : Jossey Bass, 400-420.

Skidmore, R. A.(1983). *Social work administration : Dynamic management and human relationships.* Englewood Cliiffs, NJ : Prentice-Hall.

Smith, G.(1980). *Social need : Policy. Practice and Research.* London : RKP.

Smith, H. D.(1945). *Management of Your Government.* New York : McGrow-Hill.

Spencer, S.(1959). *The Administration Method in Social Work Education.* New York : Council on Social Work Education.

Stein, M.(1970). *Social Work and the Sociology of Organization.* Routledge & K, Paul.

Thomas, D. L., & Todd, J. D.(1998). *Handbook of Organization Theory and Management.* New York : Marcel Dekker, Inc.

Trecker, H. B.(1977). *The Social Work Administration : Principle and Practices.* New York : Association Press.

Weber, M.(1947). The Theory of Social And Economic organization. In Talcott Parsons(Ed.), A. M. Henderson & Talcott Parsons(trans). New York : Press.

Weiner, M. E.(1990). *Human Service Management : Analysis and Applocations*(2nd ed.). Belmont, CA : Wadsworth Publishing Company.

White, L. D.(1926). *Introduction to the Study of Public Administration.* New York : Macmillan.

York, R. O.(1983). *Human Service Planning : Concepts, Tools, & Methods.* Chapel Hill : The University North Carolina Press.

Zastrow, C. J.(1990) *Introduction to Social Welfare : Social Problem, Services, and Current Issues.* California : Wadsworth Publishing Company.

국가법령정보센터. www.law.go.kr

두산백과. www.doopedia.co.kr

서울특별시사회복지협의회. www.s-win.or.kr

한국사회보장원. www.ssis.or.kr

행정안전부. www.mois.go.kr

저/자/소/개

■ 박미정
부산대학교 대학원 사회복지학과(행정학 석사)
부산대학교 대학원 사회복지학과(사회복지학 박사)
현 부산과학기술대학교 사회복지과 교수

■ 박정령
경성대학교 대학원 사회복지학과(사회복지학 석사)
경성대학교 대학원 사회복지학과(사회복지학 박사)
현 부산과학기술대학교 사회복지과 강사

사회복지행정론

|공저자| 박미정 · 박정령

|1판 1쇄| 발행 2023년 9월 15일
|1판 2쇄| 발행 2025년 1월 15일

|발행인| 김동훈
|발행처| 공동체

|주소| 경기도 고양시 일산동구 호수로 358-39, 동문타워 1차 905호(백석동)
|전화| 031)814-3000(대표)
|팩스| 031)814-3100
|홈페이지| http://www.compub.co.kr
|전자우편| compub@naver.com
|출판등록| 2005년 10월 6일
|등록번호| 제396-2005-36호

|ISBN| 979-11-6725-486-3
정가 24,000원